公安院校创新应用型精品规划系列教材

湖南省普通高等学校“十三五”治安学专业综合改革试点项目特色与创新系列教材

治安学通论

An Introduction to Public Order Science

主　编　王彩元　刘振华　王龙天

副主编　刘力辍　雷新明　徐晓丽　杨纪恩

张　献　刘　铁　彭　蕾

撰稿人　（按姓氏笔画排序）

王龙天　王彩元　邓宇菁　石容丹　刘　铁

刘　静　刘　霞　刘力辍　刘振华　陈　明

陈俊豪　张　献　易轩宇　杨纪恩　贺红梅

徐晓丽　彭　蕾　蒋剑云　蒋荣清　雷新明

WUHAN UNIVERSITY PRESS

武汉大学出版社

图书在版编目(CIP)数据

治安学通论/王彩元,刘振华,王龙天主编 .—武汉:武汉大学出版社,2017. 8(2024.12 重印)
公安院校创新应用型精品规划系列教材
ISBN 978-7-307-19596-7

Ⅰ.治… Ⅱ.①王… ②刘… ③王… Ⅲ. 治安管理—教材 Ⅳ.D035.34

中国版本图书馆 CIP 数据核字(2017)第 187164 号

责任编辑:田红恩 责任校对:汪欣怡 版式设计:马 佳

出版发行:**武汉大学出版社** (430072 武昌 珞珈山)
(电子邮箱:cbs22@ whu.edu.cn 网址:www.wdp.com.cn)
印刷: 武汉中科兴业印务有限公司
开本:787×1092 1/16 印张:20.25 字数:514 千字 插页:1
版次:2017 年 8 月第 1 版 2024 年 12 月第 8 次印刷
ISBN 978-7-307-19596-7 定价:78.00 元

公安院校创新应用型精品规划系列教材编委会名单

公安院校创新应用型精品规划系列教材编委会名单

总　　序

治安学是20世纪在治安管理学的基础上形成和发展的。由于治安管理学研究的范围与内容已经不能满足治安实践和学科发展的要求，1998年，教育部经过论证，在普通高等学校本科专业目录修订工作中，将治安管理和安全防范两个专业被合并为治安学专业，标志着我国的治安学被正式确认。

2011年国务院学位委员会和教育部批准的《学位授予和人才培养学科目录》（以下简称《学科目录》）和2012年教育部印发的《普通高等学校本科专业目录》（以下简称《本科专业目录》），在法学门类下增列公安学为一级学科，作为公安学子学科的治安学也正式被列为二级学科。这一具有里程碑意义的学科事件，标志着治安学科的学术和社会地位得到了国家和社会的承认，使之在我国科学之林、人才培养体系和科学研究中占有一席之地，并终结了公安学科体系和内容（侦查学与治安学等）分割的历史。这一科学定位，既有利于提高治安科学研究的层次和治安学专业人才培养质量，又有利于公安工作和治安队伍正规化建设，更有利于学术界、理论界和教育界凝练治安学科方向，开展治安学科建设。

依据学位与人才培养学科目录，学科一般分门类学科、一级学科（专业类）、二级学科（专业）和研究（专业）方向四个层次。而二级学科设置应符合以下基本条件：与所属一级学科下的其他二级学科有相近的理论基础，或是所属一级学科研究对象的不同方面；具有相对独立的专业知识体系，已形成若干明确的研究方向；社会对该学科人才有一定规模的需求。可是，依据国务院学位委员会、教育部2011年颁发的《学科目录》，在公安学之下并没有提出二级学科的目录。然而，2011年公安部向教育部上报的《公安学一级学科调整建议书》，提出了在公安学之下设公安管理学、国家安全保卫学、治安学、侦查学、公安情报学、犯罪学、警务战术与指挥、涉外警务、边防管理、警卫学10个二级学科。随后，教育部依据相关职能部门上报的意见，于2012年颁发了《本科专业目录》，明确规定了公安学下设有15个专业且均为国控专业。其中治安学、侦查学和边防管理3个专业为基本专业；禁毒学、警犬技术、经济犯罪侦查、边防指挥、消防指挥、警卫学、公安情报学、犯罪学、公安管理学、涉外警务、国内安全保卫、警务指挥与战术12个专业为特设专业。

相比而言，作为法学门类下的新兴学科——公安学一级学科，其下所设置的二级学科和专业个数，远比法学这个比较成熟的一级学科下所设置的二级学科或专业多——法学一级学科下只有基本专业法学和特设专业知识产权、监狱学3个二级学科（专业），仅仅低于文学门类外国语言文学一级学科和工学门类电子信息一级学科下的二级学科和专业数量。这看似有利于将公安学科与专业做大、做强，其实并不科学。

我们认为，当前我国公安学下二级学科与专业设置，主要存在未能涵盖公安工作全部内容，学科设置不尽科学，专业设置过窄过细且与二级学科划分不匹配，不能满足人才培养需要，应急警务作为一门学科被长期忽视等问题。根据学科与专业设置的基本条件，结合公安工作的运行规律，我国公安学下应当设置公安学基础理论、治安学、应急警务、侦查学和公安管理学5个各自具有独立的知识体系、学科和知识特征明显、学科功能各异的二级学科与专业。特别是当前，要加强应急警务学学科建设，提升应急警务学科学性与生命力；加快应急警务学专业建设，培养适应应急警务需要的高素质专门人才。①

从上述意义上说，我国的教育主管部门对公安学一级学科下二级学科与专业的划分或设置颇有微词，是可以理解的。

然而，即使是在我国治安学界，对治安学也有一种比较片面且滞后的认识："治安学"即"治安管理学"。而且在教材编写时，绝大多数仍然按"治安管理学"的知识体系来构建相关教材，非治安学专业的通用教材仍然用《治安管理学》名称等。我们认为，在公安学一级学科下，治安作为名词使用，是指由统治阶级的刑事法律和治安行政法律所规定的有关国家和公共安全、社会管理和公民人身权利、公私财产权利或民主权利的一种社会现象（状况）；作为动词（工作）使用，治安是国家警察机关和社会直接治安责任主体为预防违法犯罪所开展的治理工作，即通常说的治安工作。基于此，治安学就是研究治安活动及其规律的学科。

从当前我国治安学专业的课程设置情况来看，由于公安教育起步较晚，治安学科建设相对滞后，且对专业建设引领作用不明显，从而导致现有的治安学专业课程体系停留在治安管理学的知识体系上，并未能全面反映治安学学科知识体系，而且绝大多数课程或教材没有理论支撑或机理形成过程，并存在专科与本科"一体化"，专业课程体系老化、"碎片化"，课程名称不尽规范或偏离方向，课程理论层次不高、满足不了实战需要等弊端，带有明显的经验性教材痕迹，基本上属于专科教材的翻版或课时的简单增加，不适合作为本科专业教材，也没有特色。为弥补治安学专业教材体系的不足，进一步完善治安学的学科知识体系，有必要对治安学专业课程体系作进一步的梳理和科学构建！

综观现有治安学专业课程和治安学基础研究成果，我们以知识单元或共同理论为基础，遵循科学构建的基本原则，将治安学专业课程设置为治安学原理、治安史学、公安人口管理、社区警务、公共场所治安管理、公共安全治安管理、公共安全危机管理、应急警务、治安案件查处、治安社会防范学、安全技术防范11门。②

恰逢2016年湖南警察学院治安学专业被确定为湖南省普通高等学校"十三五"专业综合改革试点项目，我们以此为契机，按专业综合改革试点项目的要求，启动了对治安学专业本科教材的系统编写。在2016年编写并由武汉大学出版社出版了《治安社会防范教程》的基础上，我们邀请了部分兄弟警察院校和政法院校的同行以及实战部门的专家一起，将在3年内陆续编写治安学原理、治安史学、公安人口管理、重点行业场所管理、公共安全治安管理、应急警务、应急警务预案编制与演练、社会安全事件应急处置等一套特色与创新教材，并由武汉大学出版社作为创新教材出版。

本套特色与创新教材以邓小平理论、"三个代表"重要思想和科学发展观以及习近平总书记系列重要讲话精神为指导，贯彻落实党的十八大提出的"国家治理体系和治理能力现代化"改革总目标和中共中央《关于全面深化公安改革若干重大问题的框架意见》，运用辩证唯物主义和历史唯物主义的观点，依据国家法律法规和公安工作的各项路线、方针、政

---

① 王彩元、杨纪恩：《关于公安学学科与专业设置、调整的思考——兼谈应急警务学科与专业建设》，载《公安教育》2016年第9期。

② 王彩元：《科学构建治安学专业课程体系之理性思考》，载《江西警察学院学报》2016年第6期。

策，认真总结社会转型期公安工作经验和公安高等教育自身发展的规律，围绕培养治安学专业应用型人才培养目标，以培养学生的核心职业能力为基础，遵循科学易懂、便于操作、利于实践的原则，充分吸取各学科最新理论成果和国外相关领域有益的经验，针对当前公安工作中出现的新情况、新问题，坚持系统性、科学性和先进性的统一，在着重阐述基础理论、基础知识和基本技能的同时，突出教材的针对性和实用性，力求对培养和提高学生的专业素质和创新能力起到积极的推动作用。

有理由相信，经过部分兄弟警察院校和政法院校的同行及实战部门专家的共同努力，本套教材一定能够成为全国治安学专业的理论层次较高、内容科学、满足实战需要的特色教材，并对我国的治安学科与专业建设起着一定的推动作用。在此，向参加本套教材编写的兄弟警察院校和政法院校及实战部门的同行、专家们，以及支持本套教材出版的武汉大学出版社表示衷心的感谢！

王彩元

2017 年 5 月 28 日于岳麓山下

前　言

教材是体现教学内容和教学方法的知识体系，是深化教育教学改革、培养高素质人才的重要保证，教材建设是本科教育教学的基础性工作。自开办公安教育以来，我国治安学界先后编写或出版了《社会治安管理学》、《治安管理》、《治安管理学》、《治安管理概论》、《治安管理学概论》、《治安管理学概要》、《治安管理学概要》、《治安学》、《治安学概论》等非治安学专业用的专业基础或专业通识课教材。2011年国务院学位委员会和教育部批准的《学位授予和人才培养学科目录》和2012年教育部印发的《普通高等学校本科专业目录》颁布实施后，治安学作为法学门类下公安学二级学科的地位已经明确，治安学基础理论研究在不断深入，治安学的知识体系也在进一步调整、完善。为吸取最新的治安学研究成果，进一步完善治安学的学科知识体系，弥补治安学专业教材体系的不足，提升学生的专业素质和创新能力，编写一本《治安学通论》不仅非常必要，也非常迫切！

与以往教材相比，本教材在构思和编写过程中，我们注重了治安学知识体系的构建，并结合当前的理论研究成果及治安实践的发展，形成了以下特点：

第一，重新架构了治安学知识体系。《高等教育法》明确规定，本科教育“应当使学生比较系统地掌握本学科、专业必需的基础理论、基本知识，掌握本专业必要的基本技能、方法和相关知识”。因此，在治安学知识体系的构建上，我们以现有的基本共识为基础，按“治安学基础理论”、“治安管理学”和“治安社会防范学”三块内容重新架构了治安学知识体系，使本教材的框架与治安学知识体系保持基本一致，且一目了然。同时，基于刑事案件的办理是公安机关侦查部门的职责，使用的也主要是侦查手段，从学理上考虑，公安机关治安部门办理的刑事案件业务，不属于治安学，我们也就没有理由将其作为本教材的内容。

第二，初步梳理了治安学的基本理论。目前，治安学界对治安学的理论研究已经达到了一定“量的积累”。从学界的研究情况看，涉及治安学的理论较多，主要有社会病态理论、社会解组理论、功能主义理论、冲突理论、行为理论、博弈理论、动态平衡理论、情境预防理论、新公共管理理论、社会治安综合治理理论、治安主客体关系理论、治安社会化理论、社会治安防控理论、危害最小化理论、社会治理创新理论等，上述理论有的不能整体解释治安学或超越了治安学的解释，分属其他学科如社会学、犯罪学、公安学等学科，有的或者是治安学的下属理论。我们认为，真正体现治安学本质的理论主要有情境预防理论、治安主客体关系理论、安全风险管理理论和社会治理创新理论，其中情境预防理论构成了治安学的理论基础，治安主客体关系理论、安全风险管理理论构成了治安工作的运行机制，社会治理创新理论构成了治安学理论的发展方向。

第三，规范或调整了有争议且适应市场经济发展的相关业务内容。将“公共复杂场所治安管理”和“特种行业管理”等定位或归纳为“治安秩序管理”，一直以来受到治安学术界的质疑，不仅内容与名称不符合，而且治安秩序的管理与维护是整个公安学研究的内容。同时，行业和场所的存在和发展属于市场经济行为，其自身要承担自己的治安责任，特别是在政府转变职能的大环境下，公安机关逐渐取消许可而实行日常治安监管和查处违法犯罪行为是必然趋势。因此，本教材直接将其规范或调整为“重点行业场所治安管理”，使之名至实归。

第四，契合国家总体安全观，突出公共安全治安管理的本质。国家总体安全观将人民（或国民）安全作为国家安全的核心及国家安全活动的宗旨和根本目的，是当代中国国家安全的总纲领。公共安全是指不特定的、多数人的生命健康及公私财产的安全，囊括了人的生命及其财产的安全、生态安全，经济安全、信息安全等多个方面，其安全提供主体几乎无所不包。基于职责，由公安机关实施严格治安管理的公共安全范围，既包括枪支弹药和器具、民用爆炸物品、消防安全以及道路交通安全等方面，又包括传统与非传统安全领域的重大刑事犯罪活动和恐怖事件等的预防，这些均与公共安全治安管理相关，理应纳入公共安全治安管理范畴。

第五，尊重历史，兼顾发展。长期以来，110 接处警、群体性事件处置、治安灾害事故的查处等，均纳入到了治安学的业务范畴或知识体系。而实质上，上述业务既非治安学的内容，也非侦查学的内容，而是一种（门）新兴业务内容（学科）——应急警务（学），且应急警务（学）可作为一个专业（或方向）来发展。因此，本着尊重治安学历史、兼顾公安学发展的原则和精神，我们保留了一章“应急警务”，并结合当前的治安形势对其内容进行了一些梳理，增加了暴力恐怖事件的预防与处置。这样，一方面为这一个专业（或方向）的发展预留了空间，另一方面保持了与侦查学、公安学的知识衔接。

本教材由湖南警察学院治安系王彩元教授提出编写思路，王彩元、刘振华等集体拟定编写大纲，提交治安系学术委员会讨论并修改确定之后，报湖南警察学院教学工作委员会批准。为加强校局合作和校校合作，加强理论与实践、政法与公安院校的融合，我们邀请了北京警察学院、重庆警察学院、河南警察学院、长沙市人民警察学校等兄弟政法公安院校的专家、学者，一起参与了本教材的编写。经各章作者分工撰写，交由王彩元、刘振华、王龙天同志审改并提出意见，再交作者修改最后由王彩元同志定稿。

参加本教材的编写人员及承担撰写任务的有：湖南警察学院王彩元（第一章第一、三、四、五节，第二章第一、二、四节*，第九章第五节），湖南警察学院石容丹（第一章第二节），湖南警察学院易轩宇（第二章第一、二、四节*），河南警察学院王龙天（第二章第三节），重庆警察学院徐晓丽（第三章），河南警察学院陈明、马钰淇（第四章），北京警察学院彭蕾（第五章），湖南警察学院张献（第六章第一、二、三、四、五、七节），湖南警察学院蒋剑云（第六章第六节），长沙市人民警察学校雷新明（第七章第一、三、四、六节，第十一章第四节），湖南警察学院刘振华（第七章第二节，第八章第四节），湖南警察学院刘力皲（第七章第五节、第十一章第三节），湖南警察学院蒋荣清（第八章第一、二、三节），湖南警察学院邓宇菁（第八章第四节），湖南警察学院杨纪恩（第九章第一节、第三节、第四节），湖南警察学院陈俊豪（第九章第二节），湖南警察学院刘霞（第十章第一、二、三节）、湖南警察学院刘轶（第十章第四、五、六节），湖南警察学院贺红梅（第十一章第一节），湖南警察学院刘静（第十一章第二节）。

我们是第一次按治安学的知识体系来构建本教材（因保密需要对一些涉密的业务未作阐述），因对治安学基础理论研究和对治安学知识的梳理尚不够深入、系统、全面，本教材对治安学的一些观点和阐述，有的需要经过理论研究和治安实践的进一步检验，有的还可能是片面、肤浅的，教材中的疏漏和不妥之处肯定存在。对本教材中存在的疏漏和不妥之处，敬请读者批评指正，以便再版时修正。

本教材在编写过程中，得到了湖南警察学院各级领导、教务处等部门和北京警察学院、重庆警察学院、河南警察学院、长沙市人民警察学校以及武汉大学出版社等单位的热情支持和帮助，中国人民公安大学原副校长李健和教授、北京警察学院的冯锁柱教授对本教材的编写提出许多宝贵意见。同时，我们还广泛吸收和借鉴了已经出版的有关教材、专著和某些论文中的观点，在此一并向有关作者、单位以及相关专家、学者表示衷心地感谢。

《治安学通论》编写组

2017 年 6 月

目　　录

第一章　绪　　论

教学目的和要求：掌握治安、治安管理和治安社会防范的概念及范围，理解治安学的研究对象与体系及学科地位，明确治安学与相关学科的关系，了解中外治安史以及治安学的研究方法。

重点和难点：治安、治安管理、治安社会防范的概念，治安学的研究对象与体系，治安学与公安学的关系。

主要内容：在现代，作为学科中治安是指国家警察机关和社会直接治安责任主体为预防违法犯罪所开展的治理工作，即通常说的治安工作。而且古今中外都有对治安内容的研究，只不过提法不同而已。治安学就是研究治安活动及其规律的科学，属于法学门类下公安学一级学科下的二级学科。治安学的最基本的研究方法是唯物辩证法，具体研究方法主要有调查研究法、文献研究法、比较研究法、案例研究法、归纳演绎法、系统分析法等。

治安学作为公安学的重要组成部分，学习和研究治安学的意义和目的无非是推进治安工作科学化、规范化，促进治安学科建设，发展和完善公安学体系。而学习和研究治安学，有必要对其特有的基本范畴和治安学的研究对象、内容体系和研究方法等进行探讨。这些问题是我们学习、研究治安学必须首先弄清楚的。

第一节　治安的基本概念

研究和学习治安学，必须准确地把握治安、治安管理与治安社会防范的概念，且首先必须弄清“治安”一词的含义。

一、古代治安的含义

“治”与“安”的语词，在我国古籍中，早期多是分别使用的。《易·系辞下》记载：“黄帝尧舜垂衣裳而天下治”，“君子安而不忘危”。从语词涵义上说，“治”，一般认为有两种涵义：其一，对乱而言，指安定或太平；其二，指治理或管理。“安”则与危相对，指安全或安宁。

我国历史上最早把“治”和“安”连起来作为一个词使用的，是战国时期的韩非。其在《韩非子·显学篇》中写道：“今上急耕田垦草以厚民产也，而以上为酷；修刑重罚以为禁邪也，而以上为严；征赋钱粟以实仓库，且以救饥馑、备军旅也，而以上为贪；境内必知介（介，指服兵役或疆界——编者注）而无私解（解，指铠甲），并力疾斗所以禽（禽，同擒）虏也，而以上为暴。此四者所以治安也，而民不知悦也。”

把治安作为一个完整概念使用，并对其加以系统阐述的，则见于公元前173年汉文帝时期贾谊的《陈政事疏》（又名《治安策》）。在《陈政事疏》中，贾谊写道：“臣以为事势可谓痛哭流涕长太息（太息，即叹息），而进言者曰天下已安已治，非愚则谀。因陈治安之策。”并提出，“欲天下之治安，莫若众建诸侯而少其力”。司马迁在《史记》中也使用了“治安”一词：“古者殷周有国，治安皆千余岁。”

综上所述，在古代，治安就是指政治、军事、经济和社会各方面稳定，期望建立一种外无侵略、内无叛乱，既无战争、又无分裂的平安秩序，简言之，就是指政治清明、社会安定、天下太平。

二、近现代治安的含义

学术界均认为，自近代社会产生职业警察制度以来，治安及其含义逐渐有了新的变化且较古代治安的含义要窄。至于有什么样的变化、有多大的变化，则存在较大的分歧并形成了7种不同的观点。① 但在正式的教材中，使用“治安”一词时，往往沿用中国人民公安大学李健和教授提出的观点：一是指治安秩序，即指基于人的活动形成的、由一定规则所调整的、具有社会安定和公共安全内容的社会客观状况；二是维护治安秩序的社会活动，即治安工作。其中，广义上的治安工作是指一切维护治安秩序的行为；狭义上的治安工作，仅指国家专门机关的专职活动。在我国是指由公安机关治安管理部门所从事的各项业务工作，即治安管理。②

宫志刚教授认为，治安是指在国家主导下，通过社会参与，共同维护国家的政权稳定，公众的人身、生命、财产安全和社会的善良风俗不受侵害，使人们的生产与生活方式处于有条理、不紊乱、无危险的状态。③

其实，近现代治安一词有名词与动词之分。作为名词的治安，是指由违法犯罪行为对社会的侵害程度的客观现实，具体表现为人们通常所说的治安问题和治安秩序，即治安状况，如治安现象、社会治安、治安管理、治安防范等。而“问题”与“秩序”是治安的一体两面。其中，治安问题是指违法犯罪及其对社会的危害程度，治安秩序是指人们的生产与生活方式由于违法犯罪的侵害所处于有条理、不紊乱、无危险的程度。

而作为动词的治安，是指国家警察机关和社会直接治安责任主体为预防违法犯罪所开展的治理工作，即通常说的治安工作。其中，国家警察机关所从事的是治安（行政）管理工作，社会直接治安责任主体所从事的是治安社会防范工作。我们正是从这一角度来论述治安学的，也契合了当前公安学一级学科下治安学二级学科的内涵。

三、治安管理与治安社会防范的概念

（一）治安管理的概念

治安管理即治安行政管理的简称，是指国家警察机关为了预防违法犯罪，维护社会治安秩序而依法从事的行政管理活动。对这一概念，可以从以下方面来理解：

1. 治安管理的属性是一种行政管理行为

马克思把行政称之为“国家的组织活动”。④ 就是说，一方面，行政是一种组织管理活

① 王彩元：《新世纪我国治安学理论研究的回顾与思考》，载《中国人民公安大学学报（社会科学版）》2012年第6期。

② 李健和主编：《治安学原理》，中国人民公安大学出版社2013年版，第2页。

③ 宫志刚主编：《治安学导论》，中国人民大学出版社2015年版，第4页。

④ 《马克思恩格斯全集》第1卷，人民出版社1994年版，第479页。

动；另一方面，行政是指国家的活动。现代国家通过立法、司法和行政活动实现其职能。其中，行政管理作为国家的一种职能，是国家设置的有关机关即国家行政机关（在我国是各级人民政府），运用国家权力，依法对国家或社会事务进行的管理活动。国家行政管理有许多方面，包括国防、外交、公安、教育、司法、民事、国民经济行政等，治安行政管理在国家行政管理中占有重要地位，是国家行政管理的重要组成部分。

2. 治安管理的主体是国家警察机关

国家要履行其行政职能，必须设置相应的专门机构。只有通过这些机构的职能活动，才能进行各种行政管理活动。警察机关是国家设置的、实施治安行政管理的专门机关。它由国家立法产生，并通过立法赋予其治安管理的权限。在我国，是由各级公安机关来实施治安管理职能。根据宪法和《中华人民共和国人民警察法》（以下简称《人民警察法》）的规定，人民警察的任务是维护国家安全，维护社会治安秩序，保护公民的人身安全、人身自由和合法财产，保护公共财产，预防、制止和惩治违法犯罪。这些任务由各级公安机关的各个部门协同完成，包括国家安全保卫、治安管理、刑事侦查、网络安全保卫、监所管理等，其中，治安行政管理是公安工作的一个重要方面。按照公安机关内部职责分工，治安行政管理工作主要由各级治安管理部门承担。

3. 治安管理的对象是潜在的违法犯罪和现实的治安案件

公安机关的传统业务工作包括两个基本方面，一是侦查，二是治安管理。侦查工作的内容就是收集刑事证据，揭露犯罪，揭发犯罪嫌疑人；而治安管理就是通过对人（自然人、法人）、物（公共设施和历史文物、名胜古迹以及重要机械设备、贵重金属，危险物品，淫秽物品等）、时间（一般控制的时间和重点控制的时间）、空间（行业、场所、单位、社区或地区等）、事（治安案件、群体性事件以及相关的火灾与交通事故等），主动采取治安管理措施，实施治安勤务，预防违法犯罪行为的发生即预防潜在的违法犯罪变成现实的违法犯罪，维护良好的社会治安秩序。换句话说，治安管理就是通过公安人口管理、重点行业场所治安管理、公共安全治安管理以及对治安社会防范的业务指导等来实现预防违法犯罪行为，并依职责查处治安案件，维护社会治安秩序的。对违法犯罪而言，侦查工作是治标，而治安管理则是治本。

4. 治安管理的主要方式是依法公开管理

治安管理既然是国家的一种组织活动，就必须依法进行。国家根据治安管理的需要，制定相应的法律和法规，治安管理部门及其工作人员应当严格执行，才能切实履行好自己的职能。同时，“公开”是行政管理的重要原则和基本特征，治安管理作为国家行政管理的重要组成部分，必须且应当遵循“公开”原则。但是，治安管理又不同于国家其他行政管理，特别是为了有效预防违法犯罪，维护治安秩序，在公开管理为主的前提下，需要采取某些必要的秘密手段或方法，以辅助和补充公开的管理活动。否则，就难以实现治安管理职能。

（二）治安社会防范的概念

治安社会防范是指社会直接治安责任主体在公安机关指导或自我安全需求引导下，针对各种潜在的违法犯罪及其条件和因素而依法进行的防范、控制、消除等活动。对这一概念，可以从以下方面来理解：

1. 治安社会防范的主体是社会多元直接治安责任主体

预防违法犯罪，维护治安秩序，除了公安机关治安管理部门外，还包括各级党委和人民政府、各级立法机关、各级综合治理委员会以及各类社会团体、非政府组织、企事业单位、公民家庭和公民个人等，但负有预防违法犯罪、维护治安秩序直接责任或义务的国家机关是公安机关治安管理部门，社会组织是社会团体、非政府组织、企事业单位中的治安社会防范组织（如治安保卫委员会、单位内部的保卫组织、保安服务公司等）以及公民家庭和公民个人。而各级党委和人民政府主要负责对直接治安责任主体的宏观治安政策和治安保障，各级立法机关主要负责法律法规的制定与颁布，各级综合治理委员会主要负责协调和指导，各类社会团体、非政府组织、企事业单位也只是名义上的总负责。因此，治安社会防范的主体是社会多元直接治安责任主体。治安社会防范的具体工作有可能是治安社会防范组织、公民家庭和公民个人中某个单一主体组织实施，也可能是多元主体共同参与、协同实施。共同参与、协同实施既有纵向的上下联动，也有横向的综合联动。

2. 治安社会防范的对象是各种潜在违法犯罪及其条件和因素

虽然理论上每个自然人都有可能成为潜在的违法犯罪行为人，变成治安社会防范的对象，但是，由于人受自身素质、价值取向、生存环境等主、客观条件影响不同，是否实施违法犯罪行为存在很大差别。因此，治安社会防范只能将有可能实施违法犯罪行为的潜在的违法犯罪行为人作为治安社会防范的对象，包括有违法犯罪经历的人（如刑满释放人员，社区矫正人员，吸毒人员，受过治安管理处罚的人员等）、处于尖锐矛盾冲突中的人（如因家庭纠纷、邻里纠纷、工作纠纷等矛盾激化，而情绪不稳、采取过激言行，无理取闹、煽动或串联组织闹事，扰乱正常工作、生活、学习、生产经营环境等公共秩序，以及有严重不满想法、行凶报复苗头可能铤而走险的危险人员等）、有不良行为或有严重不良行为的未成年人和网络空间潜在的违法犯罪行为人，以及有可能诱发社会治安问题、导致社会治安秩序无序的直接或间接的传统安全、非传统安全因素与时空条件等。①

3. 治安社会防范必须有安全需求或公安机关的指导

安全的需求往往是基于现实的治安危害而产生。安全需求主要包括生命安全、财产安全、人身安全、信息安全等方面，是任何社会组织和公民个人自身的责任或义务，也是社会组织和公民开展治安社会防范的基础；同时，治安社会防范必须在公安机关（代表政府）的引导、指导、协调、监督下进行，这一方面治安社会防范要依法进行，另一方面，任何社会组织和公民个人开展治安社会防范往往是“业余”的而非“专业”的。公安机关有义务、也有责任对治安社会防范工作进行引导、指导、协调和监督。这种引导、指导、协调和监督往往是直接的，但也有间接的即这种引导、指导、协调、监督既可以是政策层面的导向，也可以是法律层面的规制，还可以是公序良俗方面的推介与鼓励等。

4. 治安社会防范的实施方式是依法进行的防范、控制和消除

治安社会防范包括保安服务、治安志愿工作、公民个人安全防范、公民家庭安全防范、单位内部的安全防范、社区安全防范等。所谓防范是指为使自己或他人免遭外界的不法侵害；所谓消除是指对导致治安问题发生的直接原因、条件和相关因素进行消除；所谓控制是指对已经发生的治安问题予以控制。因此，实施治安社会防范必须依据法律，不得超越于法律，因行使职权造成他人的权利侵害，必须依法获得相应的救济，同时违法进行治安社会防范应当承担相应的法律责任。治安社会防范依法进行，是体现的是社会法治原则，不仅是我国实现社会主义法治目标的需要，也是完成治安社会防范任务的要求。

---

① 王彩元、刘力皲主编：《治安社会防范教程》，武汉大学出版社 2016 年版，第 57～69 页。

（三）治安管理与治安社会防范区别

从本质上讲，治安社会防范与治安管理都属于治安工作。治安工作是国家警察机关和社会直接治安责任主体为预防违法犯罪所开展的治理工作的总称。一方面，治安工作不仅包括了积极主动的防范、控制行为，而且包含了被动的防范、控制和消除行为；另一方面，治安工作主体除了代表国家、专门履行治安管理职能的行政机关即警察机关之外，还包括社会多元直接治安责任主体。因此，治安社会防范与治安管理都属于治安工作，都是治安工作的组成部分。治安社会防范与治安管理的区别在于：①

1. 主体属性不同

治安社会防范与治安管理不仅有着截然不同的主体范围，而且其主体属性也完全不同。治安管理的主体，严格来说仅指国家警察机关，在我国即为公安机关。治安社会防范的主体，它是公权力领域之外的治安社会防范组织及公民家庭、个人。因此，从属性方面来说，治安管理的主体是国家统治阶级的一部分，其拥有的治安权力是国家公权力。治安社会防范的主体是处于公权力领域之外的防范主体，其拥有的权力是一种不可剥夺的维护自身权益的自然权利，属于私权力。

2. 工作地位不同

任何社会，各种社会主体的活动都必须在政治权力主体即国家统治阶级的意志范围内进行，否则即为非法。这就决定了治安社会防范与治安管理地位的区别。治安管理是一种国家政治统治与社会管理行为，治安社会防范则是一种社会自治活动，必须接受国家治安管理机关的指导、监督。

3. 职责权限不同

治安管理的目的在本质上是通过预防违法犯罪，维护治安秩序来保障国家政治安全与社会稳定。治安社会防范的目的是通过维护一定时空范围内的防范违法犯罪来保障社会公共利益或者社区、单位、公民家庭及个人的利益。因此，治安管理体现的是国家意志，治安社会防范体现的是特定社会主体的治安需求。公安警察机关为了履行职能，可以依法采取任何措施；而社会治安防范主体所拥有的治安防范权力与权利的范围是有限的，往往不具有强制性。

4. 手段措施不同

与主体属性、工作地位及职责权限相对应，治安管理和治安社会防范的手段、措施也不相同。治安管理由于体现的是国家统治性，其手段、措施必然具有普遍的强制性。而治安社会防范由于其体现的是社会自治性，虽然依法，但其手段、措施只能在“防卫”范围内，必然受到局限。

第二节　中外治安史简介

一、中国治安史

（一）中国古代治安

在原始社会，虽然没有国家机器，但社会成员的安全意识、社会群体的安全管理却无时不在，如群体自卫、建树栅栏、掘沟堑、筑围墙等。由于原始社会没有国家，也就不具有真

① 李健和主编：《治安学原理》，中国人民公安大学出版社2013年版，第176页。

正意义上的治安职能。

1. 奴隶社会的治安

我国第一个奴隶制国家——夏朝于公元前2100年建立。夏朝在原有的氏族组织的基础上初步形成了国家权威，部落议事向国家机器的转化，我国有了治安职能的萌芽。为了管理国家事务，夏朝已有了一批专门管理的机构和官员——“六卿”，即“后稷、司徒、秩宗、司马、士、共工也”。① 其中司徒、司马、士共同担负一部分维护社会治安的职能。夏朝还制定了《禹刑》以加强国家的控制和对社会的统治。而且，据《左传》记载，夏时“有民千三百五十万三千九百十人”。② 这种对人口数量的详细统计，比希腊早1500年，说明当时的治安职能已发展到一定程度。

商朝通过建立“内服”和“外服”两部分国家机构，更加完善了夏朝以来的国家机器。其中，户籍登录分国中（城区）、都鄙（近郊）、与郊野（乡村）三种——这种以王权为核心，以城市管理为中心，以血缘关系为纽带，以家族户口为本位，以劳动力附着于土地为原则、实行分级管理、管理到户的安全管理模式，在以后的中华文明发展史上，起到了长久的粘固作用。商朝制定了《汤刑》作为维护其统治的依据。《汤刑》的内容虽然已不可知，但从西周“刑名同商”的记载来看，商朝同样有不少关于社会治安管理的具体规定。

西周是奴隶制发展达到鼎盛时期。统治阶级总结了夏商以来的奴隶主阶级统治人民的经验，提出“以德配天”、“明德慎罚”和“礼治”的治安思想和统治方略，而且西周的治安职能较夏商有了较大的发展，并逐步专门化、制度化。从文献记载看，主要有司徒、司马、司寇和虎贲等机构执行治安职能。同时，西周较为注重运用法律手段维护社会治安，“周有乱政，而作《九刑》”③，严厉惩罚盗、贼等严重危害社会治安的行为。

春秋战国时期是我国奴隶制瓦解、封建制兴起的社会大变革时期，国家的职能也更加强化、分工更加明确具体，相应的治安职能也进一步明确。据《周礼》记载，当时在“司徒”之下设置有“司武虎”（古暴字）、“司稽”和“司门”等官职，在“司寇”之下设有“司民”、“司寤氏”、“禁暴氏”、“野庐氏”和“司煊氏”等官职，履行治安职能。④ 同时，春秋战国也是我国思想上“百家争鸣”时期，当时比较有代表性的儒、墨、道、法、兵名农各家学说。虽然各家学说理论体系大相径庭，关注的重点各不相同，各家的思路及其学理表述也有很大的差异。但就国家治理和社会管理的总目标而言，各家又是一致的——都提出了安民、富国、强兵的方案与蓝图，都要“安邦治国”、“国治民安”，并在力所能及的范围内做宣传鼓吹，为创建一个强大稳定而统一的政权作了思想理论准备。

奴隶社会是治安职能的萌芽时期，虽然到了晚期，治安有了一定程度的发展，并出现了初步的职能分工，但这一时期还没有专门的治安机构，治安职能与司法、刑事、军事及其他国家行政职能交织在一起或寓于其中。

2. 封建社会的治安

公元前221年，秦始皇统一中国，建立了我国第一个统一的中央集权的封建专制王朝。秦始皇实行中央大一统的治安模式，将商鞅变法创建的集权型治安体制推向全国。秦朝信奉

---

① 《尚书大传·夏书》郑玄注。

② 《左传·襄公四年》。

③ 《礼记·月令》。

④ 熊一新、王彩元、丁建荣主编：《治安学总论》，中国人民公安大学出版社2008年版，第17页。

"唯法惟治"、"以法为本"、"专任刑罚"的治国理论，在全国自上而下建立了一套完整的官僚机构。以朝廷警卫和京师治安为重点，遍布全国的治安机构日趋完备，职能分工更加细密。在中央，秦在"三公"中设御史大夫，"九卿"中设廷尉，主管全国的司法和治安。在全国实行郡县制，郡以下设县，县辖乡，乡以下基层组织叫"里"。秦在郡县均设有尉，其主要任务是"捕盗贼"，协助郡守、县令负责本地区的治安。此外，秦在乡一级设三老，掌教化；设啬夫，职诉讼，收赋税；设游缴，警游惰，捕盗贼。为了使户籍管理制度更加严密，强化对人民的管理，秦在商鞅的改革就是推行什伍制，实行"什伍连坐"。这种连坐制度实际也是此后整个封建社会直到国民党统治时期实行保甲制度的雏形。

秦在治安职能上的一个创造性的机构是亭。秦朝在驿道旁、关隘渡口、街道以及市场都设有亭。县设都亭，由县令领导，受郡尉指挥，同时管辖各地基层亭。亭设亭长，率亭卒负责捕盗，迎送过往客人以及维护辖区内的治安秩序。《汉官仪》记载："亭长皆习设五兵"，"亭长课巡徼"，"亭长持二尺版以劾贼"。

汉承秦制，秦的措施，汉代基本都保持下来了，只是做法上改变了"急政暴政"的外在形态。汉朝初期实行"无为而治"的黄老思想，汉武帝任用董仲舒"罢黜百家、独尊儒术"，内法外儒，儒表法里，继承了秦朝以来"法治"的精神实质。汉朝治安法理的健全化，治安配置的制度化，奠定了其后两千多年中国治安的基本框架。

唐朝是我国封建社会的鼎盛时期。唐朝的统治阶级普遍认为，"仁义"和"刑罚"是不可缺少的手段，仁义是根本，刑罚是枝梢，贵仁义贱刑罚。儒家的纲常伦理已经成为统治阶级治理国家的理论。同时，唐朝沿袭了前代国家统治机构的设置并加以完善。在中央设吏、户、礼、兵、刑、工六部，其中户部、刑部兼有治安职能；在基层，乡、里设里正行使治安之责，村设村正，协助里正管理社会治安。城中坊设坊正，督察奸非。

宋元是古代治安史一个重要的转折期，秦汉隋唐的治安体制这个时候发生了重大的跃迁，实现了体制性的更新，其标志是"巡检制。从五代时皇帝临时亲派监视地方的巡检或巡检使始，发展为设置于路、州（府）、县及河道、沿海、边防的固定机构——巡检司，其负责官员仍称巡检或巡检使，专门"巡逻州邑，捕捉盗贼"。此外，宋明理学的影响下，县以下的基层社会以"乡役制"代替"乡官制"，实行"以民治民"，且在王安石变法后普遍实行保甲制。宋元时期，通过大力倡导家族、乡约、保甲、会馆等治安社会组织，形成了中央集权下的"以官治民（官治）"与"以民治民（民治）"结合的传统。①

明朝是我国封建专制统治高度强化时期。明朝统治者确立了"刑乱国用重典"的指导思想来加强对社会的控制。负责维护社会治安的机构，在京城主要有四个：五城兵马司、亲军卫和留守卫、锦衣卫和巡捕。在地方，省级行政机关设"三司"：都指挥司、布政司、按察使。各府县关津等要害处，均设巡检司，负责查验过往人员证件，查获奸细、逃犯、讨军及可疑之人。在基层，城内置坊，近城区称厢，乡村恢复里、甲制，里设里长、甲设甲首，负责地方民政、教化和社会秩序。此外在农村还实行"十家牌法"。永乐年间在北京东安门北设立东厂，成化年间又增设西厂，以加强社会治安的控制。东、西厂与锦衣卫合称"厂卫"，实际上是明朝为残酷镇压人民而设立的秘密警察组织。

清朝皇权专制和中央集权又进一步加强。中央仍设六部，另外在京城设置步军统领衙门（全称为"提督九门巡捕五营步军统领衙门"），审断"杖"罪"违警案件"，在清中期还

① 王均平主编：《治安学》，武汉大学出版社 2016 年版，第 68 页。

负责编查保甲。京城内还仿明制设五城兵马指挥司，分别负责各城区的治安，但受步军统领衙门节制。为了维护地方秩序，加强对人民的控制，清明继承了前代的保甲制度，并加以完善。国家不在基层设置行政机构，也没有专职的治安机构，基层治安维护主要靠保甲、家族、乡约、会馆等维护。在镇压太平天国运动时，保甲组织与团练相结合，成为清朝统治阶级的工具。

纵观整个封建时代治安，无论哪个政权都十分重视人口的登录和管理；重视城市平民安全和秩序管理，在治安领域保持了相互沟通、相互对接的历史通融性。我国古代关于治安的认识，虽然是零星、分散的，但仍为我们当今认识治安规律，为中国特色的治安学形成，提供了非常重要的借鉴。

（二）中国近代治安

1. 清末治安

1840 年鸦片战争之后，中国逐渐沦为半殖民地、半封建的近代社会，而中国近代警察制度的诞生，是中国社会性质变化以后中国人积极向西方学习的产物。1898 年，湖南按察使黄遵宪仿效通商口岸租界内外国巡捕制度，在长沙创建了第一个警察组织——湖南保卫局。此后，1901 年清政府仿效八国联军的做法在京城设“善后协巡总局”（不久后改成“工巡总局”），1902 年袁世凯创建了“天津巡警局”。1905 年清政府在中央设“巡警部”，成为我国最早的正式中央警察机关，次年又改成“民政部”指挥监督全国各地的警察工作。1907 年清政府又下令在上海、江苏、广东、湖北、云南、山西等地相继创建警察机构。

在建立警察机构的同时，清政府还在各地设立了警务学堂或巡警教练所，以训练巡警、培养警察官吏。并且，还颁布了《违警律》、《违警罚例》等治安法规。

在漫长的封建社会里，中国一直没有现代意义上的治安。长期以来的治安职能是由军队、地方府衙、保甲、社会组织乡约、会馆担当。而我国近代的治安，在引进西方近代警察制度的基础上，根据我国百年近代史不同发展阶段的治安需要而构建起来的，治安法规逐步建立，治安观念逐步明晰，治安业务逐步展开，治安机构日益强化。

2. 南京临时政府治安

经过辛亥革命，1912 年孙中山在南京宣誓就职，宣布中华民国成立。南京临时政府在中央设内政部，其下设警政司，是全国警察行政的最高管理机构。在地方，分别设立省级警政主管机关民政厅或警务处以及省会、市县各级警察机构，从而完备了从中央到地方的警察网，治安组织逐步实现了独立化、系统化。

南京临时政府还分布了一系列治安法规，如《关于禁止刑讯政内务司法两部令》、《巡警拔用佩刀规则》、《通饬保护人民财产文》、《保护人民财产令》等，以禁刑讯、禁鸦片、禁赌博、限制警械地使用、保护私有财产等。

纵观南京临时政府警政建设，以孙中山为代表的革命派为创立资产阶级民主共和制度作出了巨大的努力，但是由于中国资产阶级带有先天的软弱性和妥协性，警政建设的本身又带有明显的历史阶段局限性。南京临时政府无力维持各地的治安秩序也没有来得及颁布新的警察官制。

3. 北洋统治时期的治安

辛亥革命的胜利果实很快被袁世凯窃取后，中国又处于北洋军阀的黑暗统治之下。北洋政府沿袭南京临时政府的设立的官制，以内务部作为总揽全国民政警政事务的最高机构。警察职能逐步实现了具体化、健全化。清末警察机构内部分工粗糙，虽有行政警察、司法警察、卫生警察但大多是兼职，有名无实。北洋政府实现了独立化、系统化，根据省、道、县三级行政建制，建立相应警察机构，明确各级地方警察与地方政府的关系，京师、商埠和各县警察机构有了明显改善。

北洋政府建立后，在各地普遍设立消防警察、铁路警察、水上警察、矿产警察。各地警察机关还纷纷设立各种专业警察队，如保安警察队、警卫队、侦缉队等。一个自上而下的多层次、比较完整的近代警察网络终于形成；警察业务分工趋向细致，专业警察队伍逐渐走向正规；传统的封建治安体制因而进一步解体。

4. 国民党统治时期的治安

1927 年北伐战争的胜利果实被蒋介石摘取后，南京国民政府时期进一步完备了从中央到地方的警察网，建立起覆盖全国的集权型警察体制。在中央，行政院下的内政部是全国警察的最高主管机关，其下的警政司是全国警察行政的最高管理机构。警政司既有指挥监督各地行政官员执行警察事务权限，又能直接设立省级民政厅或警务处，执掌全省的警务。省会设立警察局，省会以外的市均设警察局，负责公安、消防、公共卫生事项、医院、菜市、屠宰场及公共娱乐场所之设置及取缔。各县设县警察局，掌理户籍、警卫、消防、防疫、卫生、保护森林、渔猎、县警察管理、县警察装械、保护名胜古迹、保甲及民兵训练等事宜，县长无权任命县警察局长，必须报请省政府批准。此外，在非县城和重要商埠，省政府设立特种公安局，受省警务处管辖，职责是管理经济物资流向和流动人口以及配合“剿匪”。

南京国民政府向西方资本主义国家学习，大量引进警察管理的制度和经验，强化中国警察社会管理职能。南京国民政府以清末、北洋警政为基础，先后设置了专职的司法警察、新式刑事警察、外事警察及税务、盐业、森林、卫生、交通、航空、铁路、公路等行业警察；女子警察也是这个时期正式诞生。这种细密分工充分表明了警察对社会的管理职能有了明显的提高，并初步开展了国家间的警察合作与交流。此外，与警察有关的技术、设施、装备等，较之以往有了相当的改良和加强。

南京国民政府建立后，为加强对基层人民的控制，继续推行保甲制度。1932 年首先在靠近红色根据地的地区建立起来，不久普遍施行于全国。根据有关法律的规定，保甲作为基层治安组织，在许多方面直接行使警察职能，而且在未设警察机构的乡村可以代行警察一切职权。从这种意义上说，它实际上是一级警察机关，而警察对保甲负有指导帮助职责。警察指导保甲，保甲辅助警察，二者互为补充，紧密结合，从而建立起城市到乡村、从中央到基层的多级治安防范网络。

（三）新中国的治安

1949 年 10 月 1 日，中国人民共和国宣告成立，中国从此进入了社会主义革命和社会主义建设的历史时期，新中国的治安总结了民主革命时期各革命根据地治安经验，在适应政治经济发展过程中逐步完善，形成了具有中国特色的治安体系和治安制度。

1. 新中国成立初期的治安

新中国成立初期，从中央到地方各级公安机关都内设治安部门，负责辖区的治安工作，城市街道、农村乡镇设公安派出所，农村的区和不设区的乡设公安特派员，形成了一个从上到下、严密的、多层次的治安体系组织。

为巩固新生的革命政权，1950 年 7 月至 8 月，公安部召开了第一次全国治安行政会议，确定了治安管理工作任务，强调以加强户口管理为中心的派出所工作，同时开展防特、防盗、防火工作，随后各级治安管理部门根据会议精神，结合当时的治安形势，打击惯匪、惯盗，禁毒禁赌，取缔娼妓，收容危害社会治安的国民党散兵游勇和无业游民，迅速改变了当时治安混乱的状况。

1953 年 9 月，公安部召开了第二次全国民警治安工作会议，会议明确了公安派出所的基本任务，尤其强调了要巩固和加强群众性治安保卫委员会，要继续加强和提高户口、交通、消防等各项业务建设和组织建设。经过几年努力，初步形成了户口管理为中心，以派出所工作为基础，包括交通、消防、公共复杂场所、特种行业、危险物品管理在内的治安管理工作体系，为提前完成第一个五年计划创造了良好的社会秩序。

2. 全面建设社会主义时期的治安

社会主义改造完成以后，从 1957 年到 1965 年，我国进入了全面建设社会主义时期，这一时期的治安管理工作同其他各条战绩的工作一样，除了受一些“左”的干扰外，从主流看，仍然得到了全面的发展。

1957 年 1 月，全国第八次公安会议根据党的第八次全国代表大会确定的全面建设社会主义的方针，提出公安机关的主要任务是对敌斗争，开始转变为在继续加强对敌斗争的同时，加强治安工作，保卫社会主义经济建设。1963 年 9 月公安部召开了全国城市治安管理工作会议，提出了以城市为重点，进一步加强和提高城乡治安管理工作的要求。根据会议精神，治安管理部门一方面严厉打击不法分子，铲除各种社会丑恶现象，另一方面强调正确区分两类不同性质的矛盾，很快改变了城乡治安问题严重的局面。

这一时期还加强了治安立法工作。先后制定和实施了《治安管理处罚条例》、《户口登记条例》、《公安派出所组织条例》、《消防监督条例》、《城市交通规则》、《爆炸物品管理规则》、《枪支管理暂行条例》、《城市旅栈业管理规则》、《公共娱乐场所暂行管理规则》、《印铸字业暂行管理规则》等几十种治安管理的基本法规和专项规则，使治安管理逐步走上依法管理轨道，形成了新中国以来少有的良好的治安局面。

3. “文化大革命”时期的治安

1966 年到 1976 年的“文化大革命”，使治安管理遭到了严重破坏，治安管理的各级机构随着公安机关被“砸烂”，广大治安民警有的下放到农村、劳改农场，有的被关进监狱。许多基层保卫干部、治保人员和治安积极分子被揪斗，一些行之有效的治安管理规章制度遭到践踏，治安管理工作受到严重冲击，虽然 1970 年和 1973 年召开两次全国公安会议，都曾经指出要“要加强治安管理”，但由于“四人帮”的不断干扰和破坏，治安管理不可能全面恢复。

4. 社会主义建设新时期的治安

“文化大革命”结束，特别是党的十一届三中全会后，我国进入社会主义建设新的历史时期，治安管理工作逐步得到全面恢复和发展。

1977 年召开的第十七次全国公安会议，提出要恢复和健全治安管理的各项规章制度。1978 年召开的第三次全国治安工作会议，总结了新中国成立以来治安管理工作正反两个方面的经验教训，提出了治安管理工任务要实行“党委领导，依靠群众，预防为主，管理从严，及时打击，保障安全”的方针，要求全面恢复新中国成立以来建立的各项治安管理工作。随后，各级治安管理机构重新建立，治安管理业务重新开展，公安院校设置治安管理相关专业，出版治安管理教材，培训治安民警，治安法规恢复执行，治安管理技术装备得到充实，为治安管理的全面发展奠定了基础。

为了使社会治安秩序持续稳定好转，1981 年 6 月 14 日中共中央批转中央政法委《京、津、沪、穗、汉五大城市治安座谈会纪要》提出的“社会治安综合治理”方针。1983年，中共中央、全国人大常委会作出《关于严厉打击刑事犯罪活动的决定》、《关于严惩严重社会治安的犯罪分子的决定》，随后掀起了“严打”的高潮。1991年2月，中共中央、国务院又作出了《关于加强社会治安综合治理的决定》。但是在社会治安综合治理的诸多手段中，依法严惩严重刑事犯罪分子是首要手段，只有在坚决打击严重刑事犯罪的同时，再辅之以其他手段，才能达到综合治理的目的。从此，社会治安综合治理成为我国治安工作的基本方针，“严打”在较长时间内成为公安工作的重要组成部分。

为适应社会主义市场经济条件下治安的需要，在从20世纪90年代开始，公安机关探索建立新的治安思路和措施。1991年第十八次全国公安会议要求在全国首先建立和基本完善直辖市、省会市和自治区政府所在市以及计划单列市的人民警察巡逻体制，提高了公安机关对城市社会面的治安控制能力。1996年，公安部在福建省漳州市召开了全国城市“110”服务台建设工作现场会，以建立“110”报警系统为契机，推动治安快速反应机制的建设。同年公安部提出了改革加强派出所工作的基本思路，要求充分认识派出所在公安工作中的基础作用，确立派出所以管理、防范为主要任务，以“发案少、秩序好、群众满意”为目标，改革和调整派出所的工作方式、动行机制，切实提高管理、控制辖区治安的能力。根据这个基本思路，1997年公安部在苏州召开了全国公安派出所工作会议，明确提出在当前和今后一个相当时期内，改革和加强派出所工作，以适应公安机关提高社会管理控制能力的总体要求。2002年，公安部在杭州召开了全国公安派出所工作会议，提出要大力加强以人口管理为重点的治安防范和管理工作，夯实公安工作根基；坚持专门工作和群众路线相结合的方针，积极实施社区警务战略；大力加强派出所的规范化建设，不断提高执法水平、工作效率和工作质量；进一步加强派出所队伍建设，不断提高民警整体素质和战斗力；加强领导，加大投入，着力解决派出所在管理体制、警力投入、装备配置和奖惩机制等方面存在的困难和问题，切实保障派出所依法充分履行职责，提高派出所发现、预防、控制和打击违法犯罪活动的能力和服务群众的水平，努力实现派出所的工作目标。

2003年，党中央作出了《中共中央关于进一步加强和改进公安工作的决定》，要求以加强以公安派出所工作为主体的公安基层工作，实施社区警务战略，全力作好维护稳定工作，推进社会治安防控体系建设，积极开展群防群治，切实加强社会治安工作。同年，公安部召开第二十次全国公安会议，进一步落实《中共中央关于进一步加强和改进公安工作的决定》精神。为积极适应形势发展对公安工作提出的新挑战、新要求，2006年公安部先后下发了《公安部关于抓基层打基础苦练基本功的指导意见》和《公安部关于实施社区和农村警务战略的决定》。经过多年的努力，从根本上扭转基层基础工作薄弱、民警综合素质和执法水平不高、警务保障乏力的状况，为公安工作的长远发展奠定坚实的基础，并逐步建立、创造了与新型社区管理体制、社会主义新农村建设、全面建设小康社会、构建社会主义和谐社会相适应的良好的治安环境。

2012年，党的十八大提出了国家治理体系和治理能力现代化的改革总目标，2015年2月，中央又审议通过了《关于全面深化公安改革若干重大问题的框架意见》，提出了全面深化公安改革的总体目标。总目标的内容包括：完善与全面推进国家治理体系和治理能力现代化、建设中国特色社会主义法治体系相适应的现代警务运行机制和执法权力运行机制，建立符合公安机关性质任务的公安机关管理体制，建立体现人民警察职业特点、有别于其他公务员的人民警察管理制度。到2020年，基本形成系统完备、科学规范、运行有效的公安工作和公安队伍管理制度体系，实现基础信息化、警务实战化、执法规范化、队伍正规化，进一步提升人民群众的安全感、满意度和公安机关的执法公信力。中共中央《关于全面深化公安改革若干重大问题的框架意见》为当前我国构建中国特色社会主义的治安治理体系指明了方向和目标。

二、国外治安史

（一）国外古代治安

1. 以民主、自治为基础的治安

古希腊是西方文明的源头，盛行民主政体，城邦治安多采取“民主”方式，并对近现代西方的治安制度有深刻的影响。以雅典为例，雅典国家是直接从氏族社会中产生，雅典的公民大会是最高权力机构，讨论和决定着雅典的财政、立法、外交、审判、治安等所有重大公共事务。雅典的治安，战时由将军统率军队维护，日常则采取两种方式维护，一种方式是通过城邦设置诸多机构来维护治安，如公民大会之下的“Magistrate”（治安官），行政职司使用的“警察宪兵队”① ——西徐亚弓箭手；另一种更为普遍的是氏族警务的延续——公民的自我警务，包括部落沿用家族警察的做法和取决于公民自身——个体自发和自救的城邦治安规则。②

而古代英国从氏族社会直接跨入封建社会，没能形成强有力的君主专制统治。在氏族社会原有的人人平等、全民参与、社区自治的观念之下，形成了全民皆警模式，与其后的封建君主统治相结合，形成了古代英国以郡区为主体的自治性治安模式。如公元前的不列颠处于氏族社会，社会秩序主要靠“自我警务”或“私人警务”。这种警务模式在5世纪罗马军团撤出不列颠之后再次复兴，并与其后陆续出现的不列颠封建政权相结合，形成了“泰兴制”（又称十户区制），造就了古代英国治安活动“全民皆警”的浓厚色彩。1361年，英王爱德华三世颁布《治安法官法》，规定每个乡镇都由国王任命的治安法官以维护治安。治安法官强化了国王在地方治安中的权力，一直到1829年新警察制度建立，才基本被废除。

2. 以集权为核心的治安

古罗马的治安制度在王政时期（公元前753—公元前510年）、罗马共和国（公元前509—公元前27年）和罗马帝国（公元前27—395年）三个时期有很大变化。王政时期是氏族制度解体并向城邦过渡时期，没有具备治安职能的行政机构；共和国时期的治安活动主要采取两种方式：权贵负责和平民自助；帝国时期创建近卫军、城市军团和消防军。以国家军队作为维护治安的专职力量，是罗马帝国治安活动的特色，对中世纪的法国、德国等欧洲大陆国家的治安制度有很大的影响。

在罗马帝国统治下的英、法，都以军队作为维护治安的主要力量，但罗马帝国崩溃后，古代英国抛弃了罗马方式，采取了“全民皆警”方式，而古代法国则继承了罗马传统，形成了军队维护治安的集权型治安模式。其中，菲利普二世奠定集权型治安模式基础，而军事性质的骑警是维护治安的主要力量，特别是路易十四建立以警察总监为中心的治安集权体制，形成了以警察总监为中心、垂直管理、覆盖全国的治安体制在法国建立起来。

① 《马克思恩格斯选集》，人民出版社1995年版，第116~117页。

② 王均平主编：《治安学》，武汉大学出版社2016年版，第65页。

（二）国外近代治安

1. 自治型治安制度的形成

18 世纪以来，英国工作化、城市化快速发展，城市治安迅速恶化，社会秩序混乱。传统治安法官、公安员和巡夜人固有的尽义务、无薪酬及缺乏专业素质等问题，使得一些有识之士开始尝试变革传统的治安体制。18 世纪中叶，亨利·菲尔丁和约翰·菲尔丁兄弟先后出任伦敦舰队街治安法院首席治安法官，对传统治安制度进行了改革，建立受薪治安法官制度，组建骑警巡逻队等，这些改革证明了专职警察在打击犯罪、维护社会秩序的威力，也预示着此后治安制度向职业化发展的方向。1792 年，英国议会通过法令，在整个伦敦地区推广舰队治安法院的模式。帕特里克·科奎豪恩被任命为泰晤士河治安法院的治安法官，成为改革推广阶段的代表人物，建立了英国第一个专职从事犯罪预防的警察机构——泰晤士河警察署。

为充分发挥预防和侦破犯罪的作用，1829 年，英国内政大臣罗伯特·比尔向议会提出议案："建立一个由内政大臣指挥的警察厅，它将指挥和控制整个伦敦地区所有的新式警察。"并在议会顺利通过，变成了具有划时代意义的《伦敦大都市警察法》，根据此法创建的大伦敦警察厅，是世界近代第一个依法建立的警察组织，这是警察从无到有的革命，使警察成为维护治安的主要力量。其主要特点，一是明确了警察的职能，专职维护治安、预防犯罪、犯罪侦查以及关押罪犯；二是有专门制服和纪律；三是确立了警察行为和警务活动的基本原则，提出了建警 12 条原则，确定了礼貌、克制、最小武力、公众满意、科学分布警力等警察行为的基本原则。1856 年，英国议会颁布了《郡市警察法》确立了中央政府、地方政府、警察局局长这三方共同管理警察、维护治安的三角形管理结构，奠定了英国自治型治安体制的基础。而且，英国殖民地或从英国殖民地独立出来的国家，基本上沿用了英国的自治型治安体制。

2. 集权型治安制度的形成

1789 年法国大革命以后，立即变成废除了封建王朝的旧警察制度，开始创建新的警察制度。君主立宪派统治时期（1789 年 7 月至 1792 年 9 月），各城市创设警察特派员，由选举产生，市长指挥，统领城市中各地区的新警察，重建骑警队并改称为国家宪兵。热月党与督政府统治时期（1794 年 7 月至 1799 年 11 月）解散了吉伦特派统治时期创建的治安委员会和公安委员会。1795 年，在中央创设警务部，作为全国警察的首脑机关，在巴黎等大城市设立警察中心和各地方警察的指挥机关。同年，国民公会制定《警察法典》，首次提出行政警察与司法警察的分类，为法国乃至其他大陆型国家行政、司法两大警种的划分奠定了基础。

1796 年 10 月拿破仑督政府颁布法律，规定警察必须以维持公共秩序、个人的自由权利和安全为目的，并从组织上提出行政警察与司法警察两种基本形式，赋予警察警告、预防、取缔、驱散、镇压、罚款、行政拘留、提起公诉的权力。整个拿破仑统治的法国大革命时期，法国高度中央集权的警察体制建立，保留并扩充了创设于督政府时期的警务部，规定各省省长都必须向警务部部长报告包括警务在内的所有工作。在巴黎，拿破仑创建了巴黎警察厅，其首脑称为"警察长官"，受警务部长监督指挥并向其汇报工作。大城市（10 万人口以上）和市镇（5000 人以上）设一个警察局或警察分局，同时设一个由警务部部长亲自任命的警察总特派员或特派员。为了镇压敌对势力、巩固和对外战争的需要，拿破仑把情报工作和控制公众思想确定为警务工作的核心。

近代德国、日本的警察体制，与法国集权型的警察体制大体相似。

（三）国外现代治安

现代治安是指20世纪以来至今各国的治安实践，可以分为20世纪的前60年治安专业化阶段以及20世纪至今的治安专业化反思阶段。①

1. 治安专业化阶段

20世纪初，以专职警察维护治安的制度在各国基本确立，并得到社会的认可，警察被认为是主要的、甚至是唯一的治安力量。但是警察非专业化成为严重妨碍治安维护的因素。20世纪的上半叶，就是以警察专业化运动为依托，开展治安专业化。20世纪初，美国开展了持续半个多世纪的警察专业化、治安专业化运动，并且随后为其他国家效仿。

20世纪初，美国地方政治实行“政党分肥制”，地方选举中获胜的党派有权把该党派人员或支持者安排到包括警察局在内的任何政府部门担任任何职务，这直接导致了警察专业素质差、治安管理无效率等问题。这是美国诸多问题的根源。治安专业化的总目标就是“警察与政治分离”，打造专业警察队伍，以科学理论和技术维护治安。为达到这个总目标，从20世纪初期到20世纪中期，警界改革者先后把理论化、系统化了的治安专业化主张付诸实践并取得了极大的成功。

以美国治安专业化运动为典型的西方现代治安实践，持续半个多世纪，它在延续近代治安实践以专职警察打击犯罪从而维护治安的基础上，强调警察专业化在警务工作和治安维护中的作用。它重视警察工作和系统、科学研究，使警察与警务工作的科学化水平有了质的飞跃；重视警察录用培训规范化，使警察人员的职业素质得到了明显提高，重视警务工作科技化，极大地提高了警务效率与效能。科学化、规范化、科技化的警务工作，不仅在严格执法、打击犯罪、维护治安方面发挥了重要作用，也使得各方面普遍认识到警务工作所需要的专业知识和技能只有通过教育训练才能获得，从而促进了西方警察科学和警察教育的发展，进一步提高了美国警察执法、控制犯罪、维护治安的能力。

2. 治安专业化反思阶段

西方近现代的治安基本上是重视对犯罪的处罚，忽视对犯罪的预防，忽视轻微扰乱秩序及越轨行为的处置。在此基础上的治安专业化运动，就必然会强调警察“犯罪斗士”的形象，强调警察严格执法、打击犯罪的职能，从而忽视警察维持秩序和服务公众的职能，忽视警察与社会的沟通与合作，最终导致治安维护的效果不尽如人意，单靠专职的警察打击犯罪，单靠警察专业化，是不能从根本在达到治安的效果。

从20世纪60年代开始，治安专业化运动曾招致社会、政府乃至警察内部的质疑。治安专业化不仅造成了警察与公众的隔膜，而且警察经费投入巨大，20世纪60年代以来犯罪率逐渐上升。从20世纪70、80年代开始，各国在民权运动、财政压力及全球化、信息化、市场化、恐怖主义猖獗等内外压力下，一系列新的警务理念和模式应用于治安工作中，如社区警务、情报主导警务、问题主导警务、反恐警务、警务社会化、第三方警务、多元警务、国际合作警务等。这些新的警务理念和模式反映出当前各国治安发展的趋势：国内治安与国家安全进一步密切；重新定位警察及其在治安中的作用；更加注重专业化警察在治安中的主导作用；注重依法维护治安；大力发展国际间警务协作与交流等。

① 王均平主编：《治安学》，武汉大学出版社2016年版，第78~82页。

第三节　治安学及其研究对象

一、我国治安学的发展过程

中国作为世界文明的发源地，对治安的文明和进步曾经作出了重要贡献，治安理论研究成就举世瞩目。早在2200多年前的战国时期，中国就出现了与治安活动、治安思想有关的治安论著《显学》，在稍后的西汉时期出现了《陈政事疏》（又名《治安策》）以及东汉时期的《史记》。此后，历代的统治者和治安实践人员在长期的治安实践中摸索出了许多行之有效的治安对策和管理方法，并不断系统化、理论化，使中国古代的治安管理活动的文明化、科学化的水准始终居于世界前列。

我国对治安学的理论研究，始于20世纪初。当时的清政府一方面组建全国警察机构，引进西方的治安管理制度；另一方面大量翻译出版西方警政理论方面的著作。此后，我国学者开始对中外治安学与警政理论进行研究，并出版了一批具有较高学术价值或操作性较强的著作。如20世纪20、30年代的《警察勤务须知》（1928年）、《行政警察》（1929年）、《交通警察概论》（1931年）、《外务警察学》（1932年）、《水警必读》（1933年）、《户口要义》（1934年）、《警察实务纲要》（1936年）、《中国警管区制的理论与实践》（1937年）等，新中国成立以后的《民警治安工作概要》（1953年）、《户口管理工作教材》（1954年）、《消防工作教材》（1955年）、《派出所工作教材》（1956年）、《治安管理工作》（1981年）等，这些教材或著作虽然内容上偏重于具体业务操作的阐述，但有的已经构成了现代治安学的分支学科，并成为了治安学诞生的先奏曲。

1984年6月，由西南政法学院（现西南政法大学）公安业务教研室编写了《社会治安管理学》，第一次赋予了治安管理以"学"的称呼，成为治安管理从经验总结、单纯阐述业务知识向系统化理论研究的转变，并改变了我国治安学长期以来无学问的局面。该教材提出的研究对象和构筑的体系构成了治安学向前发展的基石。①

随后，以20世纪80年代初公安部公安教材编审委员会组织编写的《治安行政管理学总论》、《治安秩序管理》、《治安基层基础概论》等9本治安管理业务教材等理论研究的全面展开为标志，经过20世纪80年代和90年代的研究和发展，到《新编治安行政管理学总论》、《治安学理论研究综述》（1998年）等教材、论著的出版为止，治安学的学科体系虽不尽完善，但已粗具规模。进入21世纪，治安学研究空前活跃，研究内容涉及治安学学科建设、治安学基础理论、警务改革、社会治安防控体系建设、户籍制度改革、社区警务、治安行政执法规范化、群体性事件或突发事件预防与处置、安全保卫、社会治安组织与业务建设、治安学教学与改革等治安学研究和治安工作中的热点、问题。2001年10月，中国人民公安大学发起并主办了首届"全国新世纪治安学学科建设研讨会"。之后，全国治安学学术研讨会暨治安系主任论坛已经每年或每两年举办一次，研讨会的频率之高，参与人员之广，彻底改变了20世纪新中国成立以来只召开过一次治安学术研讨会的局面。② 一大批治安学

① 王彩元：《治安学基础理论专论》，中国人民公安大学出版社2005年版，第7页。

② 1986年11月，由中国人民公安大学和公安部治安管理局联合组织在湖北宜昌召开了首届全国治安管理学学术研讨会，结集出版了《治安学术论文集》（中国人民公安大学出版社1987年版）。

术专著和专业教材问世，如《治安学论丛》（系列卷）、《治安行政措施通论》（2001 年）、《治安管理学总论》（2002 年）、《治安学》（2002 年）、《治安管理学概论》（2004 年）、《治安管理学基础理论教程》（2005 年）、《治安学基础理论专论》（2005 年）、《治安学总论》（2008 年）、《治安学原理》（2013 年）、《治安学基础理论研究综述》（2014 年）、《治安学导论》（2015 年）、《治安学》（2016 年）、《治安社会防范教程》（2016 年）……极大地推动了治安学科的发展。

我国治安学科的发展是与公安理论研究和公安教育的发展密切相关的。从新中国成立至“文革”结束之前，虽然公安理论研究和公安教育发展缓慢，但 20 世纪 80 年代以来，我国治安学理论研究空前活跃，20 多年来，我国出版了为数众多的治安学著作，学术界发表了大量治安学方面的论文。大量出版的治安学专著、教材、文集、论文等，极大丰富和繁荣了我国治安学理论，促进了治安学学科的发展。特别是这一时期，我国的治安学专业教育也得到迅速发展。1984 年，经国务院批准，中央人民公安学院改建为中国人民公安大学，并设置治安、保卫两个治安学类本科专业。此后，中国武警学院设置出入境管理和边防公安两个治安类本科专业。1993 年，在原国家教委组织的普通高等学校本科专业目录修订工作中，治安、保卫两个专业分别被更名为治安管理和安全防范专业；1998 年，在普通高等学校本科专业目录修订工作中，治安管理和安全防范两个专业被合并为治安学专业；出入境管理和边防公安两个专业合并为边防管理专业。此外，在全国各级各类公安院校中，治安学（治安管理）专业已成为最重要的公安类专业之一。2002 年以来，江苏、湖北、云南、山东、广东、福建、浙江、湖南、河南、吉林、江西、广西、山西等省属公安本科学院相继成立，均设立了治安系。目前，包括几所政法大学在内，我国已有 10 余所高等院校招收有治安管理与安全防范研究方向的硕士研究生。2010 年，中国人民公安大学开展了公安行政与行政诉讼方向的治安学博士研究生教育。所有这些，都标志着我国治安学的人才培养和治安学的发展进入了一个新的阶段。

特别是根据国务院学位委员会、教育部 2011 年印发的《学位授予和人才培养学科目录（2011 年）》和教育部 2012 年印发的《普通高等学校本科专业目录（2012 年）》，在法学和工学门类下，增列公安学和公安技术两个一级学科，结束了公安类学科没有一级学科的历史，且明确了治安学作为公安学的二级学科。这在我国公安高等教育乃至世界警察教育历史上都具有里程碑的意义。

二、治安学的研究对象

任何一门学科都有自己的研究对象。这种研究对象的特殊性，是一门学科区别于其他学科的依据。毛泽东曾经指出：“科学研究的区分，就是根据科学对象所具有的特殊矛盾性。因此，对于某一现象的领域所特有的特殊矛盾的研究，就构成某一门科学的对象。”① 治安学的研究对象就是治安学所研究的特殊的矛盾，是治安学区别于其他科学的依据。治安学的研究对象是治安学首要的根本性问题，它控制着治安学的内外结构关系，决定着治安学的学科位置和发展方向，同时，对治安学的应用研究有着十分重要的作用。换句话说，治安学没有自己的“特殊矛盾性”就没有自己的研究领域，也就不可能与其他学科区别开来，也就没有治安学这门学科。

① 《毛泽东选集》第 1 卷，人民出版社 1991 年版，第 309 页。

（一）治安学的定义

1998年我国在进行本科专业设置调整时，将治安管理专业更名为治安学专业，标志着治安学的正式成立。由此，学术界展开了对治安学基本问题的思考和不断探讨。其中，关于治安学定义先后出现了不同的观点，主要观点有："治安原因、运行表现与防控措施说"，① "治安现象、治安规律与治安对策说"，② "治安防范说"，③ "治安现象、治安原因与治安对策说"，④ "治安现象、治安原因与治安防范说"，⑤ "治安秩序规律和治安工作对策说"⑥以及"治安秩序维护说"，⑦ "现象、规律和知识体系说"⑧ 等。

结合公安学一级学科建设和治安学科的学科性质，治安学就是研究治安活动及其规律的科学。它是公安学的重要组成部分，是属于社会科学的综合性应用学科。

需要明确的是，在我国，一般认为治安学是我国独有的学科，在西方发达国家有关警察科学的研究中，尚未见到类似的提法，但这并不意味着西方警察科学的研究中就没有我国治安学所要研究的内容，如安全、公共秩序、巡逻、盘查、警务调查、公共警务、私人警务（保安）、暴力冲突、犯罪预防、控制犯罪、社区警务、危机管理、问题导向警务、情报主导警务等，都是西方警察科学和我国治安学要研究的内容。问题的关键是，我国治安学界要通过比较研究，采取"和而不同，求同存异"的策略，探索"同中之异"或"异中之同"，吸取合理的成分，实现"洋为中用"，形成具有中国特色的治安学理论及其体系。

（二）治安学的研究对象

根据治安学的定义，治安学研究的特殊矛盾就是治安活动及其规律，这是治安学区别于其他学科的根本所在。"治安活动及其规律"之所以是治安学研究对象，是因为它体现了治安学研究对象的特定性，这种特定性，主要体现在如下三个方面：

1. 治安活动的一般原理

治安活动的一般原理不同于治安活动的一般法律规定，它探寻的内容更加广泛，包括治安活动的一般概念，治安活动的理论依据，治安活动的历史渊源，治安活动的法律依据，治安活动的基本原则，治安活动的基本形式等。因此，治安活动的一般原理是从理论上或宏观上研究治安活动的一般规律，属于治安活动的理论研究范畴，对治安活动的实践研究或应用研究具有指导性意义。

2. 治安活动的程序与方法

治安活动的对象是潜在的违法犯罪和现实治安案件，为预防违法犯罪所开展的治理工作的规律主要体现在治理工作的程序与方法中。这里的"治安活动及其规律"把预防违法犯罪所开展的治理工作作为整体来研究的。尽管如此，"治安活动及其规律"仍然是有层次的，包括预防违法犯罪所开展的治理工作的一般规律和预防（或防范）各类违法犯罪的规

---

① 金其高：《社会治安学》，中国政法大学出版社1992年版，第2页。

② 李健和：《论治安学科建设》，载《公安教育》2001年第3期。

③ 熊桂桃、董青青主编：《治安学》，中国人民公安大学出版社2002年版，第13页。

④ 熊一新：《论治安学的学科地位》，载《中国人民公安大学学报（社会科学版）》2002年第4期。

⑤ 王彩元：《治安学若干基础理论再探讨》，载《中国人民公安大学学报（社会科学版）》2004年第1期。

⑥ 李健和主编：《治安学原理》，中国人民公安大学出版社2013年版，第6页。

⑦ 宫志刚主编：《治安学导论》，中国人民大学出版社2015年版，第5页。

⑧ 惠生武主编：《治安学概论》，武汉大学出版社2017年版，第10页。

律，以及治安案件查处的一般规律和各类治安案件查处的规律等。

3. 具体治安行为的实施策略、措施和手段

治安活动总是由具体的治安主体和具体的治安行为构成的，因此，具体的治安行为的成败在一定意义上决定着违法犯罪预防和防范以及治理工作（包括治安案件查处活动）的成败。可以说，具体治安行为的规律是研究整个治安活动规律的基础，对具体治安行为规律的研究也是整个治安学研究的基础。

治安活动的一般原理、治安活动的程序与方法、具体治安行为的实施策略与措施、手段构成了治安活动规律的主要内容，三者是一个多层次的有机联合的整体。

三、治安学的体系

治安学作为研究治安活动及其规律的科学，其特定的研究对象决定了它的学科体系。治安学的学科体系只能是其研究内容间逻辑关系的客观反映，而不是人们主观意志的简单排列和随意取舍。另一方面，治安学的学科体系制约着治安学的内外关系，影响着治安学的发展方向，因此，它不可避免地也是治安学基本理论问题中带有根本性质的问题，始终受到治安学理论界的关注，成为治安学理论研究的热点。

构筑治安学学科体系应当遵循崇尚学理、注重实践原则，在尊重和赞同治安（防范）技术从治安学（就像一级学科公安技术从公安学）中分离的客观现实，我们建议我国治安学体系由总论和分论两大部分组成。其中，总论主要解决治安学和治安工作一般性问题，分论则主要论及治安管理和治安社会防范。前一部分内容对后一部分内容具有普遍的指导意义，后一部分内容则是前一部分在治安管理和治安社会防范中的有机运用，两者逻辑关系清晰。分述如下。

（一）治安学总论

治安学总论主要论及两个方面的问题，一是治安学学科建设的一些基本问题，二是治安工作的基本问题。

治安学学科建设的一些基本问题，主要包括：治安学的研究对象；治安学的结构体系；治安学的学科性质；治安学的基本理论；治安学的学科历史；治安学的研究方法等。这些问题的研究属于治安学理论研究范畴，是解决治安学立论的基础。遗憾的是，对这些治安学科建设带有根本性的问题的研究并未引起人们的足够重视。而且在已有的研究成果中也观点分歧，难以统一，这在相当程度上阻碍了治安学的正常发展。

治安工作的基本问题，大致包括治安的基本原理、治安的基本措施、基本程序和方法以及手段等。其中，对治安的基本原理如治安的概念、性质、任务、历史、原则、功能、价值等的探究是对治安工作进行深入研究的前提和基础，且对治安工作具有普遍指导意义。

治安学总论的上述两个方面内容既相互独立又紧密联系。所谓独立，是因为治安学的基本问题和治安的基本问题都可以自成体系，解决的分别是学科本身和学科研究对象的根本问题。但是二者又有密不可分的关系，因为离开了治安去探究治安学，治安学只会是纸上谈兵；同样，没有治安学的基本理论和认识方法为指导，对治安的考察便会迷失方向。

（二）治安学分论

治安学分论的研究重点解决为预防各类潜在和现实违法犯罪的治理工作的方法、措施和手段。内容上由治安管理和治安社会防范构成。

其中，治安管理包括公安人口管理、重点行业场所治安管理、公共安全治安管理、治安

案件查处、应急警务（暂列）等；治安社会防范包括保安服务、治安志愿工作、公民个人安全防范、家庭安全防范、单位内部安全防范、社区安全防范等。

上述考察的主要是治安学内部结构体系。此外，治安学与有关学科形成了一些治安学的边缘学科，如治安哲学、治安社会学、治安法学、治安经济学、治安心理学、治安情报（信息）学等，是治安学研究的重要来源，它们的发展和繁荣是治安学前进的重要推动力。

需要指出的是，尽管治安学的学科体系与治安学专业的课程结构体系关系十分密切，治安学专业的课程结构体系必须以治安学的学科体系为基础来构建，但又是两个完全不同的范畴，不可等同。治安学专业的课程可以根据专业的侧重有选择地开设，治安学的学科体系的某一部分内容可以作为一门课程或者分解成为几门课程，不同部分的内容也可以合成某一课程，课程的设置可以有一定的随意性，但治安学的学科体系因其有严密的逻辑性，切不可随意肢解。

第四节　治安学与相关学科的关系

任何事物都具有自身的特殊矛盾性和与其他事物之间的普遍联系。与治安学有关的学科很多，其中主要的有公安学、法学、社会学、政治学以及管理学等其他学科。

一、治安学与公安学

治安学作为公安学之下的二级学科之一，它与公安学的各个分支学科都有密切的关系。

（一）治安学与公安学基础理论的关系

公安学基础理论是对我国公安实践经验的总结和概括，是阐述公安工作一般规律和基本对策的理论体系，其主要内容包括公安工作的基本范畴、基本理论、基本规律和基本对策。它对整个公安学体系中具有基础地位，是建立在公安学诸应用学科之上的都具有普遍意义和属性的公安学理论学科，其内容具有基础性、根本性、一般性和普遍性，从而对公安学各应用学科具有理论指导意义，并决定和影响着公安学的发展。公安学基础理论不仅为治安学提供理论指导，还为治安学提供了公安学的思辨方法和基础知识；而治安学则在专业层面为公安学基础理论提供素材并丰富公安学基础理论的内容。

（二）治安学与侦查学的关系

侦查学是以侦查活动及其规律为研究对象的科学，其主要内容是研究各类犯罪的规律和特点以及侦查活动及其规律，从而发现、揭露和证实犯罪，其对象是各类犯罪和刑事案件。传统上，侦查和治安是公安工作的两大主要业务。两者的关系主要表现在：第一，两者所研究的许多内容可以相互借鉴、应用，如犯罪的活动规律可以为治安学预防违法犯罪提供借鉴或应用，现场勘查一般方法和程度可以为治安学借用等；第二，两者性质不同，治安学研究的内容总体或主要的属于行政管理关系，而侦查学研究的属于刑事司法关系。因而，两者所研究的措施、手段等不能简单的照搬或借用。

（三）治安学与应急警务（学）的关系

应急警务是指为了维护国家安全和治安秩序，保护人民生命财产安全，公安机关及其人民警察依法对各类案件现场和公共安全突发事件应急处置与救援的特别的警务活动。因此，应急警务（学）是一门以公安机关应急处置与救援为主要研究对象的具有高度整合性的新型应用科学，其专门研究各类案件和公共安全突发事件发生与发展规律及现场应对，主要内容包括：一般性治安和刑事案件（110 接处警业务）现场应急处置、群体性事件应急处置、恐怖主义犯罪案件应急处置 、严重暴力性犯罪案件应急处置，以及各类自然灾害、事故灾难或者公共卫生事件的应急救援等，这一业务它既不属于治安学研究的内容也不属于侦查学的研究内容，是一种综合性、应用性的公安业务内容或学科。由此可见，传统治安学与应急警务（学）具有重大交叉业务。如果说治安学是研究潜在的违法犯罪规律（违法犯罪前）及其预防或防范，侦查学是研究各类犯罪规律（犯罪实施后）并予以揭露、证实和打击（侦查），那么，应急警务的功能就是（各类违法犯罪）现场处置与综合应急。①

（四）治安学与公安管理学的关系

公安管理学，是运用现代管理科学的理论与方法，系统研究公安机关的组织管理和队伍建设规律的一门新兴的综合性交叉应用学科，其主要内容包括公安决策、公安指挥、警察人力资源管理（队伍管理）、警察组织行为、公安信息系统管理、警察公共关系、公安法制、警务保障等。如果说公安学基础理论的学科特征是理论范畴、具有理论工具的功能，治安学属于行政管理（含对社会治安治理的指导）、具有违法犯罪预防或防范功能，侦查学属于刑事司法属性并具有揭露、证实或惩治犯罪的功能，那么，公安管理学的学科特征就是对内组织管理，其功能是公安组织内部的管理效率。因此，治安主体不仅治安学本身要研究，而且也是公安管理学研究的内容。公安管理学研究的规律和方法等，对治安学具有指导意义和应用价值。

二、治安学与法学

法学是以法律为主要研究对象的学科，其分支学科一般有：法理学、法律思想史、法律制度史、比较法学和各部门法学如宪法学、行政法学、刑事法学等。在法学各学科中，虽然治安学与法理学、宪法学等有密切联系（如遵循法学的思辨方法，遵守宪法的原则与精神等），但最直接、最密切的则是行政法学、刑事法学。

（一）治安学与行政法学的关系

行政法学是研究行政法的科学，其任务是研究行政法的基本原则、规范、历史、本质、内容、形式，以及行政法的制定、执行和遵守等。行政法有一般行政法与特别行政法之分，一般行政法是调整一般行政关系的法律法规的总称；特别行政法是调整专门行政美术系的法律法规，公安行政法或治安行政管理法就属于特别行政法范畴。行政法学与治安学的关系，主要体现在：第一，两者在研究对象上有一定的交叉，即治安行政管理方面的法律法规既是行政法研究的范畴，也是治安学的研究领域；第二，行政法的理论是治安学理论的重要源泉和基础之一；第三，行政法律法规是治安立法和执法的重要法律依据。

（二）治安学与刑事法学的关系

刑事法律是规定犯罪与刑罚等有关法律的规范的总称，是法律体系中最基本、最重要的法律部门之一。刑事法学就是研究刑事法律有关理论与实践问题的科学。治安学与刑事法学的关系，主要体现在：第一，两者的主要内容都具有预防功能。刑事法律中关于与刑罚的规范，不仅是一种最严重的惩罚措施，也具有一般意义上的预防犯罪的功能，与治安工作中对犯罪的预防和防范相契合；第二，两者都研究犯罪现象，只不过刑事法律特别是刑法研究犯

① 王彩元、杨纪恩：《关于公安学学科与专业设置、调整的思考——兼谈应急警务学科与专业建设》，载《公安教育》2016 年第 9 期。

罪的规定性，而治安学研究的是犯罪形成的规律并确定如何预防或防范犯罪；第三，刑事法律往往是治安立法和执法中的重要依据和参考，而且客观上也存在治安法律规范与刑事法律规范的衔接问题。

三、治安学与政治学

政治是以政治实体为实现和维护其根本利益而围绕国家政权发生的各种关系、形成的各种制度和进行的各种活动的总称，而政治学就是以政治关系及其发展规律为研究对象的一门学科。政治学研究的内容非常广泛，包括国内、国际的政治现象及其规律，如政治制度、政治权力、国家与社会发展等方面。政治学的应用学科是行政学或行政管理学。治安学与政治学的关系主要体现在：治安学涉及的体现国家治安职能和国家治安活动的制度与运行过程应当建立在政治学的理论基础之上，同时，这种治安活动也应当应用行政学的有关原理和原则。因此，治安与政治具有内存的统一性，治安学与政治学具有内存的必然联系。

四、治安学与社会学

社会学是以各种社会现象和社会问题及其发展规律为研究对象的科学。社会学研究的范围非常广泛，包括社会主体、社会阶层、社会结构、社会进程、社会化、越轨行为以及社会控制等。治安学与社会学的关系主要体现在：以社会学的有关理论、方法和视角分析违法犯罪等越轨行为，可以更加全面、清晰地研究、把握其规律和特征。同时，用社会控制的理论可以有效地指导治安社会防范工作，或者为治安社会防范工作提供应用理论。

五、治安学与管理学

管理是人类社会最普遍的活动。管理学就是以管理活动及其规律为研究对象的科学。治安学中治安管理或治安社会防范无一不是人类的一种管理活动。因此，管理学关于决策、计划、组织、指挥、监督、协调等管理技术、方法，可以在治安工作实践中得到广泛应用或借鉴，管理学的基本原理对治安学理论研究具有重要的指导意义。

第五节 治安学的研究方法

任何一门学科的研究方法研究的方法论，对该学科的建设都具有基础性的意义，它不仅影响到学科体系的完整性，而且直接关系到学科理论的科学性。理论研究过程中，只有运用正确的方法，才能得出正确的结论。

治安学作为一门新兴的跨学科的综合性应用学科，具有研究对策的复杂性、学科性质的复杂性和研究方法的复杂性。① 正是这种复杂性，对治安学的研究方法，不同学者有不同的观点。主要观点有：一是社会调查法、阶级分析法、历史研究法、比较分析法；② 二是调查法、归纳法、比较法、解释法、统计法、实验法；③ 三是学理研究法、调查分析法、量化研

① 熊一新：《论治安学研究方法的创新》，载郭太生主编：《治安学论丛》（第2卷），中国人民公安大学出版社2004年版，第370~374页。

② 梁立栋主编：《治安管理学基础理论教程》，群众出版社1991年版，第13~18页。

③ 沈志祥主编：《治安管理学教程》，群众出版社1998年版，第14~15页。

究法、模拟研究法;① 四是调查研究法、文献研究法、比较研究法、案例研究法、系统研究法、实验法;② 五是文献研究法、调查研究法、系统研究法、比较研究法、案例研究法③等。为此,有专家、学者提出治安学的研究方法必须进行创新和移植,④ 做到逻辑方法与历史方法相结合、内部研究与外部研究相结合、单一研究与系统研究相结合、宏观研究与微观研究相结合。⑤ 应当说,上述研究方法都是治安学的研究方法,只不过是不同学者根据自身研究的需要从不同的研究角度提出的。

我们认为,治安学的研究方法必须适应治安学学科特点。治安学研究的基本方法是唯物辩证法,这是因为唯物辩证法是各门学科普遍的认识方法。而治安学具体的研究方法主要有:

一、调查研究法

调查研究法是指有目的、有计划、有系统地搜集有关研究对象的历史和现实状况材料,借以发现问题、探索规律、开展科学研究的一种方法。调查研究是一项古老也是最重要的研究方法,在描述性、解释性和探索性以及定量研究中都可运用调查研究的方法。调查研究法又可分为全面(普通)调查、抽样调查、典型调查和个案调查。

二、文献研究法

文献研究法是指搜集、鉴别、整理文献,并通过文献的研究形成对事实的科学认识的方法。文献研究法一般包括五个环节,即提出课题或设计、研究设计、搜集文献、整理文献和进行文献综述。根据研究的具体方法和所用文献的类型不同,可以将文献研究分为内容分析、二次分析和现存统计资料分析。这三种文献研究方法的基本特征和内在逻辑都是相同或相似的,只是在具体应用上各自的侧重点有所不同。

三、比较研究法

比较研究法是指根据一定的标准,对两个或两个以上某种联系的事物进行考察,寻找其异同并探究原因及隐藏在其背后规律的方法。比较研究法根据属性、时空、目标指向和性质,可分为单项比较与综合比较、横向比较与纵向比较、求同比较与求异比较、定性比较与定量比较。

四、案例研究法

案例研究法是指运用历史数据、档案材料或访谈、观察等多种方法收集资料和数据,并遵循一定的原则和技术对某一个或多个事件进行深入分析,从而得出带有某种普遍结论性的经验式研究方法。案例研究法在治安学中运用就是通过对具有典型意义的治安事实(含治

---

① 熊桂桃等主编:《治安学》,中国人民公安大学出版社 2002 年版,第 18~20 页。

② 李健和主编:《治安学原理》,中国人民公安大学出版社 2013 年版,第 13~14 页。

③ 宫志刚主编:《治安学导论》,中国人民大学出版社 2015 年版,第 20~21 页。

④ 万川著:《治安行政管理学》,中国人民公安大学出版社 2001 年版,第 21 页。

⑤ 熊一新:《论治安学研究方法的创新》,载郭太生主编:《治安学论丛》(第 2 卷),中国人民公安大学出版社 2004 年版,第 374~377 页。

安案件、事件）的分析，寻求事实背后的动因，提出具有普遍意义的解决方案。

五、归纳、演绎法

归纳法也称归纳推理、归纳逻辑法，是从个别性知识，引出一般性知识的推理，由已知真的前提，引出可能真的结论的方法；演绎法或称演绎推理法，是指人们以一定的反映客观规律的理论认识为依据，从服从该认识的已知部分推知事物的未知部分思维方法。演绎法是由一般到个别的认识方法，也是认识“隐性”知识的方法。

六、系统分析法

系统分析法又称系统研究法，是运用系统理论来认识事物整体规律的一种方法。这种方法把研究对象作为具有一定结构功能的整体，从多方面的动态联系中考察研究对象以达到最佳目标。整体性、综合性和最优化是系统分析法的主要特点。它通过对系统内部不同要素及其相互关系和结构与功能研究，以及系统之间与环境的研究，发现规律，得出科学结论。

上述研究方法不仅具有相互交叉的特点，而且还要综合运用。就学科而言，作为理论化的治安学，当我国治安学理论研究达到了“量的积累”后，应当主要采用归纳、演绎法和系统分析法。因为，治安学是在没有清楚地界定其逻辑起点的情况下，直接构建了该学科的知识体系，因此，只有用归纳、演绎法和系统分析法，才能探明已有的治安学知识体系究竟是一些缺乏逻辑关系的凌乱的知识堆砌，还是客观上已经不自觉根植于一定的逻辑起点之上并按一定的逻辑关系构建而成。如果探明治安学是一些缺乏逻辑关系的凌乱的知识堆砌，那么就需要准确地确定它的逻辑起点，并以此为基础归纳和演绎与之相适应的概念、命题和原理，重构其知识或理论体系；如果探明治安学已经不自觉根植于一定的逻辑起点之上并按一定的逻辑关系构建而成，那么就将这一逻辑起点显性化，并在此基础上进一步发展和完善已有的知识体系或理论体系。

◎思考题

1. 简述古代治安的含义。
2. 简述现代治安的含义。
3. 论述治安管理与治安社会防范的联系与区别。
4. 简述中外治安的历史发展脉络。
5. 简述治安学的含义以及治安学的研究对象与体系。
6. 如何学好治安学？

第二章　治安学的基本理论

教学目的和要求：了解情境预防理论、治安主客体关系理论、安全风险管理理论和社会治理创新理论的基本内涵，明确情境预防理论、治安主客体关系理论、安全风险管理理论和社会治理创新理论的内在价值，掌握和比较治安主客体关系理论、安全风险管理理论和社会治理创新理论在治安实践中的运用，为今后从事治安工作打下理论基础。

重点和难点：各个理论的内在价值与在治安实践中的运用。

主要内容：情境预防理论，即犯罪情境预防理论，其治安学价值体现在为治安学提供了有价值的理论思路；治安主客体关系理论和安全风险管理理论的科学价值，为制定正确的治安决策，实施准确的治安行为提供理论指南，为推动治安学科建设提供了理论工具；社会治理创新理论源自于治理理论，其要求在治安实践中，不断拓展治安主体多元化，不断改进治安工作方式、不断激发治安组织的活力、不断创新治安工作的体制机制、不断健全和完善立体化社会治安防控体系等。

目前，治安学界对治安学的理论研究已经达到了一定“量的积累”。从学界的研究情况看，涉及治安学的理论较多，主要有社会病态理论、社会解组论、功能主义理论、冲突论、行为理论、博弈理论、动态平衡理论、情境预防理论、新公共管理理论、社会治安综合治理理论、沙堆理论、治安主客体关系理论、治安社会化理论、社会治安防控理论、危害最小化理论、社会治理创新理论①以及社会契约论、破窗理论、社会预防理论、情景控制理论、被害防范理论、治安需求论等②，上述理论，有的不能整体解释治安学或超越了治安学的解释，分属其他学科如社会学、犯罪学、公安学等学科的理论，有的或者是治安学之下的治安管理、治安社会防范、社区警务等内容的理论。我们认为，真正体现治安学本质的理论主要有情境预防理论、治安主客体关系理论、安全风险管理理论和社会治理创新理论，其中情境预防理论构成了治安学的理论基础，治安主客体关系理论、安全风险管理理论是治安学理论的核心，构成了治安工作的运行机制，社会治理创新理论构成了治安学理论的发展方向。

第一节　情境预防理论

一、情境预防理论的内涵

情境预防理论，即犯罪情境预防理论。应当说，虽然在我国远古就开始进行情境预防的实践，至今已有丰厚的情境预防实践经验，但该理论则是西方提出并总结出来。犯罪情境预

---

① 李健和主编：《治安学原理》，中国人民公安大学出版社 2013 年版，第 65~69、98~102 页。

② 杨瑞清等主编：《治安管理概论》，中国人民公安大学出版社 2013 年版，第 22~27 页。

防概念的提出，最早来自于学者 Tizard、Scnchlair 和 Clarke 于 1975 年在英国内政部研究发展部门（The Home Office Research and Planning Unit）从事犯罪矫治研究的成果。所谓犯罪的情境预防（Situational Crime Prevention，简称 SCP），是指对某些高发生率的犯罪，直接通过管理（management）、设计（design）、调整（manipulation）的方式持久有机地改变环境，从而尽可能地使行为人认识到犯罪行为难度增加，被捕可能性增大，犯罪收益减少，以此来减少犯罪①。犯罪情境是一种与犯罪相关联的，可以被犯罪所利用的有利于实施犯罪的各种社会环境因素的总和。犯罪情境预防就是在了解犯罪情境内容基础上，通过研究犯罪主客观情境因素，以社会作为载体和媒介，对犯罪进行预防的理论与方法。

一般认为，情境预防的理论奠基于三大理论支柱：理性选择理论（Rational Choice Theory，简称 RCT）、日常活动理论（Routine Activity Theory，简称 RAT）以及环境犯罪学理论（Environmental Criminology）。

（一）理性选择理论

理性选择理论认为，犯罪人是有理性的、会思考的人。犯罪是犯罪人对犯罪所得和损失经过理智思考或决策后进行的行为。理性选择理论是基于 1960 年代美国经济学家 Becker 等人创立的犯罪经济学理论而提出的，Clarke 和 Cornish 认为，犯罪决定以及影响犯罪人作出犯罪决定的因素，都会因犯罪场景以及犯罪行为的不同而不同。因此，在分析犯罪者的犯罪决定与行为选择的时候，要对犯罪行为进行细致的分类（crime-specific）；根据不同的犯罪场景，区别对待不同的犯罪决定。如果要对某种犯罪作出适合的干扰（appropriate interventions），必须对犯罪者的犯罪决定与行为选择作出更为系统的考察并作出更为细致的分析。一个理性的犯罪人在决定实行犯罪的决策过程中，受到一系列因素的影响。这些因素包括：一是背景因素，包括犯罪人的心理因素、教养因素、社会和人口统计学因素；二是以前的经历和学习因素；三是一般需要，包括金钱、性、友谊、地位和寻求刺激等方面；四是已知的解决需要的方法，包括合法和非法的解决方法；五是对解决方法的评价；六是对机会事件的反应，包括犯罪机会的易得性，金钱需要的紧迫性，朋友的劝告，醉酒等；七是对犯罪的准备程度（readiness）。②

（二）日常活动理论

日常活动理论，是由犯罪学家 Lawrence Cohen 和 Marcus Felson 在其论文《社会变化和犯罪率趋势——以日常活动为视角》一文中最早提出来的。日常活动理论认为，犯罪行为的发生，与日常生活中的某些因素密切相关。人们的一些日常生活方式，往往有利于犯罪的发生。这些因素包括：一是适合的犯罪目标（A Suitable Target）。犯罪能够产生，首先必须有适合的犯罪目标。一般而言，犯罪目标包括三种类型：人、物、地点。“适合”犯罪目标的标准为 VIVA，即四个英语单词的缩写（Value——价值，Inertia——物理特性，Visibility——显著性，Access 易接近性）。二是缺乏有能力的监控者（Absence of a Capable Guardian）。即使存在适合的犯罪目标，犯罪也未必发生，因为如果存在着有能力的监控者，往往可以对潜在的犯罪人起到威慑的作用。所谓有能力的监控者，一般包括：巡逻警察、保

---

① Ronald V. Clarke：“Situational Crime Prevention”，in M. Tonry & D. Farrington D（eds），Building a Safer Society Strategic Approaches to Crime Prevention，Chicago，The University of Chicago Press，1995，p. 91.

② Cornish & Clarke：The Reasoning Criminal：Rationa Choice Perspectives on Offending，New York：Springer，1986，p. 3.

安人员、邻里守望、门卫、警惕的职员和工人、朋友、邻居、闭路电视，等等。三是可能的犯罪者（Likely Offenders）。适合的犯罪目标在缺乏有能力的监控者的保护下，还未必会发生犯罪，最后还必须存在着潜在的犯罪者。日常生活理论是从犯罪者的角度来理解犯罪的。只有一个有作案动机的犯罪者认为存在适合其犯罪的目标，并且缺乏有能力的监控者时，犯罪才可能发生。①

（三）环境犯罪学理论

环境犯罪学将犯罪当作是社会事件，提出通过防卫环境的设计管理，达到减少犯罪的目的。环境犯罪包括了以下的理论：

一是防卫空间论（Defensible Space Theory），即通过特殊的建筑设计来减少犯罪的机会，从而达到犯罪预防的效果。这一理论是由 Jane Jacobs 和 Oscar Newman 分别在 1961 年出版的《美国大城市之生与死》和 1972 年出版的《防卫空间：通过城市设计预防犯罪》提出的。防卫空间理论包括以下四项要素：即强化建筑领域感（即土地、建筑物的所有权者是否将半私有或公共用地纳入监控，加以管理，从而强化对三不管地域之掌握），确保自然监控（即通过区域建筑环境之设计，使土地建筑所有者有较佳的监控视野，以观察陌生人的活动，以便在必要时采行防护措施），形成居住地意象（即指尝试建立一个不为犯罪所侵害并与周围环境密切接触之邻里社区，以产生正面形象，减少犯罪的侵害），整顿周边环境（指将社区安置于低犯罪、高度监控之区域，减少犯罪之活动）。②

二是破窗理论（Broken Window Theory）。破窗理论源于 1969 年美国斯坦福大学心理学家在旧金山进行的一项试验，把一辆车子摆在旧金山的街道上面，将车子好好地摆在那里，不理它，结果第一星期没有遭人破坏，第二星期时将其中一个窗户打破，结果不到四个小时，被偷得仅剩下轮胎。1982 年，美国学者 Wilson 与 Kelling 在其发表的《警察与社区安全：破窗》一文中首先使用破窗字眼，极力促请政策制定者、警察人员、学者专家应多注意有关行为不检、扰乱公共秩序行为与犯罪被害恐惧感的问题。③ 美国学者 Taylor 和 Harrell 进一步揭示了“破窗理论”对于社区的衰败与失序从而导致犯罪率上升的影响。破窗理论认为，假如一扇窗户遭到破坏而无人修理，则破坏者会误以为此建筑物已无人管理，此社区的人民漠不关心，可以任意破坏，那是一种犯罪前之测试，并进一步导致比“破窗”更严重的犯罪。一个社区小违规或轻违犯罪不加以处理，犹如是一种暗示许可，那将是转变成重大犯罪之开端，即所谓“犯罪升级”效应。同时，如果居民看到“破窗”无人管理，均会使民众产生恐惧与不安全感，并影响生活品质，民众也因此逐渐对警察与政府之被动或根本未反应失去信心。④

三是防卫环境设计理论。该理论受到空间防卫论和破窗理论的启发，C. Ray Jeffery 在

---

① L. E. Cohen & M. Felson：Social change an Crime rate trends：a routine activity approach，American Sociological Review，1979，Vol. 44，pp. 588-608.

② Oscar Newman：Defensible Space：Crime Prevention Through Urban Design，New York，Macmillan，1972.

③ James Q. Wilson & George Kelling：“Police and Neighborhood Safety：Broken Windows”，Atlantic Month1y，1982（Mar）：pp. 29-38.

④ 江庆兴：《破窗理论与犯罪侦防——以美国纽约市警察局为例》，载《警学丛刊》第 29 卷，第 3 期。

1971年出版了《通过环境设计预防犯罪》一书,① 对传统的刑事司法重于事后犯罪处置的做法提出强烈批判，提出应当重视事前通过犯罪设计预防犯罪，从而提出了“通过环境设计预防犯罪”的理论（OPTED）。② 该理论认为，犯罪预防应该考虑犯罪发生的环境和犯罪人之间互动的特性。因此，妥善的都市环境设计和规划，可以消弭人际之间的隔阂、隐匿，增加人际之间的互动，减少违法犯罪行为的发生。至于环境规划的设计，包括两个方面，即改善都市的物理环境（如肮脏、拥挤、破旧、颓废的建筑物等）和以环境设计强化人与人之间的沟通及关系，减少人们之间的疏远感。③

情境预防的三大理论支柱中，理性选择理论强调的是从犯罪人对犯罪前情境的主观体验来分析犯罪，日常行为理论强调的是从被害人的日常行为状态来分析犯罪，环境犯罪理论强调的是从犯罪的环境因素来分析犯罪。三种理论互为补充，通过犯罪人的主观体验、被害人、犯罪环境三者的互动关系，证明了情境对犯罪生成的刺激作用，以及通过情境控制对犯罪预防的可行性。

二、情境预防理论的治安学价值

可以说，情境预防探索了一条与传统犯罪预防模式截然不同的另一条道路。从我国公安学科体系考虑，传统意义上犯罪司法预防和社会预防，其主体都不是公安机关治安工作部门或不全是社会直接治安责任主体，只有治安工作主体的职责要求才契合情境预防——犯罪专业预防，尽管治安工作的这种犯罪专业预防与司法预防和社会预防密切相关。因此，与传统意义上犯罪司法预防和社会预防相比较，情境预防理论的治安学价值体现在：

（一）情境预防理论为治安学提供了有价值的理论思路

情境预防理论认为，一项罪行的发生，往往是犯罪情景刺激行为人产生犯罪动机的结果。犯罪是行为人权衡犯罪的风险与回报，成本与收益的基础上作出选择和决定的结果。因此在这种风险和收益的模式下，假如我们加大行为人实施行为的难度和危险性，我们就能很大程度上减少犯罪的总数。情景预防就是在考虑犯罪人是如何考虑和选择犯罪的危险性，如何权衡具体得失，影响其行为选择的情景因素是哪些的基础上，通过增加犯罪的风险和成本，减少收益和回报来预防犯罪。情境预防理论的运用，实现了从“被动的预防犯罪到主动的预防犯罪，从法律制止（legal deterrent）到物质制止（physical deterrent），从立足于行为人预防转向被害人预防”。④ 也就是说，情境预防则着眼于犯罪发生之前对具体物理和社会环境的设计、管理和改造，认为机会是犯罪的重要原因，从而预先设计出减少犯罪机会的具体方略，这完全是主动式警务（Proaactive Policing）的自觉预防。受主动式警务影响，情境预防提出了5大类（增加犯罪难度、增大犯罪风险、减少犯罪收益、减少犯罪诱惑、消

---

① C. Ray Jeffery: Crime Prevention through Environmental Design, Beverly Hills, Sage, 1971.

② 这一理论的英文表述为：“Crime Yrevention through Environmental Design”，其英文缩写为：“CYTED”，因而也常常称为CYTED理论。

③ 许福生：《变动时期的刑事政策》，台湾“中央警察大学”出版社2003年版，第47页。

④ E. A. Fattah, “Some Reflections On Crime Prevention Strategies in Large Metropolitan Centers of the 21st Century”, European Journal of Crime, Crime Law and Criminal Justice, Vol. 7/2, 1999, p. 141.

除犯罪借口）25 种措施，① 这一系列先发制人的预防策略和手段，防控犯罪于未发之时，既可以阻止犯罪人的犯罪行为，也可以打消潜在犯罪人的犯罪动机。② 情境预防理论对犯罪生成的理解，实现了从“背景变量”到“前景变量”的视觉转换，不仅为在社会生活情境中实施有效地预防犯罪，也为治安学提供了极有价值的理论思路。

（二）情境预防的理论与治安工作思路存在内在的吻合

情景预防与我国治安工作思路是一致的。情境犯罪预防将犯罪预防的责任主体由国家扩展到了全体公民，它并不是要否定国家责任，而是强调社区和公民在犯罪预防中的重要作用，它使公民意识到防控犯罪不单纯是国家的事，为避免犯罪侵害，公民自己在力所能及的范围内有责任和义务作出自己的努力甚至牺牲。也就是说，情景预防的成功正是在于认为犯罪预防不仅仅是政府机关的任务，而要有赖于群众的广泛参与。因为如果没有群众参与，根本就不可能控制社会的各个角落，减少犯罪得以实施的机会。而我国治安工作包括两个方面，即治安管理和治安社会防范。治安管理就是警察机关代表政府通过公安人口管理、行业场所管理、危险物品及其他公共安全管理以及查处违反治安管理行为来履行预防犯罪之职责；治安社会防范就是警察机关指导治安社会防范组织（如治安保卫委员会、单位内部的保卫组织、保安服务公司等）以及公民家庭和公民个人，依靠和动员广大人民群众，针对各种潜在的违法犯罪及其条件和因素而依法进行的防范、控制、消除等活动，治安工作的每一项具体工作都需要群众的积极支持和参与，只有把群众动员和组织起来，治安工作的各项措施才能落到实处。

（三）情境预防是传统司法预防、社会预防的有力补充

传统的犯罪预防模式大体上包括司法预防和社会预防。其中，司法预防是指国家通过法律实施，尤其是通过刑罚的适用达到遏制犯罪，震慑犯罪人，最终达到防止其再犯，并对其他公民起到震慑、警戒作用，从而起到对犯罪的一般预防和特殊预防之功效的犯罪预防作用。而社会预防是指通过制定和执行合适的公共社会政策，避免和解决社会存在的种种弊病，如种族歧视、失业、贫富不均、教育不公、机会和资源的不公平分配等，消除、限制容易滋生犯罪的社会条件，从而达到预防犯罪发生的综合性犯罪预防方法。无数历史、现实的经验教训都告诉我们，司法预防本身并不能独自起到预防犯罪的作用。另一方面，社会预防项目实施依赖大量的资金支持，同时，社会预防如果未经严密构思，会产生许多难以预料的副作用。与司法预防、社会预防相比，情境预防显得简捷与经济。情景预防关注直接导致犯罪的因素，是即刻（immediate）和直接（direct）作用于犯罪的预防犯罪方法，不需要改变现有的社会结构和社会制度，所以在具体的预防实践中更能迅速见效。同时，情景预防不需要投入大量的资金，在现实中易于掌握和大量运用。

情境预防理论成为治安学的理论基础（而非基础理论）是其他理论不可替代的。诚然，情境犯罪预防理论自从出现之日起就遭遇了很多批判之声并对批评之声均作了回应，其主要原因在于其与众不同的对犯罪预防的关注点和激进的表达方式。当然任何理论都有其局限

① Cornish & Clarke：“Opportunities, Precipitators and Criminal Decisions：A Reply to Wortley's Critique of Situational Crime Prevention”, in M. Smith & Cornish（eds）, Theory for Situational Crime Prevention, Crime Prevendons Studies, Vol. 16, New York, Criminal Justice Yress.

② 崔海英：《犯罪预防的第三条路径——情境犯罪预防理论评析》，载《人民论坛》2015 年第 6 期（中）。

性。情境犯罪预防理论的局限性主要表现在两个方面：一是25种预防犯罪措施有最佳适用的犯罪，不是所有的预防犯罪措施都可以均等地适用于所有犯罪；二是各种预防犯罪措施有交叉重叠现象。在我国当下的社会转型期，各类矛盾不断增加，犯罪形势日益严峻，社会整体犯罪防控局势堪忧，单靠传统的司法预防和社会预防显然不能满足犯罪防控需求的情况下，如何在有限的社会资源内使情境犯罪预防达到最优化的防控效果，是我们治安学理论界、实务界乃至立法部门需要竭力研究的重大课题。

第二节　治安主客体关系理论

一、治安主客体关系理论的内涵

治安主客体关系源自于1987年出版的《治安行政管理学总论》① 和李健和教授的论文《试论治安管理学》② 中对治安管理学概念的表述："治安管理学是关于治安管理主、客体矛盾运动规律的学说。"而治安主客体关系理论则是基于20世纪90年代公安学H型理论③而出现的，并由李健和教授于2010年在江西南昌召开的全国第六届治安学学术研讨会暨治安系主任论坛上正式提出的，但未见具体的阐释。其间，由中国警察学会公安基础理论专业委员会资助、警官教育出版社1996年出版的《公安主客体关系通论》对"治安行政管理工作的主客体关系"、"保卫工作主客体关系"作过专题论述，④ 可以说是对治安主客体关系的最初论述。随后，有学者从治安管理学的角度，以《对治安管理主客体关系及其运用原理的再认识》为题作了专门讨论。⑤ 显然，上述论述是在当时"治安管理学"与"保卫学"并列的情况下形成的，并非目前治安学所要表达的治安主客体关系理论。

实际上，治安工作过程是治安主体依法将治安行为施加于治安客体的过程。主体和客体就构成了治安工作过程中的两极。其中，治安主体是指符合法律要求的治安活动的发起者、组织者、承担者，是享有治安职权或负有直接治安责任，能以自己的名义实施治安行为的公安机关及其人民警察或者治安社会防范组织（如治安保卫委员会、单位内部的保卫组织、保安服务公司等）以及公民家庭和公民个人。而治安客体是指治安主体所要认识和实践的对象即治安行为实施的对象，它是独立于治安主体之外的客观事物，即不依赖于治安主体而客观存在，主要表现为两个方面，一方面是防治对象（第一客体）即潜在的违法犯罪行为和已经发生了的违反治安管理行为，另一方面是保护对象（第二客体）即面临潜在违法犯罪侵害的对象和已经被违反治安管理行为所侵害的对象。在这一主客体矛盾中，治安主体的存在与发展是由治安客体的存在和发展决定的，即治安主体是由治安客体自身矛盾运动决定的。治安客体表现为治安危害行为与被侵害的社会关系之间的矛盾就决定了治安主体的存在与发展。

---

① 卫之民主编：《治安行政管理学总论》，中国人民公安大学出版社1987年版，第6页。

② 李健和：《试论治安管理学》，载《中国人民公安大学学报（社会科学版）》1987年第1期。

③ 戴文殿主编：《公安学基础理论研究》，中国人民公安大学出版社1991年版。

④ 蒋同、刘汉文主编：《公安主客体关系通论》，警官教育出版社1996年版，第49~96页。

⑤ 王彩元：《对治安管理主客体关系及其运用原理的再认识》，载《中国人民公安大学学报（社会科学版）》2005年第3期。

（一）治安第一客体与第二客体的关系

1. 治安第一客体对第二客体的侵害，形成尖锐的对立关系

治安第一客体是指潜在的违法犯罪行为和已经发生了的违反治安管理行为。如果潜在的违法犯罪行为显现化就表现为各类治安和刑事案件、群体性事件、治安灾害事故等。治安第一客体具有不以人的意志而转移的客观性、遍及整个社会方方面面的广泛性以及随社会治安形势发展的动态性等特点。而治安第二客体是指面临潜在违法犯罪侵害的对象和已经被违反治安管理行为所侵害的对象，其内容包括社会管理秩序、公共安全、公私财产安全、公民人身安全与合法权益等。治安第二客体具有不以人的意志而转移的客观性、自我保护与防范的自主性以及党和政府保护的必然性等特点。

治安第一客体与第二客体相互矛盾、相互斗争体现在治安第一客体对第二客体的侵害。对第二客体而言，第一客体是危害自己的力量，尽管有些力量是潜在的，但潜在的违法犯罪行为一旦显现化或发生，对第二客体的危害是巨大的。第一客体的存在与滋长有不以第二客体而转移的因素，第一客体对第二客体的侵害造成了第二客体的正常存在与发展的否定、阻碍、破坏、干扰的后果，第二客体的任何容忍、退让都是贻害无穷的。因此，第二客体必须加强对第一客体的防范与斗争。第一客体与第二客体是互不相容、尖锐对立的关系。

2. 治安第一客体与第二客体具有相互依存与转化的关系

治安第一客体与第二客体作为互不相容、尖锐对立矛盾的双方又是相互依存、相互联系、互为前提的。没有第一客体就没有第二客体，没有第二客体，第一客体就无法存在。第一客体中的行为实施者常常从第二客体中滋生出来，其生存、发展以及取得进行侵害的条件是依赖于第二客体，并从第二客体那里吸取对自己有用的东西，再加倍地侵害第二客体。如违法犯罪行为的各种作案手段、工具等都来源于第二客体，并把第二客体为自己造福的一些先进科技成果、技术手段当作对第二客体实施侵害的手段，用于侵害性行为之中。

同时，治安第一客体与第二客体之间在一定条件下可以互相转化。这种转化分为有害转化与有益转化。① 有害转化即第二客体向第一客体转化，如一定的社会环境条件下，遵纪守法者或治安秩序的维护者可以转化为违法犯罪行为的实施者。有益转化即第一客体向第二客体转化，如违法犯罪行为的实施者经过教育、改造后，吸取了教训，加强了治安责任感，变成了遵纪守法者或治安秩序的维护者。

（二）治安主体与第一客体的关系

治安主体作为维护第二客体秩序、安全和合法权益的保障，它与第一客体的关系本质上是防范与被防范的关系。具体体现在：

1. 治安第一客体的活动规律是治安主体决策和实施治理的前提

当前，诱发违法犯罪的主、客观因素增多，违法犯罪的领域不断扩大，手段不断更新，治安第一客体的这种状况决定了治安主体要采取新决策，变过去那种封闭的、静态治理模式和防范机制为动态模式，加强在动态环境下对防范客体的控制。另外，治安主体还要针对违法犯罪分子的性别、年龄、职业的不同构成，提出有针对性的对策。当治安第一客体某些方面的违法犯罪日益突出时，治安主体就要采取专项防范和斗争，开展专项治理予以遏制。

2. 治安主体对治安第一客体具有能动的控制作用

治安主体在对治安第一客体，既有预防、查处、教育和改造违法犯罪活动的强大能力，

---

① 蒋同、刘汉文主编：《公安主客体关系通论》，警官教育出版社 1996 年版，第 60 页。

又有发动、组织、依靠治安第二客体向治安第一客体开展防范的本领。治安第一客体作为破坏性因素的集合体，它对治安第二客体的侵害往往具有突发性、隐蔽性、欺骗性和分散性的特点，且给治安第二客体造成损害为必然结果。作为治安主体从自身拥有的实力出发，发挥自己的能动作用，对治安第一客体应以防范为本，防范违法犯罪行为的发生，消除治安灾害事故发生的隐患；对已发现的违法犯罪行为及时查处、打击。同时，通过发动、组织、依靠群众对治安第一客体实行群防群治，尤其是通过警民合作，开展教育、改造、管理等防范措施将治安第一客体置身于强大的高压之下，促使绝大多数违法犯罪分子向治安有益的方向转化。

（三）治安主体与第二客体的关系

1. 治安主体与第二客体相互依存

治安主体与治安第二客体尽管职责不同，但都是国家、社会发展和进步的主导，两者在安全利益上是一致的。治安第二客体除少数重点保护对象外，大多数没有专门的防护力量，当其受到治安第一客体现实的侵害和侵害的可能时，面对治安违法分子的侵害和突发性治安灾害事故往往是无力自救的，基于安全保障的需要，治安第二客体就需要具有专业性质的治安主体依法予以协助或提供保护，从这个意义上说，治安主体是依治安第二客体的安全需要而产生、设立的。同时，鉴于治安第二客体的安全需求，使得在第二客体中蕴藏着维护社会治安秩序的积极性，也是我们治安管理主体坚持群众路线、相信群众、依靠群众的基础。两者在与治安第一客体作斗争的过程中往往相互支持、相互学习、互相促进。

2. 治安主体对第二客体具有能动的保护作用

治安第二客体具双重性，既是第一客体的侵害对象，又是治安主体的保护对象。治安主体对第二客体的保护既是它的权利也是它的义务。治安主体一方面根据自己的职责和义务对第二客体时刻实施保卫、救护、警戒、防范，保障和保护其合法利益不受侵害，另一方面，组织治安第二客体加强的自身防范的职责和水平，向其传授一些安全防范的新经验、新知识，采取积极的安全防范措施，提高和强化治安第二客体自身防范能力，对有可能受到各种治安危害威胁的客体置于各类安全防范措施之中，最大限度地减少或避免治安第一客体的不法侵害，从而达到对第二客体的保护的目的。

二、治安主客体关系理论的科学价值

治安主客体关系理论，解决了治安活动中根本规律问题，它的科学价值，从宏观上看，一方面通过全面分析治安主客体关系而完整地认识治安工作，即从治安客体的实际出发，确定正确解决治安主体与两个客体之间的矛盾对立关系的思路和对策理论，从而为制定正确的治安决策，实施准确的治安行为或活动提供理论指南；另一方面，通过分析治安主客体关系及其结构，不仅认清了治安主体既包括公安机关的治安工作部门及其人民警察，也包括了治安社会防范组织（如治安保卫委员会、单位内部的保卫组织、保安服务公司、治安志愿者等）以及公民家庭和公民个人，而且还认清了这些治安主体与治安两个客体之间的关系，走出“治安学等同于治安管理学”的误区，从而为推动治安学科建设提供了理论工具。

从微观上看，沟通治安主体与治安客体关系的是治安主体实施的治安活动或行为，其达到的理想目标和人们评价治安活动的客观标准，即科学价值也显现出来，主要体现在外在价值与内在价值两个方面：

（一）治安的外在价值

治安的外在价值是指人们评价治安活动在治安管理和治安社会防范方面的功效的客观尺度。一般而言，治安主体依法实施治安行为，预防违法犯罪并对已经发生的违反治安管理行为进行查处，以维护社会秩序、保障公共安全和人民群众生命财产安全，因此，治安具有工具和手段的价值。

工具主义价值理论以边沁的功利主义法学理论为基础，认为所有的法律制度都是用以实现最大多数人的最大幸福即“功利原则”的工具。国家制定法律赋予治安主体治安权的目的在于预防违法犯罪，防止违法犯罪危害社会，保障公共安全和人民群众生命财产安全，以保护广大人民的利益。评价治安的工具价值有一定的标准。治安是否体现其作为工具和手段的价值，其最低要求有：

一是客观性要求。即治安活动中必须有违法犯罪行为发生并存在继续出现违法犯罪行为的客观环境，就应当采取积极的治理措施来预防或防范侵害行为的再次发生，或者在查处治安案件中，发现和收集的证据，能够揭露和证实违反治安管理行为的客观实事，“再现”违反治安管理行为；如果没有违法犯罪客观事实，或者对是对客观事实的歪曲反映，那么，治安活动就不具备工具和手段的价值。

二是主要事实要求。即治安主体依法对行业场所、经营危险物品单位、车辆驾驶人或运营单位以及企事业单位等进行治安监督检查时，对存在的治安隐患是客观存在的，且主要事实清楚，就应当采取治安措施，或者在查处治安案件中，对行为人定性的依据是案件的主要事实，不是案件的全部事实，案件终结的基本条件是案件事实已经查清，即可进行裁决并作出结案的决定。

三是利益最大保护。治安活动不仅要保护相关社会成员的利益，而且要保护违法犯罪嫌疑人的权利，二者兼顾。在二者发生冲突时，取向于体现国家整体的利益。

（二）治安的内在价值

治安行为的内在价值是指人们据以评价治安活动是否具有善的品质的标准。治安行为无论是否具备好的结果的能力，只要它本身具备了一些独立的价值标准，则可以认为它具备了一种内在的善。这些价值标准通过具体的价值目标体现。主要有秩序、正义和效益价值。

1. 秩序价值

秩序是人类社会在广泛意义上追寻的一项价值目标。对秩序的理解，既可把它看成一种既定的状态，即指自然和人类社会的一切事物按一定规律的安排所形成的固定的、有规则的合理关系状态；也可以把它看成是自然、社会运动过程的一致性、连续性和确定性。显然，世界存在自然秩序和社会秩序。法律实际建立的是社会秩序。社会秩序是整个社会有条不紊的状态。社会秩序不是针对个人而言的，它强调的是“社会统合”、“社会连带”及“个人与社会的和谐”。因此，秩序是构成人类理想的要素，同时也是人类社会活动的基本目标。在治安行为所追求的众多目标中，秩序价值虽不是其核心价值，但秩序作为人类生存、社会发展和阶级统治的基础，是治安行为最基础的价值。

秩序在治安活动中的价值内涵主要体现在以下三个方面：

一是以规范建立治安工作的权力运作秩序。违法犯罪是严重危害社会的行为，即具有严重的社会危害性。从违法犯罪的阶级本质属性上看，违法犯罪的社会危害性就是某种行为在一定历史时期内对统治阶级的利益和统治秩序造成的损害。违法犯罪分子实施违法犯罪行为，是违法犯罪分子对现行法律和统治秩序的藐视，因而，对违法犯罪行为进行预防或防范，实际上是对法律和统治秩序的尊严和权威的维护，而这一过程只有借助国家强制力和社会成员的自治才能实现。在治安活动中，国家强制力和社会成员的自治，一是体现在治安主体资格上，二是体现在治安权内容上。

二是以文明的工作秩序维护社会秩序。违法犯罪作为一种特殊的社会现象，造成的直接后果是对社会秩序的破坏。因此，治安活动的最基本的任务是预防违法犯罪，维护治安秩序。在预防违法犯罪，维护治安秩序所采取的措施、方式及手段上存在两种不同的途径。一种途径是野蛮的方式，即利用非法或不文明的方式，这种野蛮的方式虽然在一定程度上有助于预防违法犯罪，维护治安秩序，但另一方面又破坏了治安秩序或又滋长了违法犯罪，给社会可能带来更严重的损害。另一种途径是治安主体按照法律规定的程序、措施、方式及手段，预防违法犯罪，维护治安秩序，不以破坏正常的生产和生活秩序为前提，不给社会和个人的合法权益造成损害，这种方式才有利于恢复正常的社会秩序，有利于生产力的发展、社会的进步。

三是以国家强制力和社会自治力维护统治秩序的威严。治安主体作为用以维护法律或统治秩序的机关或组织，其本身的行为必须是符合秩序的，尤其是在权力或权利的行使方面更应如此。权力或权利的行使有两种潜在的后果，一则是权力或权利的正常行使有利于保护统治阶级的利益，维护统治秩序；二则是权力或权利的滥用既会侵害公民和社会的整体利益，又会损害统治阶级的整体利益，危及统治秩序，两种结果截然相反。因此，在有国家强制力和社会自治权利支持的前提下，治安权的行使更应慎重。所以，从遵守和维护秩序的角度看，治安秩序的价值在于建立权力运作秩序，即通过规定治安主体的权力或权利界限、权力或权利行使方式、程序及治安主体权力或权利间的制约和协调，使权力或权利运作规范化、制度化、法律化。

2. 正义价值

正义是法律制度所要实现的最高理想和目标，也是人们用来评价和判断一种法律制度具有正当根据的价值标准。治安行为是依法实施的，其法律、法规作为法律制度的重要组成部分，其本身也必须符合正义的要求，才能具备一种内在的品质。正义价值包括实体正义（结果正义）和程序正义（过程正义）两个方面。

实体正义是指人们对实体上的权利、义务和责任确定时所要遵循的价值标准。从动态上看，治安主体进行治安活动的过程就是治安法律、法规所确定的原则和规则作用于具体的治安客体的过程。其作用的过程是否正当、合理，评判标准是看它能否使每个人的合法权益受到保护。从静态上看，国家制定治安法律、法规的目的在于以法律规范的形式对特定的权利、义务和责任作出调整，这种调整应符合实体正义的一般要求。在一般情况下，治安管理主体通过准确适用治安管理法律、法规中有关违法活动构成的规定，对构成违法行为，需要追究行政责任的行为立案，进行调查取证后，实施治安行政处罚，以追究违反治安管理行为人的行政责任；对不构成违法活动或不需要追究治安行政责任的行为不立案，不实施治安行政处罚，以实现打击违法保护无辜的目的。而社会治安直接责任主体则主要依法规定的权力从事治安社会防范活动，以体现实体正义。

程序正义是指法律程序在具体运作过程中所要实现的价值目标，是一种“过程价值”。一项法律程序是否具有程序正义所要求的品质，要看它是否使那些受程序结果影响的人受到应得的待遇，而不是看它能否产生好的结果。程序正义包括公开管理和权利保障两个方面。公开管理是指治安管理或处罚过程须向违法活动行为人和社会公开，除特殊情况外不得秘密进行。治安管理是强大的国家治安管理机关对违法活动人员或全体社会成员实施国家权力的活动，后者居于弱者的地位。秘密管理不仅易使违法活动人员个人的合法权利受到侵犯，无法求助于法律规定的救助措施，而且易使治安管理机关因缺乏社会监督，导致治安管理权的滥用，侵犯违法活动人员和其他社会成员的利益。权利保障是指在治安管理过程中，违法活动人员应享有相应的权利，治安管理机关应为违法活动人员行使权利提供的保障。为此，各国相应的法律、法规都规定了违法活动人员在行政程序中所享有的各种权利。而社会治安直接责任主体则主要依照法律规定的程序实施治安社会防范活动，才体现程序正义。

3. 效益价值

效益原为经济学上的名词，是指有效产出减去实际投入后的结果，即反映投入与产出的关系。随着社会的发展，“效益”一词广泛运用于社会学领域，法学和管理学也不例外。治安行为的效益价值包括经济效益和社会效益两个方面。

经济效益是指取得的经济利益与投入的各种物质资源之差。治安行为的经济效益主要表现在治安主体通过对治安客体的管理、防范和采取相应的治安措施，杜绝或最大限度地减少违法犯罪行为的发生，从而使国家、集体和个人的财产免遭损失。其所取得的经济利益通常为两个方面：一是免遭损失的国家、集体和个人财产，其经济效益一般为正数，但往往是以隐性值来体现的；二是挽回的经济损失，其经济效益一般为负数，但往往是以显性值来体现的。

社会效益即精神价值。治安的社会效益主要体现在治安主体通过对治安客体的管理、防范和采取相应的治安措施，维护社会治安秩序，为我国的经济建设保驾护航和增加公众的公共安全感上。治安主体就是通过防范、控制可能实施违法犯罪的人员（如重点人口、帮教对象等），通过管理、控制可能实施违法犯罪的时空和其他条件（如强化场所、行业、危险物品以及居民区、城乡结合部、房屋出租户等的防范和控制），通过对可能被违法犯罪侵害的对象的保护和防范，以防止治安案件、刑事案件、群体性事件和治安灾害事故的发生，给生产、工作、教学、科研以及人民生活创造安定的社会环境，从而在维护社会治安秩序，为我国的经济建设保驾护航的同时，增强了广大公众的公共安全感。

三、治安主客体关系的内在本质

治安权不仅是治安主体对治安客体实施治理的治安行为合法性的根源，而且还是治安主体对治安客体实施治理手段措施的内在本质，并决定着治安行为的范围和程度。但是，目前关于治安权的解释有两种：一是将整个国家和社会都作为治安主体的治安权；二是仅指我国公安机关治安部门从事治安管理工作的治安权。从治安学的角度，前者已经超出了治安学的角度，属于社会治安综合治理权；后者虽然属于但又不能完全代替治安学中的治安权。

我们认为，治安学中的治安权是指治安主体通过其占有的国家和社会资源，运用各种措施和手段，对治安第一客体侵害第二客体的行为实施治理的一种能力。这种治安权依据主体的不同，可分为治安管理权和治安社会防控权。

（一）治安管理权

治安管理权是指我国公安机关从事治安管理工作的治安部门及其人民警察，即治安管理主体，利用国家和社会资源，运用各种措施和手段而依法对治安第一客体侵害第二客体的行为实施治理的一种行政权。具体包括：治安管理一般行政权、治安管理强制权、治安管理处罚权、治安紧急处置权等。

（二）治安社会防控权

治安社会防控权是指我国治安社会防范组织（如治安保卫委员会、单位内部的保卫组织、保安服务公司等）以及公民家庭和公民个人，即治安社会防范主体，利用社会资源，运用各种措施和手段而依法对治安第一客体侵害第二客体的行为实施治理的一种自治权。治安社会防控权主要包括：治安宣传教育权、治安社会防控行政权①、治安社会防控经济引导权、治安社会防控监督指导权、治安管理专业辅助防控权、治安社会防控科技应用权等。

（三）治安管理权与治安社会防控权的区别

虽然从人类社会的发展进程看，所有的权力（包括自治权）都是由人民赋予的，治安管理权与治安社会防控权也不例外。同时，治安管理权与治安社会防控权都是为了预防或治理违法犯罪，维护社会治安秩序，两者的目的是一致的。但是，两者的区别也是非常明显的。

1. 主体与依据不同

治安管理权的主体是我国公安机关从事治安管理工作的治安部门及其人民警察，其行使治安管理权依据的是国家的宪法、法律、法规和地方政府的规范性文件；而治安社会防控权的主体是我国治安社会防范组织（如治安保卫委员会、单位内部的保卫组织、保安服务公司等）以及公民家庭和公民个人，其行使治安社会防控权的依据除国家的宪法、法律、法规和地方政府的规范性文件外，还有法律授权、政府委托、共同体契约、习惯法和公民自力救济权利等。

2. 公共性不同

治安管理权维护的是整个国家层面的治安秩序，预防或治理的是整个社会的违法犯罪，而治安社会防控权一般是某一地域、某一行业的人们为了预防或治理共同体内违法犯罪，维护的也是共同体的治安秩序。两者相比，治安社会防控权是小共同体公共利益上的私权力，作用的范围较小，公共性不及治安管理权。因此，社会治安权是建构在与国家治安权相比，社会治安权的公共性较差。但是，在个性化的治安需求上，社会治安权比国家治安权更有优势。

3. 强制力和指向性不同

治安管理权与治安社会防控权的权力指向上存在差别，强制力不同。治安管理权的相对方是全体社会组织和成员，也包括国家机关，在权力的指向上，国家治安权是自上而下的，其与相对方的关系是命令与服从（也存在一般的行政指导），强制性较强，属于硬强制力，对治安管理权的反抗会受到国家法律的制裁。而治安社会防控权主要受治安管理权的指导，服务于小共同体，针对组织内部或是个人的安全利益，其强制性较弱，多带有协商和合作的性质。

4. 功能不同

治安管理权的功能主要是通过宪法、法律和法规来预防或治理违法犯罪，维护国家的治

---

① 19世纪末20世纪初，一些专门研究这方面学问的专家学者，吸收社会科学及企业管理中的有用知识，建立了自成一体的“行政管理学”（或称“行政学”），因而把行政方法理解成政府各级机构根据其职权指挥下层完成任务时所采用的方法。但这是狭义的行政方法概念，事实上，行政方法远不只为政府所采用。在一切组织中，凡采用行政命令手段推行工作的，我们都称之为行政方法。见李景平：《现代管理学》，西安交通大学出版社2001年版，第290页。

安秩序，确保社会大众的人身与财产安全。而治安社会防控权更多的是通过法律授权、政府委托、共同体契约和自治权利来预防或治理违法犯罪，维护共同体内部的治安秩序，确保共同体成员的人身与财产安全。但是，在国家法律和司法权力不能或者不便干预的社会自治或社会公德领域，治安社会防控权更能发挥其不可替代的作用。如对网络上危害治安秩序的各类信息进行监管、举报和删除等。

5. 责任不同

治安管理权是国家公权力的一部分，行使治安管理权不仅是我国公安机关从事治安管理工作的治安部门及其人民警察的权力，同时也是其应尽的责任。享有治安管理权的治安主体不得不作为、慢作为行使权力，也不得违法行使权力，否则要承担相应的行政、法律甚至政治上的责任。而治安社会防控权具有较大的自主性和自愿性，享有治安社会防控权的治安社会防范主体，对治安社会防控权是否行使或行使是否得当，只要不违反法律规定，只承担道义上责任而法律和政治上的责任。

四、治安主客体关系有效性的主要体现

在治安主客体关系中，主体和客体互相作用，从本质上看，治安主体实施的对策措施是依据治安第二客体的安全需求和治安第一客体的活动情况而确定的，并不是由主体自己随意决定的，但治安主体仍发挥着明显的、主导和支配作用即能动作用，并依照治安法律法规和政策调整着主客体之间的关系。治安主体的能动作用如何，关键在于治安主体自身的素质和能力。其自身的素质和能力以及实施的对策措施的有效性即治安的内在和外在价值运用，又体现在治安主体的治安意识、治安思维与治安决策等方面。

（一）治安意识

治安意识是人们关于治安活动的主观反映，或者是对治安活动的“感受、态度、要求、评价、解释以及知识和理论”。① 治安意识有着广泛的内容，这些内容在不同的社会成员身上有着类型、层次上的差异，主要分为两个方面：一般社会成员的治安意识和治安主体的治安意识。其中，一般社会成员的治安意识包括治安守法意识、治安防范意识、治安风险意识、治安信息意识、治安责任意识和治安环境意识；② 而治安主体的治安意识则包括：

1. 治安警情意识

治安警情意识，即治安主体有意识的关注、收集和处理违法犯罪现状与发展趋势（包括治安与刑事案件、群体性事件以及治安灾害事故的数量、种类、性质、特点、危害、规律与发展趋势等）、各类治安隐患（含火灾、交通事故隐患）以及社会的治安防范问题等警情意识。治安主体不仅要关注、了解、收集警情，还要综合分析与研判警情，为治安决策服务。

2. 治安责任意识

治安责任意识，即治安主体积极履行自己责任与义务的意识。一旦发现警情，治安主体一方面要综合分析与研判警情，为治安决策服务，另一方面更要根据各自的职责、义务，充分运用法律赋予权力或权利，积极主动地采取防范、保护、保卫、救护、警戒、治理等措施，保障和保护合法利益不受侵害，防止违法犯罪活动的再次侵害。治安责任是一种制度上

① 李健和主编：《治安学原理》，中国人民公安大学出版社 2013 年版，第 20 页。

② 李健和：《强化公民治安意识以防控城市犯罪》，载《江苏公安专科学校学报》1998 年第 5 期。

的安排，必须要履行道义上的、职业上的、法律上的乃至政治上的责任，否则就要受到相应的指责、处分或处罚。

3. 治安动态意识

治安动态意识，即治安主体适应治安客体不断变化的情况而不断改进或采取灵活治理方式的意识。治安主客体关系直接反映了治安主客体之间的不断运动、变化、发展的辩证的、动态的过程，而治安动态意识就是要反映治安活动过程内在的本质联系，研究治安系统的动态规律，不断适应治安客体和治安形势的不断变化，在治理理论、观念上进行创新，在治理制度、程序、机构设置、工作体制、组织结构、手段和方法上进行改革，做到与时俱进，担负起维护社会治安秩序的重任。

（二）治安思维

治安思维是治安认识活动的表现形式，是治安主体认识、预防和治理违法犯罪过程中的主观活动。治安意识与治安思维虽然都对治安活动的主观反映，但两者是有区别的，治安意识仅仅是对客观治安活动基本的主观反映，是认识过程的初级阶段，而治安思维是探索与发现治安活动的内部本质联系和规律性，是认识过程的高级阶段。治安思维是逻辑思维、形象思维和灵感思维的有机组合体。

1. 治安思维的特点

治安思维是人类思维的一个组成部分，它受一般思维规律的制约。但是，治安思维的对象、过程、要求以及所受到的限制与一般思维有所不同，因此，它既具有一般思维的共性特点，即科学性、间接性和概括性，同时又具有自身的显著特点。

（1）时效性。各种潜在违法犯罪及其条件和因素一经被发现，治安主体就要立即采取有效的预防或防范措施，防患于未然；对发生的治安案件要及时查处。

（2）敏锐性。违法犯罪实施前往往都有各种“迹象”和各类“先兆”，这就要求治安主体必须具有敏锐的思维，善于疑人所不疑，想人所未想，洞察秋毫，见微知著，从蛛丝马迹中发现问题，识别假象，认清本质。

（3）灵活性。由于每一种潜在或现实的违法犯罪及其条件和因素不同，预防和防范的方法、措施与手段也应有所不同。治安主体必须具体问题具体分析，根据不同情况、不同阶段，采取灵活多样的思维方法。

（4）广泛性。违法犯罪可能发生在社会的每个角落，涉及的人、事、物十分广泛。因此，治安主体的思维必须具有广阔性。它要求治安主体具有丰富的联想能力，善于根据获取的材料，全方位、多层次地观察事物。

（5）创造性。任何违法犯罪都具有差异性。这就决定了治安思维必须具有创造性。它要求治安主体必须以一般规律为依托，针对每个不同的具体情况，善于打破思维常规，大胆涉奇探异，另辟蹊径，寻求有效的预防或防范措施。

（6）综合性。治安工作是一项系统工程，因此，治安思维必须具有综合性。这就要求治安主体在各种潜在违法犯罪及其条件和因素时，要善于把条件和因素的各个部分、各个方面联系起来进行思考。不仅要看到具体事物自身的特征，而且要看到它们的相互联系。

2. 治安思维的类型

（1）发散性思维。发散性思维是从一个问题出发向多个方面、多个角度进行与之有关的思索的方法。它具有多维性与灵活性特点，能够增强发现和解决问题的能力。如为防范小区的盗窃案件的发生，就要考虑加强门卫的检查，增高围墙、强化小区内治安巡逻与守望，家庭或办公室安装防盗门和防盗窗，安装电视监控设备等。

（2）会聚性思维。会聚性思维与发散性思维在思考问题的方法上相反，它是由多方面、多角度向一点集中的方法。它能够增强认识问题的准确性。如某单位门卫形同虚设、治安巡逻频率低、治安隐患点多、电视监控设备陈旧，那么该单位往往是违法犯罪或治安灾害事故的多发地。

（3）纵向性思维。纵向性思维是对事物的过去、现在、未来进行系统性思考的方法。在治安思维中，实际上是根据事物现在的情况，对其过去和未来进行思考。因此，它包括反馈性思维和趋前性思维两种类型。其中，反馈性思维是由现在追溯过去的一种思维方式，如查处治安案件中，考查嫌疑人发案前后的活动过程和过去的一贯表现等；超前性思维，是由现在预测未来的一种思维方法，主要适用于对违法犯罪分子实施违法犯罪行为后的情况进行分析判断，预测其作案后的延续行为，并针对可能出现的情况制定新防范对策。

（4）横向性思维。横向性思维是截取事物的某一横断面加以研究的思维方法。它能够增强看问题的广度和协调能力。如治安主体通过治安监督检查，发现两个或两个以上的单位、小区、场所或家庭均存在类似的治安隐患，继而引起高度警觉，又对其他更多单位、小区、场所或家庭进行治安监督检查，如果这一治安隐患带有普遍性，就需要采取相应或相同的治安防范措施等。

（三）治安决策

1. 治安决策的概念

决策，简而言之就是作出决定。治安决策是指治安工作的组织者、领导者就治安工作中面临的实际问题，为达到一定的治安目标所作的治安工作的设计和抉择。治安决策是一项实践活动，但它必须以治安认识活动为前提。治安决策体现了治安认识和实践的高度统一。

治安决策是治安主体主观能动性的突出表现，它贯穿于治安工作的各个方面，贯穿于治安工作的始终，是治安认识过程的重要环节和基本活动。

2. 治安决策的分类

治安决策可以从不同角度进行分类。

（1）根据治安决策目标的重要程度，可分为治安战略决策和战术决策。

治安战略决策是对治安的全局性、长远性、根本性的重大问题所作的决策，它往往与长期规划有关，常常是关于整个系统的全局安排与统筹。

治安战术决策是在战略决策的指导下，为解决治安的局部或个别问题而进行的决策。治安战术决策是治安战略决策的短安排，是治安战略决策在实施过程中的一系列具体决策。

（2）根据决策的常规与否，可分治安常规型决策和非常规型决策。

治安常规型决策是对治安工作中经常反复出现的问题所作的决策。这类决策的过程有一套可以遵循的程序，在积累和总结经验的基础上，可以掌握其规律性。

治安非常规型决策是对过去没有或较少出现的治安问题所进行的决策。这类决策无过去的惯例作依据或参考，但又必须立即作出决策，为此常依据决策者的知识、经验和创造力迅速作出决断。如对突发性的暴力性犯罪案件的紧急处置工作就不能按部就班，而必须机智灵活，随机应变，否则，就难以保证决策的正确性和及时性。

（3）根据决策内容的单一与否，可分治安简单决策和复杂决策。

内容单一，包含的方面较少的决策称之为简单决策，多适用于个别治安行为和对个别案件的处理。这类决策的特点是情况比较明确，决策条件充分，应采取的对策容易决断，后果也易预料。

治安复杂决策较之简单决策难度更大，涉及的问题更多，认识过程更复杂，逻辑思维更严密，一般适用于重大治安防范事项和复杂的治安系统行为。

（4）根据决策层级，可分为治安的高层决策、中层决策和基层决策。

治安的高层决策是由治安的决策层所制定的涉及整体治安系统的决策，它对治安各系统的每一环节都发生影响。

治安中层决策是指治安工作的管理层所作的决策。这些决策大多属于安排某一阶段的任务，或解决治安中的具体问题，如省、市、自治区公安厅（局）治安总队所作的决策。

治安的基层决策主要是指治安执行层和操作层所作的决策，大多属于经常性的具体任务的安排和对临时出现的问题的处理。这些决策对治安的全局产生不了重大影响，但决策的技术性、时间性要求比较高，如公安派出所、基层治安大队、治安主体个人有关治安活动的决策。

一般说来，治安决策的层次越高，越具有战略性、长期性的特点；治安决策的层次越低，越具有战术性、短期性的特点。每一层次的决策都应以更高层次的决策为指导，以更低层次的决策为基础。

3. 治安决策的基本程序

治安决策不是一次性完成的活动，而是一个认识治安工作现状、预测治安工作未来、指导治安行动的动态过程。一般而言，治安决策可以分为以下几个步骤：

（1）发现问题，确定目标。发现问题、确定目标是治安决策的起点。所谓问题是指应当或可能达到的状况同现实状况的差距；目标则是指在一定的客观条件下，权衡需要和可能而争取达到的状况，它有一定的时间要求和约束条件。

（2）调查预测，拟订方案。调查是决策的基础，只有通过调查才能了解与所要解决的特定的治安问题有关的有利条件和不利因素，才能了解解决问题的途径和方法，才能在此基础上着手制定解决问题的方案。每一治安决策中，客观上都存在着若干套可供选择的治安方案；在拟定治安决策方案时，要尽可能地顾及到实际存在的各种方案，以保证决策的客观性、全面性、正确性。

（3）评估优选，确定方案。这一阶段的工作就是通过对各种可供选择的治安方案进行分析对比，全面评估，总体平衡，然后选取其一或综合成一个更完整的方案。

（4）实施反馈，修正完善。治安决策方案的确立并不是决策过程的完结，还必须付诸实施，不需要贯彻执行的决策毫无存在的价值。通过实施，验证决策是否正确合理。对于合理的方案进行完善、修改，再付诸实施。这一阶段称为追踪决策。

第三节　安全风险管理理论

一、安全风险管理理论的内涵

（一）安全及安全管理

1. 安全的含义

安全，伴随着人类社会的诞生和发展，是人类社会的一种基本需求，也是个体必需的公共产品，即安全需要。远古时代的安全主要是指国家、民族、军事安全。现代意义上的安全包括的内容和范围都比较广泛。目前，国内外学界对“安全”没有统一的定义，不同的学科、不同的学者对安全有不同的理解和界定。

在一般词典中，安全意即无伤害、没有危险或完整无损。从辞意和哲学意义上讲，安全具有稳定的含义，即在相对地可以预测的环境中，个体或群体在追求其目标的过程中，没有破坏和伤害，也没有骚乱和伤害这样的恐怖①。国际标准化组织和国际电工委员会将安全定义为“免遭不可接受的风险的伤害”。

社会学研究者认为，所谓“安全”是相对于危险而言的一种状态——没有危险、不受威胁、不出事故的状态。从社会学角度讲，现代意义上的安全包括公共安全、国家安全、单位安全和个人安全等。

有学者认为安全是特定的社会行为主体在实际生存和发展过程中所拥有的一种有保证或有保障的状态②。

从安全涉及的对象分，安全分为公共安全和个体安全，二者都是治安学研究对象。从法学理论分析，公共安全是指故意或者过失实施危害或足以危害不特定多数人的生命、健康、重大财产安全，重大公共财产安全和法定其他公共利益的安全③。从治安学角度讲，公共安全是指在相对地可以预测的环境中，不特定多数人及公共场所在追求其目标或实现其功能的过程中所拥有的不遭受侵害的有保证或有保障的一种状态。个体安全是指作为个体的人在实际生存和发展过程中所拥有的一种有保证或有保障状态。所谓个体，是与整体相对应的。在逻辑上，个体可以是集合概念（如一个群体、组织、社会、国家等），也可以是非集合概念（如单个的个人）。个体安全具有确定性与不确定性、普遍性与相对性等多重表征。

2. 安全管理的含义

从生产安全角度讲，安全管理是指通过制定和监督实施有关安全法令、规程、标准和规章制度等规范人们在生产活动中的行为准则，使劳动保护工作有法可依、有章可循，用法制手段保护职工在劳动中的安全和健康。

从治安学角度讲，安全管理是指治安主体运用安全管理理论和安全风险管理理论，分析并识别出所管理范围内存在的各种安全隐患，评估这些安全隐患发生的可能性及一旦发生后可能造成的经济损失、人员伤亡以社会后果等，进而优化选择实施一系列安全风险管控的对策措施，同时对于可能发生的危害后果通过制定应急预案等予以应对，对特殊领域及特殊行业的安全隐患进行管控的过程。

（二）风险及风险管理

1. 风险的含义

风险是指发生特定危险事件的可能性与后果的结合。风险，也可以是生产目的与劳动成果之间的不确定性或者是不确定的财务损失、实际结果与预期结果之间的差异、实际可能发生损失或者可能即将发生的损失④。

广义上的风险通常指收益或者代价的不确定性，风险产生的结果是多样性的，并非只能

---

① Robert J. Fischer 等著：《安全导论》（第 8 版），任骥、赵兴涛等译，电子工业出版社 2012 年版。

② 郑杭生、杨敏：《个体安全——一个社会学范畴的提出与阐说》，载《思想战线》2009 年第 6 期。

③ 蔡士良：《对刑法中公共安全含义的探讨》，载《湖北公安高等专科学校学报》2000 年第 5 期。

④ James F. Broder、Eugene Tucker 著：《风险分析与安全调查》（第 4 版），中国工商银行安全保卫部译，电子工业出版社 2014 年版，第 3 页。

带来损失，也可能有获利或者无损伤亦无获利；狭义的风险则表现为损失的不确定性，即风险只能带来损失，没有获利的可能。我们通常所说的风险多指损失可能发生的几率，也就是狭义上的风险。

风险不同与灾难，如火灾、水灾和地震等灾难事故，仅仅是风险的诱因；风险和危险也有区别，危险是形成灾难的一个影响因素，任何事物都存在危险性，但是并不是所有的危险都必然会带来实际的财产损失，并不一定会造成损失。风险最终结果是产生实际损失或财产的减值。

2. 风险管理的含义

风险管理理论是在风险社会理论基础上演变而来的。社会学者贝克的风险社会理论和吉登斯的现代性理论都是有代表性的社会安全理论。贝克从社会学理论的高度阐述了现代社会作为“风险社会”的特征、风险性质、风险类型以及当代社会面对的重大转变，并进一步发展为“世界风险社会”理论，对风险社会与现代性的关系进行了探索。这些新的理论视角推动了安全领域的应用研究，如风险感知、风险评估、风险管理等，在经济运行、防灾减灾、环境治理、社会政策等实践领域，产生了广泛的影响。在同一时期，吉登斯以罕见的宏阔视野刻画了现代性变迁如何改变和重构了传统，瓦解了以往的社会秩序和整合机制，这既是风险产生的社会根源，也是风险生成的持续动力。风险是现代性过程导致的自然的衰败之必然，风险实质上是被制造出来的，是“人造风险”或人为风险，因而也是科学、技术和知识的产物：“所谓被制造出来的风险，指的是由我们不断发展的知识对这个世界的影响所产生的风险。”“我们所面对的最令人不安的威胁是那种‘人造风险’，它们来源于科学与技术不受限制的推进……我们基本上无法用以往的经验来消除。”

风险管理影响比较大的理论有多米诺骨牌理论和能量破坏性释放理论。

海因里希（H. W. Heinrich）研究了20世纪20年代发生在美国的许多工业事故，发现其中80%的意外事故是由于工人的不安全行为导致的，而其余的则是其他因素，如有缺陷的机械设备。他把意外事故的发生图解为一系列因素的连续作用，提出了著名的多米诺骨牌理论。该理论认为突发伤亡事故的发生不是一个孤立的事件，而是一系列事件相继发生的结果。从社会环境、人的缺点、人的不安全行为，到物的不安全状态、事故、伤害，环环相扣。如果移除这因果链中的任意一环，事故过程就可以被中止，达到控制风险、避免事故发生的目的。消除风险因素是控制风险的关键。因此，认真研究风险的问题，采用科学的识别、分析和控制方法，采取有利措施，及时有效地阻止不利事件的发生，把风险降到最低，是最为明智的正确抉择。

1970年代，美国学者哈顿（W. Haddon）提出了能量破坏性释放理论。他认为人员或财产损失基本上是能量的意外破坏性释放的后果，如飓风、闪电、车祸、火灾等。该理论认为，损失控制应重视机械或物的因素的管理，即为人们创造一个更为安全的物质环境。该理论认为风险或者事故的发生是不断聚集的能量无规则或者意外释放造成的。若要降低、遏制风险或者事故的严重程度，要采取比如防止能量的聚集，减少已聚集的能量，防止已聚集能量的扩散，隔离易损对象，加强防护等步骤。这一系列的步骤其实都是对能量释放进行逐步消解的过程。

在治安学中，风险管理，也常称为安全风险管理，是指治安主体通过识别治安活动中存在的危险、有害因素，并运用定性或定量的统计分析方法确定其风险严重程度，进而确定风险控制的优先顺序和风险控制措施，以达到改善社会治安环境、减少和杜绝安全事故的目标而采取的一系列措施。风险管理是在有风险的情况下如何把不良影响降至最低的管理过程。

风险管理的目标是以最小的成本获取最大的安全保障。它是一个系统性的安全管理工程。通过风险管理，可以使人们有足够的抗击风险能力，提前做好预警，尽可能减轻各种损失，减少对个人和整个社会的不利影响。

3. 安全风险管理的程序

根据风险管理理论，安全风险管理一般包括风险识别、风险评估、风险控制、风险管理效果评价四个步骤。风险识别和风险评估一般统称为风险分析或风险评价，它是安全风险管理过程中的一种管理工具。安全风险管理过程中，可以根据实际需要，选择有效、可行的风险评价方法进行风险分析和风险评价。常用的评价方法有：（1）工作危害分析（JHA）；（2）安全检查表分析（SCL）；（3）预危险性分析（PHA）；（4）危险与可操作性分析（HAZOP）；（5）失效模式与影响分析（FMEA）；（6）故障树分析（FTA）；（7）事件树分析（ETA）；（8）作业条件危险性分析（LEC）等方法。

（1）风险识别。安全风险管理的第一步是识别安全风险。在确定安全风险前必须明确需要加强安全管理的对象，也就是需要保护的场所、活动、人员、设施或其他资产等。安全风险识别是指在安全管理过程中识别出危险因素是否存在并确定其性质的过程。危险因素是指可能导致伤害、疾病、财产损失、环境破坏、安全事故、危害治安秩序的根源或状态。

安全风险识别的重点是辨识安全隐患和安全防范的薄弱环节。影响安全的危险因素是多种多样的，进行风险识别时要抓住重点，找出最有可能发生的危险因素。在风险识别环节中，甚至在整个安全风险管理过程中，安全调查是最有效最有价值的风险管理工具之一。

安全调查是对需要进行安全保护的实体环境及现有安全状况进行详尽无遗的检查，并对所有运营系统和程序进行彻底审查的活动。安全调查的内容包括现有设施的基本情况、这些设施的安全状态、安全防范措施的缺陷、需要保护的安全级别等。安全调查人员应该是安全管理方面的专家和对所保护的对象比较熟悉的专业人员。安全调查前要拟定详细的调查计划，列出需要调查的对象清单，逐一进行仔细全面的检查，调查结束后要形成一份完整的安全检查报告，此报告是进行风险评估的重要依据。

（2）风险评估。风险评估是指评价风险危害发生的可能性及其危害程度并确定其是否在可承受范围的过程。风险评估就是针对可能出现的不利事件（风险因素），估算出预期损失。风险评估的重点落在“评估”上，由于无论多么细致的评估方法也不可能有精确的计算，所以评估所讨论的只是风险发生的概率和一种可能。详细的风险评估有利于找出潜在的安全隐患。

风险发生的可能性，也称为风险发生的概率，有的可以通过数理统计与概率论的相关理论来进行量化计算，有的风险因素则通过定性描述来确定其发生的可能性。危害程度的评估则需要运用损失矩阵理论等来确定。危害程度也一般也称为安全损失，一般包括危害发生后的直接损失，这些损失就是重新购置的费用，还包括由于损害造成的临时替换的费用、由于损害造成的无法正常运转损失以及对环境的危害、对社会的危害、对人员的伤害、保险费率的提升、社会声誉的损害等。

（3）风险控制。风险控制是指根据风险评估的结果及保护对象运行情况等，确定对风险优先控制的顺序，并采取相应措施消减风险的活动。在风险管理过程中，一旦确定了安全风险发生的可能性和危害程度后，就明确了安全问题的严重性，下一步需要考虑的问题就是进行安全管理方案的优化选择，这就是风险控制。一般来说，常用的风险控制的措施风险规避、风险抑制、风险分散、风险转移和风险自担等。

风险规避是通过将存在风险的单位的责任转移到另一区域来消除风险的管理措施。如某场所存在火险隐患或拥挤踩踏隐患，那么将原本在该场所举办的大型活动转移到其他不存在安全隐患的场所举办，就规避了这些安全风险。

风险抑制是指当风险无法避免时，尽量降低安全问题带来的影响而采取的相关措施。如某场所存在较高的被盗风险，那么通过加强出入口控制和安装监控报警设施，虽然不能完全消除安全隐患，但可以大大抑制或降低这种被盗风险。

风险分散是将某项活动或业务分解为多个环节和程序，这样就可以有效避免因某一环节的风险而造成整体的损失。这也就是我们俗称的“不要将鸡蛋放到一个篮子里”。在一些危险性大的单位，生产车间的布局都是分散布局的，这也是风险分散措施的应用。消防安全管理中，提出安全距离也是同样的道理。

风险转移是指通过投保等措施将风险转移给保险公司的管理措施。风险自担是指在没有保险的情况合理规划自己因风险可以承担的损失。

在风险控制过程中，有时需要采取多种安全管理措施，在追求风险最小化的所有过程中，保险是安全管理的一个有益的补充。

（4）风险管理效果评价。风险管理效果评价主要是指通过安全风险控制，评价安全风险管理在采取的安全措施方面是否满足安全需要的过程，这一过程主要是完善安全措施，包括硬件和软件措施两个部分，硬件措施是通过技术设施、实体安全防范等方面来实现，软件措施则是通过参与安全风险管理中的人员的素质和应对时的机动性以及有关安全管理制度、安全文化、安全管理机制等方面来实现的。

在已经制订了安全计划、具有丰富的从业经验的安全专业人员的基础上，要通过对安全计划的审查、检验安全计划和措施是否满足现阶段安全需求来不断完善安全管理措施。为使安全系统的可靠性达到最佳状态，往往采取加入多重防护的设计，以便于在灾难的早期阶段实现报警，最大限度地降低损失。比如在火灾高发区域安装不同类型的探测器，以最大限度地降低损失。

二、风险管理理论运用于治安实践的必要性和可行性

（一）社会治安问题的不确定性和易变性需要风险管理

社会治安问题可能是由单一原因引起的，也可能是多种原因共同作用的结果。治安问题的产生、发展和可能涉及的影响无法用常规性的知识进行判断，正是这种不确定的原因加上难以预知的社会管理有效程度，社会治安问题的发展、变化具有高度的不确定性和易变性。同时，由于现代社会的发展，事物之间的联系越来越密切了，往往一个治安问题的发生会引起一连串的连锁反应，造成不可估量的损失。因此，治安主体可以在治安问题发生前做好治安问题的预防和应对的准备，建立完善的预警系统，及时发现治安问题发生的征兆，对可能发生的治安问题采取预防措施。由于治安问题发生时信息不对称、技术手段缺乏、可供利用的资源匮乏，这些又给治安主体和社会公众化解治安问题带来了很大的困难。把风险管理用于治安问题，可以识别治安问题的风险源，及时掌握治安问题的性质、范围、特征，了解治安问题发生的原因和条件，预测治安问题可能的后果，进而建立更科学、完善的预警系统，使识别治安问题的征兆成为一门有规律可循的学问，进而更有效地规避治安问题的发生。

（二）社会治安问题的社会性和扩散性需要安全风险管理

社会治安问题的发生会对一个社会的基本价值和行为准则产生威胁，给社会秩序和公众生活造成严重影响，这就是社会治安问题的社会性。有的治安问题还危害公共安全、损害公共利益和广大民众的私有财产，甚至严重破坏正常的社会秩序、危及社会的基本价值等。整个社会治安问题的发生和发展还具有动态的特点，社会治安问题一般都会引起连锁反应，有的还会诱发一系列的衍生和次生治安问题和次生灾害和事故，形成灾害和事故链，这就是社会治安问题的扩散性。风险管理的重心在社会治安问题发生之前，是一种事前预防，把风险管理应用于社会治安问题改变了传统社会治安问题的事后处理模式，相当于把解决社会治安问题的关口前移，注重社会治安问题的事前预防，把社会治安问题消灭在萌芽状态。

（三）社会治安问题的紧急性需要风险管理

社会治安问题往往出乎人们的意料，只有短时间的、难以识别的预兆，人们往往很难察觉，以至于忽略了社会治安问题的征兆，或者社会治安问题从预兆出现到危机爆发的时间太短了，以至于人们很难及时对社会治安问题作出迅速有效的反应，而如果不能迅速采取有效措施加以控制，社会治安问题可能会进一步升级，带来更大的损失和破坏。尤其是火灾爆炸等治安灾害事故，更是如此。社会治安问题的发生往往是造成社会治安问题的危险因素从量变到质变积累的过程，治安问题并非不可预测。如群体性治安事件产生的根源性因素就是社会转型期利益格局的调整、分化、组合，群体性治安事件产生的基础性因素就是基层组织社会控制弱化、社会权威结构在一定程度失衡，群体性治安事件产生的政治性因素则是政府决策偏差、干部的官僚主义和腐败行为，群体性治安事件产生的启动性因素则是各种具体的利益冲突导致的。安全风险管理理论则从社会风险的识别开始，通过一系列的风险管理，将治安问题的紧急性转化为可以预测预警的治安事件，从而避免了治安问题的紧急性导致的可能危害，从而实现转危为安，最大限度地避免大的损害和影响。

（四）社会治安问题的危害性和破坏性需要风险管理

社会治安问题都具有危害性和破坏性，对生命财产、社会秩序乃至国家安全构成很大的威胁，如果不能正确处理就会酿成很大的悲剧。社会治安问题造成了生命财产的损失，社会治安问题发生时，国家财产、集体财产、个人财产往往都会受到程度不同的损害，社会治安问题对社会公共秩序的影响更具有致命性，而一旦社会秩序出现混乱，整个国家可能陷入无政府的混乱状态。对于这些危害和破坏，治安主体可以运用风险管理中的风险识别手段对对社会治安问题的危害和后果进行大致评估，并在这个基础上运用风险控制手段最大限度地化解治安问题带来的危害性和破坏性。

三、安全风险管理理论的治安学价值

安全风险管理是落实预防为主、常态与非常态安全管理相结合原则的具体体现，是创新社会治安管理、做好突发性治安事件预防与处置的重要抓手，是维护社会治安秩序、确保社会平安稳定、确保公民人身财产安全的基础性工作。安全风险管理理论是治安学理论体系的一个重要组成部分，其与治安学理论具有相同的价值追求，同时安全风险管理理论也为治安实践提供了理论支撑。

（一）安全风险管理理论丰富了治安学理论体系

治安学作为公安学的重要组成部分，其主要研究社会治安问题产生、发展、运行的规律，解决社会治安问题，确保公共安全和个体安全，为实现这一目标，治安主体需要在一定的理论指导下强化安全意识，加强安全管理。安全风险管理理论虽然起源于企业单位的安全管理，但在社会学理论发展过程中，尤其是风险社会理论的提出，为治安主体管控社会风险、化解社会矛盾、树立安全意识和风险意识，提高风险管控能力奠定了理论基础，从而也丰富和发展了治安学的理论体系。

（二）安全风险管理理论为治安防控提供了理论基础

立体化社会治安防控体系建设是治安工作贯彻预防为主原则、确保社会治安稳定的重要内容。构建立体化治安防控体系，需要识别危害社会治安秩序的各种因素，分析评估这些危害因素对社会治安可能造成的危害，从而确定治安防控体系建设应采取的各种措施。安全风险管理理论强调通过精准的计算来获取准确的结果、通过完备的防护手段以较低的成本避免较大的损失。在构建治安防控体系过程中，治安主体应充分利用大数据，以安全风险管理理论为指导，整合各类数据，分析评估安全隐患，采取针对性的有效措施加强治安管控，提高治安防控效果。

（三）安全风险管理理论为治安实践提供了理论支撑

在治安活动中，诸多治安业务都是在安全风险管理理论的指导下进行的。治安业务中的安全检查，既是风险管理的重要措施和管理程序，也是消除安全隐患的重要措施；金融等重点单位的安全管理、大型活动的安全管理，其核心内容就是进行风险评估和风险管控；重要场所的安全管理、公众聚集场所的安全管理，等等，现在普遍都运用安全风险管理理论进行风险评估，以确保安全。即使是在个体安全方面，也经常运用安全风险管理理论，加强自身安全。可以说，在整个治安活动中，无论是公共场所，还是私域环境，都离不开安全风险管理。

学习安全风险管理理论，要求治安主体和社会公众要增强风险管理意识，充分认识风险管理在社会治安问题管控中的重要作用，创新社会治安风险管理机制，增强治安主体风险管理的回应力，形成治安主体和社会公众安全风险管理意识的互动。要加强风险管理技术研究，形成科学风险管理流程，把现代信息技术应用于社会治安风险管理中，使治安主体通过信息资源增强应对社会治安问题的快速反应和及时处理能力，提高对治安危机事件的快速反应与及时处理能力。

第四节　社会治理创新理论

一、社会治理创新理论的内涵

（一）治理理论

治理理论，也称善治（Good Governance）理论、治道。治理理论最初缘起于西方，在20世纪70年代，西方国家在福利危机、全球化以及地方主义等大背景下，开始对简单地依靠“市场”和“政府”的资源配置方式进行思考和探索。美国学者列维特在1973年首先提出“第三部门”的概念，随后该理论逐渐被美国学术界接受，以后被频繁使用，成为治理理论的起源。

治理理论（Governance Theory）首先出现在20世纪80年代的“地方治理”与“公司治理”之中。随着全球化进程的加深和公共决策的复杂化、动态化，1989年世界银行在概括当时非洲的情形时，首次使用了“治理危机”（crisis in governance）一词，此后“治理”便广泛地被用于政治发展研究中，成为社会管理的重要的理念和价值追求。20 世纪 90 年代以来，西方学者（以政治学家和政治社会学家居多），对治理作出了许多新的界定。1995 年全球治理委员会在一份题为《我们的全球之家》的报告中界定治理为：各种公共的或私人的个人和机构管理其共同事务的诸多方式的总和，是使相互冲突或不同的利益得以调和并且采取联合行动的持续过程。

治理理论的主要创始人之一詹姆斯·罗森瑙（James N. Rosenau）在其代表作《没有政府统治的治理》和《21 世纪的治理》等文章中将治理定义为一系列活动领域里的管理机制，它们虽未得到正式授权，却能有效发挥作用。他在其代表作《没有政府统治的治理》中明确指出：治理与政府统治不是同义语，它们之间有重大区别。与统治不同，治理指的是一种由共同的目标支持的活动，这些管理活动的主体未必是政府，也无须依靠国家的强制力量来实现。换句话说，与政府统治相比，治理的内涵更加丰富，它既包括政府机制，同时也包括非正式的、非政府的机制。

格里·斯托克（Gerry Stoker）治理理论进行了研究和总结，提炼出几种主要观点，主要包括：治理涵盖各类社会公共机构和行为人，包括政府，但又不仅限于政府；治理过程中往往存在边界和责任的模糊性；治理明确肯定了在涉及集体行为的各个社会公共机构之间存在着权力依赖；治理的终端结果是参与者形成自主网络。

治理理论的核心观点是合作与协商，强调政治国家与公民、政府与非政府、公共机构与私人机构之间的合作，既包括强制合作，也包括自愿合作。治理的目的是在各种不同的制度关系中运用权力去引导、控制和规范公民的各种活动，最大限度增进公共利益。治理的重要规则是参与、公开、透明、回应、公平、责任、正当性和合法性等。

治理理论为我们理解国家与社会的关系提供了一个新的视角。虽然学者对治理的特征概括并不完全相同，但治理主体的多元性，尤其是非政府组织的参与是其最显著的特征之一。

（二）社会治理创新理论

近年来，针对当前我国社会发展的新形势，在“科学发展观”的指导下，中央在加强社会建设上经历了从“社会管理创新”到“社会治理创新”的认识过程。

党的十六大以来，加强和创新社会管理日益成为执政之要。2004 年 6 月，党的十六届四中全会，正式提出“社会管理创新”；2007 年党的十七大报告提出要“建立健全党委领导、政府负责、社会协同、公众参与的社会管理格局”；在 2009 年底举行的全国政法工作电视电话会议，强调深入推进“社会矛盾化解、社会管理创新、公正廉洁执法”三项重点工作；2010 年 3 月，温家宝总理在《政府工作报告》中指出，要适应新形势，推进社会管理体制改革和创新，合理调节社会利益关系；2011 年 2 月 19 日，胡锦涛总书记在省部级主要领导干部社会管理及其创新专题研讨班发表的讲话中强调，要“扎扎实实提高社会管理科学化水平，建设中国特色社会主义社会管理体系”；2011 年 3 月，“社会管理创新”一词首次以重要篇幅写入《政府工作报告》，并在国家“十二五”规划纲要中单独成篇；2011 年 7 月出台的《中共中央国务院关于加强社会创新管理的意见》是我国第一份关于社会管理创新的正式文件；2012 年党的十八大报告提出“在改善民生和创新管理中加强社会建设”，“要加快推进社会体制改革，围绕构建中国特色社会主义社会管理体系，加快形成党委领导、政府负责、社会协同、公众参与、法治保障的社会管理体制，加快形成政府主导、覆盖城乡、可持续的基本公共服务体系，加快形成政社分开、权责明确、依法自治的现代社会组织体制，加快形成源头治理、动态管理、应急处置相结合的社会管理机制”；2013 年党的十八届三中全会，在《中共中央关于全面深化公安改革若干重大问题的决定》中明确提出，“创新社会治理，必须着眼于维护最广大人民根本利益，最大限度增加和谐因素，增强社会发展活力，提高社会治理水平”。这是中央文件首次提出“社会治理”，既与“完善和发展中国特色社会主义制度，推进国家治理体系和治理能力现代化”的全面深化改革总目标相呼应，又顺应了新时期我国经济转轨、社会转型的形势要求和人民群众的新期待。

“社会治理”这一概念的提出，显示出党对国家与社会、政府与人民之间的关系高度重视，表明执政理念由单纯的政府自上而下的“管理”转变为政府自上而下与社会自下而上相结合的“治理”，是我党执政理念新的转变，是马克思主义中国化的又一项最新成果，是我们党对社会发展规律的认识和把握的又一个新飞跃，实现了我国社会建设理论和实践的又一次与时俱进。①

党的十八届三中全会着眼于维护最广大人民群众的根本利益，最大限度增加和谐因素，增强社会发展活力，提高社会治理水平，全面推进平安中国建设，维护国家安全，确保人民安居乐业、社会安定有序，提出创新社会治理体制的新观点、新要求、新部署，其内容包括了改进社会治理方式，激发社会组织活力，创新有效预防和化解社会矛盾体制，健全社会公共安全体系等四个方面。

二、社会治理创新理论在治安实践中的价值运用

可以说，我国的社会治理创新理论是在充分汲取了国内外社会治理理论的基础上，结合我国社会治理的实践而提出来的。创造性地提出了要实现“党委领导、政府负责、社会协同、公众参与、法治保障的社会管理体制”，必须改进社会治理方式，激发社会组织活力，创新有效预防和化解社会矛盾体制，健全社会公共安全体系。其对创新我国的治安工作具有重要的指导意义。

1. 不断拓展治安主体多元化

传统的行政管理或社会管理，强调以政府为单一行为主体的管治行为。它以政府为权力中心，是行政权力对管理对象的单项管理，靠政府的权威力量制定相应的社会政策，以此来规范和管理社会事务，缺少灵活性和互动性。作为社会治理的一部分的治安工作，必须适应我国民众的安全需求日益多样化，社会成员的价值取向由高度一致性向多元化和多层次转变，政府对民众思想的控制程度开始下降，民众对政府的依赖性也有所减弱，人们思想活动的独立性、多变性、选择性和差异性大大增强，逐渐成为一个个独立自主的权利主体的现实与发展趋势，不断拓展治安主体多元化，并通过参与、合作与协调，达到一种“善治”的治理状态，即实现治理的合法性、法治、透明性、责任性、回应性、有效性、参与、稳定、廉洁与公正。②。治安主体多元化包括政府、社会组织、自治组织、部分私人部门以及直接参与治安社会防范的公民都将成为新的治理主体。他们在治安公共事务治理中发挥着不同的作用，通过彼此间的分工与协作、沟通与配合，结成治安工作的立体性交叉网络。治安工作网络的形成与作用的发挥，需要多个行为主体的自觉互动，而不能靠外部力量的强加。在互动过程中，各个行为主体结成平等互助的合作关系，促使各方主动参与治理，最终实现利益共享。

---

① 《中共中央关于全面深化改革若干重大问题的决定辅导读本》，人民出版社 2013 年版，第 310 页。
② 俞可平：《全球治理引论》，载《马克思主义与现实》2002 年第 1 期。

2. 不断改进治安工作方式

改进社会治理方式，就是要在加强党委领导，发挥政府主导作用基础上，坚持系统治理、依法治理、综合治理、源头治理，努力实现政府治理和社会自我调节、居民自治良性互动上切实取得成效。① 就治安工作而言，一是坚持系统开展治安工作，从政府包揽向政府主导、社会共同防范转变。要加强党委领导，充分发挥各级党委的领导核心作用，总揽全局、协调各方，确保治安工作的正确方向；要充分发挥各级政府的主导作用，既发挥政府的基本职能，又确保政府特别是公安机关不越位、借位、缺位；要鼓励和支持社会各方参与，发挥社会组织的作用，整合治安社会防范资源，积极推动建立社会协同的治安工作网络；要创造公众参与治安社会防范的条件，拓宽公众参与的渠道，健全公众参与机制，形成治安社会防范人人参与的局面。二是坚持依法开展治安工作，实现工作方式从管控规制向法制保障转变。要不断强化法治理念，善于用法治思维和法治方式开展治安社会防范；要切实加快治安社会防范领域的立法工作，依靠法律法规规范主体行为，协调社会关系，监督公共权力，保护公民合法权益，并将各项治安社会防范工作纳入法治轨道。三是综合开展治安工作，由单一手段向多种手段综合运用转变。要将法治与德治结合起来，规范社会行为，调节利益关系，协调好社会关系，关于运用群众路线、民主方式、服务方式，通过平等对话、沟通、协商、协调等办法解决治安工作存在的问题，化解社会矛盾。四是坚持源头开展治安工作。要从人民群众的安全需要出发，坚持以网络化治理、社会化服务为方向，健全基层治安综合服务平台，把治安工作触角延伸到社会末梢，把治安工作做到群众身边。

3. 不断激发治安组织的活力

激发治安组织的活力，关键是正确处理政府与治安组织的关系，加快政社分开，进一步明确治安组织的职责，鼓励、引导治安社会防范组织依法自治、发挥作用。一是要创新治安社会防范组织的培育扶持机制。政府及公安机关的职责是为治安社会防范提供公共治理和基本公共服务，非基本公共服务领域应该更多更好地发挥治安社会防范组织的作用，也就是说，适合由治安社会防范组织提供的公共服务和解决的事项，交由治安社会防范组织承担。因此，政府要加快政府职能的转变，积极扶持相关治安社会防范组织如治安保卫委员会、保安服务公司、行业协会和商会以及治安志愿者组织等，公平对待治安社会防范组织提供的公共安全服务。二是加快实施政社分开。要按照政社分开、管办分离的要求，分类推进行业协会商会与行政机关脱钩，尊重治安社会防范组织的主体地位，保障其合法权益，促进其依法自治并独立承担责任。三是提升治安社会防范组织的服务功能。要按照社会主义市场经济的要求，加快推进协会商会、治安志愿者组织等治安社会防范组织的改革，发挥其服务企业、规范行业、发展产业、助推安防等方面的作用，满足城乡人民日益增长的多元化、多层次公共安全需求。四是严格依法监督管理。要加强对治安社会防范组织的管理，规范引导治安社会防范组织的各种活动。特别是公安机关要加强对治安社会防范组织的监督和指导。

4. 不断创新治安工作的体制机制

治安工作的改革与创新是一个系统工程，建立和完善相关体制机制、制度至关重要。一是实行治安工作主体制度。治安工作主体格局包括：党委是治安工作中总揽全局协调各方的领导核心；政府是治安工作的主导者；公安机关是治安工作的执行者；社会组织是治安社会防范的中坚力量；居民是社会基层（社区）治安防范的主体。其中，最核心的问题是各主

① 《中共中央关于全面深化改革若干重大问题的决定辅导读本》，人民出版社 2013 年版，第 312 页。

体权力的配置与制衡。二是实行治安工作公开制度。社会治理的主体是多元的，任何一个单一主体都不能垄断规范和管理的实践过程。① 为防止各主体滥用权力，实现对治安工作实施过程的有效监督，有必要将善治理念中的透明性要素②贯彻到整个过程中。公开制度的内容有：基本信息（包括各主体的基本信息、重大事项的基本情况、治安工作的目标以及依据等）强制披露，互动过程（包括公众参与并通过磋商、协商、谈判、指导等过程）公开和互动结果公开。三是协商制度。社会协商作为协商民主的有机组成部分，是实现政府与社会良性互动、社会自治的重要手段，也是社会权力对国家权力进行有效制约的重要方式，已经成为社会治理创新活动的重要发展方向，也必将成为治安工作创新活动的重要方向。四是责任制度。各治安主体在实施治安防范与治理过程均享有权力，那么也就必然承担相应的责任，这种责任可分为道义责任、行政责任、民事责任、刑事责任乃至政治责任。

5. 不断健全和完善立体化社会治安防控体系

社会治安防控体系是适应社会治安环境的变化而建立的，而构建社会治安防控体系是一个全新的课题。根据近年来的实践和探索，社会治安防控体系是指公安机关在党委、政府统一领导下，从维护社会稳定需要出发，充分发挥职能作用，运用各种手段科学整合现有的各种警力和社会资源，运用科学的工作机制，把防范、控制、管理、服务等多种措施有机结合，实现统一指挥、整体联动、快速反应，对社会治安实施全方位动态防控的一项系统工程。社会治安防控体系是在现代警务理念指导下，以控制发案、打击现行为重点的积极防范警务工作系统。③ 随着社会治安形势的变化和我国深化改革的需要，党的十八届三中全会作出的《中共中央关于全面深化公安改革若干重大问题的决定》明确提出，加强社会治安综合治理，创新立体化社会治安防控体系，依法严密防范和惩治各类违法犯罪活动。治安工作作为立体化治安防控体系的一部分、一个子系统，其组织结构是否合理、指挥系统是否健全、网络信息是否互通、技术装备是否到位、预警预案是否科学，与立体化治安防控体系是否衔接、联动，决定了立体化治安防控体系构建得是否科学、优质。因此，加强治安工作建设，是不断健全、完善立体化治安防控体系的重要内容。

◎思考题

1. 简述情境预防理论的内容。
2. 简述治安主客体关系理论的内容。
3. 简述安全风险管理理论的内容。
4. 简述社会治理创新理论的内容。
5. 如何理解情境预防理论、治安主客体关系理论、安全风险管理理论、社会治理创新理论四者之间的关系。

---

① 陈家刚：《从社会管理到社会治理》，载《学习时报》2012 年第 10 期。

② 善治即良好的治理，其基本要素包括合法性（legitimacy）、透明性（transparency）、责任性（accountability）、法治（rule of law）、回应（responsiveness）、有效（effectiveness）。见俞可平主编：《治理与善治》，社会科学文献出版社 2000 年版，第 9~11 页。

③ 熊一新：《论社会治安防控体系建设》，载《中国人民公安大学学报（社会科学版）》2004 年第 4 期，第 1 页。

第三章　治 安 组 织

教学目的和要求：了解治安组织的基本特征和类别，熟悉治安管理组织的机构设置与职责以及治安社会防范组织的职责范围和面临的困境与出路，为今后从事治安工作打下基础。

重点和难点：治安管理基层组织、当前治安社会防范组织面临的困境与出路。

主要内容：治安组织的基本特征、类别、功能与任务，治安管理机构的设置、职责，我国治安管理基层组织的主要职责、勤务，以及社会治安防范组织的现状与出路思考。

治安组织是日常、大量、繁重治安活动的直接承担者，包括治安管理组织和治安社会防范组织，其活动的思想、方式、方法等，直接关系到预防违法犯罪、维护社会治安秩序的效益或效率，乃至社会的稳定与发展。治安组织是治安治理的物质存在形式，任何治安治理的问题都与治安组织相联系，因此，治安组织始终是治安学的最基本的问题之一，也始终为我国公安机关及治安学研究所重视。

第一节　治安组织概述

一、治安组织及基本特征

（一）治安组织的含义

所谓组织，是人们为了实现某一特定的目的而形成的系统集合，它有一个特定的目的，由一群人所组成，有一个系统化的结构。组织本质上来说就是人们为了实现共同目标而采取的一种手段或工具①。组织是现代人类社会的基本构成单位。一般而言，一个好的组织应当具有明确组织目的、人事调配恰当、责权分配合理、财物数量适中、运行机构有效、行为方式优化、价值观念整合等基本要素。

所谓治安组织，是指由社会成员个体和群体依照合法规则组成的，得到公众承认甚至行政认可的，可以依法调控自身和其他社会群体实施治安管理和治安社会防范行为的社会群体的总称。

治安组织与治安主体、治安机关、治安机构既相互联系，又相互区别。一般而言，治安组织是一个大的组织系统、具有系统的结构性，而治安主体是治安管理和治安社会防范行为的实施者和承担者，包括组织和个人，即通常所说的依法建立，依法行使职权，以预防违法犯罪，创造、维护良好的社会治安环境为目的的各种社会力量；治安机关只是治安组织系统中的一个次级系统。换言之，治安组织是综合性、整体性、享有完全法律和行为的主体，而治安机关则是行政的、单一的、部分的、享有有限的法律和行为的治安主体；治安机关与治

---

① 邢以群著：《管理学》，浙江大学出版社 1997 年版，第 169～170 页。

安机构的区别在于，治安机构常偏重于编制的、预算的、组织结构的涵义，治安机关偏重于主体的、职权的、法规的涵义。治安机关恒定是治安机构，治安机构不一定是治安机关。

（二）治安组织的基本特征①

我们所指治安组织，是有严格标准的。我们这里研究的治安组织专指从事治安管理、单位内部保卫、群众治安自治、保安社会服务、治安志愿工作的组织。

1. 具有一定的组织性

治安组织必须是有组织的，必须具有一定的组织性。这些组织是经过政府、公安机关或法定群众自治组织（如居委会、村委会）认可的。治安组织不包括自发组织的以及游离于被认可的组织之外的成员。不是说，某些自发力量不能发挥治安职能，只是他们未被列入本研究的范畴。

2. 依法建立和行使职权

任何组织都必须依法建立并行使职权，不依法建立就是非法的。同样，治安组织也依法建立和行使职权。这方面的法律依据主要有《人民警察法》、《公安机关组织管理条例》、《企业事业单位内部治安保卫工作条例》、《治安保卫委员会暂行组织条例》、《城市居民委员会组织法》、《村民委员会组织法》、《保安服务管理条例》等。当然，上述法律法规还需进一步完善，以适应治安形势发展的需要。

3. 具备执行社会治安勤务的资格

由于治安组织承担着具有一定权威性、强制性的治安勤务，稍有失控，就会危害社会，走向治安的反面。所以它们的成员必须是经过严格的培训，须培训合格，具备应有的素质，取得上岗资格。治安组织的成员不是任何“天然的”百姓都可以担当的。治安组织的活动必须严格地置于一定的指导和监督之下。

二、治安组织的类别

按照是否属于国家行政管理机关，我们将治安组织分为两类，即属于国家行政管理机关的治安管理组织和不属于国家行政管理机关的治安社会防范组织。

（一）治安管理组织

治安管理组织是国家为创造良好的社会治安环境，充分发挥治安管理的职能作用，通过法律规范加以确定和建立的治安管理体系，它是最重要的治安管理主体形式。治安管理组织，在我国是指享有法定的治安管理职权，能以自己的名义进行治安管理活动，实施治安管理行为，并能独立承担由此而产生的相应法律责任的各级公安机关治安管理部门及其人民警察。

（二）治安社会防范组织

治安社会防范组织，是依法从事治安社会防范活动的社会群体。主要有治安保卫委员会、治安联防队、保安服务公司、单位内部保卫组织及其他一些社会组织力量。这些治安社会防范组织，既是治安管理组织在治安基层工作中要组织、管理、协调的主要对象，也是治安管理组织公开实施治安管理工作中需要依靠、利用的社会力量。治安社会防范组织和公众是治安基层工作的重要力量。

---

① 康大民：《公安主体要“双强”——论强化社会治安组织》，载《江西公安专科学校学报》2001年第2期，第46页。

三、治安组织的功能与任务

（一）治安管理组织的功能与任务

1. 治安管理组织的功能

治安管理组织作为我国法定的也是最主要的社会治安管理主体形式，它要基于公共责任运用公共权力向全体公民提供公共安全服务，因此，它的功能主要体现在以下几个方面：

（1）社会治安危害控制与治理。治安管理组织的社会控制功能主要表现在公安机关治安管理部门依法对危害（可能危害）治安秩序和公共安全行为进行控制，依法对社会生产、生活特定领域的特定行为指导和监督管理，依法对社会成员的特定行为进行指导和监督管理等。治安管理组织的社会治理功能主要表现在公安机关治安管理部门在治安管理过程中依法对社会事务、社会组织和社会生活进行规范和管理，最终实现公共利益最大化的过程。

（2）维护治安秩序与稳定。社会治安秩序是社会正常安全稳定运行的基本条件。治安管理组织的维护秩序功能主要是指公安机关治安管理部门通过各项治安管理工作，使社会治安秩序处于良好状态，从而达到维护社会治安秩序的目的。稳定是改革和发展的前提，政局不稳、社会动荡、治安混乱都将影响到经济和社会的健康发展。治安管理组织在治安管理过程中要敏锐、准确把握国际国内形势变化，增强治安管理工作的前瞻性和预见性，提高处置各种突发事件的能力等，维护社会稳定。

（3）服务社会与群众。治安管理组织在治安管理过程中，必须依据国家的法律、政策，积极主动地发挥管理和监督的作用，限制、取缔治安违法行为，打击犯罪，预防和处置治安灾害事故，为经济建设和社会发展提供优质的服务和创造良好的社会治安环境。治安管理组织在日常治安管理活动中，要依法办事，热心为人民群众服务，为群众排忧解难，倾听群众呼声，制定为人民群众服务的具体措施，真正做到服务群众。

2. 治安管理组织的任务

治安管理组织的任务是国家法律、法规规定由公安机关治安管理部门及其人民警察所担负的治安管理责任的总和与概括。根据《人民警察法》和治安管理组织职责的规定，治安管理的任务可以概括为以下几个方面：

（1）维护社会治安秩序。维护社会治安秩序，为社会主义现代化建设和人民群众安居乐业创造一个良好的社会治安环境，是治安管理组织的基本任务。

治安管理组织维护社会治安秩序的任务，是通过公安机关治安管理部门依法开展各项专业管理工作来完成和实现的。主要包括掌握治安情报信息、开展治安宣传教育、加强社会面的动态防控、强化监督检查、开展专项治安整治等工作。

（2）预防、发现和控制违法犯罪。预防、发现和控制违法犯罪是治安管理组织重要的、长期的任务。违法犯罪活动直接侵害国家经济建设和公共利益，危害人民群众的生命财产安全，是影响社会治安秩序的主要因素。治安管理组织主要通过防范、控制可能实施违法犯罪的重点人员以及管理、控制可能导致违法犯罪的时空和物品来完成预防、发现和控制违法犯罪的任务。

（3）查处治安案件、治安灾害事故，处置群体性事件。治安案件、治安灾害事故和群体性事件是严重影响和破坏社会治安秩序的治安问题，对于公共安全和公民个人利益的损害不亚于犯罪。因此，查处治安案件、治安灾害事故，妥善处置群体性事件，是治安管理组织经常性的任务，对于维护社会治安秩序和社会稳定，减少、挽回损失和防止进一步危害，提升公众安全感具有十分重要的意义。

（4）协助国家其他行政管理。协助国家其他行政管理是治安管理组织的辅助性任务，同时由于治安管理组织有着其他行政管理组织不具有的权威性和约束性，所以它也是其他行政管理得以顺利实施的保障。协助国家其他行政管理应注意以下问题：协助不是包办、协助须依法给予、协助事项须是职责范围内事项。

（5）为民排忧解难。治安管理组织在工作中与人民群众接触最多、联系最密切。在治安管理工作中，为人民群众排忧解难，不仅是治安管理部门的职责与义务，而且是密切联系群众、密切警民关系、树立良好警察形象的重要途径。这项任务的具体体现，包括及时处理群众报警，查找走失人员，办理失物招领，指引解决纠纷的部门等。

（二）治安社会防范组织的功能与任务

1. 治安社会防范组织的功能

治安社会防范组织是对民间资源进行有机整合而形成的社会治安防范形式，它们直接作用于社会各种不安全因素，维护治安秩序。治安社会防范组织对全社会的公共安全防范体系建设和发展，以及弥补和促进治安管理都有着十分重要的积极作用。它的功能主要体现在以下几个方面：

（1）推进治安工作民主管理。在维护社会治安秩序中，治安社会防范是治安行政管理的重要和有益补充。传统行政理论认为，国家事务只能由政府来管理。然而，当政府管理问题重重而长期得不到解决时，人们对政府的管理能力产生了怀疑。于是，国际行政学界提出了“公共选择理论”，即在国家事务的社会公共领域打破垄断，建立公、私组织之间的竞争，民众可以像选择商品一样来选择服务机构。这就必然迫使政府的公共机构进行改革，以优质高效的服务去赢得大众的信任和承认。公众参与社会管理是社会发展的一个大趋势，有利于更好地实现民主管理。因此，对传统警务工作进行社会化管理不仅必要，而且可行。犯罪和治安问题本身就是社会问题，如果没有各种社会力量的配合参与，警察无法履行好自己的职责。同时，警务工作不仅需要得到民众的支持与配合，而且更需要争取和接受民众的监督。

（2）夯实治安防控体系基础。21世纪以来，公安机关积极落实“打防结合、预防为主”的方针，推进社会治安防控体系建设，增强治安防控能力。在整个社会治安防控体系中，如果没有公众自觉抵制社会失范，就不可能达到社会控制的目的。同时，只有公众广泛参与维护社会治安秩序，才能形成治安防控严密的社会网络。而各种形式的治安社会防范组织通过多样化的途径把公众组织起来，既能够在组织范围内开展广泛的治安教育以避免行为失范，又可以为最广大的民众参与治安工作提供组织机会和条件。因此，在整个社会治安防控体系中，公安机关居于主导地位，治安社会防范组织具有基础性的地位。

（3）有效弥补警力不足。由于受经济和国家财政收入的限制，我国警察人数占人口的比例一直较低。同时，较多的警力投入并不一定与所取得的效益成正比，这已为西方发达国家的警务实践所证实。因此，遍布城乡的各类治安社会防范组织，就担负起日常大量的宣传教育、安全防范、治安巡逻、调解纠纷、安全服务以至社会矫正等工作，并为公安机关收集大量治安动态信息，极大地减轻了公安工作的压力，成为弥补警力不足的有效途径。

（4）搭建警民联系桥梁。依靠群众、密切联系群众，是我国公安工作的传统和特色。治安社会防范组织则是公安机关密切联系群众的桥梁。治安社会防范组织具有广泛性、群众性的特点，它们与公众有着最广泛、最直接、最敏感的联系，能迅速了解和及时掌握发生在社会上的各种治安信息，这不仅为公安机关将治安管理工作延伸到社会各个角落提供了条件，同时也有助于公安机关听取民众的意见和建议，及时改进公安工作中的失误。

（5）满足社会多样化的治安需求。在市场经济条件下，社会主体分化，并出现不同的治安需求，导致治安需求多样化。政府不可能也不应当全部满足这种需求。因此，公安机关必须转变职能，强化和优化“核心警务”职能，以满足公众对公共治安产品的需求；同时，将其他不必由公安机关承担的“非核心警务”职能和业务分离出去，交由政府其他部门或治安社会防范组织承担。治安社会防范组织的发展，是满足不断增长的社会多样化治安需求的必然趋势。

2. 治安社会防范组织的任务

治安社会防范组织的任务是治安社会防范组织功能的具体化和具体体现。其基本任务主要有：

（1）为社区或公众提供直接、针对性的安全产品或服务。随着人们物质生活水平的提升，对安全环境的要求会越来越高。而政府提供的安全防范是公益性的，每个人都可以享受，但不能分割化为私有，因此无法为公众提供“选择性的服务”。这在客观上激活了治安社会防范需求的主动性。同时，政府有限的警力已无力承担面广量大的民用的、商用的安全防范工作。社会治安防范组织实行“取之于民、用之于民”和“谁出资、谁受益”的原则，能满足人们“花钱买平安”的需求，达到“双赢”的目的。

（2）参与社会治安工作。治安问题是社会矛盾和社会问题的综合反映，其产生的根源在于社会，因而动员社会、公众参与是防治治安问题的根本。治安社会防范组织是公众参与社会治安工作的重要形式，它们在法律规定的范围开展各种维护治安秩序和保障公共安全的活动，包括宣传教育、安全防范、治安巡逻、调解纠纷、安全服务、收集治安信息以至社会矫正等工作，并接受公安机关的监督和管理。

第二节 治安管理机构

治安管理机构，是根据履行治安行政管理职能的需要，在公安机关内部设立的，由本级公安机关领导，指导、实施治安行政管理工作的组织。治安管理机构是我国公安机关的重要组成部分，同时，也是同级人民政府的重要组成部门，拥有治安行政管理工作的决策权。目前，全国的治安管理机构组织体系和具体机构组成比较复杂，名称也不完全一致。根据治安管理机构隶属关系及层次的不同，我国治安管理机构总体上可以分为中央及地方各级治安管理机构和专门治安管理机构两大类。

一、中央及地方各级治安管理机构

（一）中央治安管理机构

中央治安管理机构，是指作为国务院组成部门的公安部内设的履行治安行政管理职能的各业务局，包括治安管理（含户政）局、交通管理局、消防局、出入境管理局、边防管理局以及监所管理局的部分业务。中央治安管理机构是全国治安管理业务的领导机关，其主要职责是：

1. 研究和制定全国性的治安行政管理的各项方针、政策和原则，并贯彻和执行。草拟全国性的治安管理法律法规，分别提请全国人民代表大会常务委员会通过或国务院审核批准后公布实施。

2. 掌管并指导全国的治安管理工作，制定全国性治安管理规划、工作要点、各个时期的工作任务，负责发布指令、通知、通报等文件，指导全国治安管理的业务建设、队伍建设和后勤保障条件的建设，调查研究全国治安状况，召开全国性的工作会议，检查、监督、总结全国治安管理工作，发动和领导全国性的“严打”工作。

3. 对全国的治安案件、群体性事件以及治安灾害性事故和社会治安情况进行统计和分析，掌握各种违法犯罪活动和社会治安动向，并提出相应的对策和措施，并及时向党中央、国务院报告国内社会治安形势；指导全国的治安管理业务建设和治安队伍的组织建设、思想建设，管理警用器械装备配置等。

（二）省级治安管理机构

省级治安管理机构，是指我国省、自治区、直辖市公安厅、局内设的治安处（总队、局）、户政处（或人口管理总队、局）、交通管理局（总队）、巡（特）警总队、监所管理总队、消防总队（局）等履行治安行政管理职能的有关机构。省级治安管理机构是全省、自治区、直辖市治安管理业务的领导机关。其主要职责是：

1. 贯彻执行中央制定的治安管理方针、政策和原则，结合本地区的实际情况，制定本地区治安管理的工作任务，指导本地区的治安管理发展规划、工作重点，布置不同时期的治安工作任务，指导本地区的治安管理工作。指导下级管理机构的业务建设、治安队伍的组织建设和思想建设。负责本地区的警用器械和装备的规划、配备的管理。

2. 贯彻执行治安管理的法律法规，并结合本地区的具体情况，制定各种实施细则、办法以及补充法规，报请省、自治区、直辖市人民代表大会及其常务委员会或同级人民政府批准后实施。还可以根据法律的规定，制定本地区的行政规章，规范、指导和协调本地区的治安管理。

3. 掌管全省（自治区、直辖市）的治安案件、群体性事件和治安灾害事故，以及其他有关治安管理信息的统计和综合分析，根据违法犯罪和社会治安动向，制定相应的对策和措施，指导下级治安管理机构开展治安管理。指导对本地区有重大影响的群体性事件、治安灾害事故的处置和查破工作。

（三）地、州（区）、市级治安管理机构

地、州（区）、市级治安管理机构包括省辖市公安局、自治州公安处（局）、直辖市的公安分局内设的治安处（支队）、户政处（或人口与出入境管理支队）、交通管理局（支队）、巡（特）警支队、消防支队（处）等。地（区）市级治安管理机构的职责是：

1. 结合本地区的实际情况，制定本地区治安管理的工作任务，指导本地区的治安管理工作。指导县级管理机构的业务建设、治安队伍的组织建设和思想建设。

2. 结合本地区的具体情况，制定各种实施细则、办法以及补充法规，报请地（区）市级人民代表大会及其常务委员会或同级人民政府批准后实施。还可以根据法律的规定，制定本地区的行政规章，规范、指导和协调本地区的治安管理。

3. 掌管全地（区）市的治安案件、群体性事件和治安灾害事故，以及其他有关治安管理信息的统计和综合分析，根据违法犯罪和社会治安动向，制定相应的对策和措施，指导县级级治安管理机构开展治安管理工作。

（四）县（区）、市级治安管理机构

县（区）、市级治安管理机构，是治安管理的具体执行机关。包括治安管理大队（或称

治安警察大队)、出入境和外国人管理大队、交通警察大队、消防大队等部门。县(区)、市级治安管理机构的职责是:

1. 落实各项治安管理方针、政策、原则和上级的指示、决定,贯彻执行治安管理法规,实施具体的治安业务管理。

2. 根据党的中心工作和上级指示要求,结合本地区的实际情况,制定治安管理工作实施计划和方案,组织民警具体实施户政管理、公共场所治安秩序管理、特种行业管理、危险物品管理、道路交通管理、消防管理,组织力量查破治安案件、群体性事件与治安灾害事故。

3. 监督指导社会治安防范组织,动员和组织社会力量,抓好群众性安全防范工作,开展社会综合治理和实施社区警务战略。

4. 与相邻区域开展治安管理业务协作。统计分析本辖区各种违法犯罪情况,制订相应的对策和方案,推广运用有关科技成果,指导基层治安管理机构开展工作。

5. 指导公安派出所、巡警队(防暴队)、交警队、消防队等民警队伍的建设和进行训练。

二、专门治安管理机构

(一)铁路治安管理机构与职责

铁路治安管理机构是针对铁路运输安全保卫而设立的专门机构,担负着铁路沿线和各个车站的治安保卫工作。其主要任务是维护"站、车、线"和铁路内部单位的治安秩序,保障铁路运输生产和旅客群众的生命财产安全。铁路公安管理体制改革后,铁路治安管理机构隶属当地公安机关领导,接受上级铁路公安机关和治安管理机构的业务指导。

铁路治安管理机构的主要职责有:

1. 旅客列车治安管理:预防、制止违法犯罪活动,保护旅客的人身、财产安全;对旅客进行防爆、防火灾、防盗窃和法制宣传工作;配合车站客运部门查堵旅客非法携带、托运的危险物品;保卫国家警卫对象在车站乘降的安全;

2. 车站(线路)治安管理:管理车站治安,维护公共秩序;预防、制止和查处违法犯罪活动;预防和查处治安灾害事故;会同地方和铁路有关部门,在车站和铁路沿线组织开展群众护路联防活动;

3. 单位内部安全保卫:负责车站内部安全保卫工作,协助车站领导落实内部安全保卫责任;负责管理铁路内部列车的消防监督管理;领导车站治安保卫委员会、义务消防队和治安联防组织的工作。

(二)交通治安管理机构与职责

交通治安管理机构是交通运输公安部门负责全国港口航运系统治安管理工作的专门机构。交通治安管理机构隶属相应的航运、港口港区、海事公安局(分局),目前受上级交通运输公安部门垂直领导。随着我国公安管理体制改革的推进,交通治安管理机构将逐步实行上级交通运输公安部门与地方公安机关共同领导和业务指导。

交通治安管理机构的主要职责有:

1. 维护港口、港区、船舶运输的治安秩序,查处治安案件和事故,保障运输安全和旅客人身、财产安全;

2. 负责港口重要设备、要害部位保卫和进港轮船的安全,指导行业内部治安保卫和社会治安综合治理工作；

3. 负责交通部门内部单位的安全防范；

4. 保卫国家警卫对象乘坐专船或班船的安全；

5. 负责港口、船舶的消防监督管理；

6. 根据上级公安机关的部署，开展与地方治安管理机构的业务协作等。

（三）民航治安管理机构与职责

民航治安管理机构是民用航空公安部门负责民用航空治安管理和安全保卫工作的专门机构。民航治安管理机构隶属相应的民航公安局，目前受上级民航公安部门垂直领导。随着我国公安管理体制改革的推进，民航治安管理机构将逐步实行上级民航公安部门与地方公安机关共同领导和业务指导。

民航治安管理机构的主要职责有：

1. 维护机场、飞行运输的治安秩序，查处治安案件和事故，严防破坏、劫持航空器的事件发生；

2. 保障航空运输安全和旅客人身、财产安全；

3. 指导和监督民航安检工作，承担民航安检仪器设备许可证的颁发工作，监督检查民航行业单位内部治安保卫工作和综合治理工作；

4. 参与民航专机安全警卫工作，组织指导国家重大活动和会议中心的民航安全警卫工作；

5. 负责机场内的消防监督管理工作；

6. 根据上级公安机关的部署，开展与地方治安管理机构的业务协作等。

（四）森林治安管理机构与职责

森林治安管理机构是国家林业局森林公安局负责保卫森林资源安全、维护林区社会治安秩序的专门机构。森林治安管理机构隶属相应的森林公安局（或分局），目前受上级森林公安部门垂直领导。随着我国公安管理体制改革的推进，森林治安管理机构将逐步实行上级森林公安部门与地方公安机关共同领导和业务指导。

森林治安管理机构的主要职责有：

1. 保护森林资源安全，维护林区社会治安秩序，查处治安案件和治安灾害事故；

2. 掌握国家森林火情，发布森林火险和火灾信息，协调指导重特大火灾扑救工作；

3. 组织、指导、协调武装森林警察部队和专业森林扑火队伍的防火扑火工作；

4. 协调和督促查处特大森林案件；

5. 根据上级公安机关的部署，开展与地方治安管理机构的业务协作等。

第三节 治安管理基层组织

一、治安管理基层组织及其范围

（一）治安管理基层组织的含义与特征

基层治安管理组织是由市、县、区级公安机关设置或者派出的，具体实施基层社区内或者职权范围内相关治安管理业务的治安管理组织。

基层治安管理组织具有以下特征①：

1. 基层治安管理组织是由市、县、区级公安机关设置或者派出的，其设置、派出机关既包括地方政府公安机关，也包括专门公安机关，并受其设置、派出机关的领导，同时受上级相关治安管理部门的业务指导；

2. 基层治安管理组织处于治安管理整个组织体系的最低层级，之下不再有下级组织；

3. 基层治安管理组织直接实施具体治安管理行为，除了派出所，其他的基层治安管理组织所从事的治安管理业务一般具有专项性，不具有综合性。

（二）治安管理基层组织的范围

基层治安管理组织，主要包括以下几类：

1. 公安派出所；

2. 治安民警（行动）队、巡警队、交通民警队、消防队等治安勤务组织；

3. 拘留所、收容教育所、强制隔离戒毒所等治安强制组织；

4. 治安检查站或治安卡口等治安关卡组织。

二、公安派出所

公安派出所是市、县、区级公安机关直接领导、管理并派出管辖一定区域治安秩序，具有公安工作基础性作用的综合性警务实体。

（一）公安派出所的性质、种类与设置

公安派出所是市、县、区级公安机关直接领导的派出机构，是公安机关打击犯罪、维护治安、服务群众、保一方平安的基层综合性警务实体，是维护社会政治稳定和治安稳定的第一道防线，是密切联系群众的窗口和纽带。

1. 公安派出所的性质

（1）公安派出所是市、县、区级公安机关的派出机构。公安派出所是县级公安机关的派出机构，是公安机关的重要组成部分。依据法律规定，公安派出所不是相对独立的一级公安机关，其所在辖区进行社会治安管理工作时，除法律另有规定外，只能代表相应的县级公安机关实施防范、管理、打击、服务工作，并由县级公安机关承担相应的法律后果。

（2）公安派出所是公安机关的基层综合性警务实体。公安派出所是公安机关重要基层实体，是公安机关组织体系的终端组织，在上级公安机关指挥下从事防范、管理、打击、服务工作。公安派出所的职责权限，其内容涉及了治安管理的诸多客体，具有非常明显的综合性和基础性，与其他具有单一功能的行政管理机构有很大的差别。

（3）公安派出所是打击违法犯罪、维护社会治安、服务人民群众、保卫一方平安的公安机关基层组织。保卫一方平安是公安派出所最基本的工作目标，需要做出大量的治安管理工作，不仅重视服务群众工作，以建立强大的公安工作的群众基础；又要进行必要的治安防范工作，建立有效的社会治安防控体系；更要履行法律规定的职责，有效打击违法犯罪活动，挤压违法犯罪空间，切实维护辖区社会治安。

2. 公安派出所的种类

我国公安派出所的种类较多，目前，按其隶属关系可以分为两大类，即地方公安机关的公安派出所和专门公安机关的公安派出所。

① 李建和：《治安学原理》，中国人民公安大学出版社2013年版，第87页。

（1）地方公安机关派出所。地方公安机关派出所是指市、县公安局（分局）所在辖区内设立的派出所。主要包括：市区公安派出所、镇公安派出所、乡公安派出所、水上公安派出所、边防公安派出所，以及设置于文体娱乐场所、公园和风景名胜区、车站、码头、机场等的治安派出所。

（2）专门公安机关派出所。专门公安机关派出所是指铁路、交通、民航、林业等专门公安机关，根据工作需要，在本系统管辖范围内设立的派出所，属于专门公安机关的派出机构。专门公安机关派出所由其上级公安机关领导，同时接受所在地公安机关的业务指导。

3. 公安派出所的设置

（1）根据辖区面积、人口数量、治安状况和工作需要，公安派出所原则上与乡、镇、街道行政区划相对应设置。对暂不具备设置公安派出所的建制乡，则派驻民警为辖区群众办理相关事务；

（2）公安派出所的设立、撤销或者变更，由县（市、区、旗）公安机关提出申请，经同级人民政府机构编制主管部门审核同意后，逐级报请省、自治区、直辖市公安厅、局审批；

（3）公安派出所的称谓要统一。设区的市统一称为“××市公安局××分局××派出所”；在县（市、旗）统一称为“××市（市、旗）公安局××派出所”。

（二）公安派出所的职责

根据《中华人民共和国人民警察法》、《公安部关于改革和加强公安派出所工作的决定》、《公安部关于印发〈公安派出所正规化建设规范〉的通知》等法律与规范性文件，公安派出所的主要职责权限表现在以下几个方面：

1. 收集、掌握、报告影响社会政治稳定和治安稳定的情报信息；
2. 管理辖区内的实有人口；
3. 管理辖区内的重点行业、公共娱乐场所和枪支、弹药、爆炸、剧毒等危险物品；
4. 指导、监督辖区内的机关、团体、企业、事业单位的内部治安保卫工作；
5. 宣传、发动、组织、指导群众开展安全防范工作；
6. 办理辖区内发生的因果关系明显、案情简单、一般无需专业侦查手段和跨县、市进行侦查的刑事案件，并协助侦查部门侦破其他案件；
7. 办理治安案件，调解治安纠纷；
8. 参与火灾、交通、爆炸、中毒等治安灾害事故的预防工作；
9. 接受群众报警、求助，为群众提供服务。

（三）公安派出所的内部分工

按照工作任务及分工的不同，公安派出所一般应当设所长、政治教导员各1名，副所长若干名；设立社区（农村）警务、巡逻防控、治安管理、案件办理、综合内勤等工作岗位。警力较多，治安情况复杂的城区派出所，可以建立社区警务队、巡逻防控队、案件办理队和综合内勤室。警力较少、治安情况相对平稳的农村派出所，实行一人一岗或一人多岗。同时根据工作岗位的不同，赋予其履行相应的工作职责。公安派出所实行所长负责制。

（四）公安派出所的勤务制度

1. 公安派出所主要勤务制度

为进一步加强公安派出所的正规化、规范化建设，提高公安派出所的执法执勤工作和服务水平，2002年公安部制定了《公安派出所执法执勤工作规范》。该《规范》明确规定，公安派出所的勤务制度主要包括：

（1）责任区工作勤务。责任区工作勤务是公安派出所工作的重要内容，在公安派出所整体工作中占有非常重要的地位。责任区工作主要包括人口管理、情报信息收集、安全防范、治安管理和服务群众等。

（2）户籍室工作勤务。公安派出所户籍室工作主要包括办理户口和公民身份证件等事项，在办理这些事项时，应采取适当形式公开办理条件、办理时限、审批程序、收费项目和收费标准，同时要做到办理工作的及时、准确，发挥户籍室作为公安机关为民办实事的“窗口”作用。

（3）值班、备勤勤务。值班、备勤勤务是公安派出所重要的工作制度，是确保公安派出所作为公安机关基层单位发挥作用的重要保证。因此，公安派出所民警在值班时，必须坚守岗位，严格遵守工作交接制度，做好值班记录，有情况及时请示报告，不得从事与值班工作无关的活动；同时，为防止发生突发性事件时机动力量使用或者临时派遣任务的需要，公安派出所还要安排一定的备勤警力，并确保在所内整装待命。

（4）案（事）件处理勤务。公安派出所的案（事）件处理，是指公安派出所及其民警对发生在辖区内的刑事、治安案件进行现场处置，对治安灾害事故、群体性事件进行先期处置的执法执勤活动。要求公安派出所民警在接到出警指令后，快速赶赴现场，依法办理案（事）件，并及时报告案（事）件处理情况。

（5）巡逻勤务。公安派出所的巡逻勤务，是指公安派出所民警为了维护辖区社会治安秩序，为公众提供良好的服务，依法在辖区内运用适当方式来回巡视查看的执法执勤活动。

（6）治安检查勤务。治安检查是公安机关的治安管理部门为了掌握治安管理客体的法律状态，防范、发现违法犯罪嫌疑，由民警对场所、人员、物品、证件等进行了解、观察、审查、核实所采取的措施。公安派出所的治安检查勤务主要包括对公共娱乐服务场所、特种行业及内部单位进行现场检查、清查等事项。

（7）特定勤务。特定勤务是指公安派出所依法严格执行上级公安机关指派的警戒、警卫和现场管制等专门任务。公安派出所民警在执行特定勤务时，应当全面了解和掌握工作特点、要点；按时到达指定地点，严格工作纪律，以高度的责任感和使命感完成工作任务。

2. 公安派出所勤务的基本要求

公安派出所的执法执勤工作遵循依法、公正、文明、高效和确保安全的原则。公安派出所勤务的基本要求包括时间要求和工作要求两个方面：

时间要求：公安派出所实行 24 小时勤务工作制度，工作时间分为日勤（8 小时，必要时可以延长或缩短）和全日勤（24 小时，从当日 8 时起至次日 8 时结束）；根据警力配置和辖区治安状况，在必要的时候实行弹性工作制。

工作要求：一是制定周密科学的执法执勤工作方案并上报上级公安机关备案；二是公安派出所民警在执法执勤时，应按照规定着制式警服，携带警用装备和武器警械，确保执勤车辆配备必要的装备；三是依法受理并及时处理报案、控告、举报、群众扭送和投案自首等；四是建立健全公安派出所内部管理制度，主要是民警执法执勤工作纪律、公安派出所每日工作例会和统一记载以及警械、武器保管、领用、保养制度等。

三、其他治安管理基层组织

（一）专业民警队

专业民警队是由市、县、区级公安机关设置、在相关业务部门直接领导下，或上级相关专业民警队所辖，具体实施专项治安管理业务的勤务组织。主要包括治安民警队、巡警队、防暴（特警）队、交通民警队、消防队等。

1. 治安民警队

治安民警队是公安机关治安管理部门为了维护辖区治安秩序而设立的专业警察队伍。其主要职责是：

（1）预防、发现和制止违法犯罪；

（2）维护公共场所的治安秩序，指导搞好大型群众性活动、集会游行示威治安秩序管理和安全保卫工作；

（3）管理特种行业、危险物品；

（4）查处一般治安案件、治安事故，协助处置治安事件；

（5）出警、处警，救助危难群众；

（6）指导社区（村）、企事业单位开展治安巡防和内部安全防范等。

2. 巡警队

巡警队是在市、县、区治安管理部门领导下，在上级巡警机构指导下专门担负巡逻勤务，维护、控制治安秩序的专业警察队伍。其主要职责是：

（1）维护辖区内的治安秩序；

（2）预防和制止违法犯罪活动；

（3）警戒突发事件现场、参加处置治安灾害事故、处理非法集会、游行、示威活动；

（4）劝解、制止发生在公共场所的民间纠纷；

（5）为有困难的群众提供救助服务。

3. 防暴（特警）队

防暴（特警）队是在城市公安机关领导下，在上级防爆（特警）机构指导下专门担负“处突防爆”任务的专业警察队伍。其主要职责是：

（1）处置暴力恐怖犯罪和严重暴力犯罪；

（2）处置重大政治事件和暴乱、骚乱事件；

（3）担负重大活动的安全保卫工作；

（4）担负特定的巡逻值勤任务；

（5）其他应当由防爆（特警）队承担的任务。

4. 交通民警队

交通民警队是在市、县公安交通管理部门领导之下，在上级交通警察机构指导下专门担负道路交通管理任务的专业警察队伍。其主要职责是：

（1）维护管界内道路交通秩序，保障道路交通安全畅通；

（2）处理管界内道路交通违法行为、处理交通事故；

（3）开展交通法规宣传和维护交通设施等。

5. 消防队

消防队是在市、县、区公安消防部门领导下，在上级消防警察机构指导下专门担负消防工作的专业警察队伍。其主要职责是：

（1）制定火灾扑救预案，实施火灾扑救；

（2）对辖区开展火险监督检查，消除火灾隐患；

（3）指导辖区各部门、单位制定消防安全制度，并负责审查、监督实施；

（4）消防法律、消防知识的宣传教育；

（5）进行火灾事故的责任调查和处理，并进行火灾统计和上报；

（6）指导培训责任区内专职消防队、义务消防队；

（7）参与抢险救援。

（二）治安羁押场所

治安羁押场所是治安强制执行机构，是执行治安拘留处罚和其他治安强制措施的行政执法场所。其主要包括拘留所、强制隔离戒毒所、收容教育所等。

1. 拘留所

拘留所是市、县、区公安机关设置的依法执行治安拘留处罚，对被拘留人员进行法律、道德教育，促使其认识并改正错误的行政执法场所。其主要职责是：

（1）对被治安拘留以及被人民法院司法拘留的人员执行关押任务；

（2）负责对被拘留人员进行法律、道德、形势教育；

（3）掌握被拘留人员思想动态，做好安全防范工作；

（4）保障拘留所的安全。

2. 收容教育所

收容教育所是城市公安机关设置的依法对卖淫、嫖娼人员集中进行教育矫正的行政执法场所。收容教育所由公安机关主管，卫生部门配合。其主要职责有：

（1）依法对被收容教育人员集中进行法律教育和道德教育；

（2）组织被收容教育人员参加生产劳动；

（3）对被收容教育人员进行性病检查、治疗；

（4）掌握被收容教育人员思想动态，做好安全防范工作，保障收容教育所的安全。

3. 强制隔离戒毒所

强制隔离戒毒所是由市、县公安机关设置的依法对吸食注射毒品成瘾人员进行强制隔离戒毒的行政执法场所。强制隔离戒毒所由公安机关主管，医疗卫生、民政等部门配合。其主要职责有：

（1）对被强制隔离戒毒人员进行药物治疗和心理治疗；

（2）对被强制隔离戒毒人员进行法制和道德教育；

（3）组织被强制隔离戒毒人员参加适度生产劳动和康复训练；

（4）掌握被强制隔离戒毒人员思想动态，做好安全防范工作，保障强制隔离戒毒所的安全。

（三）治安检查站与边防（境）检查站

1. 治安检查站

治安检查站是大中城市公安机关在城乡结合部以及城市之间交界地带的交通要道设置的，通过检查交通工具和过往人员及其携带物品以实施治安控制的关卡性治安机构。其主要职责是：

（1）维护附近区域治安秩序；

（2）协助公安派出所、交通检查站检查来往车辆、船只，盘查可疑人员和物品，查缉违禁物品和非法运输的危险物品；

（3）根据上级通缉令、指示和各地通报，及时堵截在逃罪犯和犯罪嫌疑人，查缉赃物等。

2. 边防（境）检查站

边防（境）检查站是公安边防管理部门在通往边境管理区的主要干道上和开放口岸设立的，对出入境人员及其行李物品、交通运输工具及其载运物品进行检查、监督的关卡性治安机构。其主要职责有：

（1）对由口岸入出境的旅客及其护照等证件实施边防检查；

（2）对口岸的限定区域进行警戒，维护秩序；

（3）对企图从口岸潜入潜出的各类违法犯罪分子实施查控和堵截；

（4）积极预防和控制偷渡、闯关、恐怖等涉边违法犯罪活动，维护国家主权，保卫边境安全。

第四节　治安社会防范组织

治安社会防范组织，是以防范方式专职或兼职从事维护治安秩序和提供公共安全服务，依法接受公安机关或其他政府部门监督、指导或管理的各种社会组织的总称。治安社会防范组织具有非政府性、合法性、专职性、防范性及辅助性几个特点。我国目前的治安社会防范组织主要有治安保卫委员会、保安服务公司、单位内部保卫组织及治安志愿组织等。

一、治安保卫委员会

治安保卫委员会是1951年5月毛泽东亲自提倡建立起来的群众性组织。为规范自治性群众治安防范组织建设，1952年8月11日公安部经中央人民政府国务院批准公布了《治安保卫委员会暂行组织条例》，1980年公安部重新修订后再次公布该条例。1994年中央综治委、公安部、民政部、农业部联合下发《关于加强农村治保会工作的意见》。经过几十年的发展，治安保卫委员会遍布城乡，在协助公安机关开展工作，发动和组织群众维护社会治安中，发挥了重要的作用。

治安保卫委员会分为城镇社区治安保卫委员会、农村治安保卫委员会、内部单位治安保卫委员会、行业治安保卫委员会四种形式，均由民主选举产生。治安保卫委员会是一支群众自行组建、自我管理的从群众中来，为群众服务的队伍。

（一）治安保卫委员会的特点

1. 由群众直选产生

治安保卫委员会的成员来自于群众，服务于群众，是群众当中的治安积极分子。他们的成员由群众选举产生，要想成为治安保卫委员会的成员必须要有群众基础，能取得群众的信任；治安保卫委员会的成员产生的方式是：治安保卫委员会按照群众自治的方法选举产生，成员可以由群众按选举条件酝酿，然后直接提名选举产生，也可以由群众酝酿，提出候选人名单，经基层党、政组织或公安、保卫组织审查后，再交群众民主选举产生。

2. 群众自我管理、自我服务

治安保卫委员会是群众自己的组织，由群众自我管理、自我服务，是人民群众当家作主参与维护社会治安工作的充分体现。首先，治安保卫委员会为实现组织目标，要依据国家的法律法规，结合本地区的实际情况和治安特点，参与订制一些乡规民约，按规定实现自我管理；其次，治安保卫委员会有一定的工作自主权，尽管治安保卫委员从事治安防范活动都应在基层治安管理机关或政府行政组织的领导之下，但在具体工作安排上仍可以有一定的自主性。

3. 公安机关的得力助手

治安保卫委员会这种自治性社会防范组织从事的是治安防范工作，他们与公安机关治安管理部门联系紧密，在公安机关治安管理部门的指导下工作，是公安机关的得力助手。

（二）治安保卫委员会的职责

根据《治安保卫委员会暂行组织条例》的规定，治安保卫委员会的职责主要有：

1. 对正在实施犯罪或犯罪后即被发现的现行危害国安安全分子、其他刑事犯罪分子和被通缉、追捕或越狱逃跑的罪犯，有扭送或报告公安机关的职责，但没有逮捕、拘留、关押、审讯和处理的权力；

2. 对非现行的危害国家安全分子或其他刑事犯罪分子，有调查、监视居住和向公安机关检举、揭发的职责，但没有传讯、搜查的权力；

3. 对发生的危害国家安全的案件或其他刑事案件，有保护案件现场、抢救现场伤员、控制事态发展的职责，但没有勘察现场、对现场进行处理以及侦查破案的权力；

4. 对被判处管制、剥夺政治权利、假释、缓刑、监外执行的罪犯，有组织群众依法对其进行监督、考查、教育、改造的职责，但没有缩短期限或撤销的权力；

5. 对违法治安管理行为人有进行劝阻、制止和批评教育的职责，但没有没收财物、罚款等处罚的权力；

6. 对非法种植的毒品原植物有依法进行公开铲除的职责，但没有进行处罚的权力；

7. 对常住人口的户籍管理工作，有协助公安派出所办理出生、死亡、迁入、迁出、变更、更正、人口统计的职责，但没有办理相应证件的权力；

8. 对暂（寄）住人口、房屋出租户等，有协助公安派出所管理的职责，但没有颁发有关证件的权力。

（三）当前治安保卫委员会所面临的困境与出路

加强治安保卫委员会建设，延伸公安工作触角，夯实公安工作基础，是社会治安综合治理的有力措施。但随着社会的发展变化，特别是在市场经济体制下，原来为维护社会治安发挥重要作用的治安保卫委员会，在发展中面临着许多现实的困境，有的有名无实，有的名不副实，还有的名存实亡，大多处于瘫痪或半瘫痪状态，不能很好地履行职责完成工作任务，没能起到安全防范的作用。主要表现在：第一，治安保卫委员会并没有纳入村（居）民委员会建设统筹发展规划，人员不固定，待遇没保障，工作目标不明确，工作效果不理想。第二，组织成员参与社会治安防范的积极性不高。在市场经济环境中，每个人都可以说是“经济人”，从事某项职业的目的是要获得报酬，并以此作为生存手段。但在目前，大家物质条件并不特别优裕的情况下，由于经费保障乏力，完全依靠群众个人的满腔热情来从事这项工作是不现实的。第三，治安保卫委员会的管理体制不健全，考核机制不完善，导致工作无力推动。治安保卫委员会的日常管理与工作考核，都是由乡镇综治部门来做，而综治部门往往没有科学的考核机制和有力的奖惩措施，而公安机关又无权对治安保卫委员会进行考核，因此，难以取得理想的工作成效。

要充分发挥好治安保卫委员会的作用，乡镇基础政权和基层公安机关必须联合起来，以解决经费问题为根本，提高人员素质为关键，加强治安保卫委员会的建设。一是党委政府要高度重视治安保卫委员会的建设，将其纳入到工作规划当中，作为重要工作来推进。落实好工作经费，提高人员待遇，改善工作环境，保证专门的工作场所和基本的办公条件。二是要提高人员素质，建设起强有力的工作队伍。一支队伍工作成效的好坏，在很大程度上取决于队伍的领导者。所以，要选拔熟悉方针政策和法律业务、工作责任心强、热心安全防范工作、又有良好群众基础的干部担任治安保卫委员会的领导者，再由领导者根据工作需要整合力量，组建队伍。三是完善规章制度，定期考核，奖优罚劣。公安机关要加强对治安保卫委员会的工作指导，制定科学的考核办法，根据考核结果实施奖惩。以此激发治安保卫委员会成员的工作积极性，并激活其工作的创造性。

二、保安服务公司

保安服务公司是由省级人民政府公安机关依法审核允许成立，为机关团体企事业单位有偿派出保安员提供门卫、巡逻、守护、押运、随身护卫，安全检查以及安全技术防范，安全风险评估等服务的公司。保安服务业的产生，是市场经济发展到一定阶段的产物，也是国家为了满足社会安全需求而开拓的产业。在计划经济体制下，一方面，社会秩序相对稳定，治安形势较好，社会安全需求不高；另一方面，所有社会资源都由国家统一供给，包括公共安全服务。公安机关在为社会提供公共安全产品上处于垄断地位，其他社会组织没有提供安全服务的条件，况且法律也不允许。改革开放以后，市场经济体制改革导致社会安全需求增加，由市场提供公共安全服务成为可能，相关行业逐步产生。1984 年 12 月 18 日，我国第一家保安服务公司——深圳蛇口保安服务公司成立，开创了治安服务社会化的先河。2002 年，我国社会与劳动保障部正式将保安业列为一种职业。2009 年 9 月 28 日通过的《保安服务管理条例》，明确规范了保安服务活动，加强了对从事保安服务的单位和保安员的管理。经过几十年的发展，保安服务公司逐渐壮大，不仅创造了良好的社会效益和经济效益，开辟了我国治安服务市场化的路径，而且为提供安全服务，维护社会治安稳定方面发挥了重要作用。

（一）保安服务公司的特点

1. 自主经营的经济实体

保安服务公司作为独立的经济实体，实行独立核算、自主经营、自负盈亏、独立承担民事责任。公安机关与保安服务公司在经济上彻底脱钩，不得抽调、占用公司资产，不得以任何方式在公司报销或提取费用，不得为保安服务公司提供任何形式的经济担保，公安机关现职领导干部不得在保安服务公司兼职。

2. 按契约提供有偿安全服务

保安服务公司在提供保安服务前，要与客户签订保安服务合同，并依据合同约定为客户提供安全服务。合同是保安服务公司必须遵守的契约。对于客户提出的超出合同约定的服务范围的要求，保安服务公司可以拒绝提供服务。

保安服务公司作为企业性质的经济组织，它不同于国家机关、社会团体和事业单位，它的经营活动既要考虑社会效益也要考虑经济效益。通过向客户单位收取相应的费用，提供有偿服务，在实现社会效益的前提下，实现经济效益，以维持企业的生存和发展，以保证企业扩大再生产的能力。保安服务公司所提供的安全服务是有偿的，它与公安机关为社会提供的安全服务有着本质的区别。

3. 在政府的监管下开展工作

现代国家越来越注重运用公共规则和制定标准来提供服务，部分代替以前的直接提供服务。保安服务公司作为从事安全服务的特殊行业，必须经过政府机关的许可才能营业，并在营业过程当中不得离开政府的监管。如申请设立保安公司，必须向所在地设区的市级人民政府公安机关提交申请书以及能够证明其符合条件的材料。受理的公安机关对材料审核后，将审核意见报所在的省、自治区、直辖市人民政府公安机关。省、自治区、直辖市人民政府公安机关对符合条件的，核发保安服务许可证。保安服务公司成立后，必须在法律规定的范围内活动，并接受国家行政机关的监管。政府之所以要加强对保安服务公司的监管，主要是防止其超出经营范围，非法牟利，侵害国家、社会组织和公民个人的合法权利。

4. 是职业化的治安防范力量

保安服务公司是专业化的治安防范组织，是社会治安力量的重要组成部分，是公安机关维护社会治安的依靠力量。从保安服务公司的服务范围和职责权限来看，保安服务公司可以从事守护、巡逻、押运、随身护卫、安全检查以及安全技术防范、安全风险评估等工作，其目的都是通过加强防范，确保客户单位或服务区域内的人身财产安全。

（二）保安服务公司的经营范围

保安服务公司的经营范围必须符合法律规定，并与核准登记注册企业法人的经营范围相一致，不得超出经营范围，否则即违反法律规定。根据《保安服务管理条例》的规定，保安服务公司的经营范围主要有：

1. 根据保安服务合同，派出保安员为客户单位提供门卫、巡逻、守护、押运、随身护卫、安全检查以及安全技术防范、安全风险评估等服务；

2. 机关、团体、企业、事业单位招用人员从事的本单位门卫、巡逻、守护等安全防范工作；

3. 物业服务企业招用人员在物业管理区域内开展的门卫、巡逻、秩序维护等服务。

保安服务不得从事下列活动：

1. 提供个人人身保安服务；

2. 经营各类枪支、弹药、管制刀具等器械；

3. 经营人民警察的警用标志、制式服装和警械。

保安服务公司不得从事非保安业务，不得从事生产和商贸活动，不得接受企业挂靠，不得延伸办企业。

保安服装和保安标志实行全国统一制式、统一标准、统一管理，定点生产供应。式样由公安部负责制定。保安人员执行任务时，必须着统一的保安服装、佩戴统一的保安标志。

（三）保安服务公司的职责

根据《保安服务管理条例》，保安服务公司的工作人员在执行任务过程中，可以行使以下职责：

1. 查验出入服务区域的人员的证件，登记出入的车辆和物品；

2. 在服务区域内进行巡逻、守护、安全检查、报警监控；

3. 在机场、车站、码头等公共场所对人员及其所携带的物品进行安全检查，维护公共秩序；

4. 执行武装守护押运任务，可以根据任务需要设立临时隔离区，但应当尽可能减少对公民正常活动的妨碍。

保安员应当及时制止发生在服务区域内的违法犯罪行为，对制止无效的违法犯罪行为应当立即报警，同时采取措施保护现场。

从事武装守护押运服务的保安员执行武装守护押运任务使用枪支，依照《专职守护押运人员枪支使用管理条例》的规定执行。

（四）当前保安服务公司所面临的困境与出路

随着社会的发展，当前保安服务公司的规模在不断壮大，从业人员数量在增多，其在社会治安防范中所起的作用越来越不可替代。但保安服务公司在发展壮大的过程中也面临着许多困境。第一，从业人员素质不高。保安服务公司招聘工作人员的入行门槛较低，大多数是退伍军人或无业人员，他们文化程度不高，专业技能不强。按规定保安人员必须考核培训，持证上岗，但有些岗位招不到合格的保安，无证人员便滥竽充数，混进保安队伍。第二，工作人员的福利待遇普遍偏低。保安服务职业系高风险职业，应当有良好的待遇和社会地位。而实际上，由于从事一般的安全保卫工作不需要高学历的专业人才，所以其福利待遇和社会地位并不高。一些单位并未按相关规定为工作人员购买社会保险和医疗保险，工作人员在工作当中遇到侵害时，各种保障难以实现。同时也导致其社会认同感比较低，正因为较低的社会认同感又导致从业人员的流动性较大，这又直接导致保安服务的质量不高。第三，当前我国的保安服务经营范围较窄。根据现行法律法规，保安服务的主要范围是门卫、巡逻、守护、押运、随身护卫、安全检查以及安全技术防范、安全风险评估等服务。和国外的保安服务业相比较，业务范围有待扩充，国外保安服务业既有个人家庭和金融、商业、文化、卫生、科技等行业的保卫工作，又有重要设施、重大会议、重大活动以及政府办公大楼、总统和首相官邸的安保服务，还包括安全调查等。而我国，这些安全服务工作是由武警或其他政府机关来担任的。

保安服务公司的发展出路：第一，大力加强保安服务从业人员的正规化建设，建立统一审核、统一培训、统一派驻、统一管理、统一监督等机制，拓宽从业人员的发展空间，充分发挥其在治安防范中的应有作用。第二，加强对保安服务从业人员培训教育，增强他们的职业素养，提高其业务能力和业务水平。第三，大力改善保安服务从业人员的待遇，加大奖励力度，调动他们的工作积极性和主动性，增强他们的职业荣誉感和自豪感。第四，扩大保安服务公司的服务范围，可以参照发达国家对保安服务公司的管理来确定其工作范围，除了提供看护、守卫、押运等一般服务外，还可以从事报警、安全设备的生产、安装、使用、咨询服务，以及从事民事、商务等调查和提供个人人身与财产安全保护服务等。

三、单位内部保卫组织

单位内部保卫组织是指在机关、团体、企业事业单位为维护内部生产、工作、教学、科研和生活秩序，按照规定依法设立的一种专业化社会化治安防范力量，主要包括纳入单位机构编制管理序列的保卫处、科等内部管理部门。2004 年 9 月，国务院通过了《企业事业单位内部治安保卫工作条例》，这是我国第一部全面系统地规范单位内部保卫工作制度的行政法规，它的颁布施行，标志着我国单位内部保卫工作真正纳入法制的轨道。

（一）单位内部保卫组织的特点

1. 单位内部的安全服务组织

单位内部保卫组织是单位内部设立的专门负责安全管理与防范的部门，全面负责单位内部安全保卫工作。单位保卫工作是单位内部各项管理工作的组成部分，也是最重要的部分，因为单位正常的工作秩序必须以治安秩序为前提，没有良好的治安秩序，单位就无法开展正常工作。不管是生产企业与经营单位，还是科研教学单位，都需要通过强有力的保卫工作来加强内部管理，保护合法，取缔非法，维护权利，打击犯罪，消除各种治安不稳定因素和安全隐患，保证各项生产、经营、教学或研究活动的正常进行。

2. 职业化的安全服务组织

需要成立内部保卫组织的机关、团体和企事业单位，往往是需要特别加强安全管理和安全防范的单位。有的单位集中了大量的国家秘密和珍贵物品，直接关系到国家经济建设和国计民生甚至国家安危，容易成为国内外敌对势力和破坏分子攻击的目标，或是盗窃团伙作案的重点对象；有的是大型人员密集场所或公共聚集场所，人员集中，财物集中，治安秩序形势复杂，灾害事故多发等。因此，单位内部治安保卫人员必须接受有关法律知识和治安保卫业务、技能以及相关专业知识的培训、考核。特别是国家强制性认定的从事安全管理职业，工作人员必须经过考核培训，取得资格证书，持证上岗。所以说，单位内部保卫组织是一支专业化程度比较高的安全防范队伍。

3. 以保卫单位内部人员的人身、财产安全为目标

单位内部治安保卫工作的范围是单位内部，对象为单位内的人员，内容是保护人身和财产安全。《企业事业单位内部治安保卫工作条例》明确规定："单位内部治安保卫工作贯彻预防为主、单位负责、突出重点、保障安全的方针。单位内部治安保卫工作应当突出保护单位内人员的人身安全，单位不得以经济效益、财产安全或者其他任何借口忽视人身安全。"对于单位内的人员，应理解为单位的工作者人员和来单位依法从事活动的人员。比如经营单位，不仅要保护员工的人身、财产安全，还对消费者的人身、财产安全负有保护义务。其他单位，对所有合法出入单位的人员负有人身、财产安全的保护义务。

（二）单位内部保卫组织的职责

根据《企业事业单位内部治安保卫工作条例》及有关规定，单位内部治安保卫机构、治安保卫人员应当履行以下职责：

1. 开展治安防范宣传教育，并落实本单位的内部治安保卫制度和治安防范措施；

2. 根据需要，检查进入本单位人员的证件，登记出入的人员、物品和车辆；

3. 在单位范围内进行治安防范巡逻和检查，建立巡逻、检查和隐患整改记录；

4. 维护单位内部的治安秩序，制止发生在本单位的违法行为，对难以制止的违法行为以及发生的治安案件、涉嫌刑事犯罪案件应当立即报警，并采取措施保护现场，配合公安机关的侦查、处置工作；

5. 按照有关国家和行业标准设置技术防范设施和实体防护装置，并加强定期维护保养，确保设施完好有效，正常运行；

6. 落实贵重物品、危险物品物防、技防设施，定期开展安全检查，及时整改安全隐患；

7. 排查化解单位内部矛盾纠纷，收集危害社会治安稳定的情报信息，并及时报告主管部门和公安机关；

8. 对有轻微违法犯罪行为的人员进行帮助教育，并协助公安机关监督、考察、教育本单位被判处剥夺政治权利的犯罪分子和被监视居住、取保候审的犯罪嫌疑人的执行；

9. 加强上访人员、法轮功分子等重点人员的教育管理，对缠访闹访、扬言报复社会人员等，明确责任人员，落实管控措施；

10. 要根据单位的性质特点和维稳工作需要，建立完善"防盗抢、防破坏、防事故、防暴恐袭击"等突发事件应急预案，加强应急队伍建设，强化应急装备和应急物资储备，提高应急风险评估、应急检验检测等技术支撑能力，加强预案演练，提升应急响应、现场处置水平。

（三）当前单位内部保卫组织所面临的困境与出路

单位内部保卫组织对预防和减少违法犯罪，消除安全隐患，保护单位人员人身、财产安全，维护单位内部秩序，起到了重要的作用。但是当前单位内部保卫组织在发展过程中，不可避免地遇到了一些阻力和障碍。主要体现在：

1. 单位负责人对单位内部保卫工作不重视。单位多是自负盈亏的经济实体，能否取得经济效益是单位领导最关注和重视的问题。不直接创造经济效益的内部保卫部门自然不受重视，有些单位领导还认为内部保卫工作无关紧要，可有可无。有些单位领导觉得内部安全管理是公安机关的事，忽视内部的自我管理，其后果便是违法犯罪案件频发，灾害事故接二连三。

2. 单位内部保卫组织力量不断弱化。改革开放以来，一些单位为提高经济效益，都采取精简机构和人员的措施。在这过程中，往往将内部保卫组织判入撤并范围，减少保卫人员，将一些身体强壮的保卫骨干安排到其他业务部门，而将一些年老体弱的人员安排到保卫部门。

3. 单位内部保卫组织的工作积极性有待加强。依据现行法律规定，单位内部保卫组织属于非警务力量，没有采取限制人身自由等强制措施的权力，也没有处罚权，没有了相应的权力，保卫部门工作人员的工作积极性明显不高。

单位内部的安全防范是保障单位内部正常秩序的重要措施，要做好单位内部安全保卫和治安防范工作，就必须加强组织建设，充实保卫力量，适当扩充权力，强化公安机关的监督指导。主要的措施有：

1. 提高单位领导对单位内部保卫工作的重视程度。单位最重要的工作并不是创造经济效益，而是保护人身、财产安全。因此，单位要树立“单位安全由单位全面负责”的概念，把安全工作放到第一位，加强领导，健全制度，落实责任，才能推进单位的和谐发展。

2. 加强单位内部保卫人员的培训。单位内部保卫工作人员应当接受培训与考核，这是法律的硬性规定，也是实现单位内部保卫队伍正规化建设的必要保证。单位内部治安保卫工作人员培训应当包括职业道德、法律知识和治安保卫业务、技能以及相关知识和内容。通过培训，使保卫人员学会识别和制止违法犯罪的方法，掌握发现和消除安全隐患的措施，能够正确及时处置初期火灾事故，懂得保护事故现场的方法。

3. 适当扩充单位内部保卫人员的权力。《企业事业单位内部治安保卫工作条例》对单位内部保卫组织的工作职责、任务和权限作出了明确的规定，但安全保卫工作不同于其他工作，必须有强有力的强制性权力做后盾。可以仿效美国校园警察制度，适当赋予单位内部保卫力量一定的强制权和调查权，从而提高单位内部保卫工作人员的工作积极性提高工作效率，顺利实现保卫工作目标。

四、治安志愿组织

治安志愿组织是指由具有公益意识志愿者组成，共同参与社会治安秩序维护和违法犯罪预防的社会组织。治安志愿组织是公民参与社会治安管理、为社会无偿提供服务的、弥补政府和市场提供安全防范不足的新兴力量。志愿者们在不追求物质报酬的前提下自愿贡献个人时间和精力，为推动人类发展、社会进步和社会福利事业而提供服务。

（一）治安志愿组织的特点

1. 参与者自愿组成

志愿者是在自由选择基础上自觉自愿参与治安防范服务，他们不受行政权力的指使，也不受任何其他人的干涉，他们参与志愿活动的动力主要来源于社会责任意识、自我完善意识和乐于奉献的精神。他们付出自己的劳动成果，来维护社会治安秩序稳定，以此实现自己人生的价值追求。

2. 无偿提供安全服务

治安志愿组织作为一个无偿为群众提供安全防范服务的组织，他们参与活动不收取任何报酬。随着社会的发展，人们对社会共同利益的关注度越来越高，志愿者组织参与的社会治安防范活动符合广大群众的共同利益要求，因此，对于治安志愿组织而言，公益性是其本质特性。

3. 组成人员流动性强

在我国，治安志愿组织大多是单位工作人员或者社区居民基于社会治安维护的目的，自发组建的组织，很少向政府相关管理部门登记注册，组织成员大多不具有专业技能，而且流动性强，结构松散，所发挥的作用也较有限。

4. 属于民间组织范畴

治安志愿组织属于民间组织的范畴，主要体现在以下几个方面：（1）治安志愿组织的成立是以维护社会治安秩序的共同意愿，而不是以国家治安管理职能为基础。（2）治安志愿组织在体制和组织上不隶属于国家行政机构和政权组织，属于民间自发组建的。（3）治安志愿组织提供的安全防范等公益服务，不同于公安机关的治安管理活动。治安志愿组织一般在本单位或社区内活动，面向某一特殊人群或事件。

（二）治安志愿组织的职责

治安志愿组织的职责暂无法律规定，但组织成立后，应当确定组织工作目标，制定组织章程，根据组织章程行使以下职责：

1. 向人民群众开展法制宣传教育，安全防范宣传教育；
2. 在规定范围和指定区域内进行巡逻、执勤和楼宇守望；
3. 协助公安机关堵截、通缉和通报违法犯罪分子；
4. 发现、制止和处理各种危害社会治安的行为，并将现行违法犯罪人员扭送至公安机关；
5. 协助公安机关及相关安全管理部门在单位内开展“平安创建”活动，指导群众的安全防范工作，组织开展安全检查，及时发现并整改安全隐患，提高群众的防范意识和处置能力；
6. 做好各类案件或事件的现场保护工作，并积极协助公安机关进行工作；
7. 维护本单位或者社区内部的稳定，参与调解各类纠纷，防止矛盾激化；
8. 发生治安案件、治安灾害事故和自然灾害事故时，及时赶赴现场，采取果断措施，做好人员疏散和抢险救灾工作；
9. 密切关注和及时掌握本单位或者社区的动态信息，准确发现和及时报告群体性事件的苗头，并积极协助公安机关和相关安全管理部门开展工作；
10. 协助民警、治安保卫委员会成员开展平安社区或平安单位创建活动，完成公安机关布置的其他工作任务。

（三）当前治安志愿组织所面临的困境与出路

目前，我国治安志愿组织还处于初创阶段，队伍建设和组织活动面临着法律保障、政策扶持以及社会认同等诸多问题，主要体现在以下几个方面：

1. 治安志愿组织活动缺乏法律保障。目前我国还没有一部专门规范治安志愿组织的法律法规，有关其组建条件、经费来源、活动范围、职责权限、法律权利与责任等找不到依据，特别是志愿者遭到伤害的法律保障问题，这在很大程度上制约了治安志愿组织的发展。

2. 政府对治安志愿组织的支持力度有待加强。当前我国治安志愿组织还处于起步阶段，没有办公场所，缺少活动经费，组织资源匮乏，人员没有培训等，这些都需要政府出台相关政策予以保障。

3. 社会对治安志愿组织活动的认同和支持力度不够。志愿服务是一项社会事业，需要社会力量参与，依靠社会化运作。但每个社会成员的思想觉悟不同，在我国尚未形成人人多出一份钱，多出一点力来维护社会治安的良好氛围。

4. 活动缺乏长期工作目标，短期行为明显。治安志愿组织是非正式组织，没有固定参与人员，组织成员的流动性大，没有长远的工作计划和发展规划。他们大多根据形势需要开展大型服务活动来吸引社会的关注，扩大影响，这种做法容易被指责为形式主义倾向。

要加快治安志愿组织的发展，就必须依靠政府的资助和全社会的参与，采取有效措施予以扶持：

1. 尽快出台相关法律法规。明确规定立法目的，治安志愿组织的性质、工作方针、工作原则、职责权限、服务范围、法律责任、志愿者的权利、法律责任、纠纷处理及其伤害救助等内容。

2. 争取政府对治安志愿组织的支持。政府要全面认识到治安志愿组织的积极作用，充分发挥其管理和引导职能，出台政策予以支持，引入市场力量参与进来，依靠行业协会进行治理。

3. 发动全社会参与治安志愿组织活动。民间公益活动离不开浓厚的志愿服务精神和深刻的社会文化认同。在政府引导和政策扶持的前提下，要加大宣传力度，提高公众的公民意识和奉献精神，吸引更多人员参与到治安志愿组织服务中来。

4. 加强治安志愿组织内部管理，提高公信力。治安志愿组织要加强内部管理和建设，处理好与政府、社会、市场之间的关系，提高组织的各项能力。同时，治安志愿组织要通过开展经常性的安全防范活动，扩大影响，增强号召力，以取得全社会的支持。

◎思考题

1. 什么是治安组织？它的基本特征有哪些？
2. 专门治安管理机构有哪些？其职责分别是什么？
3. 治安管理基层组织有哪些？
4. 公安派出所的性质是什么？职责有哪些？
5. 如何看待目前我国的治安社会防范组织？

第四章　治安依据与措施

教学目的和要求：了解治安法律渊源、治安法律关系及其特点，理解治安法律关系产生、变更和消灭的条件，熟悉治安原则的内容和要求，掌握治安措施的种类及运用条件，为治安活动奠定治安依据与措施等方面的理论基础。

重点和难点：治安法律关系及其特点，治安原则和治安措施的内容与运用。

主要内容：治安依据包括治安法律法规和治安原则，其中，治安法律法规是治安主体活动的直接依据，治安原则是治安主体活动的准则或规范。治安原则主要有法治原则、预防为主原则、专群结合原则、公秘结合原则、教育与处罚相结合原则等。治安措施包括治安确认、治安许可、治安命令、治安教育、治安规划、治安指导、治安监督、治安强制、治安调解、治安处罚以及治安经济措施、治安技术措施等。

治安主体从事维护社会治安秩序的活动需要依法进行。治安法律法规和治安原则是治安活动的重要依据。治安主体的各种治安措施必须在治安法律法规的框架下运行，同时还应遵守各种治安原则，以确保治安活动的合法性正当性和有效性。

第一节　治安法律法规

治安法律法规是有关治安的各种法律规范的总和，其主要内容是以治安行政管理关系为调整对象、属于行政法部门的一个特别法律体系。治安法律法规具有自己特殊的渊源体系和效力特征，同时也具有一般法律法规的特征。

一、治安法源

法的渊源是指那些来源不同（制定法与非制定法、立法机关制定与政府制定，等等），因而具有法律不同效力意义和作用的法律外在表现形式，因此又称“法律的形式”①。治安法律法规的渊源实际上就是有关治安法律规范的表现形式。我国治安管理法律的渊源是以分散的法规形式表现的。

当代中国法律渊源基本上是以各种制定法为主，或者说我国理论与实践中原则上只承认正式的成文法为法律渊源。治安法源一般只限于成文法，它们有各种不同的层次，主要包括宪法、治安法律、治安行政法规、治安地方性法规、治安行政规章、法律解释、国际条约和国际惯例等。

（一）宪法

宪法是国家的根本大法，它由最高国家权力机关——全国人民代表大会制定、通过和修

① 郑成良：《法理学》，高等教育出版社 2012 年版，第 64 页。

改。其具有最高的法律效力，是我国最高位阶的法源，是其他一切部门法的根本渊源。依法治国的核心即是依宪治国。

就具体内容来讲，宪法包含的与治安相关的原则性规定主要有：关于行政管理活动基本原则的规定、关于国家行政机关组织、基本工作制度和职权的规定、关于国家行政区域划分和设立特别行政区的规定、关于公民基本权利和义务的规定以及关于保护外国人合法权益和关于外国人义务的规定。

就其中包含的法理内涵来讲，治安与宪法有着密切的关系。首先，我国宪法规定，国家尊重和保障人权，保护公民的人身自由、公民的合法财产不受侵犯。这正是治安孜孜追求的价值目标。治安的逻辑起点即是治安秩序的维护，国家通过宪法与相关法律、法规赋予公安机关及人民警察一定的权力，通过警察执法活动来体现与落实宪法的精神与价值，特别是在维护社会秩序与保障公民权利等方面。另外，治安权的存在既是基于维护社会秩序、保障公民权利的需要，更是真正实现宪法的价值与精神的有效途径。其次，维护社会治安秩序，不仅是国家的职责所在，也是社会成员的共同需求。宪法中体现的尊重和保障人权、保护公民人身和财产安全的基本精神，不仅要依靠国家治安管理主体行使治安权来实现，更需要每个社会个体、社会团体、组织积极参与。普通民众必须适时让渡自己的权利，配合国家治安管理主体行使治安权，由此才能达到社会秩序稳定，人民安居乐业的状态。

（二）治安法律

治安法律是指由全国人民代表大会及其常委会根据宪法或依职权制定和颁布的有关治安的规范性法律文件。治安法律的渊源，包括由全国人民代表大会制定的基本法律和全国人民代表大会常务委员会制定的非基本法，如《中华人民共和国立法法》、《中华人民共和国行政处罚法》、《中华人民共和国行政诉讼法》、《中华人民共和国治安管理处罚法》、《中华人民共和国反恐怖主义法》、《中华人民共和国集会游行示威法》、《中华人民共和国人民警察法》、《中华人民共和国消防法》、《中华人民共和国道路交通安全法》、《中华人民共和国居民身份证法》等。法律的效力低于宪法，但高于行政法规、地方性法规、规章。

治安的大部分内容由法律直接规定，也有部分内容是由法律对所有行政管理活动所作的规范而引申而来的。治安法律的内容一般是有关治安的基本制度、基本原则、基本职权和范围方面的内容，涉及面比较广，是治安权的重要依据之一。

（三）治安行政法规

治安行政法规是指由国务院根据宪法和法律的规定、为执行法律的规定及国务院行政管理职权的事项而制定的有关治安的规范性文件。国务院作为国家最高行政机关，是全国行政管理的最高机关。制定行政法规是国务院领导全国行政工作的一种有效手段。

治安法律规范中，治安行政法规占了很大一部分。如《娱乐场所管理条例》、《大型群众性活动安全管理条例》、《民用爆炸物品安全管理条例》、《危险化学品安全管理条例》、《企业事业单位内部治安保卫条例》等行政法规都是治安法律规范的表现形式。

（四）治安地方性法规

治安地方性法规是指享有地方性法规制定权的地方国家权力机关根据本地区的具体情况和实际需要，依照法定的权限，在不与宪法、法律和行政法规相抵触的前提下，制定的在本行政区域内实施的有关治安的规范性文件，其效力不超出本行政区范围。地方性法规在治安法源中也占有重要地位。

地方性法规的立法主体主要有省、自治区、直辖市的人民代表大会及其常委会和设区的市的人民代表大会及其常委会。地方性法规所涉及的事项主要是为执行法律法规的规定，需要根据本行政区域的实际情况做出具体规定的事项；属于地方性事务需要制定地方性法规的事项。

地方性法规是地方人民政府从事治安管理的法律依据之一，是我国治安法律规范的一种表现形式。如北京市人民代表大会常务委员会发布的《北京市消防条例》。治安地方性法规的基本特征在于：第一，立法主体只能是地方国家权力机关，任务是解决地方上的治安相关问题；第二，具有从属性和自主两重性；第三，城市地方性治安法规在整个治安地方性法规中逐渐占据重要地位。

（五）治安行政规章

治安行政规章是指国家行政机关依照行政职权所制定、发布的与治安相关的、针对某一类事件或某一类人的一般性规定，是抽象行政行为的一种。行政规章分为部门规章和地方政府规章。部门规章是由国务院部、委、中国人民银行、审计署及国务院具有行政管理职能的直属机构制定的属于执行法律、行政法规的事项。地方政府规章是各省、自治区、直辖市和设区的市、自治州的人民政府，根据法律、行政法规和本省、自治区、直辖市的地方性法规制定的规章。内容包括为执行法律、法规的规定而需要制定规章的事项以及属于本行政区域的具体行政管理事项。无论是部门规章还是地方政府规章，都不能与宪法和法律相抵触。

行政规章的内容主要是有关行政执法活动的，是有关行政执法的规范，因此行政规章也是治安法律规范的重要表现形式。其具体内容涉及公安机关的机构设置、职责分配、纪律要求、奖惩办法等，是国家进行治安管理、社会主体进行治安活动、学界进行治安学术研究的重要依据。与治安相关的部门规章如公安部发布的《旅馆业治安管理办法》、《公安机关办理行政案件程序规定》、《公安机关行政许可工作规定》、《娱乐场所治安管理办法》等规章或公安部与国务院其他部委联合制定的一些规章，如《典当管理办法》《公安机关人民警察纪律条令》。与治安相关的地方政府规章如北京市人民政府制定的《关于不得举行集会、游行、示威场所周边范围的规定》。

（六）国际条约、惯例

在我国，国际条约、国际惯例同样是治安法律渊源之一。国际条约是指两个或两个以上国家关于政治、经济、贸易、法律、文化、军事等方面规定其相互权利和义务的各种协议的总称。国际惯例即作为通例之证明而经接受为法律者。指在国际实践中反复使用形成的，具有固定内容的，未经立法程序制定的，如为一国所承认或当事人采用，就对其具有约束力的一种习惯做法或常例。由于有的国际条约与国际惯例涉及国内治安行政管理的相关内容，成为调整国家公安机关与公民、法人或外国人之间治安行政关系的行为准则，另外，近年来随着国际警务合作的加强，国际条约和国际惯例也逐渐成为治安法律规范的重要渊源。

（七）法律解释

法律解释有广义与狭义之分。广义的法律解释是指人们对法律规范的含义以及所使用的概念、术语、定义所作的说明和解释。法律解释分为有权解释和无权解释（学理解释）。有权解释分为由全国及省级人民代表大会常务委员会所进行的立法解释、由最高人民法院和最高人民检察院就具体应用法律法规问题所作的司法解释、由国务院及主管部门所作的行政解释及由省级人民政府主管部门就地方性法规的具体运用问题所作的地方解释四种。狭义的法律解释仅指全国人民代表大会常务委员会对法律所作的解释①。

无论是广义还是狭义的法律解释，其内容都涉及具体的治安问题及法律法规的执行问题，因此法律解释也是治安法律规范的重要表现形式。

二、治安法律的效力冲突

治安法律效力是指治安法律规范的生效范围，即治安法律规范在什么地方、什么时间、对什么人具有法律上的约束力。

治安法律效力冲突是指不同的治安法律规范之间在适用范围、适用时间和适用对象上的不一致性。

（一）治安法律效力冲突的情形

在实践中，治安法律效力冲突的不同情形主要有：

1. 不同位阶的治安法律规范之间的冲突。这种冲突也称为层级冲突或纵向冲突，主要体现在治安法律、治安行政法规、治安地方性法规、治安地方性规章之间发生的效力冲突。

2. 同一位阶治安法律规范之间的冲突。这种冲突也称为同级冲突或横向冲突，主要体现在同一效力层级的法律之间、行政法规之间、地方性法规之间、部门规章之间、地方性规章之间的规范冲突。具体表现在同一地区的处于同一位阶的法律规范之间的冲突和不同地区之间的处于同一位阶的行政法规规范之间的冲突。

3. 不同时期发布的治安法律规范之间的冲突。这种冲突也称为新旧冲突或时际冲突。

4. 特别法与普通法之间的冲突。这种冲突是由于特别法与普通法之间的规定不一致时所产生的冲突，也称为特别冲突。

（二）治安法律效力冲突的处理规则

对治安法律效力冲突的处理，要根据不同的冲突情形采取不同的处理办法。主要有：

1. 对于层级冲突，处理原则是高位阶的法律规范优于低位阶的法律规范。在治安法律规范中，治安法律、行政法规、地方性法规、地方性规章的法律效力依次递减。根据《立法法》的规定，法律的效力高于行政法规、地方性法规、规章；行政法规的效力高于地方性法规、规章；地方性法规的效力高于本级和下级地方政府规章；省、自治区的人民政府制定的规章的效力高于本行政区域内的设区的市的人民政府制定的规章；部门规章之间、部门规章与地方政府规章之间具有同等效力，在各自的权限范围内施行。

2. 对于同级冲突，则由有关部门送请或报送有权机关解释、裁决处理。

3. 对于新旧冲突，按照新的规定与旧的规定不一致的，适用新的规定兼从轻的原则处理。

4. 对于特别冲突，按照同一机关制定的法律、行政法规、地方性法规、自治条例和单行条例、规章，特别规定与一般规定不一致的，适用特别规定的原则处理。

三、治安法律关系

法律关系是指法律在调整人们行为的过程中形成的权利、义务关系。② 治安法律关系是指治安法律规范调整的，发生在治安主体之间、治安主体与治安相对人之间、治安相对人之

---

① 《中华人民共和国立法法》第45条的规定。

② 郑成良：《法理学》，高等教育出版社2012年版，第120页。

间的权利与义务关系。

（一）治安法律关系的构成要素

治安法律关系由治安法律关系的主体、客体和内容三个要素构成。

1. 治安法律关系的主体

治安法律关系的主体，又称为治安法律关系参加者，是指在具体的治安法律关系中享有权利、承担义务的“当事人”。治安法律关系的主体包括治安主体和治安相对人。

（1）治安主体

治安主体包括国家治安管理主体和社会直接治安责任主体两个方面。从广义的治安学的角度来看，国家治安管理主体是国家机构的一个组成部分，是国家依法设置，以维护治安秩序、履行治安管理职能的各种组织的总称。其中包括专门治安管理主体（如公安机关治安管理部门）和兼有治安职能的主体（如军队、武警、城市管理部门、工商管理等部门）。

从公安学学科下的治安学的角度来讲，国家治安管理主体是指参加治安法律关系、依法具有治安行政管理职权、能够以自己的名义行使治安职权并对行使职权的行为产生的效果承担法律责任的各级公安机关及公安机关内设组织或得到授权的组织。公安机关是国家设置的、实施治安行政管理的专门机关。它由国家立法产生，并通过立法赋予其治安管理的权限。根据《中华人民共和国人民警察法》的规定，人民警察的任务是维护国家安全，维护社会治安秩序，保护公民人身安全、人身自由和合法财产，保护公共财产，预防、制止和惩治违法犯罪。这些任务由各级公安机关的各个部门协同完成，治安行政管理工作主要由各级治安管理部门承担。国家治安管理主体能以自己的名义行使职权并对行使职权的行为产生的效果承担法律责任，包括能以自己的名义对外行文，能以自己的名义作出治安处理决定，能以自己的名义参加治安行政复议或治安行政诉讼并能以自己的名义承受裁判结果等。比如公安机关的内部机构（处、科、室等）不能以自己的名义行使职权，因此不能成为国家治安管理主体。目前国家治安管理主体主要包括县级及其以上人民政府的公安机关及公安派出所、公安交通管理机构、消防管理机构、公安边防机构和铁路、交通、民航、林业等行业公安机关的相应机构。

社会直接治安责任主体是依法组建、从事治安防范的各种社会组织或个体的总称。社会治安主体形式多种多样，既有有偿性的治安组织，如保安服务公司；也有自治性的和志愿性的社会治安组织，如治安保卫委员会和治安群防组织等；也有维护自身安全的治安主体，如单位自建的治安保卫组织，为了自身安全而采取安全防范措施的家庭及个人等，这些都属于社会直接治安责任主体的范畴。

（2）治安相对人

治安相对人就是在治安法律关系中与治安主体相对应，是治安主体的治安行为直接作用的机关、组织或个人。治安相对人主要包括国家组织、社会组织、我国公民、外国组织和外国人。

国家组织是国家机关和国家机构的合称。包括国家行政机关、国家权力机关、国家审判机关、国家检察机关、国家军事机关等。这些国家组织虽然多数情况下是行政主体，但在治安法律关系中，也经常处于治安相对人的地位。

社会组织包括企业、事业单位和社会团体。企业是直接从事生产经营活动、实行独立核算、产生的价值可以用货币表现的经济组织。事业单位是指为国家创造和改善生产条件、促进社会福利、满足人民文化卫生需要、其经费实行财政拨款的机构。社会团体是社会成员本着自愿的原则，根据团体章程而依法组成的集合体，主要有人民群众团体、社会公益团体、文艺工作团体、学术研究团体、宗教团体等。社会组织作为社会重要的组成部分，在治安法律关系中，依法处于相对人的地位。

我国公民是指具有中华人民共和国国籍的人。国籍是认定公民资格的唯一标准。公民是最主要、最常见和最广泛的治安相对人。在绝大多数治安管理领域，治安相对人多为公民个人。甚至在有些领域，如户政管理、驾驶证管理、出入境管理等领域，只有公民才能成为治安相对人。

公民成为治安法律关系的相对人，除了其应具有公民身份外，在有些治安活动中，还要受制于两个条件：一是年龄限制。如未满 14 周岁的公民就不能成为治安法律关系的相对人。二是精神能力限制。因精神病患者不具有相应的行为能力，因此也就不能成为某些治安法律关系的相对人。

外国组织是我国对外国政治组织、经济组织和文化组织在我国境内设立的机构的统称。

外国人包括外国公民和无国籍人。我国《宪法》规定："中华人民共和国保护在中国境内的外国人的合法权利和利益，同时，在中国境内的外国人必须遵守中华人民共和国的法律。"这为外国人在中国具有治安相对人的法律地位提供了法律依据。

2. 治安法律关系的客体

治安法律关系的客体是指治安法律关系主体的权利、义务所共同指向或影响的对象。治安法律关系的客体是治安法律关系产生和存在的前提，同时又是治安法律关系主体间发生权利和义务联系的中介。治安法律关系的客体包括人身、行为、物质财富和精神财富等。

（1）人身。人身是指人的身体和人的身份。在以国家为主体的治安获得过程中，治安行为对人身发生的直接作用比较多，不仅涉及人的身体本身，也涉及人的身份。涉及人的身体的主要有行政拘留、限期出境、驱逐出境、强制隔离戒毒等，涉及人的身份的主要有户政管理、驾驶证管理、重点人口管理、护照管理等多个方面。

（2）行为。行为是指治安法律关系主体有目的、有意识的活动。行为包括治安主体的作为和不作为两种。行为成为治安法律关系的客体，必须是具有法律意义的行为或受治安法律规范的行为。如人民警察的巡逻行为、公民申报户口的行为或违法行为等都是治安法律关系的客体。

（3）物质财富。物质财富是指客观存在的、具有使用价值的有形的物。物质财富作为治安法律关系的客体，是由于治安主体在处分相关财物时要受到治安法律规范的制约，直接影响到治安法律关系主体的权利与义务。这里所称的物质财富，主要包括人民群众的各种生活必需品和公安机关特别管制的物，前者如生活用品、各种交通工具、现金、建材等，后者如枪支弹药、管制刀具、毒品、危险化学品等。

（4）精神财富。精神财富是指一定形式的智力成果，如著作、专利、发明、配方、创意等。精神财富受法律保护，因此在治安法律关系中，精神财富也是一个重要的治安法律关系的客体。

3. 治安法律关系的内容

治安法律关系的内容是指治安法律关系主体在治安法律关系中所享有的权利和应承担的义务。

（1）治安主体的权利与义务。依照行政法学理论，国家治安管理主体具有治安行政管理职权，享有治安行政优益权，必须履行治安行政管理职责。必须对违反治安管理职责承担责任，可以用自己的名义实施治安管理行为，应以自己的名义承受治安管理行为所引起的法律效果，可以用自己的名义参加诉讼活动等。社会直接治安责任主体在治安活动中也因自己的治安行为产生相应的权利义务，如自卫行为、自身的安全防范行为等。

（2）治安相对人的权利与义务。治安秩序的维护不仅是国家的职责所在，也是社会成员的共同需求，需要社会成员的积极参与。根据我国相关的法律规范，治安相对人依法享有治安参与权、协助权、人身财产受保护权、隐私保密权、治安监督权、治安行政赔偿和补偿权。治安相对人也有参与管理国家事务和社会事务的权利。当然，治安相对人在享有权利的同时，也必须承担遵守治安法律规范、服从国家治安管理主体的命令、协助国家进行治安管理、做好自身安全防范等义务。

（二）治安法律关系的特点

1. 治安法律关系是由治安法律规范调整的法律关系

从来源上看，治安法律关系的存在以相关治安法律规范存在为前提。在法治社会中，治安法律关系的产生、存在、发展和消失，都是由治安法律规范的调整而发生，未纳入治安法律规范调整的社会关系，都不是治安法律关系。所以，治安法律规范是治安法律关系存在与变动的前提。

2. 治安法律关系是以治安权利、义务为主要内容的法律关系

从内容上看，治安法律关系的内容都与治安活动有关。治安活动中的权利、义务就是治安主体实施治安活动所引起的关系，与治安活动没有联系的社会关系不属治安法律关系。从内容处分上看，治安法律关系中的权利与义务是法定的，当事人不能自由处分。如国家治安管理主体不能放弃或转让治安职权、治安处罚必须依法进行等。

3. 治安法律关系是受国家强制力保证实施的法律关系

法律关系是以国家强制力作为保障的社会关系。治安法律关系以治安法律规范为存在的前提，在治安法律规范中，法律关系的主体可以做什么、不得做什么和必须做什么的规定，是国家意志的体现。治安主体与治安相对人的行为必须限制在治安法律规范的框架之内，不能超越治安法律法规而行事。

4. 治安法律关系是兼具动态性与稳定性的法律关系

任何事物的运动都是绝对的，静止是相对的，治安法律关系也是如此。面对日新月异的社会生活，治安情况纷繁多变，此间各种治安关系有着许多的发展、变化。与治安相关的法律、法规必须不断更新、发展才能适应社会治安形势的需要。与此相应的，治安法律关系必然拥有变动性这一特征。与其他法律关系相比，治安法律关系的变动显然更多、更快一些。一旦社会生活发生新变化而原来的治安法律法规与之不相适应，就需要立即废止或修改，新的治安法律关系出现得十分频繁。这种变化不仅体现在关系的类型上，也体现在关系的强弱上；治安法律关系同时又是相对稳定的，在特定的时间阶段，治安法律关系总是维持在一定的状态，这也是我们认识治安法律关系的前提。

（三）治安法律关系的产生、变更和消灭

治安法律关系的产生、变更和消灭，是以相应治安法律规范的存在为前提条件，以一定法律事实的出现为直接原因。所谓法律事实，是指能够导致法律关系产生、变更或消灭的客观事实。法律事实又可以划分为法律事件和法律行为。前者是指不以人的意志为转移的客观事实，后者是指人们的主观行为。法律行为不限于合法行为。在治安法律规范存在的前提下，相应法律事实的出现，直接导致了治安法律关系的产生、变更或消灭。

1. 治安法律关系的产生

治安法律关系的产生是指治安主体之间或治安主体与相对人之间在治安活动过程中权利与义务的实际构成。换句话说，它是指治安法律关系从可能性转变为现实性。例如公民向公安机关申请登记户口（义务），公安机关依法登记（权力）；公民依法申请公安行政复议（权利），行政复议机关依法受理及处理（职责）。

在已有治安法律规范的前提下，治安法律关系的产生取决于两个直接的原因：一是一定法律事件的发生，例如由于新购一辆机动车，车主就依法必须向车辆登记管理机关申请注册登记，车辆登记管理机关应当在受理申请后在一定期限内核发号牌、行驶证等。二是一定法律行为的发生。例如由于公民违反治安管理法规，公安机关便与其依法构成了治安管理处罚的法律关系。

2. 治安法律关系的变更

治安法律关系的变更，是指治安法律关系产生后、消灭前，该关系的一方当事人或该关系的部分内容（权利和义务）发生的变化。治安法律关系的变更有两种情形：一是治安法律关系的内容不变，但一方当事人发生了变化。例如治安主体被合并到另一个主体之中、机动车辆管理中车主将车辆过户给另一人等，但治安主体与相对人之间的权利和义务关系依然有效。如果是双方当事人同时变换，即使内容不变，也不是法律关系的变更，而属法律关系的消灭。二是治安法律关系当事人不变，但内容发生了变化。例如机动车的变更登记、公安行政许可范围的变更等都是关系不变，内容发生了变化。需要注意的是，如果法律关系内容全部变换，即便双方当事人不更换，也不属法律关系变更，而属于法律关系的消灭。

3. 治安法律关系的消灭

治安法律关系的消灭是指原治安法律关系当事人之间权利和义务关系的消灭。治安法律关系的消灭，也是以治安法律规范存在为前提，以一定法律事实出现为直接原因。治安法律关系的消灭主要有两种情形：一是一方或双方当事人消失，从而使原治安法律关系消灭。例如某公民死亡，则公安机关注销其户口和身份证，其户证登记关系自然消失。二是法律关系中权利与义务的内容全部消失。这种情形又可分为原治安法律关系内容由于相对人享受了权利或履行了义务而消失及原治安法律关系内容被治安行政主体撤销而消失两种。前者如违法嫌疑人被处以罚款后，缴纳了罚款而消灭，后者如违法嫌疑人被处以行政拘留因申请复议被复议机关撤销原处罚决定而消灭。

第二节 治安原则

从词义上讲，原则是指言行所依据的准则或规范。治安原则是贯穿于治安活动全过程、指导治安学学术研究及治安管理立法和实施的基本原理和基本准则，是治安学理论中带有根本性的重大基础理论问题。随着经济社会的不断发展及学界对治安学的研究，学界对治安原则有不同的认识，我们认为，我国治安原则的内容有五项，即：法治原则；预防为主原则；专群结合原则；公秘相结合原则；教育与处罚相结合原则。这些原则制约着其他各项治安活动，对所有的治安活动具有重要的指导作用。

一、法治原则

法治是现代社会的一个重要政治理想，乃至政治正当性的基准。可以把它理解为“法的原则”与“治的原则”的互动关系。在法律科学发展过程中，法治原则又引申为“法律面前人人平等”“法律之治”或“法治”①。

法治原则是指导和规制治安活动的基础性规范，它体现治安活动的基本价值观念。法治原则对于强化公安机关及其人民警察的执法意识、规范公安行政执法行为、提高公安行政执法质量、减少公安机关行政违法行为、保障公民权益、治安主体遵纪守法具有重要的现实意义。

根据我国的社会制度、政治制度以及国家有关法律、法规和规章的规定以及治安活动的基本价值观念和治安治理实践，参照国际惯例和行政法学的基本理论，我国治安法治原则包括依法治理；公开、公正、公平、合理；依法接受监督等内容。

二、预防为主原则

预防为主是指社会治安必须把预防违法犯罪、预防治安事件放在主要位置，放在各项工作的首位。对社会治安主要不是在发生案件事件和治安事故后去侦查破案、组织抢救、进行事故调查，去找原因、追责任、堵漏洞，而是要谋事在先，尊重科学，探索规律，采取有效的事前控制措施，千方百计预防案件事件事故的发生，做到防患于未然，将案件事件事故消灭在萌芽状态。虽然经济社会发展过程中不可能完全杜绝案件事件事故的发生，但只要思想重视，预防措施得当，各类案件事件事故特别是重大恶性案件事件事故是可以大大减少的。

实践证明，只有最大限度地预防和减少犯罪，才能以最小的代价换取最大的治安效益。从宏观犯罪学研究角度，预防从效益方面也要优于打击破案。打击所追求的目标是于事发之后及时惩治违法犯罪分子，而有效的防范其立足于减少犯罪分子的可乘之机，预防罪案的发生，达到减少对社会的危害，因而预防是对人民群众更为有效的保护。从构建和谐社会的角度看，每一起违法犯罪行为都或多或少地打破了原有的经济社会平衡状态，给经济社会发展稳定增加不和谐因素，即使是事后查处打击了，但所造成的不和谐影响也已既成事实。同时从治理效果看，我们追求的是法律效果与政治效果、社会效果的有机统一，虽然惩处了罪犯，但也与罪犯的家属形成了紧张、对立关系。

在大数据背景下，坚持预防为主的原则，就是要在各项治安活动中，运用犯罪预防理论，通过整合治安资源，构建立体化治安防控体系，积极主动地将各位诱发治安问题的因素纳入治安防控体系要素之中，通过运用互联网技术和大数据平台，强化对重点人、重点物、重要场所、重要设施、关键环节等的治安管控，使处于违法犯罪边缘的人不敢想不敢做，使进入违法犯罪实施过程的人难做成，使作案既遂的人逃不掉，进而实现对社会治安局面的有效控制，达到社会的安定有序、确保安全的目的。

三、专群结合原则

治安专群结合原则是治安专门机关的管控与依靠群众相结合的简称。治安专门机关管控是指公安机关治安管理部门依法履行治安管理职责所从事的行政执法及各项治安管控活动等专业性治安治理工作。依靠群众是指通过宣传发动、组织指导群众积极参与维护社会治安治理的工作。治安活动坚持专门机关管控是由其国家行政机关的性质决定的，治安治理之所以要依靠群众，是因为我国是人民民主专政的社会主义国家，人民群众是国家的主人，可以依

① 苗延波：《对于法治基本问题的思考》，载《大庆师范学院学报》2016年第1期。

照法律规定参与管理国家各项事务，包括维护社会治安的活动，同时，治安治理的特征也决定了治安治理离不开社会民众的参与。治安治理依靠群众，必须做到从群众中来，到群众中去，把治安治理与广大人民的利益结合起来，充分发挥治安治理的智能作用，调动广大人民群众的积极性和创造性，齐心协力维护社会治安的稳定。

坚持专群结合的原则，首先要正确理解、准确把握这一原则的基本内涵，牢固树立为了群众、相信群众、依靠群众的群众观念。一方面，要正视和尊重参与治安治理是公民的公共权利，是社会任何成员都可以行使的、神圣而又不可轻视的权利；另一方面，要正视和立足于群众是维护治安的天然参与者，是维护治安的基础力量，充分相信群众之中蕴藏着预防治安问题、打击违法犯罪、改造治安消极因素的最直接、最有利的天然条件和主动精神。要坚持把治安专门机关与人民群众作为两个并列的基本范畴来对待，把人民群众作为维护社会治安的积极主动的社会力量，并突出主管部门与主人翁双方的依存关系，努力构建两者间水乳交融、相互尊重、彼此信任、互助合作、和睦协调的良性互动关系。我们应该看到，安居乐业是人民群众的普遍愿望，只有安居才能乐业。没有和谐稳定的社会治安环境，人民群众的安全得不到保障，就不可能专心致志地创造物质财富和精神财富，已经创造的财富不能平安存在。人民群众是维护社会治安的天然参与者，群众维护治安的积极性不是仅靠民警发动才有的，而是群众出于生存本能所固有的安全需求。维护治安是全国人民、党、政府和人民公安的共同事业，治安专门机关与广大群众相结合不只是业务上一时一地一事的瞬间结合，而是两大范畴从宏观到微观、长期、稳定、与时俱进的结合。

坚持专群结合的原则，必须把加强和改进群众工作，构建和谐警民关系摆上增强治安力量、提升治安效能的重要位置来重视和对待，通过切实加强群众观念、群众路线教育，使广大民警端正对群众的态度，增进与群众的感情，真正牢固树立治安为民、治安靠民的意识，筑牢治安治理的群众基础，赢得广大群众的信任、理解和支持，更加有效地发动、组织、依靠群众共同做好治安治理工作，更加广泛地利用群众的力量和社会资源维护社会稳定。要把群众路线和群众工作贯穿于治安治理的各个方面和治安治理的全过程，努力在治安治理中建立起群众工作的方法体系，使每一位治安专门主体都懂得群众工作艺术，都能掌握联系群众的基本功。

坚持专群结合的原则，要树立“私域自理”和“治安社会化”的理念，树立“小政府、大社会”和“有限责任政府”的理念，积极遵循市场规律，将市场能够自行调节、社区能够自己管理、群众能够自己处理的事情推向市场和社区，逐步推进治安防控工作的社会化、市场化、产业化。对保安公司有偿护款、金融守押、大型文体活动安保等工作新模式以及能够成为治安主体力量有益补充的民间治安力量，应以大力扶持、引导和规范。要大力倡导“我为人人、人人为我”的无私奉献精神，遵循市场经济规律，牢固树立“花钱买情报”、“花钱买平安”，积极完善有偿信息举报等制度，以经济利益推动治安群众工作向纵深发展。

四、公秘结合原则

公秘结合原则简单讲就是公开管控与秘密管控相结合，具体讲公秘结合是指在治安活动中把公开的治安主体、治安措施与秘密的治安主体、治安措施结合起来，综合运用政治、法律、行政、经济等多种手段和各种社会资源，加强对治安重点人、重点物、重要治安阵地的动态控制。公秘结合体现在治安主体的组织机构、治安力量、治安手段、治安措施等方面的结合。公开管控是指治安主体依法以公开的身份和措施开展的治安活动，主要有依法立法、制定规章制度、实施各项治安措施等。秘密管控是指治安主体依法采取隐匿身份、进行秘密管控的活动，主要有隐匿治安主体的身份、布建秘密力量、技术监控、卧底等形式。

坚持公秘结合原则，一要坚持公开管控为主，秘密管控为辅。要把公开的管控主体和管控措施作为治安管控、治安预防、治安查控的主要措施，而把秘密管控作为辅助的措施。二要积极开展秘密管控工作。治安问题是社会问题外化、显性化、尖锐化的结果，预防和处置治安问题需要多种手段措施，实施的主体也是多种多样的，涉及的问题既有显性的需要进行公开管理的问题，也有隐秘的问题，仅仅依靠公开的治安主体、公开的治安措施不能解决隐秘的治安问题，对于一些治安问题需要通过秘密的治安主体和秘密的治安措施来加强管控。如果只有秘密管控或把秘密管控作为主要措施，则大量的治安问题就无法及时有效地得到妥善解决，群众性的社会化治安力量就无法发挥作用，因此在坚持公秘结合原则上，要公开管控为主，辅助于秘密管控措施，在充分进行公开管控的同时，也要根据治安实际，积极发挥秘密管控的作用，确保社会治安大局平稳。

五、教育与处罚相结合原则

教育与处罚是两个不同的治安措施。教育是通过宣讲、批评教育等形式教育公民、法人和其他组织自觉守法，教育违法行为人正确认识自己的违法行为，让其心服口服地承认违法事实，从根本上去改变错误的行为和错误的认识。教育的对象是违法行为者及所有公民、法人和其他社会组织。处罚就是依法在一定期限内限制、剥夺违法行为人的人身自由或使其经济遭受损失、精神遭受谴责而有所警戒的行为。处罚的对象是违法行为者。

教育与处罚相结合原则是指治安主体在加强治安宣传、治安教育等治安活动中，要与对违反治安行政管理法律法规的违法行为人的处罚结合起来，通过教育与处罚的手段达到维护社会治安秩序的目的。教育与处罚相结合的原则是行政法学中确立、选择和实施行政处罚的重要行为准则，在我国的行政法律体系中均有体现。我国《行政处罚法》第五条规定："实施行政处罚，纠正违法行为，应当坚持处罚与教育相结合，教育公民、法人或者其他组织自觉守法。"我国《治安管理处罚法》第五条第三款规定："办理治安案件应当坚持教育与处罚相结合的原则。"可见，教育与处罚相结合的原则主要体现在治安行政处罚方面。在整个治安法律法规体系中，除了在治安行政处罚中体现了教育与处罚相结合的原则外，治安法律法规本身的规定中也体现了教育与处罚相结合的原则。如不满 14 周岁的人违反治安管理的，不予处罚，对某些违法行为人予以从轻、减轻、免予处罚等，均体现了教育与处罚相结合的原则。

作为法律制裁的一种形式，治安处罚对治安违法行为的制裁，确实能起到"罚一人而百人惧，惟恐其似之也"，但是，单纯的处罚，并不能保障治安法律法规及治安规章得到贯彻实施，反而有可能会造成治安相对人对治安处罚的恐惧。治安法律法规实施的最主要的保障，是人们对法的理解和支持。当然，我们强调说服教育，并不意味着处罚不重要。对那些明知故犯者，绝不能手软。处罚时，辅之以说服教育，在说服教育时，以处罚为后盾，说服无效时，就要敢于处罚。处罚从某种意义上讲也是一种教育的手段和形式。因此，要维护法的尊严，制止违法行为，必须坚持处罚与教育相结合的原则。

在治安处罚中体现行教育与处罚相结合的原则是《治安管理处罚法》的明确规定和要求，要求我们要从发现案源、核实线索、调查取证、告知听证、作出决定、决定送达及执行等各环节着手，都要体现教育和处罚相结合的原则，要从治安主体对这一原则的理解和认识以及治安思想观念意识的树立等方面，自觉体现教育和处罚相结合的原则。

在治安行政管理中体现教育和处罚相结合的原则就要树立治安为民的思想，树立服务社会经济发展的意识，把宣传教育作为最基本、最重要的治安教育措施，奠定广泛的群众基础，最大限度地提升民众的法治意识。同时要充分利用处罚的措施，对于违反治安管理法律法规者要敢于和勇于运用处罚的措施，通过处罚达到警示、惩戒、教育的目的。

法治原则、预防为主的原则、专群结合原则、公秘结合的原则、教育与处罚相结合原则是治安活动的根本准则，这些治安原则是一个紧密联系、相辅相成的有机整体，其从不同的角度阐述了治安治理的行为准则，指明了治安治理的方向，其共同决定了治安治理在法治轨道进行。其次，治安原则与治安法律法规、政策具有高度的一致性，这些治安原则多数都是法律法规明确规定的，散见于不同的法律法规之中，如法治原则、预防为主原则、教育与处罚相结合原则等，在不同的法律规范中都有明确的规定，有的原则则是长期治安治理实践中总结出来的具有指导和引领作用的治安政策和治安策略，如专群结合原则、公秘结合原则等，这些原则也体现了治安治理的复杂性和多样性，其根本上也与我国的宪法及相关法律原则相一致。我们在运用这些治安原则的时候，要注意坚持原则的坚定性与灵活性相结合，在治安治理过程中，要坚定地坚持治安的各项原则，不能逾越，也不能超越法规规范的规定，但是治安治理的复杂性、多样性、多变性，也要求我们在坚持原则的同时，要注意灵活运用，不能机械地理解和执行，要因势利导，根据不同的情况在坚持原则的同时，灵活地处置各类治安问题，达到坚持原则的坚定性与灵活性的高度统一。

第三节 治安措施

措施是处理事情的最终办法，侧重于处理结果。治安措施是指治安主体针对不同治安情形而采取的管控治安的途径、步骤、手段和办法。根据有关法律法规和治安原则，治安措施包括治安确认、治安许可、治安命令、治安教育、治安规划、治安指导、治安监督、治安强制、治安调解、治安处罚以及治安经济措施、治安技术措施等。其中治安规划、治安命令、治安教育、治安监督、治安强制和治安处罚等由于无需治安相对人提出而由治安主体依法实施的，故也称为主动性治安措施；治安确认、治安许可、治安调解等由于是在治安相对人提出申请的条件下才能依法实施的，因此也称为被动性治安措施。

一、治安确认

1. 治安确认的含义

治安确认是指治安主体依法对治安相对人的法律地位、法律关系或有关法律事实进行甄别、证明和确定，并以一定的形式予以宣告的具体行政行为。治安确认是治安管理机关实施治安管控的一种重要的管理手段，是使其他行政主体得以做出其他具体行政行为的前提，也是行政相对人合法权益得以保障的前提。

2. 治安确认的特征

治安确认是要式具体行政行为，作为一种治安措施，具有具体性、间接性、中性和非处分性等特征。

具体性表现在治安确认是针对特定的相对人就特定的事实和法律关系所作出的，并不具有普遍性的约束力。如户口登记、机动车登记、道路交通事故责任认定等。

间接性表现在治安确认是不能直接引起法律效果的行为，其并不直接处分相对人的权利与义务，只为其他处分性行政行为的作出创造条件。

中性表现在治安确认对相对人既不是赋权行为，也不是限权行为。非处分性是指治安确认不是处分相对人的权利与义务，而是证明一种客观存在的事实和法律关系。

3. 治安确认的分类与形式

（1）治安确认的分类

根据现有的治安法律规范，按照治安确认的对象而将其分为对身份、能力（资格）、事实、法律关系和权利归属的确认五类。

对相对人身份的确认是指治安主体对相对人在法律关系中的地位的确认。例如颁发居民身份证、户口登记等。

对相对人能力（资格）的确认是指治安主体对相对人是否具有从事某种行为的能力或资格的证明与确认。例如颁发驾驶证、爆破证、持枪证等都属于资格和能力认定的确认。

对事实的确认是指治安主体对某项事实的性质、状态、真伪、等级、数量、质量、规格等的确认。如公安机关对违反治安管理行为的认定、道路交通事故责任的认定等。

对法律关系的认定是指治安主体对某种权利义务关系是否存在或是否合法有效的确认。如公安机关户口登记中对家庭成员的确认等。

对权利归属的确认是指治安主体对相对人所享有的某项权利的确认。如公安机关对机动车的登记等。

（2）治安确认的形式

治安确认主要有确定、认定、登记、证明、签证、鉴定等形式。

确定是治安主体对相对人法律地位与权利义务的确定。认定也称认证，是治安主体对相对人已有的法律地位和权利义务以及确认对象是否符合法律要求的承认和肯定。登记是治安主体应申请人的申请，在治安管理相关登记簿册中记载相对人的情况或事实，并依法予以正式确认的行为。证明是治安主体向相对人明确肯定被证明对象的法律地位、权利义务或某种情况。签证是治安主体对某种法律关系的合法性予以审查后确认或证明其效力的行为。鉴定是治安主体对特定的法律事实或客体的性质、状态、质量等进行客观评价。

4. 治安确认的程序

治安确认的程序就是治安主体作出确认行为或采取确认手段的方法及步骤等。根据现有治安法律规范，治安确认一般包括相对人提出申请、治安主体审查审核、予以登记和记载、作出书面确认决定、颁发法定形式的确认证书、告知救济的途径和方法等步骤。

二、治安许可

1. 治安许可的含义

治安许可是指治安主体根据治安相对人的申请，依法赋予特定的、符合法定条件的治安相对人从事法律一般禁止事项的权利和资格的治安措施。许可含有准许、容许或授权的意思。许可证制度是有关许可证的申请、审查、颁发、使用、效力、撤销和废止等方面的法律制度。公安机关在危险物品管控、特种行业管理、出入境管理等方面均采取许可的措施进行管理。

2. 治安许可的特征

治安许可的特征是治安许可性质的外在表现，主要体现在以下几个方面：

（1）治安许可是依申请的治安措施。治安相对人要获得从事特定法律行为的治安许可，必须依法定程序提出该项许可的申请，这是其必须履行的法定义务。治安主体针对治安相对人的申请才能决定是否给予治安许可，即治安相对人的申请是治安许可的前提条件，没有治安相对人的申请，治安主体不能主动实施治安许可。

（2）治安许可存在的前提是法律的一般禁止。治安许可的目的在于抑制公共利益上的危险，确保社会秩序的稳定。其实质在于法律确定一般禁止，在此基础上允许符合法定条件的治安相对人不受该禁止的约束。这里的一般禁止，并不意味着国家绝对不允许从事有关活动，而是基于抑制影响公共利益的危险因素的需要所采取的一种方式。

（3）治安许可是授益性的治安措施。治安许可是依法解除被许可人一般禁止作为的义务，赋予其从事某种活动的权利和资格，相对人获得许可后可以从事被许可的事项，从而获取相应的权益，故它是一种授益性的治安措施。

（4）治安许可是要式的治安措施。治安许可作为要式的治安措施，表现在两个方面：一是要求治安相对人以法定形式、遵循法定程序提出申请；二是要求治安主体在法定期限内，按照法定条件和法定程序，以法定形式作出是否许可的决定。

3. 治安许可的项目

在治安许可方面，要按照建立和完善“行为规范、运转协调、公正透明、廉洁高效”的行政管理体制来确定治安许可的内容。根据现有的治安法律规范和国务院有关行政许可规章的规定，全国性的治安许可的项目主要有公务用枪民用枪支持枪许可、营业性射击场的设立、集会游行示威许可等 24 项①。

4. 治安许可程序

治安许可程序主要包括：治安相对人提出申请；治安主体受理申请；初步审查；要求补正材料；实质审查；告知当事人、利害关系人陈述、申辩、要求听证等权利；在时限内作出决定；公示或赋予许可事项；告知救济权利；监督检查。

治安许可除严格按照上述法定步骤作出外，还要严格遵守时限的要求。

三、治安命令

1. 治安命令的概念

治安命令是指在治安管控过程中，治安主体根据治安管控实际的需要，依法以一定形式要求特定或不特定的治安相对人为或不为一定行为的意思表示，是治安管控的重要措施。治安命令包括形式意义上的治安命令和实质意义上的治安命令两类。前者指一切使用“令”作为形式或名称的治安命令，后者指治安主体依法要求治安相对人为或不为一定行为的意思表示。

治安命令一般包括三个要素：一是以已有的法律规范为依据，没有法律规范规定的内容，不得作出治安命令；二是要在法定职权范围内作出，包括业务管辖范围和空间权限范围，超越法定职权范围的治安命令无效；三是要以一定的形式公布，可以书面或口头形式通知，也可通过报刊、网络、广播、张贴等形式公布，以便治安相对人知晓并遵守。

2. 治安命令的特征

① 近年来国务院的行政许可范围逐步缩小，截止到 2017 年 3 月 31 日，公安部共有行政许可事项 24 项。

治安命令有三个特征：

(1) 治安命令以特定的意思表示为基本成立要件。意思表示指行为人将自己的意图通过语言或书面形式表达于外部的行为。在治安管控中，治安主体必须以一定的意思表示来将特定的治安管控意思公之于治安相对人，使其知晓并遵照执行，否则，将不会产生任何法律后果。

(2) 治安命令是一种设定义务性的治安措施。治安命令的实质是为治安相对人设定作为或不作为的义务。作为的义务是指要求治安相对人以积极的行动去实现治安命令的义务，如命令申报、注销户口，要求申领身份证，要求暂住人口进行登记申报，要求遵守临时交通管制等。不作为的义务是指要求治安相对人不得从事特定行为的义务，如不准生产、销售、使用部分管制刀具、警用匕首，禁止制造、贩卖、吸食、运输毒品，禁止非法入境，命令解散非法集会，等等。

(3) 治安命令以治安处罚或治安强制措施为保障。治安命令作为一种设定义务性的行为，无论是作为义务，还是不作为义务，都要求治安相对人予以遵照执行，不得违反，否则，将产生否定性的法律后果，即以治安处罚或治安强制措施来确保治安命令的内容得以实现。

(4) 治安命令是依职权的治安措施。职权即职务范围内的权力。治安主体实施治安命令，必须在自己的职权范围内进行，这是治安法治原则的基本要求。治安职权包括两种情况：其一是有法律明文规定的治安命令等职权。其二是虽然没有具体的法律根据，但是基于法律赋予的职权而产生的治安命令职权。如《人民警察法》赋予了人民警察盘查权，但是未明文规定何时何地进行盘查。那么，基于法定的盘查权，便可产生具体盘查行为的治安命令，比如“请出示你的身份证件”、“请把包打开检查一下” 等命令。

3. 治安命令的主要内容

治安命令的内容主要有限制、禁止和取缔三种形式。

(1) 限制。限制就是通过发布治安命令，将某种行为限定在一定的人员或者时空范围内，使其合法有效而采取的措施。超出限制范围的行为即为禁止的行为，一般是违法的行为。如限制携带一定数量的易燃易爆物品；准许在少数民族居住区域可以出售、佩带管制刀具等。

(2) 禁止。禁止就是通过发布治安命令，明确规定不能从事某种行为或将原批准许可的行为取消许可所采取的措施。禁止是与许可相对的手段，是一种绝对限制。如在戒严状态时禁止罢工、罢市、罢课，禁止非法的集会、游行、示威等。

(3) 取缔。取缔是对于法律限制或禁止的行为发生后，作出决定采取相应的措施予以制止或取消，从而使管理对象丧失一定的能力或权利而采取的措施。如解散或强行驱散非法集会、游行、示威；查封赌场或色情场所；收缴违禁物品等。

4. 实施治安命令的程序

法律没有明确规定实施治安命令必须遵守的程序，但治安命令作为一种设定义务性的具体行政行为，应该按照法律的规定在职权范围内按照一定的形式来实施。

四、治安教育

1. 治安教育的含义

治安教育是指治安主体根据治安管理的需要，依法以说服、批评、责令改正等方式要求治安相对人遵守治安法律规范，服从管理，履行治安法律义务，改正违法行为而采取的治安措施。它是通过说服、启发、引导、精神鼓励等形式，影响人们的理想、信念、意识和行为动机，从而引导人们积极行为的一种方法。

2. 治安教育的种类

（1）责令改正。责令改正是治安主体在进行治安安全检查时，对发现违反治安法律规范，存在安全隐患的治安相对人，以口头或书面形式限令其改正而采取的措施。责令改正包括责令当场改正和责令限期改正。责令当场改正是治安主体依法要求行为人立即停止违法，消除危害，恢复合法状态所采取的措施。责令限期改正是治安主体要求行为人在规定的期限内予以改正所采取的措施。

（2）责令停止违法行为。责令停止违法行为是指治安主体依法责令违反治安法律规范的行为人停止违法行为而采取的措施，主要包括责令停止使用、责令停止举办、责令停止施工等形式。

（3）责令管教。责令管教是治安主体对不满 14 周岁的违反治安管理的人责令其家长或监护人履行严加管理教育责任而采取的措施。这是针对不满 14 周岁的未成年人的家长或监护人疏于履行对子女的教育义务而采取的一种教育措施。它以口头的形式作出，是非要式的治安教育措施。

（4）责令具结悔过。责令具结悔过是治安主体依法责令违法行为人以书面形式承认错误、表示悔改，并保证不再违犯的措施。其适用的对象一般包括两种：一是卖淫、嫖娼、介绍或容留卖淫、嫖娼情节轻微的人；二是在集会、游行、示威活动中因违法被强行带离现场或当场予以拘留后经审查不需要追究法律责任的人员。责令具结悔过的目的在于教育违法行为人悔改前非，不再违法。

（5）责令看管和治疗。责令看管和治疗是指治安主体为了督促有违法行为的精神病人的监护人履行看管、治疗的义务，依法所采取的批评、教育措施。责令看管和治疗虽然是由于精神病人实施了违法行为所引起的，但却是针对其监护人作出的，以促使监护人履行应尽的义务与责任。此外，监护人未尽看管和治疗义务，致使精神病人实施危害行为并造成损失或者伤害的，还应依法负责赔偿损失或者负担受害人的医疗费用等。

（6）劝阻、制止。劝阻、制止是指治安主体依法对正在或预备实施违反治安管理行为或者犯罪行为的人，以批评指正、下达命令或作出手势的方式加以规劝和干预，使其停止违法活动、恢复治安秩序所采取的措施。劝阻与制止的对象是正在实施违法行为的人，包括正在实施违反治安管理行为的人和正在实施犯罪行为的人，在治安管理上，劝阻、制止所针对的对象主要是前者。对于不听从劝阻、制止的违反治安管理行为的人，依法可以采取强制手段或予以治安管理处罚。

（7）训诫。训诫是指治安主体对实施了违反治安管理行为的人，依法予以谴责、告诫，令其不得再犯而采取的措施。训诫所适用的对象有两种：其一是不满 14 周岁的人违反治安管理的；其二是未成年人的父母或者其他监护人不履行监护职责，放任未成年人实施了不良行为或者严重不良行为的。适用训诫时，其地点最好在公安机关，以表明训诫的严肃性。训诫时态度要严肃，话语要严厉、文明。

五、治安规划

1. 治安规划的含义

治安规划是指治安主体为了实现治安管理目标而事先制定的总体方案，是对治安管理目标及实现治安管理目标的途径、步骤、方法、手段、对策等所作的设计和规定。如交通安全设施规划、交通安全标线规划、治安防范规划等。一个好的治安规划应具有统一性、持续性、灵活性和精确性等特点，它既可以科学、合理地发挥治安管理的功能，又可以起到调整和综合的作用，发挥治安管理资源的最大效能，保证各项工作有序、如期地完成，减少和避免不必要的失误和浪费。

2. 治安规划的原则

要制定一个科学合理的治安规划，不仅要有统筹、科学、效益的观念，还必须遵循以下三个原则：一是整体规划原则，即要从整体和全局利益出发，充分考虑各方面因素，统筹安排规划。规划要与本地区经济和社会发展的总体规划相适应，要与公安工作的整体发展战略相协调；编制治安规划要从本地区治安发展战略前瞻性来设计，要尽可能覆盖本地区全部空间及其相关空间；要制定多种方案，以便选择最优。二是适中可行原则，即制定治安规划要从实际出发，实事求是，按照客观规律办事，切忌过高或者过低，要求要适中，并且可以在实际中施行。三是动态平衡原则，即制定治安规划要避免僵化、呆板，要具有动态平衡性，能够适应复杂多变的客观实际。

3. 制定治安规划的步骤与方法

（1）准确理解目标，明确具体任务。全面、准确地理解治安管理目标是制定治安规划的前提和出发点。在治安管理目标的理解上出现偏差，甚至错误，将直接影响到治安规划的制定。在此基础上，根据治安管理目标，明确具体任务。

（2）进行预测分析，拟定行动方案。预测分析是根据客观规律分析、判断事物未来的发展与变化。通过科学的预测分析，来认识在规划期内应达到的程度，以及可能面对的各种影响因素，进而在此基础上，围绕治安规划，提出各种切实可行的行动方案。

（3）确定行动方案，进行预算分析。针对拟定的各种行动方案，根据客观情况，按照效益最大化、科学性、灵活性、可行性等原则，选择某一行动方案作为执行方案，并针对这一方案进行预算分析，将规划的内涵用各种数字来表示，作为组织、指挥和控制的参数。

（4）拟定实施细则，贯彻执行规划。确定行动方案后，应将其进一步具体化，拟定出实施细则。实施细则应包括完成期限、执行人员、所用方法和预期成果等内容。

（5）评核规划优劣，适时修正规划。对拟定中的规划，要进行追踪检查，把规划执行的情况同原定目标作具体而明确的比较，据此考核规划是否健全合理和缜密周详，是否反映了客观实际，是否适应治安管理实际的变化。

六、治安指导

1. 治安指导的含义

治安指导是指治安主体对于特定的治安相对人运用非强制性手段，在获得相对人同意或协助的情况下，指导相对人采取治安防范措施或消除治安隐患的一种预防性治安措施。治安指导的法律依据是《人民警察法》规定的“公安机关指导监督机关、团体、企业事业单位的治安保卫工作”。此外还有《企业事业单位内部治安保卫条例》第 3 条“国务院公安部门指导、监督全国的单位内部治安保卫工作……”等规定。

2. 治安指导的特征

治安指导作为一种重要的治安措施，是一种柔性的不具有法律强制力、不直接产生法律后果的实事行为，其具有非强制性、能动性、准行政性和治安主体的优越性等特征。

3. 治安指导的方式和种类

治安指导通常采用说服、教育、示范、劝告、建议、协商、政策指导、提供经费帮助、提供防范知识和技术帮助等非强制性手段和方法。

七、治安监督

1. 治安监督的含义

治安监督是指治安主体为了实现维护社会治安的目的，依法对治安相对人遵守治安法律规范，履行治安管理义务的情况进行检查了解而采取的措施。它是督促治安相对人贯彻执行治安法律规范及治安命令、决定等，实现治安管理目的的重要手段。

2. 治安监督的特征

（1）治安监督的主体是享有治安监督权的治安机关。治安监督权是治安监督主体依法所享有的对治安相对人进行督促、检查、了解的权力。享有治安监督权的治安机关应以自己的名义行使此权力，并独立承担由此产生的法律后果。非享有治安管理监督权的主体不得行使此项权力。

（2）治安监督的对象是治安相对人。治安监督是对治安相对人的监督，而非对处于管理者地位的治安主体的监督。

（3）治安监督的内容是特定的。治安监督并非对治安相对人所有行为实行全面监督，只是对其遵守治安法律规范、执行治安命令、决定、进行治安防范等的情况进行监督。

（4）治安监督的目的是维护社会治安。治安监督是治安主体通过治安监督，防止和纠正治安相对人的违法行为，保障治安法律规范的贯彻实施，实现维护社会治安的目的。

3. 治安监督的主要形式

（1）治安检查。治安检查是治安主体为了掌握治安相对人遵守治安法律规范的情况，防范、发现违法犯罪嫌疑和安全隐患，依法对有关场所、人员、物品、证件等进行了解、观察、审查、核实所采取的措施。治安检查作为治安监督的主要方式，其主要方法有全面检查、专题检查、综合检查、抽样检查、定期检查、临时检查、现场检查、人身检查等。治安检查的适用范围非常广泛，根据有关法律、法规的规定，其适用范围主要有：对公共场所的治安检查；对群众性文化体育活动现场的安全检查；对单位、居民住宅区安全防范情况的检查；对特种行业是否履行治安义务的检查；对危险物品的生产、运输、使用、购销、储存、销毁等各个环节的安全检查；对机动车辆的检查，等等。

（2）治安调查。治安调查是指治安主体为了了解和掌握社会治安状况，获取专门信息，而依法进行专门考察、了解所采取的措施。通过治安调查，治安主体可以对一定时期和一定范围内治安方面存在的问题、发生的原因及其发展趋势，作出科学的判断和预测，从而采取有效的对策和相应的措施，把握治安管理的主动权。

按照调查对象的不同，治安调查可以分为社会治安状况的调查和治安管理业务工作的调查。其中治安管理业务工作的调查又可具体分为户口管理过程中的调查、公共场所治安管理调查、特种行业治安管理调查、危险物品管理调查、道路交通管理调查、消防安全管理调查、治安案件的调查、治安事件及治安灾害事故的调查等。

治安调查的方法多种多样，常用的方法有统计调查、专题调查、个案调查、抽样调查等。治安调查的内容不同，使用的调查方法也不同。如对社会治安状况的调查，可以采用全面调查、重点调查、典型调查、抽样调查等；对治安案件调查的基本方法有现场调查、追踪调查、摸底调查、秘密调查、模拟实验和治安讯问等。无论采取怎样的调查方法，调查结果要形成专题报告或者相应的法律文书。

（3）调阅审查。调阅审查是指治安主体在管理过程中，发现管理对象存在某种违法行为或其他问题，为查明与核实有关问题而依法调阅有关材料进行审查，以确定这些材料的真伪，并从中发现问题而采取的措施。

（4）查验。查验是指治安主体对管理对象的某种证件、物品进行检查、核对，以确定相关证件、物品的真伪和从中发现相关问题而采取的措施。

（5）检验。检验是指治安主体或其委托其他技术性机构对治安相对人的某种物品进行检查、鉴别或化验，以确定相应物品的成分、构成要素而采取的措施。

（6）鉴定。鉴定是指治安主体或其委托其他技术性机构对治安相对人的某种物品或材料、证件进行鉴别、评定，以确定其真伪、质量或性质而采取的措施。

（7）勘验。勘验是指治安主体或其委托其他有关组织，对行为人实施某种行为的场地进行勘探、了解，以确定有关组织或个人是否参与的措施。

（8）登记。登记是指治安主体要求管理相对人就某特定事项向其申报、说明，由治安主体记录在册，以检查治安相对人守法情况而采取的措施。

（9）统计。统计是指治安主体通过统计数据而了解治安相对人情况的一种措施。

（10）技术监控。技术监控是指治安主体为了防范违法犯罪和治安事故，设置仪器设备对社会治安客体进行的技术性监督、控制措施，如安全检测设备、防范报警设备等。

八、治安强制

1. 治安强制的含义和特征

治安强制是指治安主体为了及时、有效地预防、发现和控制危害社会治安的事件、行为，对可能或正在危害社会治安的人、物、空间和事件等治安管控对象采取的强行要求其履行一定的法律义务或处于一定状态的措施；或是为了保障对违反治安管理行为处罚的落实而对阻碍、可能阻碍治安处罚执行的义务相对人及相关财物所采取的强行限制其自由或限制其流通、转移的措施。治安强制包括治安强制措施和治安强制执行。治安强制措施是指治安主体在实施治安管控的过程中，为制止违法行为、防止证据损毁、避免危害发生、控制危险扩大等情形，依法对公民人身自由进行暂时性限制，或者对公民、法人或者其他组织的财产实施暂时性控制的行为。治安强制执行是指治安主体或者由治安主体申请人民法院，对不履行发生法律效力的治安行政决定的公民、法人或者其他组织，依法强制其履行义务的行为。

治安强制具有强制性、非处分性、临时性、具体性、实力性、可诉性等特征。

2. 治安强制措施的种类与形式

根据我国《行政强制法》及有关治安法律规范的规定，治安强制措施具有以下几种：

（1）限制公民人身自由。限制公民人身自由是指治安主体依法对公民人身自由进行暂时性限制的措施。如传唤、留置盘问、约束等。

（2）查封场所、设施或者财物。查封是指治安主体依法将有涉案嫌疑的场所、设施、或者财物就地封存的强制措施。

（3）扣押财物。扣押财物是治安主体为防止案件当事人处分、转移财产而对涉案财产采取的扣留、保管的强制措施。

（4）冻结存款、汇款。冻结是治安主体为防止违法行为人转移资金、抽逃资金而对涉案人的银行资产采取的限制其流动的一种强制措施。

（5）其他行政强制措施。在某些法律规范中，也规定了治安主体可以采取的其他强制措施，如拖曳车辆、强行驱散、强行带离等。

3. 治安强制措施实施的原则与要求

实施治安强制措施应当遵循法定原则、适当原则、不得滥用原则、和解原则及教育与强制相结合的原则。同时，实施行政强制措施应当听取当事人的陈述与申辩；实施强制执行，应当事先进行督促催告；实施行政强制必须严格依法进行，文明执法。

按照法治政府的原则，政府的行政强制行为要有法律依据，要由法定机关实施并力求将公民的损失降到最小。所以实施治安强制措施和治安强制执行，治安主体要依法履行职责、有效实施行政管理，以及维护公共利益和社会秩序、及时制止违法行为。

4. 实施治安强制措施的要求

一般来说，实施治安强制，必须满足主体适格、特定的适用对象、法定情形出现、符合法定程序、符合法定形式等条件。同时要严格按照程序实施，防止滥用强制措施。滥用强制措施，主要表现为在执行手段上往往采用比较激烈的手段，野蛮执法，结果导致大量冲突。一般表现为超越法律规定、没有法律依据、程序不合理、手段不符合比例原则等。

具体来说实施治安强制措施应当遵守下列规定：（1）实施前须向治安机关负责人报告并经批准；（2）由两名以上具有治安执法主体资格的人员实施；（3）出示执法身份证件；（4）通知当事人到场；（5）当场告知当事人采取治安强制措施的理由、依据以及当事人依法享有的权利、救济途径；（6）听取当事人的陈述和申辩；（7）制作现场笔录；（8）现场笔录由当事人和治安执法人员签名或者盖章，当事人拒绝的，在笔录中予以注明；（9）当事人不到场的，邀请见证人到场，由见证人和治安执法人员在现场笔录上签名或者盖章；（10）法律、法规规定的其他程序。

5. 治安强制执行的方式

治安强制执行的方式有：（1）加处罚款或者滞纳金；（2）划拨存款、汇款；（3）拍卖或者依法处理查封、扣押的场所、设施或者财物；（4）排除妨碍、恢复原状；（5）代履行；（6）其他强制执行方式。

九、治安调解

调解的原意是指争议当事人之外的第三人对当事人之间的纠纷进行调停、斡旋等活动。治安调解是指治安主体出面主持的、以国家治安法律规范为依据、以自愿为原则，通过说服教育等方法，促使争议双方当事人友好协商、互谅互让、达成协议，从而解决争议的方法和活动。治安调解主要是根据《治安管理处罚法》第 9 条的规定，对于因民间纠纷引起的打架斗殴或者损毁他人财物等违反治安管理行为，情节较轻的，公安机关可以调解处理。

治安调解一般要经过这样几个环节：确定是否属于调解范围；了解当事人想法，摸清当事人要求；征求双方当事人是否同意调解的意见；调解人宣讲有关法律规范；双方当事人当面协商；双方达成协议；制作协议书；公安机关及双方当事人签名、盖章；送达协议书。

十、治安处罚

治安处罚是指法定的治安主体或法律、法规授权的行政主体依照法定权限和程序对违反治安管理的行为人予以治安行政制裁的行为。它是治安措施中最为严厉的一种，是实施其他治安措施的保障与后盾，也是其他治安措施的延续和补充。没有治安处罚，违法的人得不到应有的惩戒，治安管理就难以顺利进行。

根据《治安管理处罚法》的规定，治安处罚包括警告、罚款、行政拘留、吊销公安机关发放的许可证及对违反治安管理的外国人附加适用的限期出境或驱逐出境等。

十一、其他治安措施

（一）治安经济措施

治安经济措施是指治安主体根据经济利益原则所采取的维护社会治安秩序得措施。目前，治安经济措施主要有治安承包责任制、保安有偿服务、设立见义勇为奖励基金等形式。

1. 治安承包责任制

治安承包责任制是根据责、权、利统一的原则，把治安管理的任务承包给特定的个人或组织，并与其经济利益挂钩的一种治安管控措施。治安承包责任制的主要类型有厂群联合承包制、单位内部实行的逐级承包责任制、社区治安承包责任制等。

2. 保安有偿服务

保安服务公司是为客户承担安全服务和提供安全防范咨询业务的企业。保安有偿服务以双方为基础，以合同形式规范其权利和义务，保安服务公司为客户单位提供安全服务并收取项费用的一种管理手段。

3. 见义勇为奖励基金

见义勇为基金会是通过向社会募集资金，用来表彰奖励在维护社会治安、抢险救灾中作出重大贡献的人员，为在斗争中牺牲和伤残的人员提供抚恤和康复治疗，以激励社会主体发扬见义勇为的精神，弘扬正气，促进社会治安好转的一种道义性、经济性管理手段。

（二）治安技术措施

治安技术措施是治安主体运用现代科学技术预防、查处违法犯罪的一项重要技术措施。治安活动中，涉及大量的自然现象和科学技术问题。目前，爆破学、弹道学、法医学、毒物学、激光、计算机、监控、报警、网络、大数据等科学和技术在治安管理中得到了广泛应用。在治安管理中应用较为广泛且有发展前景的技术手段主要有现代通信技术、警用监控技术、报警技术、安全检测技术、火灾预防预扑救技术、警用电子计算机技术、虚拟现实系统（Virtual Reality System，简称 VR）、增强现实技术（Augmented Reality，简称 AR）等。这些技术手段广泛适用于治安管理的指挥、信息处理、户口管理、交通管理、消防管理、治安管控、治安防范等领域，而且越来越发挥重要的作用。

除上述治安措施外，不同的治安主体还根据实际需要采取一些治安专门措施或治安社会防范主体采取的一些安全防范措施也属于治安措施。

◎思考题

1. 简述治安法律关系的构成要素。
2. 请以某一治安行为为例，简述治安法律关系的产生、变更和消灭。
3. 在治安实践中，治安主体如何坚持预防为主原则。
4. 如何在治安活动中坚持专群结合的原则。
5. 如何在治安活动中坚持教育与处罚相结合的原则。

第五章 治安勤务

教学目的和要求：了解巡逻、盘查、守望、堵截和值班备勤等治安勤务的体系构架和制度规范，熟悉各治安勤务的内容、勤务种类，掌握各治安勤务工作的方法和实务，综合运用理论知识和业务技能，为今后公安工作打下坚实的基础。

重点和难点：巡逻勤务、盘查勤务、守望勤务、堵截勤务和值班备勤勤务的职责任务与勤务的具体实施。

主要内容：巡逻的概念与种类，巡警的职责与权限，巡逻的组织实施；盘查的概念和特点，盘查的程序，继续盘问；守望的概念与任务守望的形式，守望的实施；堵截的概念与种类，实施堵截的前提条件、堵截的实施；值班的职责与要求，备勤的职责与要求。

治安勤务既是治安实践活动，也是治安学研究的重要范畴。广义的治安勤务是治安勤务主体为完成确定的治安任务，依据勤务制度而实施的各项活动，治安勤务主体既有警察也有社会治安直接责任主体。而狭义的治安勤务，是指公安机关及其警务人员为履行治安管理职能，依法行使治安管理手段和措施，执行治安管理业务的活动。① 其勤务方式或内容包括治安调查、治安检查、巡逻、守望、堵截、盘查、接处警、警卫、守卫、值班、备勤等。深入研究治安勤务，有利于进一步完善治安勤务制度，维护社会治安秩序稳定，有利于探索治安勤务规律，改进治安勤务方式方法，提高治安勤务活动的科学化水平。本章重点介绍狭义的治安勤务中的巡逻、盘查、守望、堵截和值班备勤。

第一节 巡　逻

一、巡逻的概念与种类

（一）巡逻的概念

巡逻一词在《辞海》中解释为："行走查看警戒。"巡逻在中国古汉语中，"巡"和"逻"通常是分开使用，但意思相近。"巡"是指往来观察，"逻"是指巡查。

巡逻是警察最早的勤务方式，也是各国警察最主要的勤务方式。在警察学的范围内，世界各国的警政专家对"巡逻"有不同的见解和认识。英国警务专家罗伯特·皮尔认为：警察巡逻勤务是着装警察在固定的路线上执行巡逻，保持警察在社会面上的不断出现，以预防和震慑违法犯罪，并为民众服务。美国巡逻警力部署首席专家威尔逊认为：巡逻的基本目的是制止犯罪，保持公众的安全感，向公众提供24小时服务，是为了制造一种警察无处不在的印象，借以消除犯罪得逞的实际机会。台湾警政学者邱华君认为：巡逻，划分巡区

① 廖志恒、冯锁柱、陈启：《治安勤务教程》，中国人民公安大学出版社2006年版，第2页。

(线)，由服勤人员循指定区线巡视，以防止危害发生为主，并执行检查、取缔、盘诘及其他一般警察勤务，同时担任机动立即反应，受命紧急支援处理临时事故。①

作为一种勤务方式，巡逻在我国由来已久。我国古代的巡逻不仅用于军事、治安目的，也有防护堤堰、防范天灾等其他用途。我国人民警察巡逻历经了三个发展阶段。第一个阶段的巡逻体制是一种静态管理模式的补充形式。新中国成立之初，我国建立了巡逻工作，但一度废止。只在重大节日或重大活动时期，治安民警带领群众联防力量，对繁华街道、重点部位进行分散零星的、低密度、临时性的巡逻。第二个阶段是 1984 年公安部在全国公安基层基础工作会议上，针对城市治安管理出现的新情况，首次提出“为严密控制治安局面，我们的公安机关应把基层的大部分警力摆到街面上”。巡逻成为动态管理的有效勤务方式，不是可有可无的补充勤务。第三阶段是第十八次全国公安会议上，公安部党委正式提出：在全国大中城市建立和完善人民警察巡逻体制。并将此视为公安工作的一项重要改革，在全国加以推广。② 1993 年，公安部召开全国城市巡逻工作会议，要求全国大、中城市组建专门的巡警队伍，专司巡逻工作。这是为适应我国改革开放和社会主义市场经济条件下的动态治安形势，公安机关由静态治安管理向动态管理模式的一次重大转变，也是我国现代巡逻勤务开始的重要标志。

(二) 巡逻的种类

警察巡逻勤务所采用的方法和形式因人（警力）、因地、因时、因事而异。目前，世界各国警察巡逻勤务的方式主要有以下几类：

1. 徒步巡逻

徒步巡逻，简称步巡。徒步巡逻能够广泛接近了解群众，进行服务和指导，易于密切警民关系，增强群众安全感和降低对犯罪的恐惧感。徒步巡逻既不受气候条件的限制，也不受地形地物条件的限制，勤务费用需求最少。徒步巡逻更易于了解和掌握社会上发生的各类案件，同时便于及时处理各种突发紧急情况。但徒步巡逻勤务也存在勤务民警容易疲劳，导致巡逻效能下降，长期工作有倦怠感。同时，徒步巡逻速度较慢，机动性较差。

2. 自行车巡逻

自行车巡逻是指采用以自行车为交通工具进行巡逻。自行车巡逻受到气候、地形的限制较小，行动敏捷灵活自如，能够清楚地观察人、事、地、时、物的各种变化，可以使巡逻民警充分观察和发现。同时，自行车巡逻既能更加广泛深入地接近民众，服务、指导和帮助民众，也让民众易于接近警察。但是由于自行车巡逻受行进速度的影响，不便于紧急调遣，也不利用突发情况处置。

3. 机动车巡逻

机动车巡逻是指驾驶汽车或摩托车进行巡逻。车巡速度快，机动性强，控制范围大，节省人力，可装置现代化的通信设施，便于与指挥中心联络，反应速度较快。但机动车巡逻受路况等条件限制，与群众的接触机会大幅度减少，在一定程度上淡化了警民关系，而且机动车日常费用消耗较大，车辆的维修和保养费用不菲。

4. 骑马巡逻

骑马巡逻是指采用骑马的方式进行巡逻。骑马巡逻较之徒步巡逻，行进速度既得到了有

① 汪勇、李健和：《警察巡逻勤务论》，中国人民公安大学出版社 1996 年版，第 3 页。

② 汪勇：《警察巡逻勤务教程》，中国人民公安大学出版社 2000 年版，第 32~34 页。

效提升，又便于控制，可快可慢，有利于提高警察的威严感，提高警察的社会认同感。骑马巡逻适用于巡逻路线较长，泥泞路段、广阔的草原或行人较为集中的区域。但骑马巡逻对警察的平衡性要求较高，必须要经过长期的专业的训练，饲养和照料马匹，费用较高，且不适宜在夜间或冰雪路面上执行勤务。

5. 船艇巡逻

船艇巡逻是水上警察为维护港区或一定水域的治安秩序，检查水上可疑船舶，驾驶船、艇等水上交通工具在江、河、湖、海等水域上，查缉走私，防止和打击水上犯罪的勤务方式。船艇巡逻目的在于防止水上治安事件，维护水域的正常秩序。

6. 空巡

空巡是利用直升机及其他机种或动力伞执行空中警务的巡逻。空巡主要执行紧急服务、空中指挥交通、救护危难、追踪走私犯及盗窃汽车犯，多用于沙漠、森林、湖泊地带，目的在于侦查广阔区域的各类事件。空巡的优点是视野开阔，居高临下、反应快速、机动灵活，能够有效地对地面和水面巡逻工作进行指挥，在反恐、救灾工作中，配合地面警察追捕逃犯、搜寻失踪人员。空巡的缺点是经费投入巨大，专业技术要求高，易受气候条件影响，经常需要地面巡逻的辅助。

7. 犬巡

犬巡是民警携警犬及装备，预防和打击违法犯罪，执行治安任务而开展的巡逻。携犬巡逻，要求警犬环境适应能力强，注意力集中、反应敏捷、凶猛性强，对带犬民警的指令绝对服从。犬巡在防暴、搜爆、追捕犯罪嫌疑人方面具有天然的优势。

二、巡警的职责与权限

(一) 巡警的职责

《城市人民警察巡逻规定》详细规定了巡警的16项职责，可以概括为五个方面：

1. 预防和制止违法犯罪行为。
2. 处置突发性治安事件。
3. 接受公民报警、求助。
4. 参加处置灾害事故。
5. 执行法律规定的其他任务。

(二) 巡警的权限

《城市人民警察巡逻规定》详细规定了巡警的7项权力，可以概括为五个方面：

1. 盘查人员，检查车辆、物品权。
2. 实施强制措施权。
3. 交通违法纠正权。
4. 治安管理处罚权。
5. 其他法律授权。

三、巡逻的组织实施

(一) 划分巡逻区域

科学合理划分巡逻区域是确保政治安定、社会稳定，巡逻勤务任务目标得以完成的根本保证。如果巡逻范围不能进行科学划分，会严重造成警力资源浪费，形成重点区域巡逻重叠，而偏僻地区缺乏警力巡逻控制。应根据巡逻勤务辖区内，治安防范重点地段的分布和重点时间的划分，科学设置合理规划巡逻区域。按照地域特点和治安形势来划定巡逻范围，进行有效防控。巡逻区域的划分包括以点、以线、以面划定巡逻区域。

（二）选定巡逻人员

科学合理地选择与组合巡逻人员，可以充分发挥警力资源优势，使巡逻效果达到最佳。科学合理地选择与组合巡逻人员，考虑的因素有：巡逻人员的经验、年龄、性别、性格、能力、相互关系等。

（三）确定巡逻路线

巡逻路线主要有定线巡逻与非定线巡逻两大类。定线巡逻是指巡逻民警按照规定好的巡逻路线沿路巡行。非定线巡逻是指巡逻警察在一定的时间内，于规定的辖区内自主巡逻。无论是定线巡逻还是非定线巡逻，都要遵循巡逻路线普遍化和不固定的原则。巡逻路线普遍化原则是指确定巡逻路线时要遍及整个辖区，是巡逻路线能够覆盖到辖区的每一个角落，包括地段偏僻或人员稀少的地区，而不是仅在辖区的主要街面或繁华地段巡逻。巡逻路线不固定原则是指巡逻的时间和场所都不固定，巡逻没有规律性可循，更有效地震慑违法犯罪。

（四）选择巡逻方法

巡逻方法是针对巡逻区域内的治安情况，采用一定的巡逻形式，从而获得最佳巡逻效果的工作方法。一般分为常规巡逻法和特殊巡逻法。常规巡逻法包括穿行巡逻、往返巡逻、循环巡逻；特殊巡逻法是指针对巡逻区域内存在突出治安问题，采取白天与晚上、公开与秘密、步巡与车巡相结合，集中警力打击违法犯罪而实行的无规则的特殊巡逻方法。

（五）制定并遵守巡逻勤务制度

巡逻勤务制度主要包括巡前教育、出巡、值班、备勤、记事、情况报告、交接班、查岗、班后总结等制度。巡逻勤务制度是巡逻部门和巡逻人员在执行巡逻任务中，必须遵守的行为规范和准则，是巡逻勤务活动顺利实施的重要保障。

第二节 盘 查

一、盘查的概念和特点

（一）盘查的概念

盘查，是指公安机关人民警察在执行勤务过程中，依法对违法犯罪嫌疑人通过盘问、检查的方式，识别、判断违法犯罪嫌疑人的身份，发现其违法犯罪事实和证据，并采取相应处置措施的勤务活动。盘查是国家根据人民警察的职责任务，以法律法规的形势，赋予人民警察行使的权力。盘查是人民警察发现、识别、判定违法犯罪嫌疑人员的主要措施之一，是一种有意识、有目的、有计划的能动性的高级知觉过程，且具有一定的强制性。经验表明，盘查在揭露犯罪、打击犯罪方面，具有突出的高效性和实用性，因此在各国司法实践中无不对之加以重视并充分利用。①

根据《人民警察法》第 9 条规定，盘查实质上包含当场盘查和继续盘问两个阶段。

---

① 万毅：《论盘查》，载《法学研究》2006 年第 2 期。

（二）盘查的特点

1. 不确定性

盘查，是指民警在履行职责执行公务中，为了发现、确认违法犯罪行为事实，依法对可能具有违法犯罪迹象的嫌疑人员进行认真盘问和仔细检查的具体行政行为。这种“可能”表明盘查具有不确定性，即盘查主体凭借主观观察推测，往往难以在短时间内弄清嫌疑人的身份、事件的性质、物品的来源及被盘查人之间的关系。目标的选择往往也存在一定的偏差，遭遇的对象不确定性很大。在没有弄清情况、无法判定事件性质之前很难使行动措施准确无误。若控制行动过激，则往往引起行政诉讼案件，造成不良社会影响；若行动控制不严，又可能导致民警及群众遭受伤害，要弄清突发事件的情况和过程，这就使得执法的复杂性显得十分突出。

2. 危险性

盘查勤务的高风险主要源于反应被动和事件突发突变两个因素。盘查中发现嫌疑情况，特别是重大暴力犯罪情况之时，风险会急剧陡增。当犯罪嫌疑人察觉执勤民警接近时，常利用占有的先机之利，先行采取逃窜计划，或抗拒突袭策略。罪犯可能因为担心行为败露而孤注一掷、负隅顽抗，甚至滥杀无辜，有的罪犯在潜逃时，还会继续作案，或劫持人质，或实施其他暴力犯罪，使情况变得越来越复杂而猝不及防。因此在执行盘查勤务时，一定要保持高度的警惕性，在接近被盘查对象、实施盘查时，要采取有效防卫措施加以控制，否则就有重大伤亡的风险。

3. 强制性

强制性是指实施盘查勤务过程中的各种指令都具有不可违的特点。这就要求执勤民警针对各种嫌疑人、事、物，依照有关法律规定发布的指令来实施。被盘查人不得拒绝，如有违抗指令不配合执法的，人民警察应先行告知被盘查人权利和义务；若遭遇以暴力行为抗拒盘查的行为，应及时采取有效的强制措施加以处置。在实施强制措施时，应当把握先期控制的原则。这就要求执勤民警具备很强的独立作战能力和应对各种突发情况先行控制的战术方法和法律依据。只要能达到先行控制的目的，就能为后续处理事态奠定良好的基础。

二、当场盘查

（一）发现疑点

盘查的首要环节是通过观察，从不同角度发现和识别可疑。在盘查中，常见的可疑情况包括：身份可疑、行为可疑、体貌可疑、携带物品可疑、痕迹可疑和其他异常现象。

1. 常见可疑情况

（1）身份可疑。即指本人持假身份证，或一个人持有多个身份证或工作证等，以及本人与所持身份证上信息有明显差别或不相符，包括相貌、年龄、籍贯、口音等。

（2）行为可疑。即指有从事违法犯罪活动的嫌疑，举止行为有悖一般规律或正常人的行为模式，且相似于一些违法犯罪活动特征的行为。如行为与所处时间、空间不合时令、装束与行为不符、神色慌张与行为不符；在人群中挤来挤去、鬼鬼祟祟；在居民区、商场、银行、仓库张望窥视、来回往复；见到民警躲躲闪闪、疾步走开等。

（3）体貌可疑。即指行为人的体貌、体态、口音等特征与公安机关通缉通报的违法犯罪分子相近。包括身高、体型、脸型等静态特征，行为姿势、生活习惯、口音等动态特征，胎记、伤痕、面痣等特殊特征。

（4）携带物品可疑。如携带物品看似作案工具；携带现金数额特别巨大；携带物品可能是毒品、枪支、管制器具等违禁物品；携带物品数量较多、体积较大、又缺乏规则包装、无恰当运输工具的包裹等。

（5）痕迹可疑。如身负枪伤或可疑外伤、浑身血迹或污渍；衣服撕破严重受损；所使用的自行车、摩托车有明显撬痕的人；驾驶汽车挡风玻璃砸破、车锁有明显撬痕等。

（6）其他异常现象。如大人与小孩、男女之间的关系可疑；精神异常等有悖常理的现象。这些无声的现象，透露着违法犯罪的许多信息，需要抓住细节、察言观色、分析研判，在大千世界中不断积累经验，练就火眼金睛。

2. 观察方法

在盘查中，观察可分为不同的类型。盘查过程中的观察主要有浏览观察、定向观察、定位观察和流动观察。

（1）浏览观察。即指粗略环视观察。通过浏览对环视范围内的人、事、物有初步认识和大致了解，为下一步定向观察奠定基础。浏览观察要注意搜索寻找反常现象，根据盘查任务及时准确地发现目标。在实施浏览观察时，要环顾四周、兼顾远近、了解概况、抓住要点，及时发现不同方向的潜在嫌疑人员。

（2）定向观察。即指在获得比较确切的治安信息或熟悉通缉、协查通报的基础上所进行的目标明确的观察。特别是嫌疑人已进入盘查区域后，勤务民警应搜索重点区域部位，加强对着装特点、语言、携带物品及各种特征的观察，以提高观察的准确性。

（3）定位观察。即指执行盘查勤务民警有明确的责任区域和任务分工而进行的观察。通过定位观察落实岗位责任制，强化定岗、定人、定责，避免顾此失彼。

（二）盘问

盘问是在发现疑点的基础上，为了核实、确认疑点而对盘查对象进行的仔细询问和诘问。通过盘问，可以确认或消除盘查对象的违法犯罪嫌疑，为最终作出恰当处理提供依据。

1. 盘问的策略

盘问要由浅入深，循序渐进，先从一般性问题开始，问清盘查对象的姓名、住址、籍贯、工作单位等，再查验身份证件，核实盘查对象身份，仔细询问其从什么地方来，到什么地方去，去干什么。问清携带的可疑物品的来源、有无证明及其他相关问题，盘问时要注意对方表情、语言、动作，善于发现疑点。盘问是一门艺术，需要在实践中不断提高盘问水平。

2. 盘问中应当注意的问题

（1）依法告知。发现可疑人后，执勤民警应在距对方 2~5 米左右的地方举手示意其停止行走或者活动，然后向其表明身份，出示证件，告知："我们是（××单位）的警察，现依据《中华人民共和国人民警察法》第 9 条规定（或依法）对你进行盘查，请予以配合。"未穿警服的民警必须出示执法证件（警察证或工作证等），表明人民警察身份。

（2）人、物分离。如果盘查对象携带行李箱包，必须把盘查对象与其携带的行李箱包分离开再进行盘问和检查，防止其趁机使用行李箱包中的武器、凶器行凶反抗。

（三）检查

检查包括证件检查、人身检查、物品检查和车辆检查。

1. 证件检查

公安机关的人民警察在执行盘查勤务的过程中检查盘查对象的证件，目的是要通过对证件真伪的判断和证件持有人身份的核对，查明盘查对象的真实身份，从身份方面确认或排除盘查对象的违法犯罪嫌疑。通常可以证明盘查对象身份的证件包括居民身份证、护照或签证、机动车驾驶证、工作证、学生证、证明信、介绍信、特殊的通行证等。为了实现证件查验的目的，检查的主要内容包括：确认人证相符、核对证件内容、判定证件真伪和收缴非法证件。

2. 人身检查

违法犯罪嫌疑人的身体往往留有违法犯罪的痕迹，藏有凶器、作案工具、危险物品、违禁物品或赃款、赃物。检查违法犯罪嫌疑人身体的目的，就是要及时发现、收集违法犯罪的痕迹物证，以确认或排除嫌疑，及时清除收缴凶器、危险物品，防止违法犯罪嫌疑人行凶、自伤、自残。实施人身检查的对象主要有三类：一是捕获通缉或协查的犯罪嫌疑人；二是事先掌握有确实情报或群众指控举报的犯罪嫌疑人；三是经初步盘问检查，证实确有违法犯罪行为和证据的人。在实施人身检查时应注意，凡确定为违法犯罪作案人或暴力犯罪嫌疑人的，应先予以控制，再搜身检查。

3. 物品检查

物品检查主要是指对盘查对象携带的箱、包的检查。盘查中警察可以对盘查对象所携带的物品以及其身边发现的物品进行检查。其目的在于认定受检物品的性质，发现违法犯罪证据，确认或排除违法犯罪嫌疑，及时发现、收缴和处置凶器、作案工具、危险物品和违禁物品，防止嫌疑人行凶、自杀，继续违法犯罪或制造事端。在实施物品检查时应注意，人与物要先分离，再检查。对于不便分离的，必须让盘查对象自己开包、开箱，同时要求被查箱、包的盖子对着盘查对象自己，正面展示给民警检查。

4. 车辆检查

车辆检查包括对车辆本身的检查和车辆装载货物的检查。车辆是专指利用车辆进行违法犯罪活动和被盗、抢的各种汽车、摩托车、拖拉机等嫌疑机动车辆。对车辆本身的检查主要是检查车辆的证件、牌照、外观，确认车辆的合法性，发现车辆被盗、被抢和驾车作案的痕迹物证。对车辆装载货物的检查包括对货运车辆装载货物的检查和对客车内各种物品的检查以确认货物的性质，发现、收缴隐藏其中的赃物和物品、危险物品和违禁物品，以及凶器、作案工具等。除盘查以外，还会用到追缉、拦截、清查等其他查控行动所运用的技术和方法。在实施车辆检查时应注意，检查车辆时还要检查司乘人员的证件，同时密切注意观察车内人员的情况。要检查车辆的所有空间和位置，不能遗漏。

（四）处理

盘查后的处理是对盘查对象和盘查对象随身携带的物品依法所作出的处置和安排，只有对盘查对象和盘查对象随身携带的物品作出妥善处理后，才圆满完成盘查任务。依据盘查结果的不同情形，分别作出如下处理：

1. 盘查对象没有违法犯罪行为的，立即放行。并对盘查对象对盘查勤务的全力配合予以感谢。

2. 盘查对象有轻微违法行为的，可以对盘查对象进行口头警告或者批评教育后予以放行，必要时可当场给予治安管理处罚。

3. 经盘查后不能排除疑点，而又缺乏充分证据，需要进一步查清疑点时，应将盘查对象带至公安机关继续盘问。

4. 经过盘查有犯罪嫌疑或犯罪事实，涉嫌犯罪的情况，应立即依法办理刑事法律手续。

5. 对盘查对象是精神病患者、酗酒者的，应及时通知家属或工作单位将其领回，或做醒酒等处理，防止发生意外。

6 对盘查对象拒绝接受盘查，与民警纠缠不休，严重情况影响干扰执法的情况，要设法将其带离盘查现场，到公安机关进一步处理，避免引起群众围观和双方冲突。

三、继续盘问

继续盘问，是指公安机关的人民警察为了维护社会治安秩序，对有违法犯罪嫌疑的人员当场盘问、检查后，发现具有法定情形而将其带至公安机关继续进行盘问的措施。

（一）适用继续盘问的对象和情形

1. 适用继续盘问

依据《人民警察法》的规定，有下列情形之一的，可以将其带至公安机关，经该公安机关批准，对其继续盘问：（1）被指控有犯罪行为的；（2）有现场作案嫌疑的；（3）有作案嫌疑身份不明的；（4）携带的物品有可能是赃物的。

依据《公安机关适用继续盘问规定》的规定，对有违法犯罪嫌疑的人员当场盘问、检查后，不能排除其违法犯罪嫌疑，且具有下列情形之一的，人民警察可以将其带至公安机关继续盘问：（1）被害人、证人控告或者指认其有犯罪行为的；（2）有正在实施违反治安管理或者犯罪行为嫌疑的；（3）有违反治安管理或者犯罪嫌疑且身份不明的；（4）携带的物品可能是违反治安管理或者犯罪的赃物的。

2. 有条件适用继续盘问

根据《公安机关适用继续盘问规定》的规定，符合下列条件和情形且适用继续盘问的，必须在带至公安机关之时起的 4 小时以内盘问完毕，且不得送入候问室：（1）怀孕或者正在哺乳自己不满一周岁婴儿的妇女；（2）不满 16 周岁的未成年人；（3）已满 70 周岁的老年人。

对上述规定的人员在晚上 9 点至次日早上 7 点之间释放的，应当通知其家属或者监护人领回；对身份不明或者没有家属和监护人而无法通知的，应当护送至其住地。

（二）继续盘问的时限

根据《人民警察法》的规定，对被盘问人的留置时间自带至公安机关之时起不超过 24 小时，在特殊情况下，经县级以上公安机关批准，可以延长至 48 小时，并应当留有盘问记录。对于批准继续盘问的，应当立即通知其家属或者其所在单位。对于不批准继续盘问的，应当立即释放被盘问人。经继续盘问，公安机关认为对被盘问人需要依法采取拘留或者其他强制措施的，应当在前款规定的期间作出决定；在前款规定的期间不能作出上述决定的，应当立即释放被盘问人。

根据《公安机关适用继续盘问规定》的规定，继续盘问的时限一般为 12 小时；对在 12 小时以内确实难以证实或者排除其违法犯罪嫌疑的，可以延长至 24 小时；对不讲真实姓名、住址、身份，且在 24 小时以内仍不能证实或者排除其违法犯罪嫌疑的，可以延长至 48 小时。

（三）继续盘问的实施

1. 将被盘问人带回公安机关

进行继续盘问留置地点的选择应本着职权统一、便于盘问的原则。通常将其带至所属公安机关所在地，便于审批和监督管理。或者将其带至现场附近的公安派出所。让被盘问对象跟随警察到留置公安机关所在地，要注意方式方法。

2. 履行法律手续

继续盘问应立即填写《继续盘问（留置）审批表》，交留置公安机关负责人审批，经批准后继续盘问。对批准继续盘问的，应当根据被盘问人的证件或者本人提供的相关信息，立即通知家属或所在单位，并作出记录，写明被盘问人带至公安机关的具体时间。当被盘问人嫌疑在 24 小时内不能证实或排除，有必要继续进行审查的，应填写《延长继续盘问（留置）审批表》，经县级以上公安机关批准可以将留置时间延长至 48 小时。

3. 制作盘问笔录

继续盘问，应当制作《继续盘问笔录》，并载明被盘问人被带至公安机关的具体时间，由被盘问人核对无误后签名或者捺指印。对被盘问人拒绝签名和捺指印的，应当在笔录上注明。

第三节 守 望

一、守望的概念与任务

（一）守望的概念

守望即看守瞭望。守望勤务是一种固守地点的警察勤务方式，是一种最原始的警察外勤勤务方式。指在重要地点或事故多发地段设置岗位或划定地域，由服勤人员在一位置瞭望，担任警戒、守卫并受理公民报警、解释疑难、疏导交通及执行一般警察工作的勤务。①

守望勤务是公安机关为获取治安信息，捕捉违法犯罪嫌疑人员，而在治安复杂区域或案件易发、多发地点设置岗亭，进行瞭望、观察、警戒和守卫的一种勤务方式。是以静制动的治安勤务手段，也是社会治安防控体系的重要组成部分，是专群结合、群防群治的治安防控原则的重要体现。守望勤务作为一种警察勤务方式，是发现和了解违法犯罪活动的动态信息、预防控制和打击各种违法犯罪活动的有效措施，为各国警察机关所普遍采用。从西方各国现代警察勤务的发展趋势来看，守望勤务已经逐渐演变为巡防勤务的延伸形式，即巡防勤务逐渐包容并收守望勤务。

（二）守望的任务

1. 维护社会秩序和公共安全。
2. 预防和制止违法犯罪活动。
3. 掌握和获取违法犯罪信息。

二、守望的形式

（一）按守望的公秘程度，可分为公开守望和秘密守望

公开守望是指，执行守望勤务的民警，在社会面公开设置的勤务岗亭、检查站、检查点等位置，掌控社会面情况，观察治安状况，处理治安问题，服务社会公众，紧急救助群众的一种勤务方式。公开守望勤务的多设置在繁华路段、商业中心、公共交通枢纽、重点要害部位、人员密集区域等地方。

---

① 汪勇：《警察勤务的方式》，载《公安大学学报》2001 年第 3 期。

秘密守望是指，根据勤务任务的需要，设置隐蔽的勤务地点，进行观察和控制的一种勤务方式。多用于监视和控制嫌疑人，发现和掌握案件线索，查获和收集犯罪线索，打击和抓捕现行犯罪分子。秘密守望勤务的地点通常为违法犯罪分子可能出没或经过的地点、场所，以及违法犯罪分子经常活动的地点或者可能作案、销赃、逃跑、藏匿的地点或场所。执行秘密守望勤务的民警，要根据守望勤务的任务要求和执行勤务地点的周边环境形势，选择社会化和隐蔽性强的便装。

（二）按守望的内容和作用，可分为治安岗亭、交通岗亭和消防瞭望哨

治安岗亭重点设置在繁华地区、重要路段、城区结合部、治安复杂地区、重要交通路口、车站码头等，易发案或高发案的繁华、复杂、混乱地区或部位，以维护社会治安秩序，发现、制止和打击违法犯罪活动，接受群众报警求助，宣传治安防范。

交通岗亭重点设置在城市的主要交通道口、重要路段和复杂路段，以便勤务民警掌握路况、流量、拥堵等交通情况，指挥车辆运行，检查过往车辆、驾驶员和乘车人员。随着现代交通信号系统的快速发展和科学技术的不断推广应用，包括勤务指挥、勤务考核、信息传输、交通违法动态和静态抓拍、交通监控等功能在内的多元化、智能化交通岗亭将更为适应当前形势需要。

消防瞭望哨是公安消防部门设立的用以发现和观察火情的执勤点。具体设置地点应根据当地的建筑物情况和火灾隐患分析结果来确定，其位置应该设置在视野开阔的高层建筑物上，以能够观察到整个防火区域火险情况为宜。随着现代科技的不断发展进步，城市消防高空瞭望已经推广运用，它打破了当前“报警、接警、处警”的消防接调警模式，能有效弥补传统消防报警、消防监控上的不足。

（三）按守望地点是否固定，可分为固定岗亭守望和临时岗亭守望

固定岗亭守望是指，通过梳理治安形势和治安特点，分析治安防范需求和治安防范重点，在治安情况复杂，治安秩序混乱、治安灾害事故高发、易发生违法犯罪活动的公共复杂场所、交通道口、重点地点和区域设置固定守望岗亭，执行守望勤务。固定岗亭守望有多种形式，通常包括：治安岗亭、交通岗亭、消防瞭望哨等几类。

临时岗亭守望是指，根据不同时期的治安形势和治安状况的特点，以及治安管理需求，有重点、有目的地设置的临时守望岗亭，执行守望勤务。临时岗亭守望具有临时性、非固定性、针对性的特点。临时守望岗亭设置的数量、地段、区域、位置，以及设置的时间和周期都是不断变化的。

三、守望的实施

（一）选择守望地点

科学选择合理设置守望地点，要着眼社会面防控的整体布局，既要考虑防控的整体框架，又要兼顾重要敏感防控点，保证辖区内巡逻线和守望点能够相互呼应关联。

（二）准备守望装备

按照《公安单警装备配备标准》和《公安机关执法细则》的规定，除执行秘密守望任务外，需着民警制式服装，携带人民警察证、执法记录仪、照明、通讯、交通、武器等相应装备和工作记录本、有关法律文书等。

（三）组织守望力量

根据守望勤务任务，分析勤务风险等级，结合勤务任务要求，合理配置警种警力，发动组织整合社会安保力量，部署勤务力量。

（四）动静结合控制

守望勤务的严密时空控制，只有动静结合，瞭望与巡视、守望与巡逻等相互补充，互为依托，才能做到点面结合，有效控制社会面的治安秩序。

第四节 堵 截

一、堵截的概念和种类

（一）堵截的概念

堵截是公安机关依法在交通要道、特定区域设置关卡，对进出关卡的可疑车辆、行人进行检查，发现和截获赃物、违禁物、缉捕犯罪嫌疑人的勤务方式和重要措施。①

堵截作为辖区社会治安管控的重要防线，其防控的重点和目标均为发现和打击违法犯罪活动，拦截和查获违法犯罪嫌疑人。通过查堵无牌、无证、假牌、假证机动车辆、可疑车辆以及通缉、通报的重大犯罪嫌疑人、流窜在逃犯罪嫌疑人和其他危害社会治安的人员，查扣违法违规携带管制刀具、枪支弹药、易燃易爆危险物品等情况，打击违法犯罪，维护社会治安。

（二）堵截的种类

1. 设卡堵截

设卡堵截，是在辖区边界、主要路口，或根据已经掌握的犯罪嫌疑人的线索和情况，在其有可能逃跑的方向和路线上，部署警力设置关卡，进行阻挡拦截，是一种以静制动的勤务方式。通常采取设置治安检查站的形式实行堵截勤务任务，并以治安检查站为最后防线，对进出车辆、人员和物品实行全天候不定时盘查检查，充分发挥治安检查站在辖区进出要道和辖区交界边界的优势，让违法犯罪分子进不来、出不去，实现治安检查站的“过滤净化”作用，做到封堵查控不漏一物一人。

2. 巡查堵截

巡查堵截是根据治安形势需要和案件具体情况，对治安复杂地区或犯罪嫌疑人可能出现活动的地段，部署适当警力进行警戒，通过巡查堵截，维护社会治安秩序，发现查获犯罪嫌疑人的勤务方式。

3. 围捕堵截

围捕堵截是指，有明确的缉拿追捕目标和区域，在追缉堵截犯罪嫌疑人的过程中，遇有犯罪嫌疑人逃脱，藏匿至某处建筑物，或某个路段时，部署适当警力将其包围堵截，然后进行搜查，实施抓捕犯罪嫌疑人的勤务方式。

4. 设伏堵截

设伏堵截是指，根据情报信息或警情分析，在犯罪嫌疑人连续作案实施犯罪的区域，或连续发生同类型案件的地区，根据地形地物的环境特点，部署适当警力，设置潜伏包围区域，适时实施抓捕的勤务方式。

---

① 廖志恒、冯锁柱、陈启：《治安勤务教程》，中国人民公安大学出版社2006年版，第170页。

二、实施堵截的前提条件

（一）特征条件

实施堵截勤务的特征条件，要求犯罪嫌疑人的相貌、衣着、携带物品、身体特征等，具有明显突出的特点或标识，容易发现，易于识别。例如，犯罪嫌疑人随身携带的物品、包裹等特征明显，数量多，体积大，包装明显特殊等。或者，犯罪嫌疑人因为逃避抓捕，或者因为犯罪嫌疑人受伤，携带赃物和犯罪工具等原因，导致逃跑或行进姿势、状态、速度异于常人。

（二）时间条件

实施堵截勤务的时间条件，是实施堵截勤务的先决条件，时间条件的满足，决定了堵截勤务能够顺利开展实施并取得成功。如要求案件发现及时，属于现行犯罪，犯罪嫌疑人逃逸藏匿尚未及远，侦查、巡逻、防暴等各警种民警，迅速集结到位实施堵截抓捕。此外，实施堵截的时间在白天和夜间的情况也各有不同，要区别对待，合理考虑时间因素对实施堵截勤务的影响。

（三）空间条件

实施堵截勤务的空间条件，要求根据不同的区域、地段、路况等环境，合理部署堵截。结合具体案件情况或事主、被害人、目击群众提供的线索，分析犯罪嫌疑人逃跑藏匿的方向和路线等实施。空间条件是实施堵截勤务的必要条件，选择正确的方向和路线部署堵截勤务，科学合理地配置警力，设置勤务岗位，才能有的放矢完成任务。

（四）人员流量条件

实施堵截勤务的人员流量条件，要求犯罪嫌疑人逃跑行进速度较慢，便于堵截勤务人员能够准确判定和发现目标，并及时实施追捕。

（五）交通工具条件

犯罪嫌疑人通常为了更快逃离，而自己驾驶、搭乘或劫持机动车辆。要及时准确地掌握车辆基本特征，包括车辆的品牌、颜色、车型、车牌照号等。堵截勤务人员可在堵截卡点实施拦截。如果犯罪嫌疑人逃跑时，是乘坐火车、轮船、飞机等公共交通工具，需要及时准确地掌握车次和航班号等基本信息，并在车站、码头、机场设卡堵截。

（六）痕迹条件

实施堵截勤务的痕迹条件，要求掌握犯罪嫌疑人因违法犯罪造成的一些特殊的、醒目的痕迹。可根据具体案件中，事主、被害人、目击群众等对犯罪嫌疑人的描述进行识别。例如，身体带有血迹或各种伤痕，衣物有因打斗造成的撕扯和剥落的痕迹，或沾染了泥土、颜料、污垢、血迹等。

三、堵截的实施

（一）合理设置站卡

设置堵截卡口要根据具体任务和实际地形，充分考虑周围地形地物的环境特点和复杂程度，需要充分研究、科学判断、综合考量、合理设置，避免多警种、多部门参与，独立运用，各自为战，形成多头管理、条块分割的局面。发展建设综合化和智能化的堵截卡口，实现查、堵、控的功效。智能化治安卡口的设置是以城市布局为基础，以道路交通建设为依托，以治安形势变化为根据，以堵截违法犯罪为目标。

(二) 明确堵截任务

只有及时准确地了解堵截任务，掌握勤务行动的目的内容，才能确保堵截勤务没有偏差，圆满完成。首先要明确堵截任务的基本情况、行动意图和整体方案，掌握堵截对象的主要特征和基本情况，明确堵截任务的具体时间和勤务地点，配备堵截任务需要携带的物品和武器，熟知堵截任务的警力部署和通讯方式，了解堵截任务的警种配合和任务分工。只有全面细致地掌握堵截任务的全部情况，才能明确职责任务，按照岗位分工，完成各自堵截任务。

(三) 制订行动方案

方案是各项警务活动的先行基础，是完成各项勤务任务的保障。内容清晰严谨的行动方案，是实施堵截勤务的具体设想和步骤规划。堵截勤务的行动方案的内容要明确清晰，包括组织领导、任务目标、警力部署、岗位分工和工作要求等内容。在行动方案中必须还应明确堵截勤务的任务时间、地点和通讯联络方式、配备的警械装备等内容。根据具体勤务的不同情况和要求，还应充分考虑有可能发生的突发情况，针对勤务中的各种情况做好设想以及应对和处置办法。

(四) 快速反应，坚守岗位

根据掌握的情报信息和勤务执行的具体情况，结合堵截行动方案，对各种行动方案中既定的情况，结合现场突发的情况，迅速作出反应，及时处置。同时，必须时刻坚守岗位，保持警惕，要克服麻痹思想和侥幸心理，不能疏忽大意。要注意观察，主动发现，在堵截目标出现确定后，选择有利地形，采取相应措施，合理部署警力，予以拦截抓捕。堵截勤务的设卡有可能是在任何一个时间，尤其是在夜间执行勤务任务时，增加了堵截的难度，执勤民警要坚守岗位，不得擅自脱岗，提前撤岗或私自换岗。

(五) 公秘结合，战术灵活

堵截勤务任务既有隐蔽性，又有战斗性，由于执行勤务时经常处于敌暗我明的状态，在堵截勤务中，为了避免和减少伤亡，要因时、因地、因案、因人、因势做好公秘结合。根据案件的性质和勤务的要求以及犯罪嫌疑人的反抗程度、持有的作案工具，或逃逸驾驶的车辆，在堵截勤务中采取灵活的战术配合，应对各种突发情况。

(六) 严防冲关闯卡

为防止发生冲关闯卡的情况，必须提前做好预案，做好人员、装备和战术准备，时刻保持高度警惕。在堵截站卡前方适当距离上设置警告示意牌，提醒行人和驾驶员减速缓行，接受检查。同时，执行堵截勤务的民警做好任务分工，明确各自岗位职责，及时发现目标作出反应，既要防止嫌疑人和嫌疑车辆在堵截站卡前方调头回窜，更要防范其孤注一掷，冲关闯卡。

第五节 值班备勤

《公安机关人民警察内务条令》规定，公安机关应当实行24小时值班备勤制度，由领导干部带班，安排适当警力备勤，配备相应器材和交通工具，保障随时执行各种紧急任务。

值班备勤是公安机关的一项重要制度，也是警察勤务的一种方式。①

① 张爱钦：《论公安机关的值班备勤制度》，载《河南公安高等专科学校学报》2000年第6期。

一、值班

值班勤务是一种静态勤务方式，是指勤务执行机构中，外勤人员24小时制轮流更替的值班制度。它包括两部分内容：一是指内勤人员的“办公”，二是指外勤人员的值班。①

（一）值班的职责

依据《公安机关人民警察内务条令》规定，值班人员职责有：

1. 接待报警、报案、检举、控告、投案自首或其他原因来访的人员。

2. 发生案件、事故或者其他紧急情况，立即报告有关领导和局指挥中心，并按照领导指示或者预案作出应急处理。

3. 通信联络，传达命令，及时、妥善处理公文、电话等。

4. 维护本单位工作、学习、生活秩序，承担内部安全保卫工作。

5. 完成领导交办的其他任务。

（二）值班的要求

公安机关值班备勤的内容为了及时有效的打击刑事犯罪活动，维护社会治安秩序，为人民群众排忧解难，公安机关的值班备勤制度包括领导干部带班和安排适当警力备勤，并配备相应器材和交通工具，保障随时执行各种紧急任务，这是对值班备勤的基本要求。

1. 各单位实行24小时值班备勤制度，由领导带班，安排足够警力着装备勤，配备相应器材和交通工具，保障随时执行各种紧急任务。值班人员必须坚守岗位，切实履行职责。

2. 建立值班记录制度，详细记录值班期间发生的重要事项及其处置情况，值班记录应当存档，妥善管理。记录的主要内容包括：（1）问题或者事件发生的时间、地点、有关人员的姓名和主要情况；（2）向上级报告的时间，接受报告人的姓名和答复的主要内容；（3）对上级指示的传达、办理情况和时间；（4）负责处理的单位和人员姓名；（5）值班人员姓名。

3. 值班人员因故经批准离开岗位时，应当有人代岗。换班时，下班人员应当将工作情况向接班人员交代清楚，并履行交接手续。

4. 值班人员要规范着装，文明值班。在值班之前和值班期间不得饮酒，不得进行有妨值班备勤工作的娱乐活动。

二、备勤

备勤是指民警在办公地或规定勤务岗位整装待命，随时准备接受命令处置突发事件或者执行临时派遣任务。基层公安机关在任何时候都应保持足够的机动警力应对突发性事件或者执行临时出警任务。

（一）备勤的职责

备勤时如果没有临时勤务，民警可以学习、整理内务或处理自己的工作，随时准备执行紧急任务。接到临时勤务任务时，应快速集结并到达现场，听从上级或勤务指挥部门的指令，处置突发事件或抢险救灾。任务完成后，应及时记录勤务任务的时间、地点、执行完成情况等内容，并返回原岗位继续备勤。

---

① 汪勇：《警察勤务的方式》，载《中国人民公安大学学报（社会科学版）》2001年第3期。

（二）备勤的要求

由于各级公安机关和各警种担负的任务不同，而不同地区的社会治安状况的差异性很大，值班备勤时应因地、因时制宜，把握以下要求。

1. 注重发挥各警种职能，优势互补，统一组织，统一指挥，统一行动，实行总体作战。合理安排警力昼夜值班，做到快速反应，迅速控制事态发展，有效制止违法犯罪活动，维护社会治安秩序。

2. 依照《公安机关执法细则》的规定，准备执勤所需携带的必要装备，如单警装备，包括手持电台、手持身份证识别仪器以及执法记录仪。根据勤务要求穿着防弹背心，戴防弹头盔；夜间视情穿着反光背心。车辆装备，民警驾驶车辆上应当配备武器、防弹衣、反光背心、防弹头盔、防毒面具、车载电台、停车示意牌、救生器材、急救药箱、搜索灯、强光手电、阻车路障、警戒带、反光锥筒等装备。盘查卡点装备，盘查卡点应当配置机动车辆、通讯工具、阻车路障、强光手电、警戒带、停车示意牌、反光锥筒等装备器材，并视勤务需要配置防弹盾牌。

◎思考题

1. 如何组织实施巡逻勤务？
2. 如何实施盘查勤务？
3. 如何实施守望勤务？
4. 如何实施堵截勤务？
5. 值班备勤的职责要求是什么？

第六章　公安人口管理

教学目的和要求：了解人口管理的基本理论和基本知识，明确公安机关人口管理的性质、任务及其重要作用，熟悉公安机关人口管理的各项具体业务和技能，掌握对常住人口、流动人口、特殊人群的管理以及人口的出入境管理，以胜任公安机关人口管理工作。

重点和难点：常住人口管理、流动人口的管理、特殊人群的管理、人口的出入境管理。

主要内容：公安人口管理包括户、户口、人口管理、公安人口管理的基本概念，公安机关人口管理的性质，公安机关人口管理的主要业务范围；常住人口；流动人口管理；居民身份证管理；特殊人群的管理；人口的出入境管理；人口信息管理。

人口管理既是整个公安业务的基础，也是我国的一项基本行政管理，在国家的行政管理体系中具有基础性地位。研究和开展公安机关人口管理工作，对于夯实公安工作基础，严密治安管理和治安社会防范，维护社会秩序，为国家其他行政管理提供基础性信息，保障公民的合法权益等方面具有重要意义。当前公安机关人口管理包括常住人口管理、户口迁移管理、流动人口管理、出入境管理、人口调查、人口统计、居民身份证管理、特殊人群管理、人口信息管理、户口档案管理等主要业务。本章重点介绍常住人口、流动人口的登记与管理、居民身份证管理、特殊人群的管理、人口的出入境管理、人口信息管理等业务。

第一节　公安人口管理概述

一、公安人口管理的基本概念

（一）人口

人口，《现代汉语词典》解释：“一是指居住在一定地域的人的总数；二是指一户人家的人的总数；三是指人口的总称。”① 这一解释在社会生活中被人们广泛使用，符合经济社会发展实际和人们日常生活习惯。但从人口学意义上理解，人口是指生活在一定的社会生产方式下，在一定时间、一定地域内，由一定的社会关系联系起来的，有一定数量和质量的有生命的个人所组成的不断运动的社会群体。

（二）人口管理

人口管理是国家行政管理的一个方面，是社会各项管理工作的基础。人口管理，有广义与狭义之分。广义上，是指国家对人口数量、质量、结构和分布的控制与调节过程。狭义上，主要是指社会管理机关在一定时间内，对一定区域内人口的基本情况和活动状况进行登记、调查和控制的活动。因此，根据管理主体和管理内容的不同，人口管理可分为户政管

---

① 中国社会科学院语言研究所词典编辑室编：《现代汉语词典》，商务印书馆 2012 年版，第 1091 页。

理、婚姻管理、文化教育管理、医疗卫生和计划生育管理、劳动就业和社会保障管理等多种形式。

（三）公安人口管理

公安人口管理是人口管理的一部分，是指公安机关依法对社会上各种人口采集核实信息、掌握控制行为、保护服务权益的行政活动的总称，是一项重要的公安基础工作。实践中，户、户口、户籍、户政管理等概念与公安机关人口管理密切相关。

户是进行户政管理的基本单位。现代人口管理实践中，户是指因婚姻、血缘、收养关系或工作、学习等关系的人组成的共住一处的社会群体。它是以居住地为标志的。户的规模可大可小，可以是一个人，也可以是很多人。根据《中华人民共和国户口登记条例》，户分为家庭户和集体户两类。家庭户是指以婚姻、血缘、收养等亲缘关系为基础组建家庭而形成的户；集体户是指以工作、学习等业缘关系为基础在机关、团体、学校、企业、事业等单位内部宿舍居住的人组成的户。

户口指的是“住户”和“人口”，即指户数和户内的人口数。现代户政管理认为，户口是指经国家行政依法确认并实际管辖的住户、居民及其基本的社会人口信息。

户籍就是户口登记机关按户逐人记载居民身份、亲属关系和法定住址等事项的簿册。户口与户籍联系紧密。户口是户籍登记的对象和内容，户籍是户口的行政文书的表现形式，是居民户口的法律凭证。

户政管理，简称户政，习惯上也称户口管理或户口行政管理，是指户政管理机关依照相关法律和政策，收集、确认和提供公民身份、亲属关系、法定住址等人口基本信息的国家行政管理。在我国户政管理机关为公安机关，所以我国户政管理又称之为公安人口管理。

二、公安机关人口管理的性质

性质是一事物所固有的、区别于其他事物的本质属性。公安机关人口管理的性质是由国家的性质决定的，主要体现在：

（一）行政性

这是公安机关人口管理的本质属性。人口管理是国家行政管理，是由国家设置专门机构和专门人员，代表国家实施的管理活动。这种管理活动具有单方性的特点。公安机关人口管理依照相关法律、政策组织实施，不以个人的意志为转移，这与一般的民事行为具有双方性形成对比。同时，公安机关人口管理作为国家行政管理，是在国家强制力支持下的社会管理，其确认的公民身份、亲属关系、法定住址等人口基本信息具有权威性。

（二）基础性

在公安机关人口管理中，户口登记具有在法律上确认公民身份的作用，是公民从事个人生活、社会生活的前提，也是社会日常事务管理和国家行政管理的前提，具有基础性。无论是政治生活中的选举、征兵，经济生活中的就业、分配、商业贸易，还是文化教育中的上学、进修，社会生活中的计划生育、招工及公民的婚姻、家庭等，凡涉及人的工作，都必须以公安人口管理作为依托。

（三）广泛性

公安机关人口管理的广泛性，一方面体现在管理对象的广泛性。一个国家的全体公民都需要国家对其公民身份及其他人口基本信息给予确认。另一方面体现在管理内容的广泛性。公安机关人口管理内容涉及面广，需要对人口的出生、死亡、迁移、婚姻、职业、民族、宗教等多方面的人口自然信息和社会信息给予及时登记，满足国家和社会对人口基本信息的广泛需求。

三、公安机关人口管理的主要业务

公安机关人口管理的业务范围是由其职能和任务所决定的。而且，随着经济社会的发展和治安形势的变化，公安机关人口管理业务范围将根据公安工作的需要而调整、变化。当前，公安机关人口管理主要包括以下业务：常住人口管理、户口迁移管理、流动人口管理、出入境管理、人口调查、人口统计、居民身份证管理、特殊人群管理、人口信息管理、户口档案管理等。其中：

（一）户口迁移管理

经户口登记机关依法确认，公民跨越户口管辖区改变常住户口地址的行为称为户口迁移。我国实行有计划、有组织的户口迁移管理，这是一项政策性非常强的人口管理活动，涉及多个部门。根据户口迁移办理主体和程序的不同，户口迁移管理大体分为两类：一类是由公安机关审批并办理迁出迁入手续的户口迁移管理；另一类是由组织、人事、劳动等部门审批，由公安机关办理迁出迁入手续的户口迁移管理。通过户口迁移管理，可以科学配置劳动力资源，使人口的年龄、性别、文化程度、民族、行业和职业等结构合理分布，从而为国家和政府制定发展规划，以及制定文化教育、卫生和计划生育、劳动就业和社会保障、产业结构调整等政策提供科学依据；有利于人口与生产力其他要素之间关系的协调，促进生产力健康、持续发展。

（二）人口调查

人口调查，是社区民警为了熟悉责任区内的各种情况，掌握责任区治安动态而依法对责任区内居住的住户和人口情况进行的调查了解活动。它是公安派出所的一项经常性的重要基础工作，是公安机关获取人口信息、治安信息和情报的主要渠道之一，是公安机关同违法犯罪分子作斗争的一种有效手段。通过人口调查，可以及时得到群众反映的各种信息和情况，为群众排忧解难，密切警民关系；可以强化对户口登记事项真伪的核实，严密户政管理；可以熟悉各种人口现实表现和行业场所情况，从中发现违法犯罪苗头和倾向，及时予以防控和打击；可以熟悉辖区地理地貌，防范各种治安灾害事故的发生。

人口调查是国家依法赋予社区民警的权力，主要法律法规依据有：《中华人民共和国人民警察法》、《公安派出所组织条例实施细则》、《公安派出所正规化建设规范》、《公安派出所执法执勤工作规范》等。社区民警在开展人口调查时，要做到有法可依、有法必依、执法必严、违法必究，严格执行法律法规的有关规定，不能借人口调查敲诈公民钱财、非法侵入公民住宅，或者非法侵犯公民隐私权。对违反法律法规的行为，要依法追究有关当事人的法律责任。人口调查主要以公开的方式进行。但人口调查还涉及对一些特殊对象，如重点人口、社区矫正对象等，对特殊对象进行调查，仅仅依靠公开的方式难以了解、掌握真实情况，因此需要辅以必要的秘密调查手段。进行人口调查，应该讲究文明礼貌，树立良好的警察形象。公开调查时，社区民警必须着警服，做到警容严整、纪律严明、举止端庄；对群众的态度要和蔼，要注意倾听群众的意见；要使用文明用语，对年长的居民和治安积极分子要使用尊称；要注意尊重群众，特别是少数民族群众的风俗习惯。人口调查中，社区民警要坚持“忠诚、为民、公正、廉洁”人民警察核心价值观，坚持方便群众、为民服务的原则，要将人民群众的利益放在首位。

（三）人口统计

公安机关人口统计是一项重要的基础性统计工作。以公安机关日常户口登记为基础，搜集、统计人口原始资料，可以为国家及地方政府制定经济社会发展规划，以及开展各项行政管理提供依据，十分必要而且重要。及时、准确掌握人口数据，正确分析人口数量、质量与经济社会发展的关系，是科学治国的根本需要。公安机关开展人口统计，可以及时了解人口状况，为国家制定人口政策、解决人口问题、确保人口安全提供依据；也可以为开展人口科学研究提供资料。

（四）户口档案管理

户口档案是公安机关在户政管理过程中形成的，反映户政管理实践活动情况，具有保存价值的文字、图表、视听等资料。户口档案是公安派出所档案的重要组成部分。派出所在户政管理中形成的常住户口档案、暂住户口档案、船民档案、居民身份证档案和重点人口档案等户口档案资料可以为国家行政管理、社会管理和法律事务提供详细的、可靠的基础资料，能有效证明公民身份，保障公民行使权利和履行义务提供必要的依据；同时，也可以为查考既往情况，掌握历史资料，研究有关事务发展变化规律，起到参考借鉴作用。

第二节　常住人口管理

一、常住人口的概念与特点

常住人口，是指公民在经常居住的地方，由户口登记机关依法注册登记，取得正式户口的人口。常住人口的特点有：

1. 户口的法定性

公民依法登记为常住人口，即取得常住户口资格，确认了公民在常住地享有法律保护的相应权益。

2. 住所的相对固定性

公民必须有固定住所才能登记为常住人口，换言之，公民登记为常住人口即表明公民有固定住所，而且，这个住所是公民经常居住的地方，甚至是久居之地。

3. 居住时间的相对稳定性

公民在某地登记为常住人口，意为在此地将长期居住，甚或久居（世居）。

二、常住人口登记的主体与原则

常住人口登记，是指户口登记机关依法在《常住人口登记表》和《居民户口簿》上记载公民身份、居住地和亲属关系等基本信息，确认公民取得常住户口资格的业务活动。进行常住人口登记，首先应明确登记的主体与原则。

（一）常住人口登记的主体

常住人口登记的主体即常住人口登记机关。根据《中华人民共和国户口登记条例》，户口登记工作由各级公安机关主管，公安派出所为户口登记机关。同时，《中华人民共和国户口登记条例》第 11 条规定：被征集服现役的公民，在入伍前，由本人或者户主持应征公民入伍通知书向常住地户口登记机关申报迁出登记，注销户口，不发迁移证件。服现役军人由其军事机关进行户口登记。

（二）常住人口登记的原则

依据户口登记条例的规定，凡是中华人民共和国的公民都必须进行户口登记，这是户口登记的总原则。在具体登记中还应坚持以下几个原则：

1. 以户为单位登记原则

根据户口登记条例规定，户口登记以户为单位进行登记。将人口归入家庭户或集体户，按户登记。

2. 常住户口唯一原则

《中华人民共和国户口登记条例》第 6 条规定："公民应当在经常居住的地方登记为常住户口，一个公民只能在一个地方登记为常住户口。"如果一个公民具有两个以上居住地，应当选择较经常或长期居住的地方登记为常住人口。

3. 方便群众、为民服务原则

户口登记具有证明公民身份的法律效力，与公民的切身利益密切相关，户口登记机关应当加强户籍窗口建设，使群众随到随办。

三、常住人口登记的内容

常住人口登记的法律文书主要包括《常住人口登记表》和《居民户口簿》。

《常住人口登记表》是证明公民身份状况以及家庭成员间相互关系的基本法律文书，是公安机关进行户籍登记管理的基础性资料，由公安机关留存。表中登记的事项，由申报人如实申报，经户口登记机关审核登记，承办人签章并加盖户口专用章后，具有证明公民身份和家庭成员间相互关系的法律效力。公民在申报登记常住户口和新生婴儿申报出生登记时，户口登记机关应为其建立《常住人口登记表》。《常住人口登记表》为一人一表式，共设置 34 个登记项目，包括：户别、户主姓名、与户主关系、姓名、性别、曾用名、民族、出生日期、监护人、监护关系、出生地、公民出生证签发日期、住址、本市（县）其他住址、籍贯、宗教信仰、公民身份证件编号、居民身份证签发日期、文化程度、婚姻状况、兵役状况、身高、血型、职业、服务处所、何时何因由何地迁来本市（县）、何时何因由何地迁来本址、何时何因迁往何地、何时何因注销户口、申报人签章、承办人签章、登记日期、登记事项变更和记载。

《居民户口簿》是公民依法履行常住户口登记义务的凭证，是户口登记机关以户为单位管理常住人口和进行户籍调查、核对的主要依据。其登记内容与《常住人口登记表》的主要登记内容一致，具有证明公民身份状况以及家庭成员间相互关系的法律效力。凡以家庭关系为主的公民，户口登记机关应以家庭户为单位发给《居民户口簿》（采用多页装订式），首页登记项目包括户别、户主姓名、户号、住址、住址变动登记、承办人签章、登记日期和户口登记机关户口专用章；常住人口登记卡登记项目包括姓名、户主或与户主关系、曾用名、性别、出生地、民族、籍贯、出生日期、本市（县）其他住址、宗教信仰、公民身份号码、身高、血型、文化程度、婚姻状况、兵役状况、服务处所、职业、何时由何地迁来本市（县）、何时由何地迁来本址、承办人签章、登记日期和登记事项变更和更正记载。集体户的《居民户口簿》采用活页式。

四、常住人口登记的基本要求

（一）登记项目准确

按照《常住人口登记表》和《居民户口簿》规定的项目，逐户、逐人、逐项目进行填写登记，防止重、漏、差、错，登记内容要真实反映被登记公民的实际情况。

（二）登记内容规范

登记内容要标准化，要严格按照公安部规定的填写要求填写，做到字迹端正、清晰。

（三）变动及时登记

要健全出生、死亡、迁出、迁入四项变动和户口项目变更更正登记，做到一有变动，及时登记，切实掌握人口增减、变动情况。

（四）户口底数清楚

要将辖区常住人口的户数、人口数登记清楚，该增加的及时登记，该减少的及时注销，切实做到户口簿册上的人口与实际人口相符，保证数据的完整、准确。

五、常住人口变动登记

根据人的自然属性与社会属性，常住人口变动登记包括：出生登记、死亡登记、迁出登记、迁入登记和变更更正登记。

（一）出生登记

出生登记，是指户口登记机关根据公民申报，为新生婴儿登记户口的活动。婴儿出生登记，实行随父随母自愿原则。根据《户口登记条例》，出生登记的主要规定包括：

1. 婚生婴儿，婴儿出生后一个月内，由婴儿的父母或其他监护人或邻居凭《出生医学证明》等相关证件，向婴儿其父或其母的常住地户口登记机关申报出生登记。

2. 非婚生婴儿的出生登记，可根据有关规定由其母或收养人申报，办理出生登记。非婚生婴儿，同样受到国家法律的保护，户口登记机关可根据其申报人的申报办理登记。

3. 被遗弃婴儿的出生登记，依照有关规定，由收养人或者育婴机关向当地户口登记机关申请办理出生登记。被收养未申报出生登记的婴儿，一般在收养关系确认后一个月内，由收养人持经过公证的收养证明向收养人常住户口所在地户口登记机关申报出生登记，或者由育婴机关向所在地户口登记机关申报出生登记。

4. 对不按计划生育的婴儿，户口登记机关也应该及时给予办理出生登记。

（二）死亡登记

死亡登记，是指户口登记机关根据公民申报，为死者办理注销户口的活动。死亡登记的法律规定如下：

1. 公民死亡，城镇在葬前，农村在一个月内，由其亲属、抚养人、邻居或者死者所在单位向死亡公民常住户口所在地户口登记机关申报死亡登记。申报死亡登记，应当持医疗部门或者有关单位出具的死亡证明。

2. 公民在暂住地死亡的，暂住地户口登记机关应该根据死亡公民所在暂住地的有关单位和人员的申报，注销暂住登记。已申领《暂住证》（或《居住证》）的，收回《暂住证》（或《居住证》），并及时通知死者常住地户口登记机关。死者常住地户口登记机关根据此通知和死者家属的申报，给予办理死亡登记。

3. 公民在迁移途中死亡的，如属单身迁移，由死者所在地户口登记机关在其迁移证上注明途中死亡情况，将其迁移证寄给迁入地户口登记机关，由迁入地户口登记机关办理迁入和死亡两项登记。全户迁移的，在迁移证上注明死者的死亡日期和原因，加盖户口专用章，由迁入地户口登记机关办理迁入和死亡两项登记。

4. 公民被宣告死亡的，由利害关系人持人民法院死亡判决书，向被宣告死亡公民常住地户口所在地户口登记机关申报死亡，户口登记机关据此办理死亡登记。

5. 婴儿出生后立即死亡的（包括申报出生前死亡），户口登记机关应督促其家属申报，办理出生、死亡两项登记，但不在户口簿上记载，也不必填写《常住人口登记表》，只在四项变动登记簿的出生和死亡登记表上进行登记。如果生下来是死婴（即死产），则不进行出生、死亡登记。

6. 因被杀、自杀、意外事故死亡或死因不明的，户口登记机关应根据户主或者被发现人的申报和有关证明，经核实，出具死亡证明，注销户口。

（三）迁出登记

迁出登记，是指户口登记机关根据公民申报，在其由现户口管辖区迁往另一个户口管辖区前，为其办理户口迁出手续的活动。办理户口迁出应该注意以下问题：

1. 公民跨市（系指市区）、县范围的迁移，同一市、县范围内，由一般地区迁往国务院或者省级人民政府批准建立的经济特区、经济技术开发区、高新技术产业区等特定地区的，由农村迁往城镇，由大中城市郊区迁往市区的，除高等院校录取和分配的学生，复员、转业军人，出境回国人员等，凭有关证明办理迁出手续，其他的人应该凭迁入地公安机关签发的《户口准予迁入证明》（以下简称《户口准迁证》）办理户口迁出手续，发给《户口迁移证》。

2. 被征招服现役的公民，在入伍前由本人或者亲属持《入伍通知书》向常住地户口登记机关申报注销常住户口，但不发给《户口迁移证》。

3. 公民被依法批准逮捕，由执行逮捕机关通知其常住户口登记机关注销常住户口。未作通知或者亲属未进行申报的，在调查了解核实后，也应该按规定注销其常住户口，不发给《户口迁移证》。但是2003年8月7日，为进一步改进户籍管理，简化户口迁移程序，公安部公布了30项便民利民措施，其中取消了被判处徒刑人员注销户口的规定。

4. 公民迁往边境地区的，应持有迁入地公安机关签发的《户口准迁证》申请迁出，迁出地户口登记机关应严格审查，并提出是否同意迁往的意见，报县、市或者市辖区公安机关批准后，方可给予办理迁出手续，发给《户口迁移证》。

5. 公民出国或者去香港特区、澳门特区、台湾地区定居的，应该凭出国（境）证件，给予办理迁出登记，注销常住户口，不发给《户口迁移证》。若不是定居的，不需注销户口。

（四）迁入登记

迁入登记，是指户口登记机关根据公民申报，凭合法有效的迁移证或其他入户证件，为其办理户口登记的活动。公民迁入，应在迁移证或其他入户证件的有效期限内，由本人或户主向户口登记机关申报迁入登记。户口登记机关审核合格后给予登记户口，填写户口登记簿。其中：

复员、转业和退伍军人，凭市、县复员、转业退伍军人安置办公室发给的证明，向定居地户口登记机关申报常住户口。刑满释放的公民，由本人凭司法机关发给的释放证明，向定居地户口登记机关申报常住户口。民政部门救助的无家可归人员，凭民政部门证明登记常住人口。归侨、留学生、使领管人员、援外人员以及从港澳台地区迁回的人员，凭中华人民共和国护照，或者归国证明书，或者往来港澳通行证、往来台湾通行证和有关部门出具的定居证明，向定居地户口登记机关申报常住户口。随着人口信息系统省级联网的形成，目前公民在本省内的迁移，已经简化了手续，无需先到原户口登记机关办理迁出再到拟迁入地户口登记机关办理迁入，可以持相应的证明材料一站式办结。

（五）变更更正登记

变更更正登记，是指户口登记机关根据公民申报，为其变更或者更正户口登记项目的活动。公民基本信息发生变化，或者发现户口登记项目有差错，应及时向户口登记机关申报，办理变更或者更正手续。如果公民本人不申报，户口登记机关发现问题，也应及时调查核实，予以变更或者更正。

1. 变更登记

变更登记，是指户口登记机关根据公民基本信息发生变化的实际情况，改变户口登记中某些内容的业务活动。变更登记通常由公民本人提出申请，户口登记机关审查核实，予以办理。其中，要特别注意：

（1）姓名变更。18 周岁以上的人变更姓名，要从严掌握，一般不予变更，个别有正当理由需要变更的，由本人写出申请，经责任区民警审查核实后，报公安派出所或上一级户政管理部门批准，方可给予变更。干部、职工需要变更姓名时，必须持所在单位人事部门准予变更的证明，核实情况后，方可给予变更。未满 18 周岁的人，将乳名改为学名（大名）时，由本人及家长提出申请，核实情况后，给予变更。因收养、认领需要变更领养人姓名时，户口登记机关可根据收养、认领人的书面申请，核实情况后，给予变更；但是，被收养、认领的人年龄较大的，需征得本人同意后，方可给予变更。被依法剥夺政治权利和正在受刑事处罚的人，一律不准变更姓名。

（2）民族变更。凡依照相关规定申请变更民族成分的，须经本人所在单位人事部门或居住地区的街道办事处、乡镇人民政府调查核实，报经县级以上民族工作部门审批后，方可到户政管理部门办理手续。个人的民族成分，只能依据父亲或母亲的民族成分确定。不同民族的公民结婚所生子女，或收养其他民族的幼儿（经公证部门公证确认收养关系的），其民族成分在满 18 周岁以前由父母或养父母商定；满 18 周岁者由本人决定；年满 20 周岁者不再变更民族成分。不同民族的公民再婚，双方原来的子女如系幼儿，其民族成分在 18 周岁以前由母亲和继父、或父亲和继母商定；双方原来的子女已满 18 周岁的，不变更原来的民族成分。不同民族的成年人之间发生的收养关系、婚姻关系，不改变各自的民族成分。原来已确定为某一少数民族成分的，不得随意变更为其他民族成分。

（3）性别变更。公民申请变更性别，需要出具国家指定医院为其成功实施变性手术的证明，经县（市、区）公安机关审批后，公安派出所应予办理性别变更手续。性别变更后，应重新编制公民身份号码。其中，已领取居民身份证的，公安机关应当予以缴销，并为其重新办理居民身份证。

2. 更正登记

更正登记，是指户口登记机关改变原户口登记内容中因申报或填写造成与事实不符的差错的业务活动。对公民假报、错报的，不论是由户口登记机关发现的，还是被人揭发的，均应该向本人问明情况，经查对核实后，给予更正。对公民私自涂改户口登记项目的，应依法给予教育和处理。由于工作人员失误造成的差错，经过核实，应及时更正，并主动向申报人道歉。如属工作人员有意登记错的，应该查明情况，视情节轻重，予以批评教育，直至给予必要的处分或处罚。

六、常住人口管理的基本方法

（一）加强门（楼）牌管理，规范常住人口的空间位置

为加强人口管理，公安机关必须建立健全门（楼）牌的设置、编号、制作、安装和管理等项制度，并加强经常性的管理，逐步实现门（楼）牌编制管理的科学化、规范化。凡是房屋产权单位、使用单位、个人或者新建、改建的小区，都应该在房屋使用前申请安装门（楼）牌，不得自编、自制门（楼）牌。户口登记机关受理申请后，要填写《申请安装门（楼）牌申请表》，查验有关证明文件。目前有的地方应用高科技进行门楼牌管理，如江苏南京实行二维码电子门牌，现在扫门牌二维码就能办理许多户籍管理业务，既加强了人口管理，又大大方便了人民群众，更好地体现了为民服务原则。拿出手机扫描二维码，进入“电子门牌应用服务”页面，家庭标准地址名称、所属行政辖区以及派出所和警务责任区等信息一目了然。页面下方，还设置“出租房屋报备”“流动人口居住报备”“流动人口居住证申办”“户籍业务办理指南”等业务模块。居民居住证申办，原先要到派出所登记相关信息，现在只要点击相关模块，登记信息并提交，派出所就会收到申请，办理好后会通知领取。警方正在协调工商、税务等行政部门，资源共享，让更多便民服务加载到二维码电子门牌上，将其打造成政府服务市民的网上窗口。

（二）严格常住人口登记，掌握常住人口底数

常住人口登记的内容，是国家保障公民人身权利的法律依据。严格执行常住人口登记制度，加强常住人口登记工作，对严密人口管理，掌握人口底数和人口基本情况，保证人口统计的准确性，具有极为重要的意义。常住人口登记具体手续的办理，由户籍内勤民警负责，社区民警主要负责人口的动态管理，熟悉掌握常住人口的变动登记情况。内外勤民警应该分工合作，密切配合。社区民警掌握本辖区人口的出生、死亡、迁入、迁出、变更更正等动态信息，加强与内勤民警的工作联系，定期核对户口登记，及时通报人口的变化情况，避免出生不报、死亡不销、不按规定办理迁入迁出手续、不及时办理变更更正手续的情况发生，避免遗漏登记、重复登记和登记内容错误等问题的发生，使登记内容与公民的实际情况相一致。

（三）认真开展人口调查，熟悉常住人口情况

人口调查是社区民警的经常性业务工作。一是调查核实户口登记情况。主要是调查核实人口登记是否准确，有无重漏差错，了解人户分离情况及原因，迁入人口情况等。二是调查了解一般居民的基本情况。主要是对14周岁以上一般常住人口和暂住人口的基本情况、现实表现、经济状况、体貌特征、方言隐语、个性特征、人际关系、所处的社会微观环境等进行调查。三是调查了解重点人口情况，这是人口调查的重中之重。社区民警要深入责任区摸清重点人口底数，对每个重点人口要求做到“七熟悉”，即熟悉身份情况、熟悉主要问题（列管依据）、熟悉体貌特征、熟悉经济状况、熟悉交往人员、熟悉活动场所和熟悉现实表现，做好重点人口管理和防控。四是调查了解敌情、政情、社情。敌情、政情、社情即通常所指的社会动态。要严密社会面治安控制，及时发现影响安定团结、和谐发展的因素，预防破坏社会主义经济建设活动的发生。

第三节　流动人口管理

一、流动人口管理的指导思想与领导机制

（一）流动人口及社会效应

流动人口是社会上普遍使用的概念，但是，由于研究角度、使用领域的差异，关于流动人口含义的界定并不统一。从公安机关人口管理角度出发，流动人口是指未依法改变法定住址而在常住地以外的市区或乡镇滞留1日以上的移动人口。公安机关人口管理实践中，暂住人口是与流动人口密切相关的概念，指离开常住户口所在地，未依法改变法定住址而到其他的城市、乡镇暂住3日以上的人口。暂住人口属于流动人口，但流动人口不全是暂住人口。

流动人口作为最活跃的生产要素进入市场，与市场经济运行越来越紧密，对经济社会发展的作用越来越大。但是，这种作用具有双重性，既有积极的正面效应也有消极的负面效应。

正面效应主要体现为：

1. 有利于城乡经济共同发展。流动人口的出现打破了固有城乡“二元经济”格局的封闭和僵化。大量流动人口在城乡之间、农业与非农业之间、沿海与内地之间交流，不仅使人口的城乡比例、农业与非农业比例迅速优化，更主要的是同时带动了物资、人才、资金、技术等在城乡之间、地区之间的广泛交流，助推了城乡经济共同发展。

2. 有利于城乡产业结构调整和优化。在城市，产业结构不断调整，尤其是第三产业所占比重大幅度提升、第三产业就业人员比重不断增加，都是流动人口大规模涌入带来的。在农村，富余劳动力主流的一支进入城市，另一支则就地转移，从事开发新兴产业的活动，使农村产业结构发生深刻变化，实现了传统农业向现代农业、单一化农业向多元化农业的转变。

3. 有利于加快城市化发展进程。城市化的核心是推进人的城市化，2012年我国城市化率达到52.7%。城市化是经济发展扩大内需的最大潜力，人口向城市的流动满足了城市化发展过程中所需要的劳动力资源，并直接扩大了城市需求。农村富余人口的进入促使城市不断加快住房、交通、通讯、水、电、气等基础设施建设，促使医疗、卫生、文化教育等事业也得到较快发展。

负面效应主要体现为：

1. 加重了城市社会管理负担。大量流动人口涌入城市，加重了城市基础设施，如水、电、交通等方面的压力，容易产生所谓的“城市病”，具体表现为：居住条件恶化、卫生状况差、交通堵塞、环境污染、违建和失业流浪者存在等，从而严重影响了城市各项社会管理工作的开展。

2. 冲击了农业生产工作和农村社会管理。大量青壮年男性劳动力流出农村，使劳动力结构严重失衡，导致一些地方出现了土地撂荒现象，农业生产萎缩，动摇了农业基础产业地位。相当一部分农村基层干部外出务工、经商，也对农村社会组织结构和基层政权建设产生不利影响。

3. 增加了大量社会治安问题。进入城市的流动人口，许多人缺乏对城市的认同感，无法正常参与有组织的社会生活，社会责任意识相对薄弱，一旦正当权益受到侵犯，又找不到

解决问题的合法途径时，就会产生“反社会”的心理；或者因为城市里就业压力大，当无法就业或收入不能满足其心理预期时，流动人口常因心理失衡，铤而走险，实施违法犯罪，引发社会治安问题。

（二）流动人口管理的指导思想

改革开放的深入，流动人口迅猛增长，1995 年 9 月 19 日出台了《中央社会治安综合治理委员会关于加强流动人口管理工作的意见》，提出加强流动人口管理的指导思想为“因势利导、宏观控制、加强管理、兴利除弊”，此阶段对流动人口重管理轻服务，重控制轻权益保护。党的十七大召开，报告中提出切实加强和改进以人口管理为重点的社会管理，进一步做好新时期流动人口服务和管理工作。2007 年 12 月 24 日，出台了《中央社会治安综合治理委员会关于进一步加强流动人口服务和管理工作的意见》，提出现阶段流动人口管理的指导思想是“公平对待、搞好服务、合理引导、完善管理”。十八大报告再次指出加快改革户籍制度，有序推进农业转移人口市民化，努力实现城镇基本公共服务常住人口全覆盖。完善和创新流动人口和特殊人群管理服务。

从全国范围来看和全部工作角度出发，当前和今后一个时期，流动人口管理服务工作要重点抓好以下工作：

1. 要加强疏导，继续引导农村富余劳动力有序转移。加大劳动力有组织输出；多渠道为流动人口提供就业信息；加强农村富余劳动力的培训工作；进一步深化户籍管理制度改革。

2. 要积极创造条件，进一步提升面向流动人口的公共服务水平。进一步加强流动人口子女义务教育工作；多渠道改善流动人口居住条件；努力提高流动人口医疗和计生服务水平。

3. 要认真履行职责，切实维护流动人口合法权益。依法加强劳动保障监管；大力解决拖欠工资问题；积极探索解决社会保障问题；积极开展法律援助与维权服务；加强城市生活无着的流浪乞讨人员救助管理工作；依法打击侵害流动人口合法权益的违法犯罪活动。

4. 要采取有力措施，进一步加强流动人口治安管理。强化基础信息登记；强化以出租房屋为重点的落脚点管理；依法严厉打击混迹于流动人口中的违法犯罪分子。

5. 要依靠科技进步，全面推进流动人口服务管理信息化建设。加快相关业务信息系统的建设；加强信息的采集、更新和维护；加快信息系统的整合。

6. 要强化综合治理，营造全社会参与流动人口管理服务的工作格局。加强地区间、部门间协作配合；结合平安建设，打牢群众基础；充分发挥社区作用；强化用工单位自主管理；进一步发挥流入地基层党、团组织的作用；鼓励、支持流动人口参与工会、妇联和各类社会团体。

7. 要加强组织领导，推动流动人口服务管理各项工作的落实。

（三）流动人口管理的领导机制

流动人口的服务与管理，涉及政府的多个职能部门，要创新流动人口服务与管理体制，提高流动人口服务与管理水平，必须完善流动人口管理的领导体制，建立和完善流动人口服务管理工作新机制。随着社会综合治理理念的深入，鉴于流动人口突出的治安问题，往往由地方各级政府亲自抓，成立由公安、计生、工商、民政等部门组成联合工作领导小组。部门内建立信息共享制度，实现部门信息共享，完善了部门间流动人口服务管理协作机制。

二、流动人口治安管理

流动（移动）是流动人口的本质特征，是绝对的；暂住是流动人口在流动过程中生存的一种方式，是相对静态的。流动人口在异地暂住时间长短虽有不同，但相对静止有利于管理工作的开展。因此，根据不同时期形势的特点，从中华人民共和国成立初期至今，国家及有关部门出台了多部法规，逐步建立健全了流动人口管理的各项制度。随着形势的发展变化，关于流动人口管理的法规及管理方式方法也将会不断改革，进一步完善。

（一）申报登记制度

暂住人口登记是一项由公安机关进行的规范化的人口信息采集工作。根据《中华人民共和国户口登记条例》和 1985 年 7 月公安部发布的《关于城镇暂住人口管理的暂行规定》等有关规定，公民外出暂住，要分不同情况办理暂住登记。

1. 在旅馆暂住的旅客，由旅馆设置旅客登记簿随时登记，旅客登记簿要按时交当地公安机关查验。

2. 公民离开常住户口所在地，拟在其他市区、乡镇滞留 3 日以上，由暂住地的户主或者本人在 3 日以内向当地户口登记机关申报暂住登记，离开时申报注销。

3. 华侨和台、港、澳同胞暂住在居民家中，由暂住地的户主或者本人于 24 小时内，向所在地户口登记机关申报暂住登记，离开时申报注销。

4. 现役军人暂住在一般居民家中或旅店的，凭军人证件，履行暂住登记。

申报暂住登记，应当持有合法有效的身份证件，如户主的居民户口簿、暂住人的居民身份证或临时居民身份证或其他有效证件，到当地户口登记机关申报填写《暂住人口登记表》。

（二）申领《居住证》制度

根据 2015 年 10 月 21 日国务院通过《居住证暂行条例》规定：公民离开常住户口所在地，到其他城市居住半年以上，符合有合法稳定就业、合法稳定住所、连续就读条件之一的，可以依照申领居住证。

1. 居住证的名称、式样和项目

暂行条例没有统一居住证的名称与式样，各地往往结合本地的情况进行设计，如“湖南省居住证”、“上海市居住证”等名称，式样与第二代居民身份证相似，大小材质相同。

居住证登载的内容包括：姓名、性别、民族、出生日期、公民身份号码、本人相片、常住户口所在地住址、居住地住址、证件的签发机关和签发日期。

2. 居住证的申领、补领与换领

公安机关负责居住证的申领受理、制作、发放、签注等证件管理工作。居民委员会、村民委员会、用人单位、就读学校以及房屋出租人应当协助做好居住证的申领受理、发放等工作。申领居住证，应当向居住地公安派出所或者受公安机关委托的社区服务机构提交本人居民身份证、本人相片以及居住地住址、就业、就读等证明材料。居住地住址证明包括房屋租赁合同、房屋产权证明文件、购房合同或者房屋出租人、用人单位、就读学校出具的住宿证明等；就业证明包括工商营业执照、劳动合同、用人单位出具的劳动关系证明或者其他能够证明有合法稳定就业的材料等；就读证明包括学生证、就读学校出具的其他能够证明连续就读的材料等。

居住证由县级人民政府公安机关签发，每年签注 1 次。居住证持有人在居住地连续居住的，应当在居住每满1年之日前1个月内，到居住地公安派出所或者受公安机关委托的社区服务机构办理签注手续。逾期未办理签注手续的，居住证使用功能中止；补办签注手续的，居住证的使用功能恢复，居住证持有人在居住地的居住年限自补办签注手续之日起连续计算。

居住证损坏难以辨认或者丢失的，居住证持有人应当到居住地公安派出所或者受公安机关委托的社区服务机构办理换领、补领手续。居住证持有人换领新证时，应当交回原证。

（三）租赁房屋管理制度

租赁房屋是指旅馆业以外以营利为目的，公民私有和单位所有出租用于他人居住的房屋。根据1995年3月6日公安部发布的《租赁房屋治安管理规定》，公安机关对租赁房屋实行治安管理。

1. 房屋出租的条件

房主应持有合法的房屋所有权证；出租的房屋应符合规定的安全条件。房屋的建筑、消防设备、出入口和通道等，必须符合消防安全和治安管理规定；危险和违章建筑的房屋，不准出租；出租人应具有治安管理责任能力。出租人若年老多病，或异地居住的，应委托他人负责对出租房屋管理。

2. 房屋出租人的治安责任

不准将房屋出租给无合法有效证件的承租人；与承租人签订租赁合同，承租人是外来暂住人员的，应当带领其到公安派出所申报暂住户口登记，并办理《居住证》；对承租人的姓名、性别、年龄、常住户口所在地、职业或者主要经济来源、服务处所等基本情况进行登记，并向公安派出所备案；发现承租人有违法犯罪活动或者有违法犯罪嫌疑的，应当及时报告公安机关；对出租的房屋经常进行安全检查，及时发现和排除安全隐患，保障承租人的居住安全；房屋停止租赁的，应当到公安派出所报告；房屋出租单位或者个人委托代理人管理出租房屋的，代理人必须遵守有关规定，承担相应责任。

3. 房屋承租人的治安责任

必须持有本人居民身份证或者其他合法身份证件；租赁房屋住宿的外来暂住人员，必须按户政管理规定，在3日内到公安派出所申报暂住登记；将承租房屋转租或者转借他人的，应当向当地公安派出所申报备案；安全使用出租房屋，发现承租房屋有安全隐患，应当及时告知出租人予以消除；承租的房屋不准用于生产、储存、经营易燃、易爆、有毒等危险物品；集体承租或者单位承租房屋的，应当建立安全管理制度。

4. 公安派出所管理出租房屋的治安职责

宣传和执行治安管理法律、法规，指导、监督治安责任人依法履行治安责任；负责对出租房屋进行治安安全检查，指导、监督治安责任人落实安全防范措施，发现问题责令期限整改；及时做好对承租人员和留宿人员的暂住登记和查验《居民身份证》、《居住证》工作；户籍民警到出租房屋执行公务时，应当出示执行公务证件，严格依法办案；及时查处发生在出租房屋的刑事、治安案件及治安灾害事故。

（四）通报协查制度

流动人口通报协查工作，是指流动人口的常住户口所在地与暂住地、居住地公安机关之间，双向交流流动人口违法犯罪信息及其他有关情况的工作。其目的是为了加强流动人口的治安管理工作，建立健全公安机关内部协作配合机制，提高公安机关的整体工作效能，及时打击和预防违法犯罪活动。公安派出所和户政、治安、刑侦、预审等开展通报协查工作的单位，应当建立健全登记、发函、复函、建档等管理制度。县（市）公安局、城市公安分局应当指定一个部门负责对暂住人口通报协查工作进行检查、督促和指导。公安机关其他业务部门及机关、团体、企业、事业单位内部保卫组织，应当协助做好暂住人口通报协查工作。对一般协查对象，应当在收到函件后 7 日内调查复函；对在押犯、犯罪嫌疑人等重要协查对象，应当在 2 日内以电话、电报或者传真形式答复。发函单位在发函后 30 日内未收到复函的，可以直接向收函单位的上级公安机关发函查询，原收函单位的上级公安机关在收到查询函件后，应当责成收函单位立即复函，并说明原因。对因没有及时复函，贻误战机造成后果的，要追究责任。

（五）工作考核制度

为促进流动人口管理各项管理制度和管理措施的落实，保证流动人口的合法权益，使流动人口引发的社会问题得到有效控制，各地公安机关应当建立流动人口管理工作考核制度。考核内容包括：责任区民警对流动人口管理的各项工作量化指标，如登记率、发证率、发函调查率，以及房屋出租登记率、治安责任书签定率等，是否达到；责任区民警对流动人口管理的各项工作制度是否建立健全；各项管理措施是否落实，效果是否明显；基层派出所领导对流动人口管理工作是否做到责任到位等。考核的方法主要有：要与领导任期责任制、责任区民警岗位责任制以及评先创优工作相结合；公安派出所每季度检查考核一次，分局每半年检查考核一次，市、县公安局每年全面考核检查一次；实行发案倒查办法，即对查获的违法犯罪的外来暂住人口，要查清在案发时是否将其纳入管理视线，确定责任区民警的责任。

第四节　居民身份证管理

一、居民身份证的含义

居民身份证全称是中华人民共和国居民身份证，它是户口登记机关依法对居住在中华人民共和国境内的中国公民统一颁发的，用来证明居民身份的法定证件。居民身份证是我国公民的法定身份证。

1985 年，我国开始统一制作发放居民身份证，被称为第一代居民身份证。2004 年 1 月 1 日，《中华人民共和国居民身份证法》施行后，我国开始采用非接触式 IC 卡技术制作居民身份证，被称为第二代居民身份证。从 2013 年 1 月 1 日起，第一代居民身份证已在社会上停止使用。

二、居民身份证的发放范围

居住在中华人民共和国境内的年满 16 周岁的中国公民，均应当依照法律规定申请领取居民身份证；未满 16 周岁的中国公民，可以依照法律申请领取居民身份证。

三、居民身份证式样和项目

居民身份证的式样为多层聚酯材料复合而成的单页卡式证件，采用非接触式 IC 卡技术制作，证件尺寸设计为 85. 6mm×54. 0mm×1. 0mm。正面印有国徽、证件名称、长城图案、证件的签发机关和有效期限及彩色花纹。证件背面设计有姓名、性别、民族、出生日期、常住户口所在地住址、公民身份号码和本人相片 7 个登记项目，证件颜色从左至右为浅蓝色至浅粉色再至浅蓝色。

少数民族地区证件，在使用汉字的基础上，需要同时填写一种少数民族文字。根据少数民族书写特点，采用少数民族文字的证件有两种排版格式。一种是同时使用汉字和蒙文的证件，蒙文在前，汉字在后；另一种是同时使用汉字和其他少数民族文字（如藏、壮、维、朝鲜文等）的排版格式，少数民族文字在上，汉字在下。

居民身份证登记项目有10项，具体包括姓名、性别、民族、出生日期、常住户口所在地住址、公民身份号码、本人相片、有效期限、签发机关、指纹。其中，公民身份号码为17位数字本位码和1位校验码；有效期限分为5年、10年、20年和长期有效四种。

另外，为方便公民出行、旅游等，在居民身份证遗失、申领、换领期间或特殊情况下，公民可申领临时居民身份证，其全称为“中华人民共和国临时居民身份证”。式样为聚酯薄膜密封的单页卡式，大小、登记项目和第二代居民身份证相同。临时身份证正面印有证件名称和长城图案，背面登载公民本人黑白照片和身份项目，其有效期限为3个月。

临时居民身份证使用规范汉字和符合国家标准的数字符号填写。民族自治地方的自治机关根据本地区的实际情况，可以决定同时使用实行区域自治的民族的文字或者选用一种当地通用的文字。

四、居民身份证的申领、换发和补领

（一）居民身份证的申领

公民应当自年满16周岁之日起3个月内，向常住户口所在地的公安机关申请领取居民身份证。未满16周岁的公民，由监护人代为申请领取居民身份证。公民申请领取居民身份证，应当填写《居民身份证申领登记表》，交验居民户口簿，60日内由公安机关发放居民身份证；交通不便的地区，办理时间可以延长至90日。

香港同胞、澳门同胞、台湾同胞迁入内地定居的，华侨回国定居的，以及外国人、无国籍人在中华人民共和国境内定居并被批准加入或者恢复中华人民共和国国籍的，在办理常住户口登记时，应当依法申请领取居民身份证。

公民申领临时居民身份证的，公安机关应当在3日内将临时居民身份证发放给申领人。

随着人口信息系统全国联网进程的加快，目前已经基本实现了异地申领居民身份证。

（二）居民身份证的换领、换发与补领

居民身份证有效期满、公民姓名变更或者证件严重损坏不能辨认的，应当申请换领新证；居民身份证登记项目出现错误的，公安机关应当及时更正，换发新证；领取新证时，必须交回原证。居民身份证丢失的，应当申请补领。

未满16周岁公民的居民身份证有上述情形的，可以申请换领、换发或者补领新证。

五、居民身份证的使用和查验

（一）居民身份证的使用

公民从事政治、经济、社会生活等有关活动，需要证明身份的，有权使用居民身份证证明身份，有关单位及其工作人员不得拒绝。公民在从事下列活动时，应当出示居民身份证证明身份：常住户口登记项目变更；兵役登记；婚姻登记、收养登记；申请办理出境手续；法律、行政法规规定需要用居民身份证证明身份的其他情形。

尚未取得居民身份证的公民，从事上述规定的有关活动时，可以使用符合国家规定的其

他证明方式证明身份。

（二）居民身份证查验

1. 居民身份证查验的范围

居民身份证的查验，是指法律授权公安机关在执行公务时，为查明公民身份，依法命令或强制公民出示居民身份证，重点审查、检验证件的真实性、时效性、持证人相片及其登记内容的行政行为。

人民警察依法执行职务，遇有下列情形之一的，经出示执法证件，可以查验居民身份证：对有违法犯罪嫌疑的人员，需要查明身份的；依法实施现场管制时，需要查明有关人员身份的；发生严重危害社会治安突发事件时，需要查明现场有关人员身份的；法律规定需要查明身份的其他情形。有上述所列情形之一，拒绝人民警察查验居民身份证的，依照有关法律规定，分别不同情形，采取措施予以处理。

任何组织或者个人不得扣押居民身份证。但是，公安机关依照《中华人民共和国刑事诉讼法》执行监视居住强制措施的情形除外。

2. 居民身份证查验的基本方法

（1）机读检查。第二代居民身份证具备机读功能。其内含的IC卡芯片采用数字防伪技术，持证人的照片图案和登记项目内容数字化后，采用密码技术加密存入机读芯片，机读芯片与读写机可以通过事先确立的密码算法互相认读。此外，证件信息的存储和证件查询采用数据库技术和网络技术，可以实现全国范围内的联网快速查询和身份识别。

通过专用阅读机具读取存储在证件芯片内的机读信息，并进行解密运算处理后，可以自动辨别证件真伪。若读取的信息是合法写入的，则专用阅读机具显示（或送出）所读取的信息；若读取的信息是非法写入或被篡改，则专用阅读机只显示（或只送出）信息有误的提示。

（2）视读检查。第二代居民身份证也可以通过视读来查验真伪。第二代居民身份证表面采用防伪膜和多项印刷防伪技术。防伪膜采用具有自主知识产权的定向光变色膜等技术，印刷防伪技术包括底纹精细、微缩、彩虹印刷、荧光印刷等。

（3）逻辑检查。主要从证件有效期限与持证人年龄、签发日期之间的关系，公民身份号码与出生日期、性别之间的关系，居民身份证住址栏与签发机关之间的关系等方面检查。

第五节 特殊人群的管理

一、特殊人群的含义

特殊人群，一般是指依照国家法律、法规需要进行监管和重点控制的人员。具体划分为四类：一是重点人口。主要指5类20种。二是社区矫正的对象，即被人民法院判处管制、剥夺政治权利、缓刑、假释、监外执行的社会服刑罪犯。三是高危人群，主要是易肇事肇祸精神病人、社会闲散人员等。四是弱势群体，主要包括空巢老人、留守儿童、艾滋病人。①

① 杜震华：《对加强特殊人群服务管理创新的实践与思考》，载《2012年中国犯罪学学会年会论文集》，中国检察出版社2012年版，第214~215页。

二、当前我国特殊人群的主要特征

特殊人群的“特殊”有两层含义：其一是这个群体由于自身原因或社会原因，容易被社会“忽视”、“遗弃”、“歧视”，因而具有弱势群体特征；其二是由于种种原因，这个群体带来的社会矛盾和社会问题比较大，甚至可能会破坏正常社会秩序的形成。加强对特殊人群的服务管理，一方面是为了通过对具体人的社会控制，来实现对每个群体的关爱，促进其实现正常“社会化”；另一方面，是通过对具体群体的行为管制，避免大规模社会失范的发生和蔓延，来实现整体社会秩序的形成。当前我国特殊人群主要具有下列一些特征：

（一）闲散青少年和不良行为青少年

闲散青少年和不良行为青少年自我管理能力差，缺乏家庭、学校、单位的有效约束和规范，行为取向具有随机性，时常伴有反社会的冲动行为，容易成为违法犯罪的“后备军”。据不完全统计，目前全国有闲散青少年 2820 万人，有不良行为或严重不良行为青少年 115 万人。①

（二）刑释解教人员融入社会难，易重新违法犯罪

全国目前处于安置帮教的刑释解教人员共有 380 万人。② 一些刑释解教人员在多年的监狱生活中形成了“监狱人格”，不能正视自己，缺乏自信，适应社会能力差，往往有依赖或报复社会的心理。另外，全社会自觉不自觉地对这个群体形成“歧视”心态，给他们就业、交友、融入社区等造成了显性或隐性障碍。因此，这部分群体极易重操旧业，一旦重新走上违法犯罪，往往手段更为隐蔽、残忍，社会危害更为严重。

（三）社区矫正制度尚处于“锻炼提升期”

社区矫正制度尚处于“锻炼提升期”，社区服刑人员服务管理模式仍不成熟，存在许多问题。如法律体系不健全，法定职责与教育管理责任相脱节。突出矛盾表现在工作主体与执法主体之间的不一致，司法行政部门承担着对社区矫正对象的日常管理、教育的一线工作，却没有法律所赋予的相应司法奖惩权，实现减刑或撤销假释等司法奖惩措施必须通过公安、检察、法院等部门，操作程序复杂、条件高、适用比例低。又如，部门联系协作少，影响矫正效果。公安、检察、法院、司法行政是社区矫正和刑释解教人员衔接管理的主要部门，但在现实工作中，普遍存在着工作配合不密切、工作流程不顺畅、工作责任不实等问题，从而导致非监禁刑执行与社区矫正的衔接脱节的现象，严重影响社区矫正工作的有序开展。社区矫正中需强化法律监督，目前检察机关自身对社区矫正工作的检察监督还不够深入细致。诸如对法院一直未将本地缓刑罪犯判决书、执行通知书送达检察院监所科，没有及时纠正；对派出所将社区服刑人员与刑满释放人员同列重点人口混管，无分管建档，没有及时督促整改；对有些司法所社区矫正档案建立不及时监督力度不够；对外地裁决机关送达检察院监所科的法律文书没有及时复制转送有关派出所、司法所等。

（四）艾滋病人、精神病人增多

艾滋病人、精神病人增多，不但增加了社会管理成本，而且对社会治安构成威胁。2016 年 11 月 30 日，中国疾病预防控制中心表示，截止到 10 月底的时候，57.5 万中国人携带艾滋病毒或感染艾滋病，死亡病例 17.7 万人。目前，中国估计存活的艾滋病病毒感染者和艾

① 朱耀银：《加强和创新社会管理》，载《中国民政》2011 年第 5 期。.

② 朱耀银：《加强和创新社会管理》，载《中国民政》2011 年第 5 期。

滋病病人约占总人口的0.06%，也就是每一万人中就可能有6人感染了艾滋病病毒。而且据国家卫生计生委公布，截至2014年年底，已经登记的严重精神病人达430万人，每年由精神病人引发的刑事案件多达上万起，而且造成的暴力伤人事件非常残忍，严重精神病人肇事肇祸已成为严重的社会问题。①

三、特殊人群的治安管控

特殊人群的治安管控应该坚持早发现、早控制、分类实施、重点预防的原则。针对不同的人群采取有针对性的措施。

（一）社区矫正对象管理（监外罪犯监管）

监外罪犯监管，是指公安机关依法对被判处管制、剥夺政治权利、缓刑、假释、监外执行的五种社会服刑罪犯实施监督改造的刑罚执行工作。监外执行是我国刑罚执行的一种，是指对罪犯采取不予关押，放在社会上交由基层公安机关、司法行政机关和基层群众自治组织进行监督、考察、管理相结合的一种刑罚执行方式。公安机关应组织社会各方面力量依法对监外罪犯进行监督、考察和教育。监外罪犯监管的主要工作为：

1. 严密交接，熟悉监改规定

为防止监外执行罪犯脱管、漏管问题的发生，保障刑罚的依法有效执行，可以由综治办、公安局、法院、司法局等部门联合会签《关于对监外执行罪犯管理建立释前告知制度和释后协作机制的意见》，各部门在综治办的统一协调下，各负其责，各司其职，密切配合，相互协作。

2. 依法建立组织，健全档案管理制度

监外罪犯监管的执行机关是县（市）公安局、城市公安分局以及相当于县级的公安机关。在实际工作中，由公安派出所建立监督管理组织，监督改造小组和监督考察小组的成员，一般由治保委员、治安积极分子和被监管对象周围群众组成。同时，为了加强规范化建设，派出所应当建立健全被监管对象考核档案，包括法律文书、日常监督考核材料、期满宣布结束监管的材料。

3. 适当形式，公开监改规定

派出所要在监管区域内，组织相关单位、群众，根据人民法院的判决、裁定、决定，宣布其犯罪事实、监管期限、是否被剥夺政治权利、应遵守的监管规定，以及监管的群众组织名单，发动社区群众依法参与监管。

4. 定期掌握情况，实施监控活动

被监管对象必须定期向实施监管的公安派出所、群众组织报告自己的活动情况，责任区民警应定期依法落实对监管对象情况的核实工作。被监管对象在被监管期间外出或迁出的，必须报经监管的公安机关批准，外出2日的，可以向公安机关委托的治安保卫委员会请假；外出3~10内的，应该经过公安派出所批准，迁居的应该报经公安机关批准。

5. 依法办事，按时结束监管

在监管过程中，公安机关应定期或随时向人民法院和人民检察院反映被监管对象的改造情况。对于认罪悔过、改造情况突出、有重大立功表现的，依法提请减刑，缩短社会监管时

---

① 张艳：《公共安全体系中特殊人群的服务与管控》，载《广西警官高等专科学校学报》2016年第1期。

限。对于在社会监管过程中，发现有未经判决的犯罪行为或不服从监管规定，情况恶劣的以及实施新的违法犯罪活动的，依法提请收监或依法审判收监。对于在监管过程中死亡的，公安机关应通知人民法院、人民检察院或原执行监狱，依法结束其监管。

（二）治安重点人员的管控

治安重点人员，包括重点人口与高危人员，是指有危害国家安全或社会治安嫌疑，由公安机关重点关注的人员。治安重点人员管控应实行专门工作与群众路线相结合的方针，坚持既要从长远建设着眼，又要为现实斗争服务的原则，紧密依靠群众，严格掌握政策，深入调查研究，对不同类别的对象，采取相应的工作方法。对其应做到底数清、情况明、不漏管、不失控。

1. 调查了解

公安派出所责任区民警应当深入辖区开展调查，澄清治安重点人员底数，熟悉每个重点人员的身份情况、体貌特征、别名绰号、语音语调、习惯嗜好、举动表情、经济状况、交往人员、主要活动场所及主要问题等基本情况，掌握现实表现，及时发现新的对象。

2. 查证核实

对有现行违法犯罪活动嫌疑和转递的各种信息材料，应当及时调查核实。对需要侦查的重要线索应当按有关规定及时通报侦查部门；对不够打击处理的应当做好材料积累工作；经查证核实嫌疑被排除的，所列人员情况发生变化或者经考察确已悔改的，应当撤管。

3. 积极疏导

对因民事纠纷矛盾激化，有行凶闹事苗头，可能铤而走险的，公安派出所应当会同基层治保、调解组织，协同其亲属共同进行耐心细致的说服教育，正确疏通、引导，及时缓解矛盾，帮助其解开思想疙瘩，消除铤而走险的念头，息事宁人。同时要及时协调各有关部门，尽量合理地调解各种利益关系，解决引发矛盾的纠纷，使问题得到彻底解决。

4. 重点控制

对有重大现实危害的嫌疑人员，公安派出所责任区民警应当落实管控措施，及时掌握动态，严密控制。对确有犯罪迹象的，要布置力量严密控制，防止造成危害；对有重大现实危害，可能行凶、爆炸危及他人人身和公共安全的人，要依法采取紧急处置措施。可采取公开和秘密相结合的方法：一是布置治安积极分子进行监控，二是建立监控耳目进行监控。对监控人员要传授必要的工作方法，进行必要的纪律教育，防止发生意外。

5. 帮助教育

对 25 周岁以下有轻微违法犯罪行为的青少年和刑满释放不满五年的人员，要贯彻“教育、感化、挽救”的方针，在基层党委政府的统一领导下，依靠社会各方面力量，会同帮教对象所在单位、学校、街道等有关部门和帮教对象的家庭，建立帮教工作小组，共同研究制定帮教计划，落实帮教责任制。要采取多种形式，进行经常性的理想、道德和法制教育，促使他们向好的方面转化，减少重新违法犯罪；同时，还要注意帮助他们解决工作、生活中的实际问题。

（三）易肇事肇祸精神病人的治安管控

对肇事肇祸精神病人实施重点管控，是公安机关的一项重要任务，也是一项复杂的社会管理课题。

1. 目前精神病人肇事肇祸案事件的特点

（1）暴力犯罪多发。精神病人肇事肇祸行为与正常人违法犯罪不同，在行为过程中多表现暴躁、偏执和善恶不分，以威胁、放火、打砸等破坏性暴力行为居多，动辄使用凶器伤人、杀人，手段极其残忍，在群众中极易引起恐慌。

（2）侵害目标多样。大多数精神病人在发病期间，侵害行为大多数指向自己身边的人，如父母、兄弟姐妹、周边邻居等；也有一些狂乱型精神病人在发病期间，侵害不特定的目标。

（3）伤害后果严重。精神病人暴力侵害后果以杀人和重伤居多，男性精神病人造成的伤害程度要大大超过女性精神病人。

（4）行为难以预判。精神病人在发病期间的行为是不由其主观意志决定的，正常人很难用理性的眼光和思维方式去了解这一群体，因此对他们的思想和行为缺乏足够的预判。一旦精神病人实施肇事肇祸行为，受害人大多猝不及防，很容易受到暴力伤害。

（四）易肇事肇祸精神病人的治安管控措施

要真正管控好肇事肇祸精神病人，必须有全面系统的设计、协作配合的机制，齐抓共管、标本兼治，重管控更重防治，从源头入手，分类、分级、分段管控，最大限度地降低精神病人肇事肇祸的风险，回应人民群众的期盼和要求。具体应做好以下工作：

1. 定期摸底排查，掌握底数

派出所民警特别是社区民警要对辖区内的精神病人、性格偏执人群，按照“街不漏巷、乡不漏村、村不漏户”的要求，根据精神病发病的规律特点，定期组织开展摸排工作，对摸排出来的有肇事肇祸行为（或有肇事肇祸倾向）的疑似精神病人，逐一采集信息、建档立卡，并将病人的家庭成员、社会关系、自身情况、精神病史、平时表现、家庭住址及活动范围等情况分别列入台账管理，做到情况明、底数清。

2. 严格分类管控，落实责任

对经鉴定确认发生过肇事肇祸行为或有肇事肇祸倾向的精神病人，特别是对有过打人毁物、可能危害群众生命财产安全的精神病人，要逐人成立管控工作小组，制定管控工作措施。对排摸出来的精神病人，应根据其病情的严重程度进行风险评估，按照危险程度予以区分治疗，落实管控。其中家庭有管控能力的，由家属或监护人管控，村组、社区定期或不定期上门巡查；对家庭无管控能力的，由村组、社区落实专人管控；对一般性精神病人，由家属或监护人就地监护，定期向村组、社区汇报病情变化情况和活动范围；对流落社会且病情稳定的精神病人，由公安机关送民政部门救助机构给予救助。

3. 调动多方帮扶，形成合力

精神病人是一个特殊群体，管控难度大，整个社会要群策群力，共同帮控。一是政府救济。乡镇街道可将精神病人和家属、监护人纳入农村低保对象，定期救济，减轻监护人的经济负担，对经济困难又曾经有过肇事肇祸行为的严重暴力性精神病人家庭，视情给予经济补助，加强针对性监管，严防再次发生危害社会行为。二是民警帮扶。坚持以人为本，责任民警给予患病者更多的人文关怀和帮助，积极帮助监护人解决监护中的一些实际困难，提高监护人积极性。三是社会关心。积极动员周边群众关心和帮助精神病人家庭，对有希望根治的精神病人，动员病人家属或监护人送其到医院治疗，用关爱温暖病人及家属。

4. 完善工作机制，确保长效

首先，要明确“责任监控”。要按照属地管理、分片负责的原则，建立派出所民警、乡镇干部、社区（村委会）工作人员或单位负责人员、家属或监护人等共同管控的“多级”管控机制，形成管控合力，扎实管控。其次，要建立“实时督控”。社区民警定期对责任区内的精神病人家庭进行回访，与民政部门建立日常交流沟通制度，做到日常基本情况能够全面掌握，突发、异常情况及时掌握。再次，要确保社会联动。积极争取各方支持，建立“家庭支持、社会救助、各级政府财政补助”的强制医疗经费保障机制，避免病人流入社会危害公共安全。

第六节 出入境管理

一、出入境管理概念与基本原则

出入境，是指一国公民出入本国国境以及外国人入出本国国境的活动。出入境管理是指我国出入境管理机关依据国家有关法律和政策，对出入境活动所实施的各种计划、组织、控制、指挥、协调及监督活动。

根据《中华人民共和国出境入境管理法》（以下简称《出境入境管理法》）等法律法规的规定，出入境管理包括中国公民出境入境、外国人入境出境、外国人在中国境内停留居留的管理以及交通运输工具出境入境的边防检查等。

出入境管理应当坚持如下基本原则：维护国家主权、安全和社会秩序；促进对外开放，实现便民高效原则；保护中外公民出境入境合法权益原则；分别管理、各自负责、相互沟通配合，实现信息共享原则；国家间相互对等原则。

二、中国公民出入境管理

根据《出境入境管理法》、《中国公民因私事往来香港地区或者澳门地区的暂行管理办法》（以下简称《往来港澳管理办法》）、《中国公民往来台湾地区管理办法》（以下简称《往来台湾管理办法》）等法律法规的规定，中国公民出入境包括三个方面的内容：一是我国公民前往其他国家以及从其他国家归来管理；二是内地居民往来港澳特别行政区和港澳特区居民来往内地管理；三是我国居民来往于大陆与台湾之间管理。根据出入境的事由不同，出入境管理分为因公出入境管理和因私出入境管理。本节主要阐述中国公民因私出入境管理。

（一）中国公民出入国管理

1. 中国公民出入境证件

中国公民出境入境，应当依法申请办理护照或者其他旅行证件。

中华人民共和国护照是中华人民共和国公民出入国境和在国外证明国籍和身份的证件。根据《中华人民共和国护照法》（以下简称《护照法》）规定，我国护照分为普通护照、外交护照和公务护照三种。普通护照由公安部出入境管理机构或者公安部委托的县级以上地方人民政府公安机关出入境管理机构以及中华人民共和国驻外使馆、领馆和外交部委托的其他驻外机构签发。外交护照由外交部签发。公务护照由外交部、中华人民共和国驻外使馆、领馆或者外交部委托的其他驻外机构以及外交部委托的省、自治区、直辖市和设区的市人民政府外事部门签发。公民因前往外国定居、探亲、学习、就业、旅行、从事商务活动等非公务原因出国的，由本人向户籍所在地的县级以上地方人民政府公安机关出入境管理机构申请普通护照。2012 年 5 月，我国开始正式发放电子普通护照。

其他旅行证件包括中华人民共和国旅行证、中华人民共和国出入境通行证和中华人民共和国海员证。

2. 普通护照的申请与受理

国内公民申请普通护照由申请人户籍所在地的市、县公安局出入境管理部门受理。定居国外的中国公民申请普通护照由我国驻该国的大使馆、领事馆或外交部委托的其他驻外机构受理。

受理机关受理后要做好采集申请人指纹、采集人像、查验申请表、查验照片、查验身份证明、比对登记备案国家工作人员数据库、法定不批准出境通报备案人员数据库、全国在逃人员信息数据库和出入境证件签发数据库等工作。

3. 普通护照的审批

普通护照申请由公安部委托的县级以上地方公安机关出入境管理部门进行审批。公安机关审批时要做好以下几项工作：（1）确认申请材料是否齐全且符合法定形式，数据采集是否完整；（2）确认采集申请人指纹是否符合规定要求；（3）确认制证照片、申请表照片、居民身份证照片、人口信息照片以及现场采集人像是否为同一人；（4）比对登记备案国家工作人员数据库，审核登记备案人员提交的单位意见；（5）比对法定不批准出境通报备案人员数据库和全国在逃人员信息数据库，确认申请人不属于两库人员；（6）比对出入境证件签发数据库，确认申请人是否持有出入境证件，是否重复申领；（7）比对出入境记录数据库，确认申请人是否存在违法违规出入境、被遣返人员或加入外国国籍等情况。

4. 普通护照的签发

普通护照由公安部出入境管理机构或者公安部委托的县级以上地方人民政府公安机关出入境管理机构以及中华人民共和国驻外使馆、领馆和外交部委托的其他驻外机构签发。省、自治区、直辖市公安厅局集中制作签发本省、直辖市因私普通护照。公安部依法律授权或者指定有关机关办理护照的延期、加注、变更手续或采取必要的强制措施。

《护照法》第 13 条、第 14 条规定，申请人有下列情形之一的，护照签发机关不予签发护照：不具有中华人民共和国国籍的；无法证明身份的；在申请过程中弄虚作假的；被判处刑罚正在服刑的；人民法院通知有未了结的民事案件不能出境的；属于刑事案件被告人或者犯罪嫌疑人；国务院有关主管部门认为出境后将对国家安全造成危害或者对国家利益造成重大损失的。

（二）中国公民往来港澳地区管理

内地居民因私事往来港澳，凭公安机关签发的《往来港澳通行证》和《前往港澳通行证》出入境。港澳居民来往内地，凭公安机关签发的《港澳居民来往内地通行证》出入境。

1. 内地居民短期往来港澳管理

内地居民短期往来港澳主要包括探望、商务、团队旅游、个人旅游、逗留、其他等。其中，探望是指在香港或者澳门定居、就学或者就业的亲属；商务包括受单位派遣赴香港或者澳门商务，个体工商户经营者赴香港或者澳门商务，驾驶往返内地与香港或者澳门专用交通工具人员；团队旅游包括参加国家旅游局指定旅行社组织的团队赴香港或者澳门旅游；个人旅游是指经批准开办常住居民个人赴香港或者澳门旅游；逗留是指经香港或者澳门有关部门批准在香港或者澳门就学、就业、培训的人员及其亲属；其他包括因治病、奔丧、诉讼、应试、处理产业、学术交流等特殊事由申请赴香港或者澳门。在澳门就学、就业的内地居民申请赴香港。

办理《往来港澳通行证》和签注须由常住户口所在地县、市（含地区、地级市、直辖市）公安机关出入境管理部门受理申请。地级以上公安机关出入境管理部门或者经公安部出入境管理局授权的县级公安机关出入境管理部门可以对内地居民赴香港或者澳门的申请作出审批决定。

内地居民因私事往来港澳地区签注主要有探亲签注（T）、商务签注（S）、团队旅游签注（L）、个人旅游签注（G）、其他签注（Q）、逗留签注（D）六种。

2. 内地居民前往港澳定居管理

内地居民前往香港或者澳门定居实行定额审批。公安部出入境管理局制定内地居民前往香港或者澳门定居打分标准，每年根据前往香港或者澳门定居名额和申请人数，确定并公布下年度内地居民前往香港或者澳门定居的审批分数线。香港或者澳门永久性居民中的中国公民在内地所生中国籍子女无须打分排队。县级以上公安机关出入境管理部门负责受理内地居民申请前往香港或者澳门定居，地级以上公安机关出入境管理部门负责审核、审批。

内地居民有下列情形之一的，可以申请前往香港或者澳门定居：夫妻一方定居香港或者澳门的；可同时申请偕行未满 18 周岁的子女；18 周岁以上、未满 60 周岁，其在香港或者澳门定居的父母均 60 周岁以上且在香港或者澳门无子女，需要其前往照顾的；60 周岁以上且在内地无子女，需要投靠在香港或者澳门定居的 18 周岁以上子女的；未满 18 周岁，需要投靠在香港或者澳门定居的父母的；香港或者澳门永久性居民子女；有其他特殊情况需要前往香港或者澳门定居的。

内地居民申请前往香港或者澳门定居，须由本人向其户籍所在地的县级以上公安机关出入境管理部门提出申请，并接受询问和材料审核。在收到香港入境事务处签发的"居留权证明书"和澳门身份证明局回复的"身份核查确认函"后，审批部门在 10 个工作日内作出批准或者不批准的决定。经批准的，申请人凭《批准定居通知书》办理注销户口、缴销居民身份证手续。公安机关出入境管理部门凭申请人提交的户口注销及居民身份证缴销证明，发给申请人《前往港澳通行证》。

（三）中国公民往来台湾地区管理

1. 大陆居民往来台湾地区管理

大陆居民往来台湾地区，必须向公安机关申请《大陆居民往来台湾通行证》及签注。

大陆居民申请因私事前往台湾探亲、定居、访友、旅游、接受和处理财产，处理婚丧及其他私人事务（简称因私事前往台湾），以及申请前往台湾进行本企业经贸交流活动，由常住户口所在地的市、县公安机关出入境管理部门受理。大陆居民申请应邀前往台湾进行经济、文化、科技、体育、学术等活动或者参加会议、进行两岸事务性商谈、采访，以及执行海峡两岸直航航运任务等（已经国务院台办审核，简称应邀前往台湾），由常住户口所在地的直辖市或者地（市）级的公安机关出入境管理部门受理。工作所在地与常住户口所在地不属同一个地（市）级公安机关管辖区的，也可由工作所在地的公安机关出入境管理部门受理申请。定居国外的中国公民来大陆后申请前往台湾，由暂住地的公安机关出入境管理部门受理。

受理部门受理申请时时，应当查验核实身份。由直辖市、地（市）级公安机关出入境管理部门对往来台湾的申请作出批准或者不批准的决定。同时申请《往来台湾通行证》及前往台湾签注的，由各省、自治区、直辖市公安厅（局）出入境管理部门集中制作、签发。对持有有效《往来台湾通行证》申请前往台湾签注的，由直辖市、地（市）级公安机关出入境管理部门签发。大陆居民往来台湾通行证实行逐次签注。签注分一次往返有效和多次往返有效。

2. 台湾居民回大陆管理

台湾居民往来大陆地区，必须申领《台湾居民来往大陆通行证》。《台湾居民来往大陆通行证》分为5年有效和3个月一次有效两种。根据《往来台湾管理办法》规定，自2015年7月1日起，台湾居民持有效的台湾居民来往大陆通行证即可经开放口岸出入境大陆并在大陆停居留，无须办理签注。同时，公安机关将实施电子台胞证。

从台湾地区直接来大陆的，向公安部门出入境管理局委托的有关机构申请，也可以向指定口岸的公安机关出入境管理部门提出申请。从香港、澳门地区来大陆的，向公安部出入境管理局委托在香港、澳门地区的有关机构申请。在大陆，向市（县）公安机关出入境管理部门申请来往大陆出境证件（一次性）。从外国来大陆的，可以向中国驻外国的大使馆或领事馆提出申请。

公安机关出入境管理部门在受理台湾居民台胞证申请时，应当查验身份证件，核对申请人身份，检查各类申请材料。对批准来大陆的台湾居民，由国家主管机关签发旅行证件。

台湾居民来大陆，应当按照户口管理规定，办理暂住登记。批准定居的，公安机关发给定居证明。

三、外国人管理

（一）签证制度

签证指一国政府允许外国人入、过、出本国国境的许可证明，是在申请人所持护照或者护照替代证件上使用的一项文字签章。它是一国公民进入别国必须履行的法律手续，是各国出入境管理制度的核心内容，是一国国家主权在出入境管理中具体体现。

1. 签证类别

根据《中华人民共和国外国人入境出境管理条例》（以下简称《外国人入境出境管理条例》）规定，签证分为外交签证、礼遇签证、公务签证和普通签证。对因外交、公务事由入境的外国人，签发外交、公务签证；对因身份特殊需要给予礼遇的外国人，签发礼遇签证。外交签证、礼遇签证、公务签证的签发范围和签发办法由外交部规定。对因工作、学习、探亲、旅游、商务活动、人才引进等非外交、公务事由入境的外国人，签发相应类别的普通签证。

2. 外国人办理签证程序

外国人申请办理签证，应当向驻外签证机关提交本人的护照或者其他国际旅行证件，以及申请事由的相关材料，按照我国驻外签证机关的要求办理相关手续、接受面谈。外国人申请办理签证需要提供中国境内的单位或者个人出具的邀请函件的，申请人应当按照驻外签证机关的要求提供。出具邀请函件的单位或者个人应当对邀请内容的真实性负责。出于人道原因需要紧急入境，应邀入境从事紧急商务、工程抢修或者具有其他紧急入境需要并持有有关主管部门同意在口岸申办签证的证明材料的外国人，可以在国务院批准办理口岸签证业务的口岸，向公安部委托的口岸签证机关申请办理口岸签证。旅行社按照国家有关规定组织入境旅游的，可以向口岸签证机关申请办理团体旅游签证。外国人向口岸签证机关申请办理签证，应当提交本人的护照或者其他国际旅行证件，以及申请事由的相关材料，按照口岸签证机关的要求办理相关手续，并从申请签证的口岸入境。口岸签证机关签发的签证一次入境有效，签证注明的停留期限不得超过30日。

3. 不予签发情形

根据《出境入境管理法》规定，外国人有下列情形之一的，不予签发签证：（1）被处驱逐出境或者被决定遣送出境，未满不准入境规定年限的；（2）患有严重精神障碍、传染性肺结核病或者有可能对公共卫生造成重大危害的其他传染病的；（3）可能危害中国国家安全和利益、破坏社会公共秩序或者从事其他违法犯罪活动的；（4）在申请签证过程中弄虚作假或者不能保障在中国境内期间所需费用的；（5）不能提交签证机关要求提交的相关材料的；（6）签证机关认为不宜签发签证的其他情形。对不予签发签证的，签证机关可以不说明理由。

4. 免办签证

根据《出境入境管理法》规定，外国人有下列情形之一的，可以免办签证：（1）根据中国政府与其他国家政府签订的互免签证协议，属于免办签证人员的；（2）持有效的外国人居留证件的；（3）持联程客票搭乘国际航行的航空器、船舶、列车从中国过境前往第三国或者地区，在中国境内停留不超过二十四小时且不离开口岸，或者在国务院批准的特定区域内停留不超过规定时限的；（4）国务院规定的可以免办签证的其他情形。

（二）外国人入境出境管理

1. 外国人入境

外国人入境，应当向出入境边防检查机关交验本人的护照或者其他国际旅行证件、签证或者其他入境许可证明，履行规定的手续，经查验准许，方可入境。

根据《出境入境管理法》规定，外国人有下列情形之一的，不准入境：（1）未持有效出境入境证件或者拒绝、逃避接受边防检查的；（2）具有本法第 21 条第 1 款第 1 项至第 4 项规定情形的；（3）入境后可能从事与签证种类不符的活动的；（4）法律、行政法规规定不准入境的其他情形。

对不准入境的，出入境边防检查机关可以不说明理由。对未被准许入境的外国人，出入境边防检查机关应当责令其返回；对拒不返回的，强制其返回。外国人等待返回期间，不得离开限定的区域。

2. 外国人出境

外国人出境，应当向出入境边防检查机关交验本人的护照或者其他国际旅行证件等出境入境证件，履行规定的手续，经查验准许，方可出境。根据《出境入境管理法》规定，外国人有下列情形之一的，不准出境：（1）被判处刑罚尚未执行完毕或者属于刑事案件被告人、犯罪嫌疑人的，但是按照中国与外国签订的有关协议，移管被判刑人的除外；（2）有未了结的民事案件，人民法院决定不准出境的；（3）拖欠劳动者的劳动报酬，经国务院有关部门或者省、自治区、直辖市人民政府决定不准出境的；（4）法律、行政法规规定不准出境的其他情形。

（三）外国人停留居留管理

1. 外国人停留居留管理

外国人所持签证注明的停留期限不超过 180 日的，持证人凭签证并按照签证注明的停留期限在中国境内停留。需要延长签证停留期限的，应当在签证注明的停留期限届满 7 日前向停留地县级以上地方人民政府公安机关出入境管理机构申请。经审查，延期理由合理、充分的，准予延长停留期限；不予延长停留期限的，应当按期离境。延长签证停留期限，累计不得超过签证原注明的停留期限。

外国人所持签证注明入境后需要办理居留证件的，应当自入境之日起30日内，向拟居留地县级以上地方人民政府公安机关出入境管理机构申请办理外国人居留证件。居留证件分为：工作类居留证件、记者类居留证件、团聚类居留证件、私人事务类居留证件。

外国人有下列情形之一的，不予签发外国人居留证件：所持签证类别属于不应办理外国人居留证件的；在申请过程中弄虚作假的；不能按照规定提供相关证明材料的；违反中国有关法律、行政法规，不适合在中国境内居留的；签发机关认为不宜签发外国人居留证件的其他情形。

免办签证入境的外国人需要超过免签期限在中国境内停留的，外国船员及其随行家属在中国境内停留需要离开港口所在城市，或者具有需要办理外国人停留证件其他情形的，应当按照规定办理外国人停留证件。外国人停留证件的有效期最长为180日。

2. 外国人在华永久居留

对中国经济社会发展作出突出贡献或者符合其他在中国境内永久居留条件的外国人，经本人申请和公安部批准，取得永久居留资格。取得永久居留资格的外国人，凭永久居留证件在中国境内居留和工作，凭本人的护照和永久居留证件出境入境。

被批准在中国永久居留的外国人，由公安部签发《外国人永久居留证》。被批准在中国永久居留的未满18周岁的外国人，发给有效期为5年的《外国人永久居留证》；被批准在中国永久居留的18周岁以上的外国人，发给有效期为10年的《外国人永久居留证》。

根据《出境入境管理法》规定，外国人有下列情形之一的，由公安部决定取消其在中国境内永久居留资格：对中国国家安全和利益造成危害的；被处驱逐出境的；弄虚作假骗取在中国境内永久居留资格的；在中国境内居留未达到规定时限的；不适宜在中国境内永久居留的其他情形。

（四）外国人就业等管理

外国人在中国境内工作，应当按照规定取得工作许可和工作类居留证件。任何单位和个人不得聘用未取得工作许可和工作类居留证件的外国人。外国人有下列行为之一的，属于非法就业：（1）未按照规定取得工作许可和工作类居留证件在中国境内工作的；（2）超出工作许可限定范围在中国境内工作的；（3）外国留学生违反勤工助学管理规定，超出规定的岗位范围或者时限在中国境内工作的。

聘用外国人工作或者招收外国留学生的单位，应当按照规定向所在地公安机关报告有关信息。公民、法人或者其他组织发现外国人有非法入境、非法居留、非法就业情形的，应当及时向所在地公安机关报告。

三、出入境边防检查

出入境边防检查是国家通过设立在对外开放口岸的边防检查机关对出入境人员、交通运输工具及其携带、载运的行李物品、货物等实施检查、监督的一项行政管理活动。它是维护国家主权、安全和社会秩序，便利出境、入境的人员和交通运输工具的通行的必要手段，是公安边防管理工作的重要组成部分。

（一）出入境边防检查机关及职责

出境、入境边防检查工作由公安部主管。我国在对外开放的港口、航空港，车站和边境通道等口岸设立出境入境边防检查站（以下简称边防检查站）。边防检查站为维护国家主权、安全和社会秩序，履行下列职责：

1. 对出境、入境的人员及其行李物品、交通运输工具及其载运的货物实施边防检查；
2. 按照国家有关规定对出境、入境的交通运输工具进行监护；
3. 对口岸的限定区域进行警戒、维护出境、入境秩序；
4. 执行主管机关赋予的其他法律、行政法规规定的任务。

（二）出入境边防检查强制措施

根据《出境入境管理法》、《中华人民共和国边防检查条例》（以下简称《边防检查条例》）等法律法规规定，出入境边防检查机关对违反法律规定的出入境人员可以采取当场盘问、继续盘问、拘留审查、限制活动范围、遣送出境等强制措施。

出入境边防检查机关对涉嫌违反出境入境管理的人员，可以当场盘问；经当场盘问，有下列情形之一的，可以依法继续盘问：有非法出境入境嫌疑的；有协助他人非法出境入境嫌疑的；外国人有非法居留、非法就业嫌疑的；有危害国家安全和利益，破坏社会公共秩序或者从事其他违法犯罪活动嫌疑的。

外国人有上述情形经当场盘问或者继续盘问后仍不能排除嫌疑，需要作进一步调查的，可以拘留审查。

对于下列情形的外国人，不适用拘留审查，可以限制其活动范围：患有严重疾病的；怀孕或者哺乳自己不满 1 周岁婴儿的；未满 16 周岁或者已满 70 周岁的；不宜适用拘留审查的其他情形。

对于下列情形的外国人，可以遣送出境：被处限期出境，未在规定期限内离境的；有不准入境情形的；非法居留、非法就业的；违反《出境入境管理法》或者其他法律、行政法规需要遣送出境的。其他境外人员有前述所列情形之一的，可以依法遣送出境。被遣送出境的人员，自被遣送出境之日起 1~5 年内不准入境。

（三）人员的检查和管理

出境、入境的人员必须按照规定向边防检查站交验本人的有效护照或者其他出境、入境证件。经查验核准后，方可出境、入境。

对于下列出境、入境的人员，边防检查站有权阻止其出境、入境：未持出境、入境证件的；持用无效出境、入境证件的；持用他人出境、入境证件的；持用伪造或者涂改的出境、入境证件的；拒绝接受边防检查的；未在限定口岸通行的；国务院公安部门、国家安全部门通知不准出境、入境的；法律、行政法规规定不准出境、入境的。

边防检查站认为必要时，可以对出境、入境的人员进行人身检查。人身检查应当由两名与受检人员同性别的边防检查人员进行。

（四）交通运输工具出境入境边防检查及监护

出境入境交通运输工具离开、抵达口岸时，应当接受边防检查。对交通运输工具的入境边防检查，在其最先抵达的口岸进行；对交通运输工具的出境边防检查，在其最后离开的口岸进行。特殊情况下，可以在有关主管机关指定的地点进行。出境的交通运输工具自出境检查后至出境前，入境的交通运输工具自入境后至入境检查前，未经出入境边防检查机关按照规定程序许可，不得上下人员、装卸货物或者物品。

交通运输工具负责人或者交通运输工具出境入境业务代理单位应当按照规定提前向出入境边防检查机关报告入境、出境的交通运输工具抵达、离开口岸的时间和停留地点，如实申报员工、旅客、货物或者物品等信息。交通运输工具负责人、交通运输工具出境入境业务代理单位应当配合出境入境边防检查，发现违反本法规定行为的，应当立即报告并协助调查处理。入境交通运输工具载运不准入境人员的，交通运输工具负责人应当负责载离。

根据《出境入境管理法》规定，出入境边防检查机关对处于下列情形之一的出境入境交通运输工具必须进行监护：（1）出境的交通运输工具在出境边防检查开始后至出境前、入境的交通运输工具在入境后至入境边防检查完成前；（2）外国船舶在中国内河航行期间；（3）有必要进行监护的其他情形。

根据《出境入境管理法》规定，交通运输工具有下列情形之一的，不准出境入境；已经驶离口岸的，可以责令返回：离开、抵达口岸时，未经查验准许擅自出境入境的；未经批准擅自改变出境入境口岸的；涉嫌载有不准出境入境人员，需要查验核实的；涉嫌载有危害国家安全、利益和社会公共秩序的物品，需要查验核实的；拒绝接受出入境边防检查机关管理的其他情形。前列情形消失后，出入境边防检查机关对有关交通运输工具应当立即放行。从事交通运输工具出境入境业务代理的单位，应当向出入境边防检查机关备案。从事业务代理的人员，由所在单位向出入境边防检查机关办理备案手续。

（五）行李物品、货物的检查

边防检查站根据维护国家安全和社会秩序的需要，可以对出境、入境人员携带的行李物品和交通运输工具载运的货物进行重点检查。出境、入境的人员和交通运输工具不得携带、载运法律、行政法规规定的危害国家安全和社会秩序的违禁物品，携带、载运违禁物品的，边防检查站应当扣留违禁物品，对携带人、载运违禁物品交通工具负责人依照有关法律、行政法规的规定处理。任何人不得非法携带属于国家秘密的文件、资料和其他物品出境；非法携带属于国家秘密的文件、资料和其他物品的，边防检查站应当予以收缴，对携带人依照有关法律、行政法规的规定处理。出境、入境的人员携带或者托运枪支、弹药，必须遵守有关法律、行政法规的规定，向边防检查站办理携带或者托运手续；未经许可，不得携带、托运枪支、弹药出境、入境。

第七节　人口信息管理

一、人口信息管理的含义

（一）人口信息的含义

人口信息，从广义上讲，是指与人有关的信息，是反映人口自然属性和社会属性的数据和资料的统称。从狭义上讲，是指社会活动和社会管理所通用的人口身份、住址、亲属关系以及人口数量、构成、变动、分布、质量等信息。人口信息作为社会最基础的信息，是国家制定与实施各项政策、法规，指导经济建设和统筹社会管理的重要依据。

（二）人口信息管理的含义

人口信息管理，是指公安机关按照一定的目标和规则，收集、整理、存储、传输、检索、使用人口信息的一项专门工作，是公安机关一项重要的基础性业务工作。

我国对人口信息资料的获取，主要是通过户口登记、人口普查、人口抽样调查等途径进行。其中，公安机关户口登记不仅是获取人口信息最直接、最主要的途径，往往也是获取人口信息的最初源头。公安机关不仅收集国家管理需要的广泛的人口社会信息，也获取维护社会治安需要的公安信息。在长期的公安人口管理实践中，公安机关已构建起完备的组织体系，建立了一整套行之有效的管理制度，配备了充足的管理力量，用以调查了解、熟悉掌握人口信息，为其他部门、公民个人提供服务。因此说，公安机关是人口信息的最主要，也是最重要的管理主体。

二、我国人口信息管理的历史沿革

公安机关对人口信息的管理，大致可以分为3个阶段：

第一个阶段是手工管理阶段，即通过建立人口卡片，手工进行管理。人口卡片，又叫人口信息卡片，是城市户口登记机关以一定年龄的人为单位，建立的一种含有人口身份信息和住址信息的卡片。人口卡片由城市公安派出所在办理户口登记时填写，主要对象是16周岁以上的常住人口，并定期送到市局，由市公安局集中统一管理和使用。由于人口卡片使用姓名检索，手工管理，不但耗费时间、人力和物力，而且工作效率低，无法满足现代社会对人口信息管理的要求。特别是改革开放以来，随着经济的发展和社会的转型，人民群众在政治、经济、文化及其他社会生活中的交往越来越多，人口流动量日益增加，人口信息变动日趋频繁。相应地，公安机关掌握人口情况、为社会各界提供人口信息、保障公民合法权益、维护社会秩序的任务也日益加重。人口卡片这种手工管理模式已经越来越不能适应这种社会变化。

第二阶段是电子计算机单机、单项应用管理阶段。20世纪80年代中期，随着我国居民身份证制度的实施，公安机关开始探索利用现代化手段来管理人口信息，即建立人口信息电子计算机管理系统。经过十几年的努力，伴随着电子信息产业的迅速发展，全国绝大多数地区的户口登记机关都实现了人口信息的计算机管理，但是主要以单机运行为主，各地区、各级公安机关的人口信息通常也只是本部门独享，方便各自的工作。

第三阶段是电子计算机多机联网综合应用管理阶段。20世纪90年代末，公安部提出了“100个城市人口信息管理系统联网工程”，开辟了人口信息互连共享的新纪元，人口信息的计算机管理从此步入了网络化、综合化发展的轨道，成为公安业务信息化建设的一项重要举措，这也是公安机关实现警务现代化的一个必然趋势。

三、人口信息管理系统的含义及功能

（一）人口信息管理系统的含义

人口信息管理系统，是指由人、计算机及相关的设备、设施等组成的，按照一定的目标和规则，对人口信息进行采集、加工、存储、传输、使用和维护的有机整体。

人口信息管理系统是国家一项十分重要的系统工程，是“金盾工程”一期一类应用项目，在国家信息化和“金盾工程”建设中具有基础性、先导性的地位。它不仅是加强国家行政管理、维护社会秩序的重要手段，也是公安信息化建设的重要组成部分。本着“全面规划、统筹安排、先易后难、积极稳妥”的方针，人口信息管理系统建设以公安派出所人口信息管理系统为基础，已逐步建立并建成各级网络系统，在高层次上实现信息共享。

（二）人口信息管理系统的功能

目前，人口信息管理系统由部级人口管理信息系统、省级实有人口管理信息系统和地市级实有人口管理及社区警务信息工作平台构成，通过数据同步和备案接口等机制保障层级间系统数据的一致性。

1. 部级人口管理信息系统

部级人口管理信息系统集中存储全国人口的基本信息及各类业务变动信息，主要功能包括：业务信息备案和数据维护、数据质量和业务监管、信息查询比对、人口统计和决策分析、综合考核、冷僻字管理、区划代码管理、跨地域数据共享和业务协作接口等。

2. 省级实有人口管理信息系统

省级实有人口管理信息系统集中存储各省（自治区）实有人口信息，主要功能包括：办理户籍、居民身份证、流动人口、境外在华人员、地址（房屋）等人口管理业务、采集维护信息、监管业务和数据质量、便民服务、信息应用、工作提醒提示等。省级实有人口管理信息系统建设也可选择省、地市两级建库的过渡模式，由地市级系统承担主要的实有人口管理业务办理、信息采集维护功能，并与省级系统数据实时同步更新。

3. 地市级实有人口管理及社区警务信息工作平台

地市级实有人口管理及社区警务信息工作平台集中存储实有人口管理和社区警务工作相关信息，为基层公安机关开展实有人口管理和社区警务工作提供支持。各地可以选择将地市内的流动人口登记（注销）、地址（房屋）管理、房屋出租及居住人登记、实有人口实际居住地登记等业务部署在实有人口管理及社区警务信息工作平台上，通过数据同步机制向省、部级系统提供数据维护。也可以将户籍审批管理配置和户籍审批业务功能部署在地市级，以便更好地满足不同地市人口管理政策的差异化需求。

四、基于警用地理信息平台的人口管理应用

人口管理工作是公安基层基础工作的重要组成部分，是以人为核心各项警务工作顺利开展的重要支撑。随着我国城市化进程的不断发展和深入，流动人口迅猛增长，流动人口的复杂和多样化，带来了人户分离、房屋出租灵活、暂住人口、治安重点人员管理困难等问题。为了实现对人的动态化管理，更好地服务于公安工作，实行便民利民措施，目前各地相继开发了基于警用地理信息平台的人口管理信息系统。

该平台充分依托公安 8 大资源库（全国人口基本信息资源库、全国在逃人员信息资源库、全国违法犯罪人员信息资源库、全国出入境人员信息资源库、全国被盗抢汽车信息资源库、全国警员基本信息资源库、全国安全重点单位信息资源库、全国机动车驾驶员信息资源库）、资源服务平台、请求服务平台、地理信息平台等信息化基础设施，全面梳理常住人口信息，深度整合流动人口信息，全面深度挖掘公安内部和社会共享资源，构建以地址为准绳，努力整合以人员为核心的公安 5 要素（人口、地址、单位、房屋、户籍关系），勾勒出人员完整的生活圈，为领导决策、业务管理和专项行动部署等方面的工作提供专业的数据和技术支撑，最终实现“以图管房、以房管人、以房管单位、人房管联、业务交织、动态可控”的关联应用体系，从而通过标准地址可以办理人口相关业务，查看对应的人口、关联和变动信息；生成各类关注要素（工作对象、特殊人群）的分布情况等，提升各级公安机关人口管理的工作能力。

该人口管理应用系统主要分为三实管理（实有人口、实有房屋、实有单位管理）、信息查询、分析制图、工作预警和工作对象 5 个子系统。

三实管理系统，根据业务工作对象和流程具有 3 个主要功能：一是实现人口管理，完成实有人口登记、暂住人口登记、居民身份证申办与管理、居住证申办与管理、流动人口管理、人户分离管理和未落户人员管理；二是完成实有房屋管理，进行实有房屋登记、出租屋登记、人员——房屋关联关系管理等；三是完成实有单位信息的采集，实现从业人员的管理、单位——房屋关联关系管理等。

信息查询子系统，是对业务工作中产生的和已整合的各类数据按照“公安五要素”标准进行要素分类，建立人员、地址/地理信息、物品（车、通信等）、案事件（案件、警情、线索等）、组织（出租房屋、场所、单位等）等信息管理与查询维度，实现要素关联。提供按图形化查询、按人查询、按照片查询、按建筑物查询、按地址查询以及自定义查询等功能，真正实现了人——房——单位——地图的无缝关联。

分析制图子系统，能提供实有人口状况分析、实有人口分布分析、实有人口动态分析等。以地址为核心要素，进行信息的管理与地图展现，实现区域导航、专题制图、人口分布、空间搜索，本地重点人员管控、生活轨迹追踪倒查等功能。可以对辖区流动人口按照性别、民族、原户籍地等条件进行统计分析与专题制图。基于警用地理信息平台实现对各类人员在地图上的动态管控，依据户籍、住宿等方面的变动信息绘制关注人员在特定范围的时空轨迹。

工作预警子系统，通过对重点关注人员自身、所属或关联人员、物品在公安内部卡口、视频监控、旅馆业等数据以及交通、用水、电等各类社会服务数据的比对碰撞，发现人口/群体活动动态、特征和趋势，形成以空间定位信息为基础的关注圈或趋势预警模型，为下一步针对性工作安排奠定决策基础。

工作对象子系统，对因地域性敏感（盗窃、扒窃、诈骗等）或个体性原因（吸毒、刑满释放、前科等）被纳入公安机关视线的人员，实现其基本信息登记与维护、智能档案（基本信息、关联要素、活动情况）、综合查询与全文检索等功能应用。

◎思考题

1. 加强公安人口管理对经济社会发展有哪些现实意义？
2. 如何做好城市新建社区的常住人口和流动人口管理工作？
3. 如何进行居民身份证查验工作？
4. 什么是特殊人群？如何加强特殊人群的管控？
5. 我国对中国公民和外国公民出入境管理有哪些基本规定？
6. 人口信息管理系统的主要功能有哪些？

第七章　重点行业场所治安管理

教学目的和要求：通过教学，让学生掌握重点行业场所治安管理的基本知识，尤其是重点行业、重点场所、特殊区域、大型活动和集会、游行、示威治安管理的基本制度与措施，提高学生开展重点行业场所治安管理的能力，实现在今后公安工作中能够熟练开展重点行业场所治安管理的目的。

重点和难点：重点行业场所治安管理的基本制度和措施

主要内容：重点行业场所是治安管理的对象，一直是公安机关治安管理的重要业务内容。重点行业场所治安管理主要包括旅馆业治安管理、娱乐场所治安管理、特殊区域治安管理、大型活动治安管理和集会、游行、示威治安管理。公安机关应当依据有关法律法规和规章，建立健全重点行业场所治安管理的基本制度，强化重点行业场所治安管理措施，防控治安问题的发生。

重点行业场所分布面广、种类多、治安问题突出，随着我国社会主义市场经济的不断发展，重点行业场所也得到了迅速的发展，为国家经济建设作出了贡献，但与此同时，重点行业场所中的治安问题也日趋复杂化，因此，公安机关应当依据有关法律法规和规章，建立健全重点行业场所治安管理的基本制度，巩固和增强重点行业场所作为公安机关作为打击违法犯罪的“前沿阵地”作用，从根本上预防和减少重点行业场所中违法犯罪活动的发生。

第一节　重点行业场所治安管理概述

一、重点行业场所治安管理的含义、特点和范围

（一）重点行业场所治安管理的含义与特点

1. 重点行业场所治安管理的含义

重点行业场所治安管理，是指公安机关为维护重点行业场所的治安秩序而依法进行的行政执法管理活动。其内涵涉及三个层面：（1）公安机关依法运用治安手段进行的行政管理活动；（2）管理的目的是为了维护行业场所的治安秩序；（3）管理范围只涉及与治安秩序有关的行业场所，并不是所有的行业场所。

治安学语境下，重点行业场所管理主要是指重点行业和重点场所的治安管理，其中，重点行业，是指业务内容和经营方式同社会治安、公共安全密切相关，依法应由公安机关重点进行治安管理的行业。如旅馆业、印章业、典当业、印刷业、旧货业、快递业等。重点场所，是指业务内容和经营方式同社会治安、公共安全密切相关，依法应由公安机关重点进行治安管理的场所。

2. 重点行业场所治安管理的特点

（1）量多面广，经营情况复杂，治安管理难度大。重点行业场所准入标准比较低，无论是种类、数量还是规模，发展非常快，既有个体的、集体的、国营的，还有混合经济的；既有长期性稳定经营的，又有临时季节性经营的；其开业、歇业、转业或停业随机性强；加之管理者、经营者重经济效益、轻安全防范现象突出，行业场所内部治安隐患多、经营情况复杂，治安管理难度大。

（2）人多密度大，流动频繁，治安防范要求高。整体而言，重点行业场所从业人员及出入行业场所的社会人员日益增多，局部区域密度较大，且出入行业场所人员大多彼此互不相识，没有特定关系，流动极其频繁，行为掌控难度大，治安防范要求高。

（3）关注度高，信息传播快，涉警舆情应对多。重点行业场所大多涉及公众利益，是社会各阶层人员聚集地，信息来源广、数量大、种类多，真假难辨、传播速度快，加之新兴媒体推波助澜，极易诱发热点舆情，引发社会关注，甚至导致区域治安问题。

（二）重点行业场所治安管理的范围

重点行业场所治安管理的范围不是一成不变的，它随国家政权性质、政治经济状况以及各个时期社会治安形势的发展变化而变化。根据相关规定，重点行业场所由各省、自治区、直辖市人民政府根据本区域情况决定。

1. 重点行业治安管理的范围

重点行业治安管理包括特种行业治安管理和其他新兴行业治安管理两个层面。其中，特种行业特指旅馆业、印章业、典当业、旧货业、印刷业等。根据《国务院关于一、二、三批取消中央指定地方设施行政许可事项的决定》的要求，目前，我国需要公安机关治安许可的特种行业只有旅馆业和典当业两种。其他新兴行业是指开锁业、“二手”手机业、快递业等新兴行业。由于这些行业可能成为违法犯罪藏身落脚之所和销赃渠道，容易引发各种治安问题，因此，同样需要纳入公安机关重点行业管理范围。

2. 重点场所治安管理的范围

重点场所治安管理管理包括公共场所治安管理、特殊区域治安管理、大型活动安全管理和集会、游行、示威治安管理。其中，公共场所包括公共娱乐场所、公共休闲场所、公共服务场所、公共网络服务场所等。特定区域包括水域、林区、城郊结合部等区域和网络虚拟空间。这些场所和区域容易出现各种违法犯罪和治安灾害事故，因此，公共场所、特殊区域、大型活动场所和集会、游行、示威需纳入公安机关重点场所管理的范围。

二、重点行业场所治安管理的任务

治安管理的任务，是指国家法律、法规规定由公安机关治安管理部门及其人民警察所担负的治安管理职责的概括和总和，是治安管理职能的具体化。根据有关法律、法规和治安管理机构职责的规定，公安机关对重点行业场所治安管理的任务主要有：

（一）收集情报信息，掌握社会动态

情报信息，是对某一具体客观事物的了解、传递、储存、分析、总结和判断。重点行业场所蕴含的情报信息量大、种类繁多，因而收集情报信息是重点行业场所治安管理的任务之一。公安机关治安管理部门及其人民警察必须善于广泛收集掌握各类情报，并对情报进行归纳、分析、综合和研究，从中找出规律性、倾向性问题情报信息，及时掌握社会动态，为正确决策和有效治安管理提供依据。

在重点行业场所治安管理中，公安机关既要利用公开的治安管理手段搜集相关社会动态和治安情报信息，又要加强秘密力量建设，获取深层次的敌情动向和犯罪情报；既要发挥公安专门工作的优势，充分调动广大公安民警收集情报的积极性，又要发动和依靠群众，建立覆盖面广、反应灵敏的社会信息员网络；既要完善交往渠道，延伸公安机关自身的情报触角和提高情报收集能力，又要完善交流渠道，以其他政府机构或社会组织的情报资源来弥补自身的不足。

（二）保障合法经营，取缔非法经营

公安机关在重点行业场所的治安管理过程中，一方面需对有利于繁荣市场经济、促进经济发展的合法经营予以保障，另一方面又应对危害社会的非法经营予以坚决打击和取缔。保障合法经营、取缔非法经营，是公安机关开展重点行业场所治安管理的重要任务。当前，我国公安机关在保障合法经营上手段单一、方法不多，存在重检查监督和违法处罚、轻事前指导和防范现象；在取缔非法经营上则存在重“运动式”取缔、轻日常管理现象。因而公安机关应转变管理观念，注重日常管理和防范，与其他政府职能部门形成合力，实现齐抓共管局面，保障合法，取缔非法，促进重点行业场所健康发展。

（三）预防和减少治安灾害事故，保障公共安全

“居安思危，思则有备，备则无患。”治安灾害事故往往导致灾难性后果，因此，预防和减少治安灾害事故是公安机关开展重点行业场所治安管理、保障公共安全的重要任务之一。当前，部分重点行业场所的经营者和从业者，片面追求经济效益而置法律规范于不顾，无证经营、超范围经营、违反规章制度经营等现象时有发生；部分重点行业场所，疏于管理，忽视防范，敷衍、拒绝乃至对抗公安机关治安管理部门的检查、监督、指导；有的重点行业场所甚至与违法犯罪分子勾结进行违法犯罪活动。这都可能留下治安灾害事故的隐患，给公共安全带来潜在风险。在重点行业场所治安管理中，公安机关治安管理部门自身首先要增强防范意识，克服麻痹思想，加强责任意识，组织群防群治，指导行业场所提高防范能力；通过检查监督督促行业场所自觉严格遵守各种安全规章制度；运用“海恩法则”①，加强对事故的预测，做到防患于未然；妥善化解行业场所内部矛盾，及时消除不良诱发因素，同时提高政治敏锐性，防止人为的破坏性事故的发生。

（四）发现、控制和打击各种违法犯罪

发现、控制和打击各种违法犯罪活动，是治安管理重要而长期的任务。违法犯罪活动特别是严重刑事犯罪活动，直接侵害国家经济建设和公共利益，危害人民群众生命财产的安全，破坏社会安宁。在重点行业场所治安管理中，应加大发现、控制和打击各种违法犯罪的力度。

1. 发现、控制可能实施违法犯罪的重点人员

犯罪学理论认为，每个人都存在实施违法犯罪行为的可能性，都有可能成为潜在的违法犯罪行为人，都是治安管理中防控的对象。由于受主、客观条件的影响，是否实施违法犯罪行为存在很大的差别。因此，在重点行业场所治安管理防控中应将实施违法犯罪行为可能性较大的人作为防控的重点。根据治安管理实践和违法犯罪行为的规律，一般将有违法犯罪经历的人、有不良行为或严重不良行为的未成年人、处于尖锐矛盾冲突的人以及流动人口中有违法犯罪可能的人列为重点行业场所治安管理防控的重点人员。

---

① “海恩法则”：一起重大飞行安全事故背后有29个事故征兆，每个征兆背后有300个事故苗头，每个苗头背后有1000个事故隐患。

2. 管理、控制可能发生违法犯罪的时空和物品

加强对重点行业场所治安管理，应把握重点行业场所违法犯罪活动的时空规律，采取积极预防措施，强化其要害部位控制，压缩违法犯罪活动实施的时间、空间，并管控好重点行业场所中的危险物品、违禁品，防止违法犯罪分子利用危险物品、违禁品实施危害社会和群众安全的违法犯罪活动。

3. 打击各种违法犯罪活动

发现、控制违法犯罪，是一种普遍预防违法犯罪活动的措施，打击违法犯罪，就是一种特殊预防违法犯罪活动的措施。发现重点行业场所中的违法犯罪活动后，不及时打击查处，就会助长违法犯罪分子，容易养痈成患，同时给打击查处带来难度。因此，公安机关对重点行业场所治安管理应主动适应大数据、云计算时代的挑战，提高全维感知、精准防控、精确打击能力。

三、重点行业场所治安管理的基本措施

重点行业场所治安管理基本措施，是公安机关治安管理部门和人民警察为履行重点行业场所治安管理职责，完成重点行业场所治安管理任务，依法对重点行业场所实施的，并能产生法律效果的各种基本方法的总称。它是公安机关对重点行业场所实施治安管理，维护治安秩序，预防违法犯罪的重要保证。

（一）治安许可或备案登记

治安行政许可或备案登记，是重点行业场所治安管理的一项基本措施。从事相关重点行业场所经营的治安管理相对人在治安许可或备案登记活动前，必须进行治安行政许可申请或履行备案登记手续。治安许可或备案登记有利于公安机关治安管理部门及时掌握情况，节省社会成本。

1. 治安许可。治安许可，是指公安机关治安管理部门根据重点行业场所经营者的申请，通过颁发许可证或执照等形式，依法赋予申请人是否能够从事相关重点行业场所权利和资格的行政措施。未经治安许可从事需经治安许可的活动或实施某种权利，属于非法活动。

2. 备案登记。备案登记，是指治安管理相对人在从事与治安管理相关的行业场所活动时，依法应向公安机关治安管理主管部门报告事由存案以备查考。治安管理相对人不履行备案登记，公安机关可依法对其进行处罚，责令其备案登记。

（二）指导开展安全防范工作

公安机关应坚持“安全第一”、树立“全方位安全”原则，指导重点行业场所全面分析查找安全防范工作中存在的问题和薄弱环节，切实加以解决和改进；加强人防、物防、技防和联动防范工作，提高重点行业场所安全防范能力；建立重点行业场所安全防范工作长效机制，研究确定安全防范工作的“规定动作”，确保规范操作、执行到位；充分借助群众的力量，发挥平安志愿者、巡防队员甚至是重点行业场所工作人员的作用，共同做好重点行业场所的安全防范工作。同时，公安机关应指导重点行业场所建立健全相关消防安全和治安防范责任制度。

（三）日常安全监督检查

日常安全监督检查，是指公安机关治安管理部门为了掌握治安管理相对人遵守法律法规、执行有关治安行政决定、命令等情况，发现违法犯罪嫌疑和安全隐患，堵塞管理漏洞，依法对重点行业场所进行经常性检查，以监督其合法经营的行政管理活动。安全监督检查是

重点行业场所治安管理的基本措施，对于预防和减少治安灾害事故发生、保障公共安全、维护治安秩序具有极其重要的作用。日常安全监督检查，是公安机关治安管理部门对重点行业场所的事中检查，不同于办理案件调查取证措施的检查。在日常安全监督检查时，检查民警应严格按照安全监督检查的程序，遵守安全规程，依法保护重点行业场所及其从业人员的合法权益。

（四）开展治安风险评估，实施专项治理

公安机关在重点行业场所治安管理过程中，应积极开展风险评估，实施专项治理。开展重点行业场所治安风险评估，需建立治安风险点研究判断评估机制。坚持全警采集信息原则，做到应采尽采；坚持汇总研判原则，加强公安内部资源整合，强化信息资源汇总研判顶层设计；坚持分级响应处置原则，面向实战，提高研判评估应用，加速公安机关战斗力生成模式转变，提升超前预警、动态管控、精确制导的能力和水平。

专项治理，是指公安机关集中警力并调动其他社会力量，在一定时间内对一定区域出现的相对突出的危害治安秩序现象和问题，依法进行的专门查禁、取缔和打击处理的活动。开展重点行业场所专项治理，要根据重点行业场所治安风险评估的具体情况，制定专项治理的计划和方案，确定专项治理的范围与工作重点、任务与验收标准、治理力量与组织办法、方法与工作要点，同时协调相关部门或单位配合。专项治理的期限不宜过长，一旦既定目标基本实现，应及时组织检查验收。检查验收后，应总结经验、评比表彰，通过总结经验，从中找准问题，进而完善和改革治安管控机制，切实巩固专项治理成果。

（五）实施治安勤务，加强治安防控

治安勤务，是指治安管理部门及治安民警为完成治安管理任务，按照勤务制度依法履行治安管理的各项活动。不同勤务方式，在维护治安秩序、保障公共安全工作中发挥不同的作用。同时，各种治安勤务方式的实施也有不同的要求。因此，在重点行业场所治安管理工作中，必须根据实际需要，选用不同的勤务方式，加强治安防控，减少违法犯罪活动和治安灾害事故的发生。

（六）调查处理各类违法犯罪

在重点行业场所治安管理过程，通过日常治安检查监督、治安勤务和群众的检举揭发，发现重点行业场所中的各类违法犯罪行为，应依法进行调查。日常治安检查监督和治安勤务是普通的治安管理基本措施，调查是一种特殊的治安管理的基本措施。通过调查核实了违法犯罪行为，应依法予以处理和打击。

第二节 重点行业治安管理

一、旅馆业治安管理

（一）旅馆业的概念与范围

1. 旅馆业的概念。旅馆是指按日或者小时计价收费，提供住宿必需的用品和设施，并有服务人员向社会公众提供住宿服务的经营场所。旅馆业属于社会服务性行业，主要是通过出租客房或床位为社会成员提供住宿、饮食、文化娱乐、商务洽谈等服务。我国旅馆业发展历史悠久，早在距今3000多年以前的殷商时期，就出现了“驿站”、“驿亭”，这是我国历史上最古老的一种供官方住宿的设施，是旅馆的雏形。其后，随着我国社会发展和人员交流的加快，旅馆业发展十分迅速，旅馆业数量增多、规模扩大，经营形式和范围也发生了变化。

2. 旅馆业的范围。旅馆业的范围较为广泛，根据《旅馆业治安管理办法》第 2 条的规定，“凡经营接待旅客住宿的旅馆、饭店、宾馆、招待所、客货栈、车马店、浴池（以下统称旅馆），不论是国营、集体经营，还是合伙经营、个体经营、中外合资、中外合作经营，不论是专营还是兼营，不论是常年经营，还是季节性经营，都必须遵守本办法”。由此可见，经营接待旅客住宿的旅馆、饭店、宾馆、招待所、客货栈、车马店、浴池属于旅馆业的范围。随着社会的发展，我国已将培训中心、度假村、公寓式酒店、农家乐、民宿以及提供住宿服务的洗浴、足疗、按摩等经营场所纳入旅馆业①，拓宽了旅馆业的范围，避免了旅馆业治安管理的“盲区”和“死角”。

（二）旅馆业治安管理的基本制度

1. 开业审批和登记备案制度

申请设立旅馆在取得工商行政管理部门颁发的营业执照后，应当向所在地县级以上公安机关申领特种行业许可证。公安机关应严格按照旅馆业开业许可的条件和程序进行审批，决定是否核发《特种行业许可证》。公安机关受理申请后应当对材料进行审查，并现场核查旅馆的开办条件，于20日内作出决定。对符合条件的，应当作出书面许可决定，并在作出决定之日起 10 日内颁发特种行业许可证；对不符合条件的，公安机关应当作出不予许可的书面决定，同时一次性告知申请人需要补正的材料，以及申请人享有依法申请行政复议或者提起行政诉讼的权利②。

旅馆变更经营地址，以及变更、改建、扩建的，应当在改建、扩建完成后 5 日内依有关规定重新申办特种行业许可证。旅馆变更名称、法定代表人、经营负责人或者变更布局设施，应当于 5 日内向原发证公安机关申请办理特种行业许可证变更手续，公安机关应当 10 日内审核作出决定，办理变更手续。旅馆停业、歇业的，应当在 5 日内向原发证公安机关备案；终止营业的，应当在 15 日内到原发证公安机关办理特种行业许可证注销手续。旅馆停业、歇业后重新开业的，应当在 5 日内向公安机关报备③。

2. 登记验证制度

旅馆接待旅客住宿必须登记，根据公安部和一些地方性法规规定，开办旅馆业必须安装旅馆业治安管理信息系统，实行“实名、实情、实数、实时”为内容的“实名登记”④。登记时，旅馆应当在显著位置对住宿人员的义务予以明示，查验住宿人员身份证件，逐人如实登记住宿人员的姓名、性别、民族、住址、有效身份证件种类和号码以及入住、退房房号及时间等信息，住宿人员为境外人员的，还应登记其国籍（地区）、出生日期信息。登记的信息应通过旅馆业治安管理信息系统实时传输报送公安机关。旅馆及其工作人员应当确保旅馆业治安管理信息系统前台设备正常运行。对因系统故障不能登记、上传住宿人员信息的，应

---

① 参见《旅馆业治安管理条例（征求意见稿）》第 2 条。

② 参见《旅馆业治安管理条例（征求意见稿）》第 8 条。

③ 参见《旅馆业治安管理条例（征求意见稿）》第 9 条。

④ 实名登记：是指旅馆按照“实名、实数、实情、实时”要求，查验住宿旅客有效身份证件，应用旅馆业治安管理信息系统，采集、上传旅客住宿信息的行为。

当立即报告公安机关，并将相关信息登记在册，于8小时内报送公安机关①。

3. 旅客财物保管制度

旅馆应当设置旅客财物保管箱、柜或者保管室、保险柜，指定专人负责保管工作。对住宿人员寄存的财物，应当建立安全检查、登记、领取和交接制度。旅馆对住宿人员遗留的物品，应当妥善保管，并设法归还，易腐烂变质的物品除外。对在三个月内无法与失主取得联系的贵重物品，应当登记备案并送交当地公安机关按拾遗物品处理。

4. 值班与来访人员管理制度

经营旅馆，必须设置治安保卫组织或者指定安全保卫人员。旅馆服务台、安全保卫室、监控室和消防控制室应当建立全天24小时值班制度，治安保卫人员应当定时对旅馆公共区域进行巡查，建立巡查和治安隐患整改记录。旅馆应当建立来访人员管理制度，值班人员应掌握旅馆进出人员情况，必要时可以要求来访者出示身份证件或者询问其被访者的姓名、住宿房间号。

5. 情况报告与协查制度

旅馆工作人员发现有关治安问题或治安隐患应当立即向当地公安机关报告，不得知情不报或隐瞒包庇。具体来讲，旅馆及其工作人员发现下列情况之一的，应当立即报告公安机关：（1）住宿人员拒不提供身份证件、冒用他人身份证件或者使用伪造、变造身份证件，以及境外住宿人员身份证件种类和真伪难以辨别的。（2）携带危险物品、违禁物品、公安机关通报寻查的赃物或者有赃物嫌疑物品的。（3）有违法犯罪嫌疑或者被公安机关通缉的。（4）旅馆发生刑事、治安案件的。对公安机关发出的协查事项，旅馆应当立即协查并及时反馈结果。

6. 从业人员培训制度

对从业人员除了进行严格审查以外，旅馆应当定期组织工作人员开展住宿登记管理以及治安防范知识和技能的培训，建立培训记录。前台登记人员需经培训考核合格后方可上岗。培训的内容包括旅馆业治安管理法律法规、违法犯罪活动的识别和防范能力，以及旅馆业治安管理信息系统操作技能等。培训的方法有岗前培训、集中培训和上门服务培训等。通过培训提高他们的法律意识、防范意识和操作技能。

7. 安全检查制度

依法开展安全检查是防范和打击旅馆业中违法犯罪的重要手段，公安机关可采取全面检查与重点检查、日常检查与突击检查以及明察与暗访等相结合的方式对旅馆业进行安全检查，同时，公安机关应主动与工商、税务、城管、卫生等部门联系，开展联合执法检查和交叉检查，这样更能发现旅馆业中存在的治安问题和安全隐患。对旅馆业安全检查的内容主要包括信息录入、上传情况，违法违规经营情况，治安隐患整改情况，安全防范措施落实情况和治安问题等。通过公安机关旅馆业安全检查，发现治安问题和安全隐患，提出整改意见，为防范和打击违法犯罪活动奠定良好的基础。

二、典当业治安管理

（一）典当业的概念

典当业又称典当行，俗称当铺，是人类最古老的行业之一。根据《典当管理办法》规

① 参见《旅馆业治安管理条例（征求意见稿）》第14条。

定，典当业是指依法设立的专门从事典当活动的企业法人，其组织形式与组织机构适用《中华人民共和国公司法》的有关规定。典当业注册资本最低限额为300万元；从事房地产抵押典当业务的，注册资本最低限额为500万元；从事财产权利质押典当业务的，注册资本最低限额为1000万元。商务主管部门对典当业实施监督管理，公安机关对典当业进行治安管理。

（二）典当业治安管理的基本制度

1. 开业审批和登记备案制度

根据《典当管理办法》规定，设立典当行，应当先经商务主管部门同意，取得《典当经营许可证》后，再向公安机关所在地县级公安机关或设区的市级公安机关提出申请，取得《特种行业许可证》，然后再到工商部门取得《营业执照》后，方准营业。典当业变更机构名称、注册资本、法定代表人、在本市（地、州、盟）范围内变更住所、转让股份的，应当经商务主管部门批准，并换发《典当经营许可证》。申请人领取《典当经营许可证》后，依照原公安机关的审批要求向公安机关申请换发《特种行业许可证》，向工商行政管理部门换发《营业执照》。

2. 验证登记制度

这里的证件是指出当人、委托出当人的身份证件和单位的证明文件等。个人典当物品，必须出具本人居民身份证、临时居民身份证或能证明自己真实身份的其他证明；属于单位典当的，应当出具单位证明和经办人的有效身份证件；属于委托典当的，应当出具典当委托书、委托人和被委托人的有效身份证件。典当行承接典当物品，必须认真查验这些证件，对典当者的姓名、单位名称、住址和身份证号码等事项进行认真登记，符合条件的才能典当，并出具当票。对出当人没有证件、证明的，18周岁以下的未成年人和没有行为能力的人来典当的，或者典当物品按规定不得作为质押的，均不能受理。典当者续当、赎取物品，典当行凭典当者的当票和其身份证件办理续当、赎当手续。出当时，当户除应出具上述证（照）外，还应当如实向典当行提供当物的来源及相关证明材料。赎当时，当户应当出示当票。典当行应当查验当户出具的相关证明文件。

3. 验物保管制度

典当行承接典当物品时必须认真查验，严禁承接赃物和来历不明的物品；依法被查封、扣押和采取其他保全措施的财产；管制刀具、枪支、弹药，军、警用标志、制式服装和器械；易燃、易爆、剧毒、放射性物品及其容器；法律、法规和国家有关规定禁止典当的其他物品。典当行必须逐一登记典当物品的名称、数量、规格、新旧程度、当据编号，对典当物品由专人负责，妥善保管，多措并举，防止典当物品被盗、遗失和损坏。

4. 情况报告制度

根据规定，典当行发现公安机关通报协查的人员或者赃物以及典当行禁止收购的其他财物的，应当立即向公安机关报告有关情况。对属于赃物或者有赃物嫌疑的当物，公安机关应当依法予以扣押，并依照国家有关规定处理。

三、其他重点行业治安管理

（一）印章业的概念与范围

印章业俗称刻字业，是指使用机械、手工或其他工艺，对外经营刻制公章、印章、戳记、钢印和个人名章的服务性行业。我国印章业有着悠久的历史，在政治、经济和文化生活中具有特殊的地位和作用，是一项必不可少的社会性服务性行业。印章业主要包括国有、集体、个体经营的刻字厂、社、店和摊点。在公安机关对印章业治安管理活动中，重点是管理公章刻制业。公章刻制业包括公章刻制企业管理和公章刻制管理两个部分。目前，我国公安机关对公章刻制业实行公章刻制备案管理，继续保留对公章刻制企业的审批。取消公章刻制审批后，要求公章刻制企业在刻制公章后，将用章单位、公章刻制申请人、印模等基本信息报公安机关备案。公安机关应加强事中事后监管，建立统一的公章治安管理信息系统，逐步实现公章刻制网上备案、信息采集及公众查询。公章治安管理信息系统是一种集公章治安管理和公章生产管理为一体的网络化管理系统。一个公章配上唯一对应的编码和入网卡，所有公章的信息都备案在公安机关的公章治安管理信息系统里，给公章上了“身份证”。印章业容易被不法分子利用进行非法制作各种假票据、证件和合同，容易出现治安问题，因此，公安机关将印章业纳入重点行业管理范围。印章业治安管理的基本制度包括：开业审批和登记备案制度、监制、保管、交货制度和情况报告制度等。

（二）印刷业治安管理

印刷业是指使用机械、电子、激光、化学刻版技术印刷或复印各种书报、文件、图表、证件、证书、票证等行业。印刷业在我国历史悠久，自从汉朝毕昇发明活字印刷排版后，我国印刷业发展迅速。凡是以营利为目的的专营或兼营排版、制版、装订、印刷、复印、影印、油印、打印等业务的行业，不论其经济性质如何，都属于印刷业。印刷业容易被不法分子利用进行非法印制各种印刷品和制造各种假票据、证件，容易出现治安问题，因此，公安机关将印刷业纳入重点行业管理范围。印刷业治安管理的基本制度包括：备案登记制度、承印验证制度、承印登记制度、印刷品保管和交付制度等。

（三）旧货流通业治安管理

旧货流通业是指专营或者兼营旧货交易的行业总称，包括旧货市场、经营旧货的企业和个体工商户。旧货流通业容易被不法分子利用进行销赃、诈骗等违法犯罪活动，因此，公安机关将旧货流通业纳入重点行业管理范围。旧货流通业治安管理的基本制度包括：备案登记制度、验证登记制度、交接保管偿付制度和情况报告制度等。

（四）新兴行业治安管理

1. 开锁业治安管理

开锁业是指以营利为目的，以专门开锁技术和装备为保障，为顾客提供开锁服务的行业总称。开锁业容易被不法分子利用进行盗窃等违法犯罪活动，因此，公安机关将开锁业纳入重点行业管理范围。开锁业治安管理的基本制度包括：备案登记制度、持证上岗制度和规范开锁业务规程制度等。

2. 快递业治安管理

快递是在承诺的时限内将信件、包裹、印刷品等按照封装上的名址快速递送给特定单位或者个人的活动，包括收寄、分拣、运输、投递等环节。快递业容易被不法分子利用进行盗窃、报复社会和寄递危险物品、违禁品等违法犯罪活动，容易引发火灾和道路交通安全等治安灾害事故，因此，公安机关将快递业纳入重点行业管理范围。快递业治安管理的基本制度包括：备案登记制、收寄快递实名制、快递收寄验视制、快递过机安检和可疑情况报告制等。

第三节　重点场所治安管理

一、公共娱乐场所治安管理

娱乐场所，是指以营利为目的，并向公众开放、消费者自娱自乐的歌舞、游艺等场所，它具有公共性、盈利性、自娱自乐性等特征。

（一）公共娱乐场所的范围与治安特点

1. 公共娱乐场所的范围。根据《公共娱乐场所消防安全管理规定》，目前，我国公共娱乐场所的范围划定为五大类：（1）影剧院、录像厅、礼堂等演出、放映场所；（2）舞厅、卡拉 OK 厅等歌舞娱乐场所；（3）具有娱乐功能的夜总会、音乐茶座和餐饮场所；（4）游艺、娱乐场所；（5）保龄球馆、台球馆、旱冰场、桑拿浴室等营业性健身、休闲场所。其实，第五类属于休闲服务场所。

2. 公共娱乐场所的治安特点

（1）“黄、赌、毒”等违法犯罪活动频发。公共娱乐场所由于其自身特点很容易成为涉黄活动的“中介点”、涉赌活动的“聚集点”、新型毒品的“消费点”，且往往涉黄、涉赌、涉毒等违法犯罪活动相互交织。

（2）易引发治安灾害事故。由于公共娱乐场所人员密集，安全风险较高，而场所的管理者、经营者或业主，为追求经济效益，忽视安全管理，易导致娱乐场所频频发生火灾、坍塌、踩踏等治安灾害事故，致使发生重大人员伤亡和财产损失。

（3）违反禁业规定。根据国务院《娱乐场所管理条例》规定，凡具有法定的几类涉“黄、赌、毒”等前科人员，不得开办娱乐场所或者在娱乐场所内从业；娱乐场所应当与保安服务企业签订保安服务合同，配备专业保安人员，不得聘用其他人员从事保安工作等。由于从业人员的流动性大，一些娱乐场所利用治安管理漏洞，吸纳有关禁业人员从业。

（二）公共娱乐场所治安管理措施

1. 备案管理

公安机关对公共娱乐场所实行备案管理。一是开业备案。根据国务院《娱乐场所管理条例》规定，娱乐场所取得营业执照后，应当在 15 日内向所在地县级公安机关治安管理部门备案，县级公安机关治安管理部门受理备案后，应在 5 日内将备案资料通报娱乐场所所在辖区的公安派出所。二是变更备案。娱乐场所改建、扩建营业场所或者变更场地、主要设施设备、投资人员、法定代表人，或者变更娱乐经营许可证载明的事项的，应当向原发证机关申请重新核发娱乐经营许可证，并向公安部门备案。三是备案内容。备案内容主要包括文化部门的经营许可证、有关消防、卫生、环境保护的批准文件、营业执照、监控、安检设备安装部位平面图及检测验收报告。歌舞娱乐场所，还应当就包厢、包间等提供安全防范硬件设施配置情况。电子游艺场所，还应当提供电子游戏机型及数量情况。在备案登记过程，要严格履行核查，发现不得开办娱乐场所或者在娱乐场所内从业人员，应当通知文化部门及时予以处理。

2. 日常监督检查

日常监督检查是公安机关娱乐场所治安管理的基本措施，公安机关开展娱乐场所日常监督检查时，应当出示人民警察证、表明执法身份，坚持公平与适当原则，且不得从事与职务无关的活动。监督检查应当记录，一式两份，由监督检查人员和被检查场所相关人员签字后归档。公众有权查阅娱乐场所监督检查记录，公安机关应当为公众查阅提供便利。日常监督检查内容，主要包括对安全设施运行、安全管理到位情况、经营行为的合规等情形进行检查。

（1）消防设施设备。包括安全出口是否畅通、防火器材、疏散指示标志是否齐备完好、用火情况等。

（2）治安防范设施设备。歌舞娱乐场所的包厢、包间内不得设置阻碍展现室内整体环境的屏风、隔扇、板壁等隔断，不得设立房中房（卫生间除外）。歌舞娱乐场所的包厢、包间内的吧台、餐桌等物品不得高于1.2米。包厢、包间的门窗距地面1.2米以上应当部分使用透明材质。透明材质的高度不小于0.4米、宽度不小于0.2米，能够展示室内消费者娱乐区域整体环境。营业时间内，歌舞娱乐场所包厢、包间门窗透明部分不得遮挡。歌舞娱乐场所包厢、包间内不得安装门锁、插销等阻碍他人自由进出包厢、包间的装置。歌舞娱乐场所营业大厅、包厢、包间内禁止设置可高度亮度的照明灯。照明灯在营业时间内不得关闭。歌舞娱乐场所应当在营业场所出入口、疏散出入口、营业大厅通道、收款台前安装闭嘴电视监控设备，并建立监控室，由专人负责值守，保障设备在营业时间内正常运行，监控录像资料留存30日备查，不得中断、删改或者挪作他用，也不得非法向他人提供消费客户信息。歌舞娱乐场所安装的闭路电视监控设备应当符合视频安防监控系统相关国家或行业标准要求。娱乐场所不得设置具有赌博功能的电子游戏机机型、机种、电路板等游戏设施设备。营业面积超过1000平方米的迪斯科歌舞场所，应配备金属探测门和微剂量便携式金属探测器。

（3）治安防范标识。娱乐场所应当在营业场所大厅、包厢、包间内的显著位置悬挂含有禁毒、禁赌、禁止卖淫嫖娼、禁止未成年人进入或限入等内容的警示标识。标识应当注明公安机关的举报电话。警示标识式样、规格、尺寸，由省、自治区、直辖市公安厅、局统一规定。

（4）保安员配备。娱乐场所应当与经公安机关批准设立的保安服务企业签订服务合同，配备已经取得资格证书的专业保安人员，并通报娱乐场所所在辖区公安派出所。娱乐场所200平方米以下的，配备保安人员不得少于2名，营业面积每增加200平方米，应当相应增加保安人员1名。迪斯科舞厅保安人员应当按照场所核定人数的5%配备。

（5）从业人员实名制登记和建立营业日志。娱乐场所应当与从业人员签订文明服务责任书，并建立从业人员名簿；从业人员名簿应当包括从业人员的真实姓名、居民身份证复印件、外国人就业许可证复印件等内容。娱乐场所应当建立营业日志，并应当留存60日备查。营业期间，娱乐场所的从业人员应统一着装工作服，佩带工作标志并携带居民身份证或者外国人就业许可证。有条件的公安机关还可对娱乐场所建立治安管理信息系统，进行计算机信息化管理，能够实现与CICC（全国追逃库）、违法犯罪嫌疑人库、重点人员库的数据进行比对。一旦发现从业人员中混杂有“在逃人员”或者“黄、赌、毒”前科人员，可以立即向属地公安机关治安部门反馈信息，对有关人员开展抓捕或者清退出娱乐场所。

3. 实施警示记录动态管理

公安机关治安管理部门根据日常监督检查和查处违法违规经营情况，对娱乐场所治安状况进行分级分类管理，量化考核，动态升降，及时调整检查频次和检查强度，促进娱乐场所自我管理、娱乐行业自律管理。

4. 清理整顿和联合执法

公安机关治安管理部门对娱乐场所的违法违规经营及时查处，并结合娱乐场所发案情况、对某类比较突出的、严重影响社会治安稳定的治安隐患问题，适时组织警力开展针对娱乐场所突出问题的专项整治或集中整治工作。工商、文化、城管、环保等部门对娱乐场所都有管理职责，对娱乐场所违法违规经营的处罚，往往涉及多个部门。为及时整治违法违规经营，公安机关治安管理部门可联合其他部门同时进行执法，同时也避免不必要的重复执法。

二、休闲服务场所治安管理

休闲服务场所，一般是指以营利为目的，通过提供休闲项目，供消费者休息放松的公共场所。但是部分休闲服务场所内因特定环境因素，存在大量的“黄、赌、毒”等治安问题，公安机关应将某些特定的休闲场所纳入重点场所治安管理范围。

（一）休闲服务场所的范围与治安特点

1. 休闲服务场所的范围

《公共娱乐场所消防安全管理规定》明确规定为保龄球馆、台球馆，旱冰场、桑拿浴室等营业性健身、休闲场所。由此，休闲服务场所范围大致可分为三个方面：（1）营业性健身场所。包括保龄球馆、台球馆、高尔夫球馆、乒乓球馆、羽毛球馆、篮球馆等球馆；旱冰场、田径馆、户外坡道运动场等速度运动馆；单、双杠、哑铃等力量运动馆。（2）营业性休闲场所。包括足浴按摩场所、指甲修理场所、洗浴场所、汗蒸场所、美容美发美体场所等各类被动性健体场所；棋牌室、茶室、酒吧等调整身心场所。（3）营业性综合场所。该类场所融合了健身和休闲两大功能，健身活动后可进行休闲活动，休闲活动后可进行健身活动。

2. 休闲服务场所的治安特点。

（1）易滋生赌博、卖淫嫖娼、吸贩毒现象。休闲服务场所具有放松身心、调节压力等功效，对于工作和生活压力大的消费者，具有较强的消费吸引力。同时，不少不法分子为牟取暴利，往往在休闲服务场所内提供“黄、赌、毒”违法服务。

（2）易产生无照无证经营。休闲服务场所置业条件低，投资少，而有较大的消费群体，尤其在城郊结合部位房租低、管理薄弱，人员密集，易产生未向工商等有关部门申请办理证照情况下就开业经营。

（3）安全隐患多。休闲场所经营者追求经济效益，忽视安全管理，安全保卫人员、设施和制度不健全，安全隐患多。同时，休闲服务场所的从业人员素质低，安排上岗后对从业人员进行法制、安全培训少，从业人员安全意识不强，容易引发火灾、踩踏等治安灾害事故。

（4）日常监管难度大。由于休闲场所数量和种类多，分布比较分散，人员流动性大，有些休闲场所甚至没有在公安机关备案，在一定程度上给公安机关日常监管带来了困难。

（二）休闲服务场所治安管理的基本制度

1. 安全检查制度

各级公安机关治安管理部门和属地派出所，以属地管理为原则，对辖区内的休闲服务场所安全检查应常态化。属地治安部门和公安派出所结合辖区休闲服务场所数量、规模和安全情况，因地制宜地设定检查频次、检查内容。对休闲服务场所涉及“黄、赌、毒”问题举报较多的，发案率较高的地区，要加大检查的频次，增大检查的强度，增加“见警率”①，

① “见警率”，是指单位时间和单位区域内，公安机关人民警察出现的次数，是社会公众对公安机关及公安民警的安全保护的心理感受。

提升公众安全感。同时，震慑一些潜在的违法犯罪分子。对于常发生的治安问题可以确定为常态化检查内容，对于治安问题发生较小的，可作为抽查内容。

2. 治安宣传教育制度

闲服务场所易滋生赌博、卖淫嫖娼、吸贩毒现象、安全隐患多，因此，公安机关应会同政府相关职能部门对休闲场所进行治安宣传，教育休闲场所从业人员守法经营。同时，还应向社会公众进行“黄、赌、毒”等违法犯罪对身体健康、家庭和谐、社会治安秩序的危害性宣传，努力引导消费者安全娱乐、合法消费，自觉抵制“黄、赌、毒”等违法犯罪活动。

3. 财物保管制度

休闲场所应当在醒目位置摆放财物妥善保管宣传图片，标明提示短语，提醒客人保管随身携带物品，注意防盗；在营业期间，服务人员对客人随身携带的物品，在提醒其保管好的同时，注意发现可疑人员，防止客人财物被盗；客人离位要提醒客人看管好自己的财物，并要求客人将财物妥善保管；保安人员开展不定期巡查或通过监控器进行监控，发现嫌疑犯立即报告，视情况报警处理。

三、其他重点场所治安管理

其他重点场所，是指除娱乐场所、休闲场所以外的公共场所，主要有交通场所、公共游览场所、体育活动场所和商贸服务场所。这些场所表现形式多种多样，具有公共场所的一般性特性，公安机关治安管理部门应加强监督管理。

（一）其他重点场所的范围与治安特点

1. 其他重点场所的范围

（1）交通运输场所。交通运输场所，是指对公众开放、用于承载不特定的人或物从此地运输到彼地的交通工具和候乘交通工具的固定场所的总称。（2）公共游览场所。公共游览场所，是指向公众开放，供公众游览、参观、欣赏、休息、活动的经营性区域和园林场所。（3）体育活动场所。体育活动场所，是指根据体育活动项目的使用要求进行建设，用于从事各种体育活动项目的专业性或综合性活动的场所。体育活动场所主要分为竞赛类和休闲娱乐类。（4）商贸服务场所。商贸服务场所，是指向公众开放，以商品交易或向消费者提供餐饮等方面服务的公共场所。

2. 其他重点场所的治安特点。

（1）扒窃、盗窃案件多发。其他重点场所人财物聚集，且空间有限、人员拥挤密集、流动频繁，违法犯罪分子正是利用这些条件，实施扒窃、盗窃等违法犯罪。同时，其他重点场所的特点，也给打击违法犯罪分子带来了一定的困难：一是作案现场的流动变化，难以对现场进行及时勘查，现场痕迹物证易受到破坏；二是人员流动性大，难以寻找受害人和目击证人；三是扒窃偷窃等违法犯罪分子易于逃跑，从而导致扒窃、盗窃案件多发。

（2）治安灾害事故易发。由于交通安全意识淡漠，交通工具、设施等安全漏洞多，“三超一疲劳”①、非法载客以及违规冒险行车（船）等严重交通违法违规行为时有发生，这些极易酿成灾难事故；公共游览场所和体育活动场所，人员密集，人流控制不当，易引发踩踏等群死群伤治安灾害事故；商贸服务场所货物堆积，消防设施投入不足，人员安全防范意识不强，极易引发火灾。

① “三超一疲劳”：超速、超员、超载和疲劳驾驶。

(3) 非法经营问题突出。交通运输市场存在车辆无证经营、非法改装、违法运输危险物品等非法经营问题；公共游览场所无证经营摊点泛滥，强买强卖、欺诈消费者等非法经营现象频繁发生；商贸服务场所充斥各种假冒伪劣商品、假冒他人注册商标、经营有毒有害食品等各类非法经营问题。这些严重危害了人民群众的生命财产安全，严重冲击市场经济秩序，影响了经济社会的健康发展。

(4) 易受恐怖袭击。其他重点场所，不仅地理位置重要，而且人员密集，社会关注度极高，这些区域极易成为暴恐分子袭击的目标。目前，公共交通场所、大型体育赛事活动场所等已成为了恐怖分子袭击的首选目标。

(二) 其他重点场所治安管理基本措施

1. 帮助建立场所内部保卫组织

公安机关应帮助其他重点场所单位，建立健全内部保卫组织，落实人防、物防、技防措施，对重点场所及其重要部位开展巡逻、检查和安全宣传教育，增强其他重点场所的自我防范和自我保护的能力。

2. 开展治安巡逻勤务

其他重点场所人员流动性大，违法犯罪行为呈现突发性、瞬时性、隐蔽性特点。因此，公安机关应当积极开展治安巡逻勤务。治安巡逻既可以提高见警率，增强群众的安全感，又可促进经营人员规范经营、震慑违法犯罪分子，同时能及时发现治安隐患，并督促相关人员和场所予以整改。

3. 建立治安警务站

交通运输场所、公共游览场所、体育活动场所和商贸服务场所等公共场所具有面广、线长和点多的地理特征，单位区域面积内警力难以达到日常管理需要。因此，公安机关应在其他重点场所建立现场治安警务站，维护其治安秩序。同时，对于交通运输场所还可以建立流动警务站。流动警务站可对区域全程监控，大大节省警力资源外勤设置，提高了出警效能，还可以为群众提供救助。

4. 制订应急处置预案

公安机关应根据公共场所的环境特点和日常治安秩序情况，对可能发生的暴恐、踩踏等各种突发性事件制订完整的应急处置预案。应急处置预案应根据事件的紧急程度和危害性，适当设置处置等级和相应的处置要求、工作措施、职责分工、指挥权限等内容。同时，应组织人员和部门对应急处置预案进行演练。对演练反映出预案不完善的问题，要及时完善。

5. 开展联合执法行动

由于对其他重点场所的监督管理，并非公安机关一个部门，还涉及政府其他监督管理部门。有些违法行为，公安机关并非是主管部门。因此，公安机关治安部门应会同属地工商、文化、城管、旅游、食品药品、环境保护等政府部门开展联合执法行为，根据各部门职责分工，形成执法合力，从根本上防治其他重点场所的违法犯罪活动。

第四节　特殊区域治安管理

一、水上治安管理

(一) 水上治安特点

我国水系发达，流域面积广。随着渔业经济和水上运输、水域开发的快速发展，人们在水域上的活动不断增多，水上治安问题随之增加，需要进行水上治安管理。水上治安管理是指公安机关为了维护水上治安秩序，保障水上公共安全，保护公民的合法权益，依法在水上进行的治安行政管理活动。由于水上地理位置和人们在水域从事活动的内容与陆地不同，因此，水上治安呈现出不同陆上的特点。

1. 非法捕捞等违法犯罪案件频发

我国有些水域偏僻，水上监管力量薄弱，易发生非法捕捞渔业资源的违法犯罪案件。有些人员未经登记或许可，非法从事水上尸体、漂浮物等打捞。在捕捞、停泊过程中，一些人员借地域、宗族形成的帮派势力，欺行霸市，殴打无辜，欺压异地船只和船民，形成水上黑恶势力。

2. 违法水上作业现象时有发生

根据我国法律法规的规定，从事水上作业的人员，应持船民证。单位或者个人在水上从事客运、砂石、加油、娱乐、餐饮、旅游、船舶交易等经营性活动，应当依法办理营业登记和其他许可手续。但是，一些单位和个人受利益驱使，违法水上作业现象时有发生，各种治安问题随之增多。

3. 水上盗窃案件和社会丑恶现象突出

随着陆地公安机关对各类案件的打击力度加大，一些陆地上的刑事和治安案件把阵地转向水上，尤其是水上盗窃案件和社会丑恶现象突出。由于水上运输承运物资量大，经济价值较高，这些物资容易成为违法犯罪分子盗窃的对象，水上盗窃案件日益突出；水上船舶流动性大，隐蔽性强，“黄、赌、毒”等社会丑恶现象，开始由陆地向水上转移，严重影响了水域社会治安。

4. 水上安全事故隐患突出

水上运输危险物品，应依法通过审批许可，未经审批许可从事危险物品的运输，极易造成环境安全事故。有些船只船体破旧、设施落后，部分船员驾驶技术不熟练，缺乏相关知识及违章作业，极易发生翻沉船事故。部分船只消防设施不齐，电路老化，机舱积污严重，桶装液化气使用管理不严，火灾隐患突出。

（二）水上治安管理的基本措施

1. 夯实水上治安秩序管理的基础工作

（1）强化水上人口管理，严密重点人口控制。坚持“以牌管船、以证管人”的原则，做好船舶户口簿、船舶户牌、船民证和临时船民证的发放管理工作。严密重点人口控制，防止水域治安问题的发生。

（2）布建水上秘密力量，形成治安控制网络。在港口、码头、渡口、重点水域及其他涉水公共复杂场所内物建秘密力量，以利于公安机关对这些区域的治安控制。同时，加强涉水单位的治安联防建设，形成有效的治安控制网络。

（3）划分水域责任，强化敏感区域日常管理。划分水域责任区，实行属地管辖，明确管理责任。切实加强港口、码头、渡口、重点水域及其他涉水公共复杂场所等敏感区域的治安秩序的日常管理和控制。

（4）及时掌握船舶船民情况，收集情报资料。实施船舶、船民信息计算机管理并联网，强化船舶的日常登记、证照申领、变更、年审等环节，切实及时掌握船舶船民情况，为及时发现和打击违法犯罪提供情报资料。

2. 建立水上快速反应机制

（1）完善警务组织建设。针对水上治安管理“面广、线长、点多”的实际，科学设置水警机构，合理配置警力。强化基层水上派出所和民警值班室、警务区以及水上治安巡逻队的建设，加大对违法犯罪时间、空间的控制力度，减少违法犯罪机会。

（2）加强警务装备配置。水上警务装备，除必备陆上警务装备外，还应当配备适用于水上警务的装备。如营救落水人员，必备警务快艇、搜救设备、浮游装备。扑灭水上火灾，还必须配备消防警用船只；清理水面污染，应配备除污设备；抓捕违法犯罪人员，还应配备冲锋舟、沙滩车。

（3）建立区域协作机制。建立水域警务协作机制，是打击水域违法犯罪活动，服务水域发展，推动水域经济发展的客观要求，也是维护国家安全和社会稳定的必然要求。

3. 加强涉水单位治安指导

对水域治安秩序管理，要充分发挥群防群治和单位内部保卫组织的作用，大力开展水上安全防范工作，积极推进水上治安综合治理措施的落实。

（1）帮助指导建立安全责任制度。坚持“谁主管、谁负责”、“谁收益、谁负责”的原则，帮助指导涉水单位制定安全责任制度，督促安全防范制度和措施的进一步落实。

（2）积极开展安全防范检查。在日常治安秩序管理过程中，要突出工作重点，尤其要经常开展对码头、港口、渡船、旅游船、装载易燃易爆危险品船舶等的治安监督和检查，及时发现隐患，落实整改措施，确保人民群众生命和财产安全。

4. 开展水上专项整治，严厉打击水上违法犯罪活动

（1）专项整治。有针对性对水上存在的突出治安问题开展水上专项整治，组织力量开展集中统一行动。在专项整治过程，切忌运动式执法，它是巩固打击违法犯罪成果、净化治安秩序的重要措施。

（2）严厉打击违法犯罪。对横行水上、危害一方的“江盗水匪”和黑恶势力，采取严厉打击措施；违法犯罪个案，应及时打击处理，切不可让其蔓延、恶化。

二、林区治安管理

林业是国民经济的重要组成部分。打击破坏森林及野生动物资源犯罪活动，保护森林资源安全，维护林区治安秩序是公安机关治安管理的重要内容。林区治安管理是指公安机关治安管理部门为维护林区内森林（包括野生动植物资源）安全、公民的人身财产安全和林区生产、科研、生活、游乐等各种社会活动而进行的行政管理活动。

（一）林区治安特点

1. 涉林违法犯罪案件频发

林区是天然的森林资源宝库，是濒危动物栖息地，可林区地处偏远、山高林密、人口稀少，破坏森林资源、盗伐森林现象严重。林区濒危的动植物资源，其经济价值极高，极易受到违法犯罪分子偷猎濒危野生动物资源等侵害，林区走私、倒卖野生动物犯罪活动屡禁不止。

2. 林区治安纠纷多

由于历史原因，部分林区集体土地权属不清，林地承包权与经营权矛盾纠纷频发，极易引发哄抢、械斗等群体性事件。

3. 安全隐患多

森林由于自身可燃物多、易燃烧的特点，一旦遇到火源，易引发森林大火。近年来，随

着全球气候异常和人为火源增多，森林火灾呈上升蔓延之势。同时，除森林火灾外，林区还有雨季的滑坡、泥石流，雪季的雪崩等季节性灾害，安全隐患较多。

（二）林区治安管理的基本措施

1. 开展林业法制教育，增强法律意识

一是多方式多渠道开展法制教育。充分利用广播电视、互联网、移动通信、法律图书和法治文艺节目下乡等方法和广大群众所喜闻乐见方式，使法律进林区的机关、学校、企业和家庭，提高林区群众的法律意识。二是针对性地选择法制教育内容。针对林区不同的群体、不同的单位、不同的部门选择法制教育的内容，增强法律意识，引导林区群众自觉守法、遇事找法、解决问题靠法，形成守法光荣、违法可耻的社会氛围，自觉遵守林区生态保护红线制度，维护自然生态系统安全空间格局。

2. 加强调查研究，掌握林区治安动态

在林区开展山情、林情和社情调查等为内容的“三情调查”，全面掌握辖区内的自然地理情况、森林资源情况和社会基本情况；通过走访调查、登记造册等各项日常业务了解、收集林区的治安信息；选建秘密力量、林业治安信息员和护林人员，形成公开和秘密相结合的信息网络，收集和研判林区违法犯罪情报，使森林公安机关的触角延伸到林区的每个角落，实现耳聪目明。

3. 预防、控制破坏森林资源的违法犯罪活动

林业公安机关是预防、制止和惩治破坏森林资源违法犯罪活动的重要武装力量。林业公安机关应结合破坏森林资源的违法犯罪活动，适时组织巡逻、堵卡等治安勤务措施，压缩林区违法犯罪的时空。针对林区突出治安问题，开展专项整治行动，遏制林区重大、恶性案件的高发态势，确保林区政治稳定、社会安宁、森林和野生动植物资源安全。

4. 大力构建林区治安防控体系

林区治安防控体系是一项以提高公安机关驾驭林区社会治安为目标，从维护林区社会稳定需要出发，运用各种手段科学整合现有警力和社会资源，把防范、管理、打击、服务等多种措施有机结合，实行统一指挥、整体联动、快速反应，对林区社会治安实施全方位动态防控的系统工程。

5. 加强预防控制，遏制林区安全事故的发生

森林是再生性资源，但生长周期长，毁林容易恢复难。因此，预防、控制林区火灾是林区治安管理的重要工作。森林防火是一项群众性很强的工作，必须通过广泛宣传教育，控制进山人员和火源，增强群众森林防火意识，自觉协助做好森林防火工作，防止和减少林区火灾事故的发生。同时，林区还需要采取积极措施，完善林区基础设施建设，减少雨季的滑坡、泥石流，雪季的雪崩等季节性灾害事故的发生。

三、城乡结合部治安管理

城乡结合部，是城市与乡村地区的过渡地带。随着城市化过程，城市不断向外围扩展，使得与城市毗邻的乡村地区土地利用从农业转变为工业、商业、居住区以及其他职能，并相应兴建了城市服务设施，从而形成城乡结合部。

（一）城乡结合部治安特点

1. 治安问题具有敏感性和复杂性

城乡结合部具有多元的社会利益结构、不同的社会阶层、外来人口鲜明的地域特性，使

得一些矛盾极具社会敏感性。同时，城乡结合部是多种行政管理体系的分界线，是农村文明与城市文明交融汇合处，社会矛盾纠纷具有复杂性。由此，城乡结合部治安问题具有敏感性和复杂性的特点。

2. 违法犯罪的高发地和违法犯罪人员的“避风港”

城乡结合部流动人口多，地理位置特殊，情况复杂，管理难度大，治安防控设施较少，致使“黄、赌、毒”等违法犯罪行为高发。同时，城乡结合部房屋错综复杂，不便于长时间跟踪打击违法犯罪，这又成为违法犯罪人员落脚和藏身之地。

3. 群体性事件突出

随着我国城市化进程的加快，城乡结合部大量的农村集体土地被征用作为建设用地或公共用地，被征用的土地涉及群众利益，随之产生大量的社会矛盾纠纷，从而群体性事件频发，在一定程度上影响的城乡结合部的社会稳定。

（二）城乡结合部治安管理的基本措施

1. 开展法制宣传，创建平安社区

公安机关治安管理部门应加强城乡结合部的法律普及宣传，增强群众法律意识，提高群众守法的自觉性。同时，在城乡结合部开展以平安社区的创建为载体，调动广大群众参与平安社区建设活动。在平安社区创建中，服务群众，让城乡结合部外来流动人口融入社区；在服务群众中，广泛吸纳城乡结合部外来流动人口创建平安社区。

2. 实施人口动态管理，强化信息采集

对城乡结合部外来人口进行分类管理，突出重点管理对象，加强对违法人员的帮教转化工作，控制重新违法犯罪率。对房屋租赁、借居、寄居等人员，组织社区楼栋长、街道长等相关人员及时采集信息，并定期回访，充分运用科技手段实施动态管理，确保信息及时更新，切实做到人来、人走信息准确。在城乡结合部全面实施“谁用工、谁负责，谁主管、谁负责”的治安责任制。

3. 充分调动群众，构建城乡结合部治安防控网络

城乡结合部的治安管理工作，必须紧紧依靠群众，充分发挥城乡结合部基层治保组织在群防联队工作中的“牵头”作用，指导帮助基层治保组织动员组建义务巡逻队、街面流动协防队、场所部门治安守望队、楼栋单元联防队等义务参与看家护院、邻里守望、治安协防、防范宣传等活动，形成治安防范的人民防线。同时，加强治安隐蔽力量建设，掌握深层次的治安问题。将群众的自治力量与公安机关的专门力量紧密结合、将公开手段管理与隐蔽力量控制有机结合，构建城乡结合部治安防控网络。

4. 加强日常治安管理，适时开展治安清查专项整治

加强对城乡结合部的行业、场所、人口身份查验的日常治安管理，提高群众见警率，增强群众安全感。同时，对于群众反映强烈的治安问题，公安机关应适时开展治安清查，展开专项整治，依法打击违法犯罪活动。

5. 采用先进的科技防范措施，提高整体安全防范能力

为了弥补城乡结合部人防的缺陷，城乡结合部可在防控盲区采取先进的技防、物防等科技防范措施，既能降低人防的工作强度，又能快速发现治安问题，有助于公安机关快速反应，提高整体安全防范能力。

四、虚拟社会治安管理

虚拟社会是现实社会在计算机网络技术与现实虚拟技术整合基础上，通过虚拟实践创造出来的，以光、电、声、色、影为表现形式，以网络交往形成的社会关系为框架，依托人类文明成果，对现实世界和非现实之物以数字化编码而建构起来的人文空间，也是人类交流信息、情感释放、知识生产的新型社会空间。虚拟社会是现实社会在网络虚拟环境下的投射，不能脱离现实社会而独立存在。

（一）虚拟社会治安特点

1. 网络违法犯罪行为具有隐蔽性和间接性

网络犯罪从准备到实施可能要经过很长时间，但实施犯罪则耗时极短，对计算机硬件和信息载体不会造成任何损害，作案不留痕迹，使一般人很难觉察到计算机内部软件上发生的变化。实施网络违法犯罪行为，需具备较高专业知识并擅长实用操作技术，其违法犯罪呈现高科技。现实社会实施违法犯罪，需直接接触，而网络可以把相隔甚远的违法犯罪分子与受害人连接起来，无需直接接触，具有间接性。

2. 实施违法犯罪的空间具有虚拟性和全时性

在网络上实施违法犯罪，并非在现实空间，而是在虚拟空间。虚拟空间，极大降低了现实社会的道德风险，可为所欲为。在网络违法犯罪，不受时间限制，可全天候实施。

（二）虚拟社会治安管理面临的挑战

1. 网上对敌斗争形势严峻

网络已成为境内外敌对势力、敌对分子进行渗透破坏的“主战场”，成为“法轮功”等邪教组织进行反动宣传的工具。敌对势力借助网络平台，在网上组党结社，大规模散布反动、有害信息，大肆宣传西方价值观念，鼓吹西方的自由、民主、人权。同时，各类“民运”、自由化分子以关心国计民生为由，经常利用网络操控、插手境内形形色色的“维权”活动。

2. 网上维护稳定难度加大

网络言论的实时性和匿名性，网民可以毫无约束地针对一些社会新闻和热点问题发表不负责的言论，这使得网络成为了社会矛盾的“倍增器”。其“放大效应”很容易误舆论，激化社会矛盾，激化群众对党和政府的不满情绪，对社会稳定造成了极大影响。

3. 网络违法犯罪剧增

在虚拟社会中，借助网络技术，人们的身份、行为方式与行为目标均可被隐匿和篡改，这在客观上“有助”于违法犯罪分子实施违法犯罪。违法犯罪分子借助网络虚拟空间，在很大程度上避免了与传统意义上的社会直接接触，使得网民很难有针对性采取防范措施。

4. 网络隐私权受到挑战

虚拟社会的匿名性和自由性特点，使得部分网民认为网络空间是“法外之地”，可为所欲为。一是对网络空间个人隐私的直接侵害。人们在网络上的所有活动都被记录下来，而违法犯罪分子直接侵害这些个人隐私。二是对个人隐私进行泄露和传播。三是对个人隐私信息进行歪曲，使个人安全受到严重威胁。

（三）虚拟社会治安管理的基本思路

虚拟社会治安管理不是一个简单的技术问题，而是一项复杂的社会系统工程。在信息社会条件下，政府不能再仅仅通过简单的行政命令管控信息，生硬地规定人们的行为方式，而应从社会整体利益和共同利益的角度出发，根据社会和市场需求，通过政策法规、经济手段和技术监督等方式进行间接规制。

1. 加大对网民的网络技术、法制宣传教育

加大的网民的网络技术教育，使网民充分认识到虚拟社会并非“法外之地”。同时，要加大对网民的法制宣传教育，将外在的法律规定化为网民的自觉道德意识，使网民在无人监管的情况下，能够自觉守法。对网民开展网络技术和法制宣传教育活动，是虚拟社会治安管理的一项基础工作。

2. 加快虚拟社会治安管理队伍建设

由于互联网是高科技产物，适应虚拟社会的治安管理，公安机关必须造就和培养一批既精通公安业务知识，又掌握了互联网应用技能的新型治安管理人员，形成一支懂技术、善经营、会管理，并熟悉各项网络业务的虚拟社会治安管理专业力量。同时，不断扩大网上治安信息员队伍，充分发挥与网络接触密切的作用。

3. 推动虚拟社会治安综合治理

虚拟社会管理涉及政府、组织、社会和个人等方方面面，是一项社会综合治理工程，应从社会公共管理角度，将其上升为政府行为，建立由政府牵头、行业参与、网民支持的虚拟社会治安综合治理体系，形成政府、行业共同管理，企事业单位自治，网民群防群治的局面。

4. 构建虚拟社会治安防控网络

互联网无国界、省界和部门之分，要维护虚拟社会治安秩序，必须构建符合虚拟社会实际的社会治安防控网络，形成互联网业界自律，建立网上案件举报机制、巡查机制、网下案件侦查机制、公安内部与外部协作联动机制。

第五节　大型活动安全管理

一、大型活动安全管理的概念

大型活动是指法人或者其他社会组织面向社会公众举办的非日常性的文艺演出、体育比赛、展览展销、招聘会、庙会、灯会、游园会等群体性活动，以及政府组织举办的有特定需求的重要群体性活动①。大型活动安全管理，是指由承办方负责、政府监管，围绕大型活动所开展的一系列以确保公民生命财产安全、维护社会治安秩序和公共安全的综合性管理工作，它包括大型活动的安全保卫和安全保卫工作的监督管理两个层面。

改革开放以来，由政府举办或民间举办的各类大型活动越来越多，大型活动过程中的安全问题也时有发生。2007 年，国务院颁布了《大型群众性活动安全管理条例》，有效地规范与强化大型活动安全管理工作。2016 年 10 月 13 日，国家质量监督检验检疫总局和中国国家标准化管理委员会联合发布了《大型活动安全要求国家标准》，进一步明晰了大型活动安全管理工作的相关要求，自此，我国大型活动安全管理工作正式步入了标准化新阶段。

---

①　国家质量监督检验检疫总局和中国国家标准化管理委员会联合发布了《大型活动安全要求国家标准》（GB/I33170. 1—2016）第一部分《安全评估》第 1 页“3. 术语和定义”。

二、大型活动安全管理的主体及职责

大型活动是一种群体性活动，涉及的社会面广、影响安全的要素多，做好大型活动的安全管理工作，并不是公安机关一家能单独完成的，还需要承办者、大型群众性活动场所管理者、参加大型群众性活动的人员及其他所有涉及的相关部门依照各自的职责，忠诚履职，共同完成，因此，大型活动安全管理的主体是一种多元化的综合主体。

（一）活动承办者

活动承办者是指以自身名义发起或受其他单位委托并召集举办大型活动的法人（或其他机构）。根据国务院《大型群众性活动安全管理条例》第2条，承办者是大型活动安全管理的应然主体，在大型群众性活动安全管理中具体负责如下安全事项：

1. 制定并落实活动安全工作方案和安全责任制度，明确安全措施、安全工作人员岗位职责，开展大型群众性活动的安全宣传教育；

2. 保障临时搭建的设施、建筑物的安全，消除安全隐患；

3. 按照负责许可的公安机关的要求，配备必要的安全检查设备，组织大型活动中的安全检查；

4. 核定活动场所的人员接纳数量，发放或者出售门票；

5. 落实医疗救护、灭火、应急救援等应急措施，并组织演练；

6. 对妨碍活动安全的行为及时予以制止，发现违法犯罪行为及时向公安机关报告；

7. 配备与活动安全工作需要相适应的专业保安人员以及其他安全工作人员；

8. 为活动安全管理工作提供必要的保障，如经费和器材保障等。

（二）场所管理者

大型活动无论规模大小，均会使用、借用或租用一个或多个场所进行，承办者与场所管理者在大型活动中是合作关系。大型活动过程中，场所管理者具有对该场所的管理权，所以管理者是该场所的安全管理主体，场所法定代表人或负责人是该场所有关安全事项的直接责任人。场所管理者在大型活动中具体负责如下安全事项：

1. 保障场所、设施符合国家安全标准及安全规定；

2. 保障场所疏散通道、安全出口、消防通道、应急广播、应急照明、疏散指示标志符合法定要求和技术标准；

3. 保障场所监控设备和消防设施、器材配置齐全，完好有效；

4. 为活动提供必要的停车场地，并维护好安全秩序。

（三）活动所在地公安机关

《大型群众性安全管理条例》第4条规定“县级以上人民政府公安机关负责大型群众性活动的安全管理工作”。因此，大型活动所在地公安机关同样是大型活动安全管理的主体，具有以下安全管理责任：

1. 审核承办者提交的大型群众性活动申请材料，落实安全许可制度；

2. 制订大型群众性活动安全监督方案和突发事件处置预案；

3. 指导承办者对大型活动安全保卫工作人员进行安全教育和培训；

4. 在大型群众性活动举办前，对活动场所组织安全检查，发现安全隐患及时责令改正；

5. 在大型群众性活动举办过程中，对安全工作的落实情况实施监督检查，发现安全隐患及时责令改正；

6. 依法查处大型群众性活动中的违法犯罪行为，处置危害公共安全的突发事件。

（四）活动所在地政府其他相关主管部门

《大型群众性活动安全管理条例》第 4 条在规定活动所在地公安机关的安全管理工作责任的同时，同时还规定“县级以上人民政府其他有关主管部门按照各自的职责，负责大型群众性活动的有关安全工作”。这里所说的政府有关主管部门包括安全生产监督管理部门、质量监督检验检疫部门、文化广播电视新闻管理部门、城市管理行政执法部门、环境保护部门、卫生计生部门、电力部门、消防部门、社会治安综合治理部门等。

三、大型活动的特点

（一）参与人数多，涉及面广、敏感性强

大型活动最大的特点就是参与者的群众性和自发性，男男女女，老老少少，来自社会的方方面面、各行各业，少则上千人，动辄上万人，乃至数十万人，这些人大多自发而来，成员素质有高有低，鱼龙混杂，形形色色，组织结构松散，相对缺乏严格的纪律约束，除了观摩群众外，既有地方政要，又有社会名流，还有媒体介入，一旦发生治安问题或突发性事件，信息迅速传播、扩散，极易造成不可阻挡的社会影响。

（二）安全隐患多、容易发生治安灾害事故

大型活动的安全隐患存在于方方面面，比如现场电器多，线路多为临时铺设，容易引发火灾；中心现场场地空间有限，群众为了抢占有利地形，喜欢扎堆，容易发生挤压伤亡事故；现场小摊小贩多，群众情急之下不分优劣，购买劣质饮料、瓶装水、垃圾快餐等，容易引发公共卫生安全事件；还有临时搭建的观礼台载重过重，容易垮塌等。

（三）人员流动性强、掌控难度大

参与大型活动的社会人员因为缺乏统一、严谨的组织，流动性极强，包括参与的时间上的随意、活动过程中滞留地点的随意、规章制度遵守上的随意，导致了表面似为整体的参与者实质上内部不停在相对流动，这种不断变化的动态组合极易引发治安问题，稍有不慎，极易导致事态的恶化，引发民转刑案件或政治事件。

四、大型活动安全管理工作要求

大型活动安全管理工作的工作要求主要体现在安全评估、人员管控、场地布局和安全导向标识、临建设施、安保资源配置等五个方面。

（一）安全评估要求

安全评估是以实现大型活动安全顺利举办为目的，应用安全系统工程原理和方法，辨识与分析系统中的危险有害因素，评估发生事故可能性及其严重程度，并得出评估报告的活动。大型活动安全评估的主体是大型活动的承办者。承办者应该在活动前向活动所在地政府相关职能部门提出申请，并聘请专业评估机构进行安全评估。评估机构接受聘请后应组织专业人员对大型活动的合法性、合理性、可行性、安全性等方面先期作出明确评估结论。承办者在得到评估机构作出的评估结论后应根据评估情况采取相应的应对措施，以确保大型活动安全、有序。

（二）人员管控要求

人员管控是为保障大型活动安全，在活动中对进入活动现场的人员、人流综合运用安检、监测、检查、引导、控制等措施进行有效管理的系统性活动，大型活动人员管控应遵循

"分级布控，突出重点，人防物防相结合"原则，按照监测、预警、处置三个环节有序进行。对于人员管控中的突发情况应视情况分类处置。其中，拒绝接受安全工作人员检查的不准参与大型活动；经确认确属携带禁带物品的，由公安机关按规定控制禁带物品携带人，并扣留禁带物品；经确认为限带物品的，由大型活动承办者代为保管或由携带人自行处理，但不得带入大型活动区域；监测中发现人员或车辆超范围活动或违规活动的，承办者应及时派工作人员予以劝阻，不听劝阻有可能影响到大型活动安全的，可先采取相应控制措施，并报公安机关处理；监测中发现人群聚集或拥挤时，承办者应及时派工作人员予以疏导。

（三）场地布局和安全导向标识要求

场地布局是指大型活动场地的空间分布，包括场地及所处环境之间的协调关系、场地内部功能分区、设备设施空间布置及出入通道的安排等。安全导向标识是指由各种图形、文字或符号组成的，为人员或车辆提供安全引导、应急疏散等导向信息的标识。首先，大型活动场地自身应符合消防、交通、建筑、卫生、用电、地质、安全生产、安全防范、园林绿化、特种设备等方面的相关安全规定，同时场地还应能为活动参与人员提供安全、舒适的环境，为活动管理人员提供方便有效的工作环境。其次，场地布局应充分考虑活动规模大小，应有足够的通行能力和避免大规模人群聚集的缓冲空间；具备突发事件情况下人群应急疏散能力；与有毒有害、易燃易爆危险源的距离达到相关安全标准；可有效避开自然灾害和重大社会不稳定区域。再者，场地内安全导向标识应简单明了、准确，便于快速理解，能有效传达安全信息，明确警示危险，能实现对人流合理引导和对人群紧急疏散的功能。大型活动承办者和场所管理者应保证场地建筑设施、消防设施、照明设施、监控设施和广播系统等应急疏散设备设施运转正常，室内或有夜场的大型活动现场及其周边地区，还应有充足的照明和应急照明设施。

（四）临建设施要求

临建设施是指为顺利进行活动所必须搭建的临时建筑物、构筑物和其他临时设施。临建设施的设计、搭建、运行使用应满足以下要求：一是临建设施的整体设计、结构安排、电气计划和防火设计均既要符合国家相关规定，又要满足大型活动要求，以确保大型活动的顺利、安全。二是搭建大型活动临建设施，承办者应聘用有相应资质的专业单位和人员进行，临建设施搭建完毕后，承办者应配合有关监管部门，并组织有鉴定资质的机构、施工单位和场地提供单位对临建设施进行联合检查验收，形成联合检验检测报告，检验检测不合格的临建设施不得投入使用。三是临建设施运行期间，应进行经常性安全检查。安全检查包括施工单位自查、承办者安全检查和相关监管部门的检查。安全检查的内容包括临建设施的基本外观、整体设计、结构材料、荷载情况、防火性能、线路铺设、抗风抗震抗挤压能力、相关管理制度、相关专业技术验收文件等。值得注意的是，临建设施在使用过程中，严禁超载超荷使用，使用单位应组织相关人员对使用情况进行定期检查维护，并建立相应的使用台账。

（五）安保资源配要求

安保资源配置是指活动主办方为预防突发性事件发生、维护大型活动现场秩序和安全而设置的人防、物防和技防资源。大型活动安保资源配置应遵循"谁承办，谁负责"原则，对所有安保资源应统一配置，坚持预防为主、安全第一，在全面考量的前提下突出重点、科学安排。第一，举办大型活动，承办者应服从活动所在地公安机关的指导监督，立足活动安全管理工作的实际需要，设立好相应的安全保卫组织，配备好数量足够的专职安全保卫工作人员，制定好切实可行的大型活动安全工作方案，建立起完善的安全保卫工作责任制度，并整合大型活动其他工作部门的力量，共同完成活动安全保卫工作。第二，大型活动的安保人员宜选用公共安全执法人员、保安服务企业的保安员、长期举办大型活动的场地自行配备的安保人员和自愿从事安保工作又符合条件的志愿者。一般来说，安保人员应当符合以下素质要求：年满18周岁，身体健康，具备完全行为能力，具有一定安保专业知识，无违法犯罪前科。安保志愿者招募应遵循“专业型和需求引导”的原则，安保志愿者应年满18周岁，自愿为活动提供无偿的安检、巡逻和维持秩序等安保服务。第三，大型活动安保人员的培训可采用网络培训、随岗培训、集中培训、专题讲座、专业技能培训等方式进行，培训内容包括安保工作的基础知识、工作程序、技术方法、仪器设备使用、相关法律法规及素质培训等内容。第四，大型活动的安保设备（包括外围管控、现场维护、应急处置、指挥保障及其他辅助设备）均应符合国家有关标准的规范要求。

五、大型活动安全许可

举办大型活动应事先申报安全许可，申报许可由承办者负责，在活动开始20天前向活动所在地县级以上公安机关申报。由县级以上各级人民政府、国务院部门直接举办的大型活动，由举办活动的人民政府、国务院部门负责活动的安全保卫工作，不实行安全许可制度，但应责成或者会同同级公安机关制定安全保卫工作方案，并组织实施。

公安机关的治安部门在收到申请材料应当依法作出受理或者不予受理的决定。对受理的申请，应当自受理之日起7日内进行审查，对活动场所进行查验，对符合安全条件的，作出许可的决定；对不符合安全条件的，作出不予许可的决定，并书面说明理由。是否许可的决定由公安机关主管治安的负责人进行，且必须在4个工作日内完毕。是否许可的决定作出后，治安部门的受理民警应当在2个工作日内及时告知申请者，并归时将相关材料归档。

六、大型活动安全保卫工作

（一）活动前期现场外围大面治安管理工作

根据大型活动的规模、性质、核心人物身份等，分别采取诸如矛盾纠纷大排查、重点人员管控、扫黄打非、暂住人口清理、反扒、严打整治等相应的专项行动，稳定活动现场周边的治安环境，以减轻活动中心现场的安全管理压力。

（二）现场安全评估和安保方案的制订

1. 现场安全评估

活动开始前，承办者通过实地考察、查看，对活动涉及的场地、线路、设备予以现场安全评估，并形成现场安全评估报告，为安全管理决策提供依据。

2. 制定安全保卫工作方案

这个环节最核心的是安全保卫工作方案及相关应急预案、媒体应对方案的制定。非政府举办的大型活动，活动所在地公安机关应对承办者提交的安保方案进行审查、修改；由政府举办的大型活动，同级公安机关应制定好活动的安保工作方案，并且向上级公安机关报批。

（三）大型活动安全保卫工作的现场勤务

大型活动安全保卫工作现场勤务包括活动参与人员入场的安检、活动中群众应遵守的安保规定宣传、现场秩序的维护和各类突发性事件的现场处置，以及群众报警救助的处置。此过程中，每个岗位的失误，都会影响全局，造成不良社会影响。指挥员到执勤人员都要高度认真负责，集中精力，各司其职，充分运用自己的聪明才智，不折不扣地完成任务。

七、大型活动安全保卫工作的监督管理

大型活动安全保卫工作的监督管理，是指对大型活动安全保卫工作责任落实情况和安全措施落实情况的监督、指导和管理。

（一）大型活动安全监管工作原则

大型活动安全监管工作应当遵循“领导参与、统一指挥”、“预防为主、安全第一”、“条块结合、全程管控”三原则。大型活动安全管理工作涉及多部门、多领域、多种保卫力量的协同工作，其安全监管工作只有在党委、政府统一领导下才能形成合力，确保政令、警令和各项工作指令得到快速、准确的落实。同时，应督促所有安全管理参与单位超前工作，将主要精力放在防止问题发生这个重点上，从活动申报安全许可开始，一直到活动结束，安全监督管理工作要贯穿于始终。

（二）大型活动安全监管工作人员构成

大型活动安全保卫工作的监管有两种情形：一是政府举办的大型活动安全监管人员视规模由公安机关的警务督察、公安机关的纪检监察、政府监察局、地方党委的纪检人员、部队的纠察联合组成，共同对活动的安全保卫工作情况进行监督管理。二是非政府举办的大型活动安全监管人员由公安机关治安部门派出警力与主办者、承办者、协办者的管理人员及承接安保任务的保安公司管理人员一道共同组成，对安保勤务情况进行监督管理。

（三）大型活动安全监管工作的内容

1. 安全许可的监管

由公安机关的治安部门对承办者举办大型活动是否依法申请安全许可、许可事项变更进行监管。

2. 承办方安全管理工作的监管

由公安机关治安部门负责，对申请举办大型活动的承办者在申请安全许可时是否已经明确安全管理工作责任人、成立安全保卫工作领导小组、安排相应数量的安保力量、相关设备设施的准备是否符合安全标准以及是否就相关设备设施的管理落实相应的安全措施进行形式上的监管。

3. 安全保卫工作现场勤务的监管

主要是派出督查人员对大型活动安全保卫工作的现场勤务进行全程现场督查，督查的重点是安保工作人员履职情况、现场安全秩序情况、现场证件管理、现场外围控制、现场场地控制、现场人群控制和现场应急处置等。

（四）大型活动安全监管工作措施

1. 制定大型活动安全监管工作方案

大型活动安全监管工作方案由当次活动的监管机构负责制定。安全监管工作方案一般包括以下几个方面内容：监管工作的组织指挥；监管工作的参与单位；监管工作的具体人员安排；监管工作的工作任务具体分工、岗位设置与岗位职责、岗位人员安排；监管工作的具体工作措施及要求；监管工作的到岗到位时间；监管工作的通讯设备与交通工具的安排；监管工作信息反馈方式与要求；监管工作的奖惩措施。

2. 审查安全管理工作文件资料

大型活动安全监管工作是一项超前性的工作，形式审查是其常用的监管手段，形式审查的内容包括安全许可、安全评估、人员管控、场地布局和安全导向标识、临建设施、安保资

源配置等方面的资质文件、相关职能部门的批准文件和检验检测文件，以及承办者开展活动安全保卫工作的相关文件等。

3. 开展安全检查、整改安全隐患

大型活动安全监管工作中安全检查包括活动正式开始前的安全检查和活动进行中的安全检查。检查时活动安全监管机构应专人实地察看，对检查中所发现的安全隐患，应当场整改，对检查中发现的一时难以解决的重大、疑难问题形成报告材料，报上级机关协调解决(包括上级公安机关及其他党政主管机关)，安全检查情况应形成资料，书面备案。

4. 开展现场督查

现场督查主要是监督检查承办者现场安保工作落实情况，包括安全组织机构、安全制度、安全人员责任、重点部位看护等方面的落实情况等。

第六节　集会、游行、示威管理

一、集会、游行、示威的概念和特征

《中华人民共和国宪法》第 35 条规定，公民有言论、出版、集会、结社、游行、示威的自由。《中华人民共和国集会游行示威法》(以下简称《集会游行示威法》)和《〈中华人民共和国集会游行示威法〉实施条例》(以下简称《〈集会游行示威法〉实施条例》)对公民行使集会、游行、示威的权利、义务和对公安机关在管理集会、游行、示威活动的职权、职责进行了具体规定。

(一) 集会、游行、示威的概念

集会，是指众多公民聚集于露天重点行业场所，发表意见、表达意愿的活动。游行，是指在公共道路、露天重点行业场所列队行进、表达共同意愿的活动。示威，是指在露天重点行业场所或者公共道路上以集会、游行、静坐等方式，表达要求、抗议或者支持、声援等共同意愿的活动。文娱、体育活动，正常的宗教活动，传统的民间习俗活动，而进行的集会等活动，不是集会、游行、示威。

“露天重点行业场所”是指公众可以自由出入的或者凭票可以进入的室外重点行业场所，不包括机关、团体、企业事业组织管理的内部露天场所；“公共道路”是指除机关、团体、企业事业组织内部的专用道路以外的道路和水路。

(二) 集会、游行、示威的特征

1. 参与集会、游行、示威活动的人员的特定性和群体性

基于相同或相近的目的、动机和诉求的人员，结成一定数量的群体，以和平表达意见和要求，或抗议，或支持，或声援，而相互聚合而进行集会、游行、示威。

2. 参与集会、游行、示威活动的人员的和平性和演变性

和平集会、游行、示威是世界各国普遍要求的，也是公民参与集会、游行、示威应尽的义务。同时，集会、游行、示威活动，具有强烈的鼓动性，容易引起其他群众的围观，造成交通堵塞、拥挤，极有可能深化为群体性事件，导致社会治安严重混乱。

二、集会、游行、示威的管理

我国集会、游行、示威活动的主管机关是公安机关，公安机关依法对集会、游行、示威

活动实行事前许可和事中监管。

（一）集会、游行、示威许可的一般程序

1. 受理申请

（1）受理申请机关。集会、游行、示威举行地的市、县公安局、城市公安分局是受理集会、游行、示威申请的机关。游行、示威路线经过两个以上区、县，其申请受理机关是所经过区、县的公安机关的共同上一级公安机关。

（2）集会、游行、示威申请。申请书上的申请人必须是集会、游行、示威的负责人，且由申请人亲自向受理申请的公安机关递交；申请人应在拟举行集会、游行、示威日期的五日前递交，递交申请时，必须出示身份证件。

（3）初审受理。受理申请的公安机关经初审符合受理条件的，应予以受理，并出具受理凭证。受理凭证应当注明申请事项和办理时限、联系人、咨询电话和收到的申请材料的目录，加盖本机关专用章，并注明受理日期。公安机关当场作出许可决定的，无需出具受理凭证；经初审不符合受理条件的，出具的不予受理申请决定书应当写明理由，告知申请人有申请行政复议的权利，加盖本机关专用章，并注明日期。

2. 审查受理的申请

公安机关受理集会、游行、示威申请后，应对受理的申请进行认真谨慎而严格的审查。

（1）审查申请内容。对于有《集会游行示威法》和《〈集会游行示威法〉实施条例》规定的禁止性内容，应不予许可。

（2）审查申请人资格。申请人必须在举行地有常住户口或者在举行地户口登记机关办理了居住登记并持续居住半年以上。同时，申请人还没有《集会游行示威法》和《〈集会游行示威法〉实施条例》规定的禁止性情形。

（3）审查集会、游行、示威参与人资格。参与人必须在举行地有常住户口或者在举行地户口登记机关办理了居住登记并持续居住半年以上。

（4）审查集会、游行、示威的目的、标语、口号以及音响、车辆等设备、方式、起止时间、地点和路线。集会、游行、示威的目的、标语、口号不得违反我国法律、法规，不得违背社会公德和公序良俗，不得煽动民族分裂或宣扬民族歧视。集会、游行、示威使用的音响、车辆等设备和采取的方式，不得干扰社会正常生活，不得使用暴力或煽动使用暴力。集会、游行、示威的起止时间，公安机关要慎重决定。凡申请有节日、重要会议期间、敏感日期、早6时前、晚10时后举行的集会、游行、示威，除由当地人民政府决定或批准外，应不予许可。集会、游行、示威的地点和路线，在《集会游行示威法》、《〈集会游行示威法〉实施条例》禁止举行地和可能危害举行地及其周边治安秩序的，不予许可。

（5）以国家机关、社会团体、企事业组织的名义组织或者参加集会、游行、示威，必须经本单位负责人批准，没有负责人批准而擅自申请举行或参加集会、游行、示威的，不予许可。

3. 审查后决定

受理集会、游行、示威申请的公安机关，依照法律法规规定的审查事项和程序审查后，作出准予许可或不许可的书面决定，并且应将决定书在申请举行日的2日前送达申请人。决定书应载明许可的内容或者不许可的理由。

集会、游行、示威的申请人对公安机关不许可的决定，可以自接到不许可决定书之日起向同级人民政府申请复议。人民政府应当自接到复议申请书之日起3日内作出维持或者撤销主管公安机关原决定的复议决定，并将《集会游行示威复议决定书》送达集会、游行、示威的负责人，同时将副本送作出原决定的主管公安机关。人民政府作出的复议决定，主管公安机关和集会、游行、示威的负责人必须执行。

（二）集会、游行、示威许可的特别程序

1. 申请时限和审查时限的变通处理。集会、游行、示威确因突然发生的事件临时要求举行的，申请人可以立即报告公安机关，公安机关接到报告后，可立即审查，并立即作出许可或者不许可的决定。

2. 与有关单位协商处理问题和矛盾。对于要求政府或有关单位解决具体问题而申请举行的集会、游行、示威，公安机关受理申请后，可通知政府部门或有关单位同集会、游行、示威的负责人协商解决，并可将申请举行的时间推迟 5 日。若协商不成，可再按一般程序作出许可或不许可的决定。

3. 变更有关申请事项

（1）申请人请求的变更。集会、游行、示威的负责人在提出申请后接到主管公安机关的通知前，撤回申请的，应当及时到受理申请的主管公安机关办理撤回手续。集会、游行、示威的负责人接到主管公安机关许可的通知或者人民政府许可的复议决定后，决定不举行集会、游行、示威的，应当在原定举行集会、游行、示威的时间前到原受理的主管公安机关或者人民政府交回许可决定书或者复议决定书。

（2）主管公安机关对申请的变更。主管公安机关可以在申请许可后、许可决定时依法变更，也可以在许可决定后依法变更。其变更的事项主要是集会、游行、示威举行的时间、地点和路线。主管公安机关许可决定后变更，应在举行日前作出，并重新制作集会、游行、示威事项决定书，并于举行日前送达集会、游行、示威的负责人。

（三）集会、游行、示威的现场管理

由于集会、游行、示威的群体性和演变化，公安机关应对许可的集会、游行、示威加强现场管理，使集会、游行、示威和平有序进行，确保集会、游行、示威人员和其他群众的合法权利不受侵害。

1. 现场检查

现场检查包括两方面内容：一是内容检查。集会、游行、示威是否与公安机关许可的内容和事项相符。二是安全检查。集会、游行、示威的场所、道路是否存在安全隐患，集会、游行、示威所使用的车辆、设备是否符合安全要求，还应检查集会、游行、示威参与人员是否携带武器、管制刀具或者易燃易爆等危险物品。

2. 警戒重要区域

公安机关可以根据需要设置、划定警戒重要区域，并派出警力引导人群在警戒重要区域以外进行聚集或行进，并对现场进行警戒保护，防止冲击等异外事件发生。

3. 督促负责人维持秩序，并维持交通秩序

现场民警应督促集会、游行、示威的负责人采取有效措施维持集会、游行、示威队伍的秩序，防止其他人员加入队伍。现场民警负责维持交通秩序，必要时可以对其他车辆采取临时限行措施，保障游行队伍有序通过有关路段。同时，公安机关现场负责人视情况临时改变队伍的行进路线。

4. 处置违法犯罪行为

在集会、游行、示威行进中，出现危害公共安全、破坏社会秩序或者其他违法犯罪行为

时，公安民警应立即将违法犯罪人员带离现场，并依法追究违法犯罪人员的法律责任。

三、非法集会、游行、示威的处置

非法集会、游行、示威属于群体性事件，公安机关应依据《公安机关处置群体性事件规定》，按照群体性事件处置原则和程序，依法处置非法集会、游行、示威。

◎思考题

1. 重点行业场所治安管理的范围和治安管理的措施有哪些？
2. 旅馆业治安管理制度有哪些？
3. 娱乐场所的范围和治安管理的措施有哪些？
4. 大型活动安全监管工作原则有哪些？
5. 集会、游行、示威现场管理的内容有哪些？

第八章　公共安全治安管理

教学目的和要求：掌握公共安全治安管理的基本知识，尤其是枪支弹药、管制器具、民用爆炸物品、烟花爆竹、危险化学品等危险物品以及消防和道路交通安全管理的基本制度与措施，提高学生的公共安全治安管理能力，实现学生在今后公安工作中能熟练开展公共安全治安管理的目的。

教学重点和难点：公共安全治安管理的基本制度和措施

主要内容：公共安全治安管理的概念与范围，公共安全治安管理系统与相关责任部门，公共安全治安管理的方法；枪支弹药和管制器具治安管理；民用爆炸物品治安管理包括民用爆炸物品的概念和种类，民用爆炸物品安全管理，爆炸事故的调查与处理；烟花爆竹和危险化学品治安管理；消防管理包括火灾的基本知识，消防管理的方针与组织，消防监督检查，火灾扑救与调查处理；道路交通安全管理包括道路交通秩序管理，车辆与驾驶人管理，交通违法与事故处理等。

公共安全问题是事关国家安全和人民群众生命财产安危的重大问题。公安机关作为社会治安的主管部门，应充分认识公共安全治安管理的重要性，强化安全意识，树立安全管理理念，依法加强社会治安管理，尽可能消除各种不安全因素，防控影响公共安全的治安问题的发生，保障社会稳定。公共安全治安管理包括危险物品管理、消防安全管理和道路交通安全管理。

第一节　公共安全治安管理概述

一、公共安全治安管理的概念与范围

（一）公共安全治安管理的概念

公共安全治安管理是指公安机关治安管理部门为维护公共秩序，保障公共安全，依法对有关的人、事、物和时空进行管理和控制的行政执法活动。其中，“人”主要是指有违法犯罪行为或可能实施违法犯罪行为的人员；“事”主要是指各类火灾事故、危险物品事故、交通事故、涉及公共安全的治安案件和涉及危险物品购销、运输、使用等环节的管理等；“物”主要是指各类危险物品和易燃物品；“时空”主要是指存在的公共安全隐患、可能发生的治安灾害事故、需要重点管理的时间、空间和地点①。

（二）公共安全治安管理的范围

1. 危险物品管理

---

① 林岚、周静茹：《公共安全管理实务》，中国政法大学出版社 2014 年版，第 6 页。

危险物品是指具有杀伤、爆炸、毒害、腐蚀、放射性等性能，在生产、储存、销售、运输、使用和销毁等过程中，容易造成人员伤亡和财产损毁或可能危害公共安全而需要特别防护或管制的物品。危险物品管理是指公安机关依法对危险物品的生产、储存、销售、运输、使用和销毁过程的从业人员进行控制、指导、监督、检查和处罚，以调整危险物品的状态，避免其威胁公共安全的行政管理行为①。危险物品管理主要包括枪支弹药管理、管制器具管理、民用爆炸物品管理、烟花爆竹管理、危险化学品管理、剧毒化学品管理和放射性物品管理等内容。由于篇幅问题，剧毒化学品管理和放射性物品管理在教材中不作阐述。

2. 消防管理

消防管理是指全社会开展的预防、扑救火灾和处理火灾事故，减少火灾危害，维护公共安全的活动。消防管理主要包括火灾的基本知识、消防管理的方针与原则、消防组织、消防监督检查、火灾扑救与调查处理等内容。

3. 道路交通安全管理

道路交通安全管理，是指公安机关交通管理部门根据国家的有关法律法规、规范和标准，对道路交通系统中的人、车、路、环境等要素进行组织协调和控制管理活动的总称。道路交通安全管理的内容主要包括道路与交通设施管理、车辆与驾驶员管理、道路交通安全违法行为处理和道路交通事故处理等内容。

二、公共安全治安管理系统与相关责任部门

（一）公共安全治安管理系统

公共安全治安管理工作要按照政府统一领导、部门依法监管的原则，建立健全公共安全治安管理工作体系。国务院公安部门对全国的公共安全治安管理工作实施监督管理。县级以上地方人民政府公安机关对本行政区域内的公共安全治安管理工作实施监督管理，并由本级人民政府公安机关的治安部门、消防机构、交通管理部门和派出所具体负责实施。县级以上人民政府其他有关部门在各自的职责范围内，依照相关法律、法规的规定做好公共安全治安管理工作。县级以上人民政府应当建立公共安全监督管理工作协调机制，支持、督促负有公共安全监督管理职责的部门依法履行职责，协调、解决公共安全监督管理工作中的重大问题。负有公共安全监督管理职责的部门应当相互配合、密切协作，形成公共安全治安管理系统，依法加强安全监督管理。

（二）公共安全治安管理的相关责任部门及职责

1. 公安部门

公安部门对公共安全治安管理的部门主要有公安机关治安部门、消防机构和交通管理部门。公安机关治安部门的职责主要包括：预防、制止和查处违法犯罪活动；防范、打击恐怖活动；维护治安秩序，制止危害社会治安秩序的行为；保卫国家规定的特定人员、守卫重要场所和设施；对枪支弹药、管制器具、民用爆炸物品、烟花爆竹和危险化学品进行管理。公安消防机构的职责主要包括：县级以上公安机关设消防管理机构，具体负责履行消防监督管理职责，公安派出所在消防机构的指导下，承担部分消防监督检查工作。公安机关交通管理部门的职责主要包括：开展交通安全宣传教育，实行道路交通指挥与控制，管理车辆和驾驶员，纠正和处理交通违法，处理交通事故，实施道路交通警卫，维护道路治安秩序，开展交

---

① 张瑞萍：《危险物品管理学》，中国人民公安大学出版社 2014 年版，第 4 页。

通技术研究与应用。

2. 其他公共安全监管部门

公共安全管理是一个系统工程，除公安机关依法对公共安全进行治安管理外，相关职能部门依法对公共安全进行监管。其他公共安全监管部门主要有：安全生产监督管理部门、国防科工部门、交通运输主管部门、卫生计生主管部门、环境保护部门、工商行政管理部门、体育行政主管部门、质量监督检验检疫部门和邮政部门等。这些部门需依法监管公共安全，认真履行各自的监管职责，减少安全事故的发生，维护社会稳定。

三、公共安全治安管理的基本方法

（一）审批许可

公共安全治安管理中的审核许可是指公安机关根据相对一方当事人的申请，经依法审查，以颁发证照或批准等方式，允许其从事特定活动的行为。公安机关发放的许可证件主要有：公务用枪持枪证、民用爆炸物品购买许可证、民用爆炸物品运输许可证、爆破作业单位许可证、爆破作业人员许可证、烟花爆竹道路运输许可证、大型焰火燃放许可证、剧毒化学品购买许可证、剧毒化学品公路运输通行证和机动车行驶证等。

（二）安全防范教育

安全防范教育是公安机关针对危险物品管理、消防管理和交通管理的管理人员、从业人员及社会公众进行的有关法律法规、基本知识和防范技能等进行宣传教育的管理手段。

1. 安全防范教育的内容

安全防范宣传教育的主要内容包括三个方面①：一是危险物品管理、消防管理和交通管理的基础知识和防护知识。通过宣传使人们了解危险物品、火灾和交通事故的危害性和严重性，充分认识搞好公共安全治安管理的重要性。同时，一旦发生事故时，具备正确处理的基本常识和技能，以期最大限度地减少事故的危害和影响，保护公众生命财产和环境安全。二是宣传有关法律、法规和规章制度。通过宣传有关法律、法规，让人民了解做好公共安全治安管理工作是一项法律义务，也是应尽的社会责任。同时宣传各项管理规章制度，使大家熟悉有关管理规定，并认真执行。三是宣传麻痹松懈和侥幸心理的危害。通过一些反面案例的宣传，使大家吸取经验教训，激励大家重视安全，使大家懂得一旦存有麻痹松懈和侥幸心理，就极有可能造成严重后果，只有加强防范才能保证安全。

2. 安全防范教育的方式

安全防范教育的方式主要有三种②：一是媒介宣传，通过报刊、广播、电视、网络等各种媒体进行公共安全治安管理相关知识和技能的宣传教育，例如，录制视频资料和印制宣传材料进行宣传等。二是专题教育，召集有关管理人员和从业人员进行专题讲座、报告、座谈、讨论等形式的学习和培训。三是典型教育，通过树立先进典型，进行总结经验和宣传推广，引导管理人员和从业人员学习先进，提高公共安全治安管理水平；也可以通过剖析方面典型案例，来吸取教训，提高管理人员和从业人员的安全意识和责任意识，防止类似的事件再次发生。

---

① 张瑞萍：《危险物品管理学》，中国人民公安大学出版社 2014 年版，第 86~87 页。

② 王占军、黄超：《危险物品管理》，中国人民公安大学出版社 2014 年版，第 63 页。

（三）审查、考核和培训相关人员

审查、考核和培训工作人员是公安机关对公共安全治安管理的主要职责之一。一是公安机关积极协助有关单位对管理人员和从业人员进行认真、必要的审查，防止不合乎条件的人员从事危险物品、消防管理和交通管理相关工作。二是对相关管理人员和从业人员进行培训和考核，重点是危险物品、消防管理和交通管理基本知识、基本法律法规、安全规章制度、安全常识的培训考核，使他们具备从业所需的知识、技能和法律法规常识。从业人员经过考核合格的，才可以上岗作业，对有资格要求的岗位，应当配备具有相应资格的人员。

（四）监督、检查

公共安全治安管理中的监督检查是指公安机关为了履行管理职责，依法对管理对象执行法律法规的情况进行监督，对安全状况进行了解、安全评价，发现安全隐患，并责令整改的行政行为。

1. 监督检查的内容

（1）单位和人员检查。检查从业单位和人员的资质；检查人员的值守情况。

（2）危险源检查。主要检查危险物品的物理化学状态是否安全；来源和流向是否合法；物品的品种、数量是否与核定品种、数量相符；性质相抵触的物品是否分库存放；物品码放的位置和高度是否符合安全要求；易燃易爆危险源是否远离人员密集场所；建筑物的装修材料是否符合消防安全要求；普通运输车辆上是否非法携带危险物品等。

（3）设施设备检查。主要检查防雷设施是否经过有关部门检验合格；消防设施和防盗报警设施的配置是否落实；通讯设备配备是否完好；是否有坚固的实体防范设施和符合要求的技术防范设施；信息管理系统和安全防范系统运转及信息留存情况是否符合规范要求；运输车辆是否符合安全要求；应急照明设备的运行情况；安全指示标志是否合理；常闭式防火门是否处于关闭状态；自动喷淋灭火系统水压是否正常等。

（4）管理情况检查。主要检查从业单位的各项规章制度、管理台账、安全保卫方案、应急预案等建立和落实情况。对民用爆炸物品储存库、枪库和弹库的检查，重点要检查人防、物防、技防和犬防的执行情况，出入库的台账制度执行是否严格、有无应急预案以及应急预案的演练情况。对单位管理情况的消防监督检查，要看单位是否已经建立消防管理制度，消防管理制度是否已经上墙以及消防管理队伍的建设情况。

2. 监督检查的方法

监督检查的方法主要有谈话法、查阅法、实地考察法和测试法等。

（五）收缴失控的危险物品

由于在危险物品生产、储存、经营、运输、使用过程中，常常因管理制度不严而发生危险物品丢失、盗窃现象；也存在危险物品的非法生产与私自买卖，导致部分危险物品散失于社会，成为犯罪分子作案的工具，对人民群众的生命财产安全构成严重威胁，必须收缴这些失控的危险物品。公安机关在收缴失控的危险物品方面要做好四个方面的工作：一是要广泛深入地宣传收缴失控危险物品的重要性、必要性，动员民众主动交出危险物品或提供重要线索；二是要根据民众提供的线索认真追查，及时查获危险物品；三是要定期开展集中收缴专项行动，大力收缴失散在社会上的危险物品；四是要每年开展缉枪治爆专项行动，对在规定时间内主动上缴危险物品的可以免于处罚或减轻处罚；五是收缴或接收的危险物品由公安机关实施销毁或交由政府其他部门统一处理。

（六）查处事故

公共安全治安事故发生后，公安机关必须立即赶赴现场，与有关部门和单位密切配合，调查事故原因，进行善后处置。事故的调查和处置应把握四条原则：一是事故原因要查清，二是事故责任要追究，三是责任者和群众要进行教育，四是要落实安全措施。及时查处事故，不仅能够依法打击这类违法犯罪、遏制相关违法犯罪的势头，同时，也是对广大人民群众进行公共安全治安管理相关法律、法规教育的一种必要形式。

第二节　枪支弹药和管制器具管理

一、枪支弹药管理

根据《枪支管理法》第46条的规定，枪支是指以火药或者压缩气体等为动力，利用管状器具发射金属弹丸或者其他物质，足以致人伤亡或者丧失知觉的各种枪支。常见的枪支包括军用枪支、射击运动枪支、猎枪、气枪、警用枪支和仿真枪。本节所称的弹药是指通过各种军用、民用、警用枪支或者仿真枪支发射的本身无引爆装置的弹药。根据《公安部关于规范涉案枪支弹药称谓的通知》的规定，枪支弹药分为制式枪支弹药、非制式枪支弹药、境外枪支弹药和仿真枪。根据《枪支管理法》的规定，中华人民共和国境内的枪支，除中国人民解放军、中国人民武装警察部队和民兵装备的枪支外，公务用枪、民用枪支、教学用枪、非制式枪支和仿真枪的制造、销售、运输、储存、使用和销毁的各个环节，一律纳入公安机关的管理范围。

（一）枪支的配备和配置

1. 公务用枪的配备

根据《枪支管理法》第5条的规定，公安机关、国家安全机关、监狱机关的人民警察，人民法院的司法警察，人民检察院的司法警察和担负案件侦查任务的检察人员，海关的缉私人员，在依法履行职责时确有必要使用枪支的，可以配备公务用枪。国家重要的军工、金融、仓储、科研等单位的专职守护、押运人员在执行守护、押运任务时确有必要使用枪支的，可以配备公务用枪。配备公务用枪，由国务院公安部门统一审批。配备公务用枪时，由国务院公安部门或者省级人民政府公安机关发给《公务用枪持枪证》。

2. 民用枪支的配置

根据《枪支管理法》第6条的规定，下列单位可以配置民用枪支：一是经省级人民政府体育行政主管部门批准专门从事射击竞技体育运动的单位、经省级人民政府公安机关批准的营业性射击场，可以配置射击运动枪支；二是经省级以上人民政府林业行政主管部门批准的狩猎场，可以配置猎枪；三是野生动物保护、饲养、科研单位因业务需要，可以配置猎枪、麻醉注射枪；四是猎民在猎区、牧民在牧区，可以申请配置猎枪。

（二）佩带、使用枪支的人民警察的条件和职责

1. 佩带、使用枪支的人民警察的条件

佩带、使用枪支的人民警察应当同时具备下列五个条件：一是必须符合《枪支管理法》的规定，政治可靠，工作负责，遵纪守法，身体健康，心理素质好，无酗酒习惯；二是经过专门培训，掌握枪支的性能和使用、保养规定，年度射击、保养技能考核合格；三是熟悉《枪支管理法》、《人民警察使用警械和武器条例》等法律法规；四是无违反枪支管理规定受处分记录；五是参加公安工作一年以上，已经授予人民警察警衔。

2. 人民警察应当佩带枪支的条件

根据《公安机关人民警察佩带使用枪支规范》第 7 条的规定，人民警察在执行下列任务之一时，应当佩带枪支：一是处置、侦查暴力犯罪行为；二是抓捕、搜查、押送、拘传、拘留、逮捕犯罪嫌疑人；三是执行武装巡逻任务；四是在公安检查站、卡点执行武装警戒、处突任务；五是在车站、机场、码头、口岸等重点部位、区域执行武装定点执勤任务；六是在重点地区执行入户调查、核查情况等反恐防暴任务；七是省级以上公安机关依法规定的其他情形。

3. 特别批准后人民警察才能佩带枪支的条件

根据《公安机关人民警察佩带使用枪支规范》第 8 条的规定，人民警察遇有下列情形之一的，按照有关规定经特别批准后方可佩带枪支：一是进入北京市区的，应当经所在地省级人民政府批准；二是执行警卫任务需要乘坐民航飞机的，应当经省级以上公安机关批准；三是跨所属公安机关管辖区域佩带狙击步枪、班用机枪执行任务的，应当经上一级公安机关主要负责人批准；四是省级以上公安机关依法规定的其他情形。

4. 人民警察佩带枪支的规定

根据《公安机关人民警察佩带使用枪支规范》第 9 条的规定，人民警察应当按照下列规定佩带枪支：一是子弹未上膛时，打开枪支保险，子弹上膛时，关闭枪支保险；二是着警服佩带手枪时，应当使用制式枪套、枪纲；三是着便装佩带手枪时，应当选用便携式枪套；四是着警服佩带长枪时，应当使用制式枪背带采取肩枪、背枪或者挎枪方式。

5. 佩带、使用枪支的人民警察的职责

佩带、使用枪支的人民警察要遵守下列规定：（1）非警务活动严禁携带、使用枪支。（2）携带枪支必须同时携带《中华人民共和国公务用枪持枪证》，所携带枪支的枪型、枪号必须与持枪证上登记的内容相一致。（3）不得在经设区的市级人民政府公安机关确定的禁止携带枪支的区域、场所携带枪支。确因工作需要携带枪支途经上述区域、场所时，应将枪支寄存到当地公安机关治安管理部门或派出所办理寄存手续。各级公安机关的治安管理部门或派出所要及时受理枪支寄存，不得推诿。同时确保寄存枪支的安全。（4）严禁携带枪支饮酒。（5）非工作需要不得携带枪支进入饭店、商场和歌舞厅等公共娱乐场所。（6）非执行任务需要不得用非制式装具携带枪支。（7）不得使用所配枪支狩猎。（8）不得出租、出借、转让、赠送、交换所配枪支。（9）不得将枪支交给非人民警察携带或保管。（10）不得私自修理枪支或更换枪支零部件。（11）枪支丢失、被盗、被抢或者发生其他事故，必须立即向当地公安机关和所在单位报告。（12）接受枪支主管部门的查验和年度审验。（13）非经特别许可不得携带枪支乘坐民航飞机，进入北京市，执行警卫任务或其他特别规定的情形。（14）其他法律法规的有关规定。

（三）公务枪支的日常管理工作

1. 公务枪支的储存保管

（1）公务枪支的集中保管。各级公安机关及其所属具备保管条件的配枪部门应当集中储存、保管枪支，落实枪支弹药库（室、柜）24 小时值守、枪弹分离、双人双锁管理制度，保障枪支安全存放，保证及时领取、交还枪支。

各级公安机关应当督促所属具备保管条件的配枪部门按照要求设立枪支弹药室，配置枪支弹药专用保险柜，严格落实安全管理制度。各级公安机关不得擅自将所属配枪部门自行保管的枪支上收统一集中保管，确因工作需要上收的，应当报经上一级公安机关同意。各级公安机关及其所属自行保管枪支的配枪部门，应当选配专（兼）职枪管员，负责枪支储存、保管和领取、交还登记等工作，加强对枪支弹药库（室、柜）及视频监控等安全防范设施的日常检查，发现问题立即报告、整改。

（2）公务枪支的个人保管。符合下列情形之一的，可以由配枪部门主要负责人审查同意，报所属公安机关主要负责人批准，指定配枪民警个人保管枪支，并配齐枪套、枪纲、枪锁等安全装置：一是在重点地区执行反恐防暴任务需要的；二是执行特定侦查任务需要的；三是地处偏远农村、山区的派出所不具备自行保管枪支安全值守条件的；四是所属公安机关依法依规确定的其他情形。

配枪民警个人保管枪支的审批时限，一次不得超过30天。个人保管枪支的配枪民警不需佩带枪支时，应当将枪支存放在枪支弹药室（柜），向枪管员说明情况予以登记，需要时及时领用；或者将枪支上锁后存放在其办公室、住宅保险柜，并随身携带枪锁、保险柜钥匙。

2. 公务枪支的领取交还

配枪民警执行下列任务时，应当由所属配枪部门负责人批准，经枪管员核对后领取枪支，完成任务后交还：一是执行应当佩带枪支任务的；二是参加实弹射击训练的；三是所属公安机关依法指令应当领取枪支的其他情形。任务紧急时，可以凭所属配枪部门负责人给枪管员的指令领取枪支。交还枪支时，应当补办审批手续。因特殊情况不能按时交还枪支的，应当提前向负责人报告获得批准并告知枪管员，在交还枪支时作出备案说明。

配枪民警领取、交还枪支时，应当由枪管员与值班负责人或者民警共同开启枪支弹药库（室、柜），使用《全国枪支管理信息系统》验录持枪证、电子枪证信息，并监督配枪民警按规范动作和要求进行验枪。配枪民警夜间领取、交还枪支时，应当由枪管员或者代行枪管员职责的值班民警，与值班负责人共同开启枪支弹药库（室、柜），并使用《全国枪支管理信息系统》验录持枪证、电子枪证信息。

3. 公务枪支管理的监督检查

上级公安机关应当对下级公安机关公务用枪管理工作进行定期检查或者不定期抽查。县级以上公安机关应当每年度向上一级公安机关报告公务用枪管理工作情况。各级公安机关公务用枪管理委员会应当每半年组织对所属配枪部门公务用枪管理工作进行检查，并对检查情况及时通报。各级公安机关所属枪支管理职能部门、配枪部门应当每季度将公务用枪管理工作情况，向所属公安机关公务用枪管理委员会作出书面报告。

（1）监督检查公务用枪管理工作的主要内容。一是检查按照《公务用枪配备办法》配备公务用枪情况，是否存在超范围、超标准配备问题；二是检查建立配枪民警、公务用枪管理档案、台账情况，维护、使用《全国枪支管理信息系统》情况；三是检查配枪民警日常教育和训练、考核情况，实弹射击训练用弹量是否符合要求，更换、增加配枪种类时的培训考核情况；四是检查配置枪支弹药库（室、柜）情况，是否符合标准要求，是否落实值守、双人双锁管理制度，是否定期进行安全检查；五是检查执行枪支领取、交还制度情况，民警个人保管枪支的安全管理情况，是否存在逾期不交还枪支的情况；六是检查枪支维护、保养情况，是否存在使用过期弹药行为。

（2）监督检查时可以行使的职权。各级公安机关及其公务用枪管理委员会组织进行监督检查时，可以行使以下职权：一是调阅有关档案、台账，向相关人员了解情况；二是对违规问题、安全隐患，予以当场纠正或者限期改正；三是对涉嫌违纪违法的，组织查处或者移交有关部门处理。监督检查人员应当对实施检查的时间、地点、内容、发现的问题以及处置等情况，作出书面记录，由检查人员、被检查配枪部门或者公安机关负责人签字确认。

（四）公安机关公务用枪的使用

1. 人民警察可以使用武器的情形

根据《中华人民共和国人民警察使用警械和武器条例》第 9 条的规定，人民警察判明有下列犯罪行为的紧急情形之一，经警告无效的，可以使用武器：（1）放火、决水、爆炸等严重危害公共安全的；（2）劫持航空器、船舰、火车、机动车或者驾驶车、船等机动交通工具、故意危害公共安全的；（3）抢夺、抢劫枪支弹药、爆炸、剧毒等危险物品、严重危害公共安全的；（4）使用枪支、爆炸、剧毒等危险物品实施犯罪或者以使用枪支、爆炸、剧毒等危险物品相威胁实施犯罪的；（5）破坏军事、通讯、交通、能源、防险等重要设施，足以对公共安全造成严重、紧迫危险的；（6）实施凶杀、劫持人质等暴力行为，危及公民生命安全的；（7）国家规定的警卫、守卫、警戒的对象和目标受到暴力袭击、破坏或者受到暴力袭击，破坏的紧迫危险的；（8）结伙抢劫或者持械抢劫公私财物的；（9）聚众械斗、暴乱等严重破坏社会治安秩序，用其他方法不能制止的；（10）以暴力方法抗拒或者阻碍人民警察依法履行职责或者暴力袭击人民警察、危及人民警察生命安全的；（11）在押人犯、罪犯聚众骚乱、暴乱、行凶或者脱逃的；（12）劫夺在押人犯、罪犯的；（13）实施放火、决水、爆炸、凶杀、抢劫或者其他严重暴力犯罪行为后拒捕的、逃跑的；（14）犯罪分子携带枪支、爆炸、剧毒等危险物品拒捕的、逃跑的；（15）法律、行政法规规定可以使用武器的其他情形。

2. 人民警察使用武器的原则

根据《中华人民共和国人民警察使用警械和武器条例》第 4 条的规定，人民警察使用武器，应当以制止违法犯罪行为，尽量减少人员伤亡、财产损失为原则。该原则规定了人民警察使用武器的目的是制止暴力犯罪行为，限度是尽可能减少人员伤亡和财产损失。

3. 人民警察使用武器的程序

根据《公安机关人民警察现场制止违法犯罪行为操作规程》第 16 条的规定，人民警察应当按照下列程序使用武器：第一，判明现场情况；第二，表明警察身份，出枪示警；情况紧急时，可以在出枪的同时表明身份；第三，命令在场无关人员躲避；第四，命令犯罪行为人停止实施暴力犯罪行为，或者鸣枪警告；第五，犯罪行为人在公安民警口头警告或者鸣枪警告后继续实施暴力行为的，可以对其使用武器；来不及警告或者警告后可能导致更为严重危害后果的，可以直接使用武器；第六犯罪行为人停止实施犯罪，服从公安民警命令，或者失去继续实施犯罪能力的，应当立即停止射击，并持枪戒备；第七，在未确定危险消除前，应当继续保持持枪戒备；第八，确认危险消除后，应当关闭枪支保险，收回枪支。

4. 人民警察不得使用武器的情形

根据《公安机关人民警察佩带使用枪支规范》第 16 条的规定，人民警察遇有下列三种情形之一的，不得鸣枪警告、开枪射击：一是发现实施犯罪的人为怀孕妇女、儿童的，但是使用枪支、爆炸、剧毒等危险物品实施暴力犯罪的除外；二是犯罪分子处于群众聚集的场所或者存放大量易燃、易爆、剧毒、放射性等危险物品的场所的，但是不使用枪支予以制止，将发生更为严重危害后果的除外；三是正在实施盗窃、诈骗等非暴力犯罪以及实施上述犯罪后拒捕、逃跑的。

5. 人民警察停止使用武器的情形

根据《中华人民共和国人民警察使用警械和武器条例》第 11 条的规定，人民警察遇有下列两种情形之一的，应当立即停止使用武器：一是犯罪分子停止实施犯罪，服从人民警察命令的；二是犯罪分子失去继续实施犯罪能力的。

二、管制器具管理

管制器具，是指对社会治安秩序、公共安全及公民合法权益构成潜在危害，需要由各级人民政府公安机关许可生产、销售、出口、运输、使用的各类器材、械具①。

（一）管制器具的范围

管制器具主要包括：管制刀具、弩、冷兵器，使用火药为能源的射钉器、射网器、发令器、开门器，点击器、催泪器等。其中，最重要的是管制刀具和弩。

根据《管制刀具认定标准》，凡是符合下列五个条件之一的，可以认定为管制刀具：一是匕首：带有刀柄、刀格和血槽，刀尖角度小于 60 度的单刃、双刃或多刃尖刀。二是三棱刮刀：具有三个刀刃的机械加工用刀具。三是带有自锁装置的弹簧刀（跳刀）：刀身展开或弹出后，可被刀柄内的弹簧或卡锁固定自锁的折叠刀具。四是其他相类似的单刃、双刃、三棱尖刀：刀尖角度小于 60 度，刀身长度超过 150 毫米的各类单刃、双刃和多刃刀具。五是其他刀尖角度大于 60 度，刀身长度超过 220 毫米的各类单刃、双刃和多刃刀具。

（二）管制器具管理的主要措施

1. 管制刀具管理的主要措施

（1）生产备案。制造管制范围内刀具的工厂、作坊，必须将刀具样品及其说明（名称、规格、型号、用途、产量）送所在地县、市公安局备案。产品须铸刻商标和号码（顺序号或批号）。严禁违反管制刀具生产备案要求非法制造管制刀具。

（2）经销登记。经销管制范围内刀具的商店，购销要建立完备的登记制度，认真对购销管制刀具情况进行详细登记，以备公安机关检查。要严格按照管制刀具的携带使用要求向有关单位和对象销售管制刀具。其中，匕首只准向人民军队官兵和人民警察、专业狩猎人员以及从事地质、勘探等野外作业人员所在单位销售，并查验单位批准文件或证明；三棱刮刀，只准销售给必须使用三棱刮刀用于机械加工的单位，并查验单位介绍信。一律不得向其他对象销售管制刀具，严禁任何单位和个人非法销售管制刀具。

（3）携带（持有）限制。国家对购买使用管制刀具的主体做了明确规定，除了下列单位和个人可以持有使用相关管制刀具外，其他任何单位和个人都不得携带使用管制范围内的刀具。一是关于匕首的佩带使用，根据《关于对部分刀具实施管制的暂行规定》的第 3 条规定，解放军官兵、专业狩猎人员、从事地质勘探的野外工作人员等根据工作需要，可以持有和使用匕首。但匕首属工作用刀具，只能在工作时间、场所使用，而且以从事前述职业为前提，一旦脱离该职业，则匕首应当交还原单位，不得再持有、使用。二是关于机械加工使用的三棱刮刀的佩带使用，根据《关于对部分刀具实施管制的暂行规定》的第四条规定，机械加工使用的三棱刮刀属工作用刀具，仅限从事机械加工的工作人员在工作场所使用，不得随意带出工作场所。

（4）安全保管。使用管制刀具的单位，必须建立健全使用管制刀具保管制度，加强刀

① 商小平、冯锁柱：《治安管理学》，中国人民公安大学出版社 2015 年版，第 192 页。

具的管理和检查，确保安全。持有管制刀具的个人，对刀具应妥善保管，不得随意赠送、转借他人使用。发现丢失、被盗，要及时报告公安机关和单位保卫部门。凡因保管不当，造成丢失、被盗而酿成严重后果的，要追究有关人员和单位领导的责任。

2. 弩管理的主要措施

根据《公安部、国家工商行政管理局关于加强弩管理的通知》规定，公安机关对弩的安全管理要求主要有：国家对弩的制造、经营销售和使用实行许可制度，要严格对弩的生产、销售、进口的管理。制造、销售弩或营业性射击场开设弩射项目必须经省、自治区、直辖市公安厅、局批准，工商行政管理部门凭公安厅、局的批准文件办理登记注册。弩的进口由省级公安厅、局审批，严格限制品种和数量。除经批准的弩制造、进口企业，其他任何单位和个人不得经营、销售弩。对非法制造、销售、运输、携带、进口弩或者从事营业性弩射活动的单位和个人持有的弩，一律由公安机关登记收缴；对因经营管理不善致使弩流散于社会，被违法犯罪行为人利用从事违法犯罪活动的，取消有关企业和单位的经营资格并追究其负责人及直接责任人员责任。

第三节　民用爆炸物品管理

一、民用爆炸物品的概念和种类

（一）民用爆炸物品的概念

根据《民用爆炸物品安全管理条例》的规定，民用爆炸物品是指用于非军事目的、列入民用爆炸物品品名表的各类火药、炸药及其制品和雷管、导火索等点火、起爆器材。

（二）民用爆炸物品的种类

根据《民用爆炸物品品名表》民用爆炸物品包括五大类，分别是工业炸药、工业雷管、工业索类火工品、其他民用爆炸物品和原材料。其中，常见的工业炸药有：硝化甘油炸药、铵梯类炸药、改性铵油炸药、膨化硝铵炸药、水胶炸药和乳化炸药（胶状）等。工业雷管包括：工业火雷管、工业电雷管、导爆管雷管、半导体桥电雷管、电子雷管、磁电雷管、油气井用电雷管、地震勘探电雷管、继爆管和其他工业雷管。工业索类火工品包括：工业导火索、工业导爆索、切割索、塑料导爆管和引火线。其他民用爆炸物品包括：安全气囊用点火具、其他特殊用途点火具、特殊用途烟火制品、其他点火器材、海上救生烟火信号。原材料包括：梯恩梯（TNT）、工业黑索今（RDX）、苦味酸、民用推进剂、太安（PETN）、奥克托今（HMX）、其他单质猛炸药、黑火药、起爆药、延期器材、硝酸铵和国防科工委、公安部认为需要管理的其他民用爆炸物品。

二、民用爆炸物品的安全管理

（一）生产管理

设立民用爆炸物品生产企业，应当遵循统筹规划、合理布局的原则。申请从事民用爆炸物品生产的企业，应当向国务院国防科技工业主管部门提交申请书、可行性研究报告以及能够证明其符合规定安全条件的有关材料。国务院国防科技工业主管部门应当自受理申请之日起 45 日内进行审查，对符合条件的，核发《民用爆炸物品生产许可证》。民用爆炸物品生产企业为调整生产能力及品种进行改建、扩建的，也应当依照此规定申请办理《民用爆炸物品生产许可证》。

取得《民用爆炸物品生产许可证》的企业应当在基本建设完成后，向国务院国防科技工业主管部门申请安全生产许可。国务院国防科技工业主管部门应当依照《安全生产许可证条例》的规定对其进行查验，对符合条件的，在《民用爆炸物品生产许可证》上标注安全生产许可。民用爆炸物品生产企业持经标注安全生产许可的《民用爆炸物品生产许可证》到工商行政管理部门办理工商登记后，方可生产民用爆炸物品。民用爆炸物品生产企业应当在办理工商登记后3日内，向所在地县级人民政府公安机关备案。

（二）销售管理

申请从事民用爆炸物品销售的企业，应当向所在地省、自治区、直辖市人民政府国防科技工业主管部门提交申请书、可行性研究报告以及能够证明其符合规定安全条件的有关材料。省、自治区、直辖市人民政府国防科技工业主管部门应当自受理申请之日起30日内进行审查，并对申请单位的销售场所和专用仓库等经营设施进行查验，对符合条件的，核发《民用爆炸物品销售许可证》。民用爆炸物品销售企业持《民用爆炸物品销售许可证》到工商行政管理部门办理工商登记后，方可销售民用爆炸物品。民用爆炸物品销售企业应当在办理工商登记后3日内，向所在地县级人民政府公安机关备案。民用爆炸物品生产企业凭《民用爆炸物品生产许可证》，可以销售本企业生产的民用爆炸物品。民用爆炸物品生产企业销售本企业生产的民用爆炸物品，不得超出核定的品种、产量。

（三）购买管理

民用爆炸物品使用单位申请购买民用爆炸物品的，应当向所在地县级人民政府公安机关提出购买申请，并提交下列有关材料：一是工商营业执照或者事业单位法人证书；二是《爆破作业单位许可证》或者其他合法使用的证明；三是购买单位的名称、地址、银行账户；四是购买的品种、数量和用途说明。受理申请的公安机关应当自受理申请之日起5日内对提交的有关材料进行审查，对符合条件的，核发《民用爆炸物品购买许可证》。《民用爆炸物品购买许可证》应当载明许可购买的品种、数量、购买单位以及许可的有效期限。

民用爆炸物品生产企业凭《民用爆炸物品生产许可证》购买属于民用爆炸物品的原料，民用爆炸物品销售企业凭《民用爆炸物品销售许可证》向民用爆炸物品生产企业购买民用爆炸物品，民用爆炸物品使用单位凭《民用爆炸物品购买许可证》购买民用爆炸物品，还应当提供经办人的身份证明。销售民用爆炸物品的企业，应当查验前款规定的许可证和经办人的身份证明；对持《民用爆炸物品购买许可证》购买的，应当按照许可的品种、数量销售。

销售、购买民用爆炸物品，应当通过银行账户进行交易，不得使用现金或者实物进行交易。销售民用爆炸物品的企业，应当将购买单位的许可证、银行账户转账凭证、经办人的身份证明复印件保存2年备查。销售民用爆炸物品的企业，应当自民用爆炸物品买卖成交之日起3日内，将销售的品种、数量和购买单位向所在地省、自治区、直辖市人民政府国防科技工业主管部门和所在地县级人民政府公安机关备案。购买民用爆炸物品的单位，应当自民用爆炸物品买卖成交之日起3日内，将购买的品种、数量向所在地县级人民政府公安机关备案。

（四）运输管理

运输民用爆炸物品，收货单位应当向运达地县级人民政府公安机关提出申请，并提交包括下列内容的材料：一是民用爆炸物品生产企业、销售企业、使用单位以及进出口单位分别提供的《民用爆炸物品生产许可证》、《民用爆炸物品销售许可证》、《民用爆炸物品购买许可证》或者进出口批准证明；二是运输民用爆炸物品的品种、数量、包装材料和包装方式；三是运输民用爆炸物品的特性、出现险情的应急处置方法；四是运输时间、起始地点、运输路线、经停地点。受理申请的公安机关应当自受理申请之日起3日内对提交的有关材料进行审查，对符合条件的，核发《民用爆炸物品运输许可证》；对不符合条件的，不予核发《民用爆炸物品运输许可证》，书面向申请人说明理由。《民用爆炸物品运输许可证》应当载明收货单位、销售企业、承运人，一次性运输有效期限、起始地点、运输路线、经停地点，民用爆炸物品的品种、数量。

运输民用爆炸物品的，应当凭《民用爆炸物品运输许可证》，按照许可的品种、数量运输。经由道路运输民用爆炸物品的，应当遵守下列规定：一是携带《民用爆炸物品运输许可证》；二是民用爆炸物品的装载符合国家有关标准和规范，车厢内不得载人；三是运输车辆安全技术状况应当符合国家有关安全技术标准的要求，并按照规定悬挂或者安装符合国家标准的易燃易爆危险物品警示标志；四是运输民用爆炸物品的车辆应当保持安全车速；五是按照规定的路线行驶，途中经停应当有专人看守，并远离建筑设施和人口稠密的地方，不得在许可以外的地点经停；六是按照安全操作规程装卸民用爆炸物品，并在装卸现场设置警戒，禁止无关人员进入；七是出现危险情况立即采取必要的应急处置措施，并报告当地公安机关。

民用爆炸物品运达目的地，收货单位应当进行验收后在《民用爆炸物品运输许可证》上签注，并在3日内将《民用爆炸物品运输许可证》交回发证机关核销。

（五）爆破作业单位安全管理

申请从事爆破作业的单位，应当按照国务院公安部门的规定，向有关人民政府公安机关提出申请，并提供能够证明其符合规定条件的有关材料。受理申请的公安机关应当自受理申请之日起20日内进行审查，对符合条件的，核发《爆破作业单位许可证》。营业性爆破作业单位持《爆破作业单位许可证》到工商行政管理部门办理工商登记后，方可从事营业性爆破作业活动。爆破作业单位应当在办理工商登记后3日内，向所在地县级人民政府公安机关备案。

爆破作业单位应当对本单位的爆破作业人员、安全管理人员、仓库管理人员进行专业技术培训。爆破作业人员应当经设区的市级人民政府公安机关考核合格，取得《爆破作业人员许可证》后，方可从事爆破作业。爆破作业单位应当如实记载领取、发放民用爆炸物品的品种、数量、编号以及领取、发放人员姓名。领取民用爆炸物品的数量不得超过当班用量，作业后剩余的民用爆炸物品必须当班清退回库。爆破作业单位应当将领取、发放民用爆炸物品的原始记录保存2年备查。

实施爆破作业，应当遵守国家有关标准和规范，在安全距离以外设置警示标志并安排警戒人员，防止无关人员进入；爆破作业结束后应当及时检查、排除未引爆的民用爆炸物品。爆破作业单位不再使用民用爆炸物品时，应当将剩余的民用爆炸物品登记造册，报所在地县级人民政府公安机关组织监督销毁。发现、拣拾无主民用爆炸物品的，应当立即报告当地公安机关。

（六）储存管理

民用爆炸物品应当储存在专用仓库内，并按照国家规定设置技术防范设施。储存民用爆炸物品应当遵守下列规定：一是建立出入库检查、登记制度，收存和发放民用爆炸物品必须进行登记，做到账目清楚，账物相符；二是储存的民用爆炸物品数量不得超过储存设计容量，对性质相抵触的民用爆炸物品必须分库储存，严禁在库房内存放其他物品；三是专用仓库应当指定专人管理、看护，严禁无关人员进入仓库区内，严禁在仓库区内吸烟和用火，严禁把其他容易引起燃烧、爆炸的物品带入仓库区内，严禁在库房内住宿和进行其他活动；四是民用爆炸物品丢失、被盗、被抢，应当立即报告当地公安机关。

在爆破作业现场临时存放民用爆炸物品的，应当具备临时存放民用爆炸物品的条件，并设专人管理、看护，不得在不具备安全存放条件的场所存放民用爆炸物品。民用爆炸物品变质和过期失效的，应当及时清理出库，并予以销毁。销毁前应当登记造册，提出销毁实施方案，报省、自治区、直辖市人民政府国防科技工业主管部门、所在地县级人民政府公安机关组织监督销毁。

三、爆炸事故的调查与处理

（一）爆炸事故的调查

爆炸事故的调查要坚持“科学严谨、实事求是、依法依规、安全高质”的原则，深入开展爆炸事故的各项调查工作。通过反复的现场勘验、检测鉴定、调查取证、模拟实验、专家论证，查明事故经过、原因、人员伤亡和直接经济损失，认定事故性质和责任，提出对有关责任人员和责任单位的处理建议，分析事故暴露出的突出问题和教训，提出加强和改进工作的意见建议。

1. 成立爆炸事故调查组

爆炸事故调查组通常由公安、安监、环境保护、事发地政府和爆炸专家组成。由于爆炸的原因很复杂，调查工作需要协调各个部门，火灾调查时常常还需要下列人员参与：一是爆炸事故发生地辖区公安派出所或治安大队的人民警察，二是爆炸发生单位的安保人员，三是爆炸事故发生地的人民检察院、监察、劳动、工会、保险、安全生产管理部门的有关人员，四是刑侦和爆破专家，五是事故发生单位的与事故责任无关的技术人员和管理人员。

2. 查明爆炸事故的基本情况

事故的基本情况主要包括事故发生的时间、地点、人员伤亡情况、财产损失情况、环境污染情况。

3. 查明爆炸事故的直接原因

通过询问事故发生时附近的人员、调取相关的视频监控资料、提取对比现场痕迹物证、对重点人员进行排查、现场勘验和查明最初着火物质或爆炸原因。

4. 查明事故发生单位的问题

主要查明事故发生单位的法人代表和员工等基本情况、单位经营民用爆炸物品资质许可情况、存放民用爆炸物品情况和单位在民用爆炸物品管理方面存在的主要问题。

（二）爆炸事故的处理

根据《民用爆炸物品安全管理条例》第 44 条的规定，违反规定，在生产、储存、运输、使用民用爆炸物品中发生重大事故，造成严重后果或者后果特别严重，构成犯罪的，依法追究刑事责任。尚不构成犯罪，有违反治安管理行为的，依法给予治安管理处罚。依照有关规定应当给予处分的，移交有关主管部门处理。

第四节　烟花爆竹和危险化学品治安管理

一、烟花爆竹治安管理

国家对烟花爆竹的生产、经营、运输和举办焰火晚会以及其他大型焰火燃放活动，实行许可证制度。未经许可，任何单位或者个人不得生产、经营、运输烟花爆竹，不得举办焰火晚会以及其他大型焰火燃放活动。安全生产监督管理部门负责烟花爆竹的安全生产监督管理；公安部门负责烟花爆竹的公共安全管理；质量监督检验部门负责烟花爆竹的质量监督和进出口检验。

（一）烟花爆竹的生产管理

生产烟花爆竹的企业，应当在投入生产前向所在地设区的市人民政府安全生产监督管理部门提出安全审查申请，并提交能够证明符合《安全生产法》、《烟花爆竹安全管理条例》等法律、法规规定条件的有关材料，取得《烟花爆竹安全生产许可证》。生产烟花爆竹的企业，持《烟花爆竹安全生产许可证》到工商行政管理部门办理登记手续后，方可从事烟花爆竹生产活动。

（二）烟花爆竹的经营管理

烟花爆竹的经营分为批发和零售。申请从事烟花爆竹批发的企业，应当向所在地省、自治区、直辖市人民政府安全生产监督管理部门或者其委托的设区的市人民政府安全生产监督管理部门提出申请，并提供能够证明符合相关安全条件的有关材料。经过安全生产监督管理部门对提交的有关材料和经营场所进行审查，取得《烟花爆竹经营（批发）许可证》。申请从事烟花爆竹零售的经营者，应当向所在地县级人民政府安全生产监督管理部门提出申请，并提供能够证明符合安全条件的有关材料。经受理申请的安全生产监督管理部门对提交的有关材料和经营场所进行审查，取得《烟花爆竹经营（零售）许可证》；《烟花爆竹经营（零售）许可证》，应当载明经营负责人、经营场所地址、经营期限、烟花爆竹种类和限制存放量。烟花爆竹的批发企业、零售经营者，持烟花爆竹经营许可证到工商行政管理部门办理登记手续后，方可从事烟花爆竹经营活动。

（三）烟花爆竹的运输管理

经由道路运输烟花爆竹的，应当经公安部门许可。经由道路运输烟花爆竹的，托运人应当向运达地县级人民政府公安部门提出申请，取得《烟花爆竹道路运输许可证》。承运人应当遵守下列规定：一是随车携带《烟花爆竹道路运输许可证》；二是不得违反运输许可事项；三是运输车辆悬挂或者安装符合国家标准的易燃易爆危险物品警示标志；四是烟花爆竹的装载符合国家有关标准和规范；五是装载烟花爆竹的车厢不得载人；六是运输车辆限速行驶，途中经停必须有专人看守；七是出现危险情况立即采取必要的措施，并报告当地公安部门。

（四）烟花爆竹的燃放管理

1. 普通烟花爆竹燃放的管理

燃放烟花爆竹，应当遵守有关法律、法规和规章的规定。县级以上地方人民政府可以根据本行政区域的实际情况，确定限制或者禁止燃放烟花爆竹的时间、地点和种类。燃放烟花爆竹，应当按照燃放说明燃放，不得以危害公共安全和人身、财产安全的方式燃放烟花爆竹。

2. 大型焰火燃放的管理

举办焰火晚会以及其他大型焰火燃放活动，实行分级管理。申请举办焰火晚会以及其他大型焰火燃放活动，主办单位应当按照分级管理的规定，向有关人民政府公安部门提出申请，并取得《焰火燃放许可证》。焰火晚会以及其他大型焰火燃放活动燃放作业单位和作业人员，应当按照焰火燃放安全规程和经许可的燃放作业方案进行燃放作业。公安部门应当加强对危险等级较高的焰火晚会以及其他大型焰火燃放活动的监督检查。

二、危险化学品管理

根据《危险化学品安全管理条例》第 3 条，危险化学品是指具有毒害、腐蚀、爆炸、燃烧、助燃等性质，对人体、设施、环境具有危害的剧毒化学品和其他化学品。

（一）危险化学品购买管理

依法取得危险化学品安全生产许可证、危险化学品安全使用许可证、危险化学品经营许可证的企业，凭相应的许可证件购买剧毒化学品、易制爆危险化学品。民用爆炸物品生产企业凭民用爆炸物品生产许可证购买易制爆危险化学品。其他单位购买剧毒化学品的，应当向所在地县级人民政府公安机关申请取得剧毒化学品购买许可证；购买易制爆危险化学品的，应当持本单位出具的合法用途说明。个人不得购买剧毒化学品（属于剧毒化学品的农药除外）和易制爆危险化学品。

危险化学品生产企业、经营企业销售剧毒化学品、易制爆危险化学品，应当查验相关许可证件或者证明文件，不得向不具有相关许可证件或者证明文件的单位销售剧毒化学品、易制爆危险化学品。对持剧毒化学品购买许可证购买剧毒化学品的，应当按照许可证载明的品种、数量销售。禁止向个人销售剧毒化学品（属于剧毒化学品的农药除外）和易制爆危险化学品。

申请取得剧毒化学品购买许可证，申请人应当向所在地县级人民政府公安机关提交下列材料：一是营业执照或者法人证书（登记证书）的复印件；二是拟购买的剧毒化学品品种、数量的说明；三是购买剧毒化学品用途的说明；四是经办人的身份证明。县级人民政府公安机关应当自收到前款规定的材料之日起 3 日内，作出批准或者不予批准的决定。予以批准的，颁发剧毒化学品购买许可证；不予批准的，书面通知申请人并说明理由。

（二）危险化学品运输管理

1. 危险化学品运输企业管理

根据《道路危险货物运输管理规定》第 8 条，危险化学品运输企业申请从事道路危险货物运输经营，应当具备四个条件：一是有符合要求的专用车辆及设备，二是有符合要求的停车场地，三是有符合要求的从业人员和安全管理人员，四是有健全的安全生产管理制度。

2. 危险化学品运输从业人员管理

公安机关对危险化学品从业人员的管理主要是交警沿途核查运输人员的从业资格，以及携带《民用爆炸物品运输许可证》、《剧毒化学品道路运输通行证》等情况。根据《危险化学品安全管理条例》的规定，危险化学品道路运输企业、水路运输企业应当配备专职安全管理人员。危险化学品道路运输企业、水路运输企业的驾驶人员、船员、装卸管理人员、押运人员、申报人员、集装箱装箱现场检查员应当经交通运输主管部门考核合格，取得从业资格；从事剧毒化学品、爆炸品道路运输的驾驶人员、装卸管理人员、押运人员，应当经考试合格，取得注明为“剧毒化学品运输”或者“爆炸品运输”类别的从业资格证。专用车辆的驾驶人员取得相应机动车驾驶证，年龄不超过60周岁。

3. 危险化学品运输车辆管理

公安机关对危险化学品运输车辆的管理，一是要核对从事危险化学品运输的车辆是否是符合要求的专用车辆，二是治安部门跟踪危险化学品运输车辆的GPS情况，看是否按照公安机关许可的路线运输。通过道路运输危险化学品的，托运人应当委托依法取得危险货物道路运输许可的企业承运。不得将危险货物与普通货物混装运输。专用车辆应当按照国家标准《道路运输危险货物车辆标志》（GB13392）的要求悬挂标志。运输剧毒化学品、爆炸品的企业或者单位，应当配备专用停车区域，并设立明显的警示标牌。专用车辆应当配备符合有关国家标准以及与所载运的危险货物相适应的应急处理器材和安全防护设备。

4. 危险化学品道路运输过程管理

驾驶人员应当随车携带《道路运输证》。驾驶人员或者押运人员应当按照《汽车运输危险货物规则》的要求，随车携带《道路运输危险货物安全卡》。在道路危险货物运输过程中，除驾驶人员外，还应当在专用车辆上配备押运人员，确保危险货物处于押运人员监管之下。道路危险货物运输途中，驾驶人员不得随意停车。因住宿或者发生影响正常运输的情况需要较长时间停车的，驾驶人员、押运人员应当设置警戒带，并采取相应的安全防范措施。运输剧毒化学品或者易制爆危险化学品需要较长时间停车的，驾驶人员或者押运人员应当向当地公安机关报告。

道路危险货物运输企业或者单位应当要求驾驶人员和押运人员在运输危险货物时，严格遵守有关部门关于危险货物运输线路、时间、速度方面的有关规定，并遵守有关部门关于剧毒、爆炸危险品道路运输车辆在重大节假日通行高速公路的相关规定。道路危险货物运输企业或者单位应当通过卫星定位监控平台或者监控终端及时纠正和处理超速行驶、疲劳驾驶、不按规定线路行驶等违法违规驾驶行为。监控数据应当至少保存3个月，违法驾驶信息及处理情况应当至少保存3年。

第五节　消防管理

一、火灾的基本知识

（一）燃烧

1. 燃烧的本质

燃烧是指可燃物与氧化剂作用发生放热的化学反应，通常伴有火焰、发光和发烟现象。燃烧是一种化学反应，物质燃烧后，本质发生了变化，旧的物质被破坏，生成与原来完全不同的新的物质。放热、发烟、发光是燃烧的特征，但有些放热、发烟或发光现象并不是燃烧，如电炉放热发光不是燃烧，只不过是电能转化为热能，没有新的物质生成。

2. 燃烧的条件

燃烧必须同时具备可燃物、氧化剂和点火源三个必要条件。其中，可燃物是指能与空气、氧气或者其他氧化剂发生燃烧反应的物质。氧化剂是指能与可燃物结合，支持可燃物燃烧的物质。点火源是指能引起可燃物着火的能源。根据燃烧三要素理论，通常把燃烧三个必要条件称作为燃烧三要素，用三角形来表示，三角形的每一边代表燃烧的一个要素，只要其中任一要素与其他要素分开，燃烧就不可能发生，或者燃烧就会终止。

3. 燃烧的类型。

目前，燃烧的种类主要有以下几种：

（1）闪燃。易燃、可燃液体表面上能产生足够的可燃蒸气，当与空气混合后，遇火能产生一闪即灭的燃烧，这种现象叫做闪燃。易燃、可燃液体表面发生闪燃的最低温度叫做闪点。闪点越低，火灾危险性越高，因此消防工作中通常将闪点的高低作为管理依据，来评价液体火灾危险性，确定液体燃烧类别，确定液体生产、储存火灾危险类别。

（2）着火。可燃物质受到外界火源的直接作用而开始持续燃烧的现象叫做着火。可燃物质开始持续燃烧一定时间所需的最低温度称为燃点或着火点。燃点是评价可燃液体和固体物质火灾危险性的重要特性指标。不同的物质，燃点不同。物质的燃点越低，火灾危险性也越大。

（3）自燃。可燃物在常温常压的大气环境中，与空气中的氧气发生化学反应而自行发热，从而引起可燃物自行燃烧的现象叫做自燃。可燃物质产生自燃的最低温度是该物质的自燃点。自燃一般可以分为氧化发热自燃、分解发热自燃、发酵发热自燃、遇水自燃和混合自燃。对自燃物质，要严加管理，妥善保管，预防事故发生。

（4）爆炸。爆炸分为物理爆炸、化学爆炸和核爆炸。消防管理当中的爆炸，主要是指化学爆炸，是指物质本身发生化学反应，在瞬间释放能量，并伴随有声光效应产生的现象，也称轰燃，包括气体爆炸、粉尘爆炸。可燃气体、液体或可燃粉尘与空气混合，必须在一定浓度范围内遇火源才发生爆炸，这一浓度范围称为爆炸浓度极限。爆炸浓度极限范围越宽，火灾危险性越大。

（二）火灾

1. 火灾的概念

火灾是指在时间或空间上失去控制的燃烧造成的灾害事故。火灾属于一种治安灾害事故，对公共安全和生命财产安全造成严重威胁，因此，火灾预防要重视对火灾的认识和对火灾规律的研究，采取积极的防控措施，减少火灾的发生。

2. 火灾的分类

火灾可以根据不同的标准进行分类，火灾分类为预防、扑救火灾和火灾事故调查处理提供依据。常见的火灾分类包括：

（1）以人员伤亡或者直接经济损失等危害情况为依据，把火灾分为特别重大火灾、重大火灾、较大火灾和一般火灾

特别重大火灾是指造成30人以上死亡，或者100人以上重伤，或者1亿元以上直接财产损失的火灾；重大火灾是指造成10人以上30人以下死亡，或者50人以上100人以下重伤，或者5000万元以上1亿元以下直接财产损失的火灾；较大火灾是指造成3人以上10人以下死亡，或者10人以上50人以下重伤，或者1000万元以上5000万元以下直接财产损失的火灾；一般火灾是指造成3人以下死亡，或者10人以下重伤，或者1000万元以下直接财产损失的火灾。其中，以上包括本数，以下不包括本数。

（2）以火灾中可燃物类型和燃烧特性为依据，可分为A、B、C、D、E、F六类火灾

按照《火灾分类标准》（GB4968—2008）规定，A类火灾是指固体物质火灾，如木材、棉麻纸张等物发生火灾；B类火灾是指液体火灾和可溶性的固体火灾，如汽油、酒精、松香、油脂、蜡烛等物发生火灾；C类火灾是指气体火灾，如氢气、氯气、甲烷、一氧化碳等

气体发生火灾；D类火灾是指可燃金属火灾，如钠、镁等轻金属发生火灾；E类火灾是指带电火灾，即物质带电燃烧的火灾；F类是指烹饪器具内的烹饪物火灾，如动植物油脂火灾。国际上普遍采用这种分类方法，它有助于科学地选择灭火措施。

（三）火灾预防的基本措施

1. 开展消防宣传教育，提高消防安全意识

开展消防宣传教育，不断提高全民消防安全意识和素质是预防火灾的重要措施。各级人民政府应当开展经常性的消防宣传教育，提高公民的消防安全意识；机关、团体、企业、事业等单位，应当加强对本单位人员的消防宣传教育；公安机关、教育行政机关、新闻媒体、社会团体等部门根据各自的职责面向社会开展消防宣传教育，增强广大人民群众的消防安全意识和知识，提高预防火灾和火灾应急处置能力。

2. 开展城乡消防规划，严格建筑设计审核

开展城乡消防规划是保障公共安全的重要举措。地方各级人民政府应当将包括消防安全布局、消防站、消防供水、消防通信、消防车通道、消防装备等内容的消防规划纳入城乡规划，并负责组织设施。建筑防火设计审核是预防火灾的一项根本性措施。建设工程的消防设计、施工必须符合国家工程建设消防技术标准，大型的人员密集场所和其他特殊建设工程，建设单位应当将消防设计文件报送公安机关消防机构审核，审核合格之后，建设单位、施工单位才能修建，竣工后经公安消防机构验收合格，方可投入使用。

3. 建立健全消防组织，提升消防安全能力

建立健全消防组织，是有效预防火灾和扑救火灾的重要保障。各级人民政府应当根据经济社会发展和消防工作的需要，加强消防组织建设，建立健全公安消防队、专职消防队和志愿消防队等多种形式的消防组织，从制度、人员、经费和装备等方面加强消防组织建设，严格队伍训练，不断提升各消防组织的火灾预防、扑救和应急救援的能力。

4. 落实消防安全管理主体责任，加强消防安全重点单位管理

机关、团体、企业、事业单位作为消防管理的责任主体，应落实消防安全责任制。公安消防机构应会同有关行业、系统的主管部门，制定出台重点行业、领域消防安全标准，进一步落实社会单位消防安全主体责任，推进消防工作社会化，建立健全社会化的消防工作网络。消防安全重点单位是指发生火灾可能性较大以及发生火灾可能造成重大人员伤亡或者财产损失的单位。公安消防机构应在调查研究的基础上确定消防安全管理重点单位，报本级人民政府备案，对消防安全重点单位实施分级管理和重点管理。

5. 开展消防监督检查，加大处罚力度

消防监督检查是发现并消除火灾隐患，落实消防措施，预防火灾事故的重要手段。公安消防机构应当对机关、团体、企业、事业等单位遵守消防法律法规的情况进行监督检查，公安派出所负责日常消防监督检查。在消防监督检查中，应明确消防监督检查的内容、方法和程序，及时发现、督促改正和彻底消除各种火灾隐患，加大处罚力度，制裁各种违反消防管理行为，预防火灾的发生。

二、消防管理的方针、原则与组织

消防，是预防火灾和扑救火灾的总称。目前，消防管理有广义和狭义之分，广义上的消防管理是指全社会开展的预防、扑救火灾和处理火灾事故，减少火灾危害，维护公共安全的活动。狭义上的消防管理是指公安机关消防监督管理部门依照国家消防法律法规，运用科学

的管理方法和技术，同火灾作斗争的专门工作，是一项消防行政执法活动，是治安管理的主要组成部分。消防管理的法律依据有《中华人民共和国消防法》（以下简称《消防法》）、《火灾事故调查规定》、《消防监督检查规定》和《机关、团体、企业、事业单位消防安全管理规定》等法律法规和部门规章。

（一）消防管理的方针和原则

1. 消防管理的方针

根据《消防法》第2条的规定，我国消防管理方针：预防为主，防消结合。这个方针是我国人民同火灾作斗争长期实践的经验总结，正确地反映了消防工作的客观规律。“预防为主”就是在消防管理的指导思想上，把预防火灾放在首位，动员和依靠广大人民群众，落实各项防范措施，掌握与火灾做斗争的主动权，防患于未然。“防消结合”就是要把预防火灾和扑救火灾这两个基本手段有机结合起来，做到相辅相成，互相促进，也就是在做好预防的同时，在思想上、物质上和技术上做好充分的灭火准备，以便一旦发生火灾，能够迅速有效地予以扑灭，最大限度地减少火灾所造成的财物损失和人身伤亡。

2. 消防管理的原则

根据《消防法》第2条的规定，我国消防管理原则：政府统一领导、部门依法监管、单位全面负责、公民积极参与。“政府统一领导”，要求各级人民政府必须加强对消防工作的领导，将消防工作纳入国民经济和社会发展计划，保障消防工作与经济建设和社会发展相适应。“部门依法监管”，强调公安机关依法对消防工作实施监督管理，并由公安消防机构负责实施；政府其他部门都要在各自的职责范围内，依照《消防法》和其他相关法律、法规的规定做好消防工作。“单位全面负责”，要求每个单位要对本单位的消防安全负责，单位的主要负责人是本单位的消防安全责任人。“公民积极参与”，表明公民应积极参与消防工作，共同为全社会创造一个良好的消防安全环境。

政府、部门、单位、公民四者都是消防安全责任主体，政府统一领导、部门依法监管、单位全面负责、公民积极参与，共同构筑消防安全工作格局和科学的消防工作体系。

（二）消防组织

1. 公安消防队

公安消防队隶属于人民武装警察部队，是一支同火灾做斗争的军事化、专业化队伍，也是抢险救援的重要力量。新建城市和扩建、改建的市区，应当按照接到报警后消防车能在5分钟到达责任区边沿的原则设立公安消防队。公安消防队直接承担执勤备战、预防和扑救火灾以及参加其他灾害或者事故抢险救援工作等任务。

2. 专职消防队

专职消防队是由政府或者企业组建的，负责本地区、本单位火灾扑救和抢险救援的专业力量，是公安消防队的有力助手。根据《消防法》规定，在一些地区和单位应当建立专职消防队。专职消防队的建立，应当符合国家有关规定，并报省级公安消防机构验收，接受当地公安消防机构的业务指导。专职消防队的队员依法享受社会保险和福利待遇。

3. 志愿消防队

志愿消防队是群众性消防组织，是公安消防机构扑救火灾和抢险救援的重要依靠力量，是专门工作与群众路线相结合的一种好形式。根据《消防法》第41条规定，机关、团体、企业、事业等单位以及村民委员会、居民委员会根据需要，建立志愿消防队等多种形式的消防组织，开展群众性自防自救工作。志愿消防队归所在单位和所在地区领导，业务上受当地公安消防机构指导，承担本单位、本地区的消防工作。

三、消防监督检查

消防监督检查是指公安消防机构依法对机关、团体、企业、事业单位遵守消防法律法规情况进行的监督检查，对消防违法行为责令整改或改正，并依法实施处罚的行政执法活动。公安部、省级、市级和县级公安机关设立消防机构，分级负责消防监督工作。我国城市消防监督实行三级监管模式，即市级消防支队，县级消防大队和公安派出所；农村消防监督实行两级监管模式，即县级消防大队和公安派出所。公安消防机构和公安派出所共同做好辖区内消防监督工作。

（一）消防监督检查的内容

1. 公安消防机构消防监督检查的内容

根据《消防法》和《消防监督检查规定》的要求，公安消防机构消防监督检查的内容包括：

一是对公众密集场所投入使用、营业前进行消防安全检查。主要检查建筑物或者场所是否依法通过消防验收合格或者进行消防竣工验收备案抽查合格；依法进行消防竣工验收备案且没有进行备案抽查的建筑物或者场所是否符合消防技术标准；消防安全管理制度、灭火和应急疏散预案是否制定；自动消防系统操作人员是否持证上岗，员工是否经过岗前消防安全培训；消防设施、器材是否符合消防技术标准并完好有效；疏散通道、安全出口和消防车通道是否畅通；室内装修装饰材料是否符合消防技术标准；外墙门窗上是否设置影响逃生或者灭火救援的障碍物。

二是对单位履行法定消防安全职责情况的监督抽查。主要检查建筑物或者场所是否依法通过消防验收或者进行消防竣工验收备案，公众聚集场所是否通过投入使用、营业前的消防安全检查；建筑物或者场所的使用情况是否与消防验收或者进行消防竣工验收备案时确定的使用性质相符；单位消防安全制度、灭火和应急疏散预案是否制定；建筑消防设施是否定期进行全面检测，消防设施、器材和消防安全标志是否定期组织检验、维修，是否完好有效；电器线路、燃气管路是否定期维护保养、检测；疏散通道、安全出口、消防车通道是否畅通，防火分区是否改变，防火间距是否被占用；是否组织防火检查、消防演练和员工消防安全教育培训，自动消防系统操作人员是否持证上岗；生产、储存、经营易燃易爆危险品的场所是否与居住场所设置在同一建筑物内；生产、储存、经营其他物品的场所与居住场所设置在同一建筑物内的，是否符合消防技术标准；其他依法需要检查的内容。

三是对大型群众性活动举办前对活动现场进行消防安全检查。主要检查室内活动使用的建筑物（场所）是否依法通过消防验收或者进行消防竣工验收备案，公众聚集场所是否通过使用、营业前的消防安全检查；临时搭建的建筑物是否符合消防安全要求；是否制定灭火和应急疏散预案并组织演练；是否明确消防安全责任分工并确定消防安全管理人员；活动现场消防设施、器材是否配备齐全并完好有效；活动现场的疏散通道、安全出口和消防车通道是否畅通；活动现场的疏散指示标志和应急照明是否符合消防技术标准并完好有效。

四是对大型的人员密集场所和其他特殊建设工程施工工地进行消防监督检查。主要检查是否明确施工现场消防安全管理人员，是否制定施工现场消防安全制度、灭火和应急疏散预案；在建工程内是否设置人员住宿、可燃材料及易燃易爆危险品储存等场所；是否设置临时消防给水系统、临时消防应急照明，是否配备消防器材并确保完好有效；是否设有消防车通道并畅通；是否组织员工消防安全教育培训和消防演练；施工现场人员宿舍、办公用房的建筑构件燃烧性能、安全疏散是否符合消防技术标准。

2. 公安派出所消防监督检查的内容

根据《消防法》和《消防监督检查规定》的要求，公安派出所消防监督检查的内容包括：

一是对单位进行日常消防监督检查。主要检查建筑物或者场所是否依法通过消防验收或者进行竣工验收消防备案，公众聚集场所是否依法通过投入使用、营业前的消防安全检查；是否制定消防安全制度；是否组织防火检查、消防安全宣传教育培训、灭火和应急疏散演练；消防车通道、疏散通道、安全出口是否畅通，室内消防栓、疏散指示标志、应急照明、灭火器是否完好有效；生产、储存、经营易燃易爆危险物品的场所是否与居住场所设置在同一建筑物内；对设有建筑消防设施的单位，公安派出所还应检查单位是否对建筑消防设施定期组织维护保养。

二是对居民住宅区的物业服务企业进行日常消防安全检查。主要检查是否制定消防安全制度；是否组织防火检查、消防安全宣传教育培训、灭火和应急疏散演练；消防车通道、疏散通道、安全出口是否畅通，室内消防栓、疏散指示标志、应急照明、灭火器是否完好有效；物业服务企业对管理区域内共用消防设施定期组织维护保养。

三是对居民委员会、村民委员会进行日常消防监督检查。主要检查消防安全管理人是否确定；消防安全工作制度、村（居）民防火安全公约是否制定；是否开展消防安全宣传教育、防火安全检查；是否对社区、村庄消防水源（消防栓）、消防通道、消防器材进行维护管理；是否建立志愿消防队等多种形式消防组织。

（二）消防监督的方法

消防监督检查人员在实施消防监督检查时，可以采取以下方法：一是询问单位防火工作和员工消防知识掌握情况；二是查阅有关消防安全文件、资料；三是查看消防设施、设备外观和运行情况；四是抽查测试消防设施功能；五是检查灭火、疏散预案等的操作情况。

（三）消防监督检查的程序

1. 检查工作人员表明身份

消防监督检查人员在进行消防监督检查时，应当着制式警服，不得少于2人，并出示执法身份证件。消防监督检查人员，必须具有消防监督检查从业资格，持有《公安消防监督员资格证书》。

2. 实施消防监督检查

消防监督检查人员根据检查内容逐项进行检查，检查时填写《消防监督检查记录》，检查完毕应当交被检查单位主管人员阅后签名；对记录有异议拒绝签名的，消防监督检查人员应当注明情况。《消防监督检查记录》应交所属公安消防机构存档备查。

3. 及时公布检查结果

对消防监督检查的结果，公安机关消防机构可以通过适当方式向社会公告；对检查发现的影响公共安全的火灾隐患应当定期公布，提示公众注意消防安全。

4. 火灾隐患和消防违法行为的整改

消防监督检查人员在检查过程中发现的火灾隐患或消防违法行为，可依法采取限期整改、责令改正、临时查封和强制执行等措施，对火灾隐患要求被检查单位认真整改，对消防违法行为依法予以处罚。

四、火灾扑救与调查处理

（一）火灾扑救

1. 火灾的报警

火灾发生以后，任何个人都有义务迅速准确地向消防队报警。全国统一的火警电话为“119”，拨通电话后，应讲清着火地点和单位，旁边有什么明显特征，着火的部位和物质，火势燃烧的大小和范围，有无被困人员等，并立即派人在交叉路口等候消防车，开启移动电话随时与消防队保持联系。任何单位和个人都应无偿为报警提供便利。严禁谎报火警。

2. 火灾扑救的基本方法

目前，火灾扑救的基本方法有四种：

（1）冷却法。就是将灭火剂直接喷洒在可燃物上，使可燃物的温度降低到燃点以下，从而使燃烧停止的方法。采用冷却灭火法常用的灭火剂主要是水，水作为灭火剂具有吸热和冲击、稀释氧气等作用。因此，火场上除用水直接冷却灭火外，还用水冷却尚未燃烧的可燃物质，防止其达到燃点而着火；也可用水冷却建筑构件、生产装置或容器等，防止其受热变形或爆炸。

（2）窒息法。就是隔绝空气或者稀释燃烧区内空气含氧的浓度，使燃烧物质缺乏或断绝氧气而熄灭的方法。这种灭火方法适用于扑救封闭式的空间、生产设备装置及容器的火灾，常用覆盖、埋压燃烧物，封闭燃烧空间；稀释燃烧区内的含氧的浓度等方法进行扑救。

（3）隔离法。就是隔离、疏散、移动火灾现场的可燃物，从而使燃烧停止的灭火方法。这种方法适用于扑救各种固体、液体、气体火灾。用隔离法灭火可把可燃物从燃烧区转移到安全地方；把燃烧的物体转移到无可燃物的地方；关闭设备或管道上的阀门；阻止可燃气体、液体流入燃烧区；拆除与燃烧区毗连的可燃建筑；阻止燃烧物质的飞散和流溅。

（4）抑制法。就是将有抑制作用的灭火剂喷射到燃烧区，使其参与燃烧连锁反应，从而使燃烧反应终止的方法。目前采用抑制灭火法所使用的灭火剂有干粉和卤代烷灭火剂。灭火时，一定要将足够数量的干粉或卤代烷等灭火剂准确地射入燃烧区内，否则将起不到抑制燃烧反应的作用。同时，还要采取必要的冷却降温措施，以防复燃。

（二）火灾事故调查与处理

1. 火灾事故调查的管辖

根据《消防法》和《火灾事故调查规定》，火灾事故调查由火灾发生地公安机关消防机构按照下列分工进行：

（1）一次火灾死亡 10 人以上的，重伤 20 人以上或者死亡、重伤 20 人以上的，受灾 50 户以上的，由省、自治区人民政府公安机关消防机构负责组织调查；

（2）一次火灾死亡 1 人以上的，重伤 10 人以上的，受灾 30 户以上的，由设区的市或者相当于同级的人民政府公安机关消防机构负责组织调查；

（3）一次火灾重伤 10 人以下或者受灾 30 户以下的，由县级人民政府公安机关消防机构负责调查；

（4）直辖市人民政府公安机关消防机构负责组织调查一次火灾死亡 3 人以上的，重伤 20 人以上或者死亡、重伤 20 人以上的，受灾 50 户以上的火灾事故，直辖市的区、县级人民政府公安机关消防机构负责调查其他火灾事故；

（5）仅有财产损失的火灾事故调查，由省级人民政府公安机关结合本地实际作出管辖规定，报公安部备案；

跨行政区域的火灾，由最先起火地的公安机关消防机构负责调查，相关行政区域的公安机关消防机构予以协助；对管辖权有争议的，报请共同的上一级公安机关消防机构指定管辖；上级公安机关消防机构应当对下级公安机关消防机构火灾事故调查工作进行监督和指导；上级公安机关消防机构认为必要时，可以调查下级公安机关消防机构管辖的火灾。

2. 火灾事故调查的简易程序

同时具有下列情形的火灾，可以适用简易调查程序：没有人员伤亡的；直接财产损失轻微的；当事人对火灾事故事实没有异议的；没有放火嫌疑的。

适用简易调查程序的，可以由 1 名火灾事故调查人员调查，并按照以下程序进行：表明执法身份，说明调查依据；调查走访当事人、证人，了解火灾发生过程、火灾烧损的主要物品及建筑物受损等与火灾有关的情况；查看火灾现场并进行照相或者录像；告知当事人调查的火灾事故事实，听取当事人的意见，当事人提出的事实、理由或者证据成立的，应当采纳；当场制作火灾事故简易调查认定书，由火灾事故调查人员、当事人签字或者捺手印后交付当事人；火灾事故调查人员应当在 2 日内将火灾事故简易调查认定书报所属公安机关消防机构备案。

3. 火灾事故调查的一般程序

除适用简易调查程序的火灾外，公安机关消防机构对火灾调查均按照一般程序进行。火灾事故调查一般程序要求调查人员不得少于 2 人，必要时，可以聘请专家或者专业人员协助调查。火灾事故调查的一般程序包括：现场调查，检验、鉴定，火灾损失统计，火灾事故认定和复核等几个环节。公安机关消防机构应当自接到火灾报警之日起 30 日内作出火灾事故认定；情况复杂、疑难的，经上一级公安机关消防机构批准，可以延长 30 日。火灾事故调查中需要进行检验、鉴定的，检验、鉴定时间不计入调查期限。

4. 火灾事故调查的处理

公安机关消防机构在火灾事故调查过程中，应当根据以下情况分别作出处理：一是涉嫌失火罪、消防责任事故罪的，按照《公安机关办理刑事案件程序规定》立案侦查；涉嫌其他犯罪的，及时移交有关主管部门办理。二是涉嫌消防安全违法行为的，按照《公安机关办理行政案件程序规定》调查处理；涉嫌其他违法行为的，及时移交有关主管部门调查处理。三是依照有关规定应当给予处分的，移交有关主管部门处理。对经过调查不属于火灾事故的，公安机关消防机构应当告知当事人处理途径并记录在案。

第六节　道路交通安全管理

一、道路交通安全管理的含义

道路交通安全管理，简称交通管理，是指公安机关交通管理部门根据国家的有关法律法规、规范和标准，对道路交通系统中的人、车、路、环境等要素进行组织协调和控制管理活动的总称。道路交通安全管理的主体是公安机关交通管理部门，行驶法律所赋予的行政权力，对道路交通事务进行行政干预，目的是为了维护道路交通秩序，预防和减少交通事故，保护人身安全，保护公民、法人和其他组织的财产安全及其给他合法权益，提高通行效率。

道路交通安全管理主要包括道路交通秩序管理、车辆与驾驶人管理、交通违法与事故处理。道路交通安全管理过程中涉及的法律法规主要有《中华人民共和国道路交通安全法》（以下简称《道路交通安全法》）《中华人民共和国道路交通安全法实施条例》（以下简称《道路交通法实施条例》）《机动车驾驶证申领与使用规定》《机动车登记规定》《道路交通安全违法行为处理程序规定》《道路交通事故处理程序规定》等。

二、道路交通秩序管理

道路交通秩序是指人与车辆沿着道路运行时所形成的人流和车流的交通形态。道路交通秩序的好坏将直接影响人民群众的生产生活，对国民经济的发展起着至关重要的作用。道路交通秩序管理是指公安机关交通管理部门根据交通法律、法规，采取宣传教育、行政处罚和工程设施的方法，对道路交通中的人、车、路、交通环境等进行监督管理，以取得最佳的道路交通效能的一项行政管理活动。道路交通秩序管理是道路交通管理工作的重要组成部分，是公安机关交通管理部门日常工作中最重要、最具体的管理工作。

（一）道路通行原则与交通信号

1. 道路通行的基本原则

为确保道路行车和行人的安全，道路通行必须坚持一定的原则。

（1）右侧通行的原则。右侧通行是我国道路通行的最基本原则，其他的通行规则都是建立在此之上。我国法律规定，车辆行驶必须靠右侧通行。如果道路上划设有中心线，以中心线为界；不划设中心线的，以几何中心为界，以面对方向定左右，即左手一侧的道路为左侧道路，右手一侧的道路为右侧道路。

（2）各行其道的原则。根据道路条件和通行需要，道路划分为机动车道、非机动车道和人行道，机动车、非机动车、行人实行分道通行。没有划分机动车道、非机动车道和人行道的，机动车在道路中间通行，非机动车和行人在道路两侧通行。道路划设专用车道的，在专用车道内，只准许规定的车辆通行，其他车辆不得进入专用车道内行驶。

（3）遵守交通信号的原则。车辆、行人应当按照交通信号通行；遇有交通警察现场指挥时，应当按照交通警察的指挥通行；在没有交通信号的道路上，应当在确保安全、畅通的原则下通行。

2. 交通信号

交通信号是指在道路上约束行人和车辆的特定信号，它包括交通信号灯、交通标志与标线以及交通警察的指挥手势。

（1）交通信号灯。交通信号灯由红灯、黄灯和绿灯组成，红灯表示禁止通行，绿灯表示准许通行，黄灯表示警示。交通信号灯分为机动车信号灯、非机动车信号灯、人行横道信号灯、车道信号灯、方向指示信号灯、闪光警告信号灯、道路与铁路平面交叉道口信号灯。

（2）交通标志与标线。交通标志和标线是指在道路上给交通参与者传递道路信息的交通管理设施。交通标志分为：指示标志、警告标志、禁令标志、指路标志、旅游区标志、道路施工安全标志和辅助标志。道路交通标线分为：指示标线、警告标线、禁止标线。

（3）交通警察的指挥手势。交通警察的指挥手势包括停止信号、直行信号、左转弯信号、左转弯待转信号、右转弯信号、变道信号、减速慢行信号、示意车辆靠边停车信号等。可以用手势直接发出，也可以借助器具发出。

根据《道路交通安全法》第 25 条规定：全国实行统一的道路交通信号。交通信号灯、交通标志、交通标线的设置应当符合道路交通安全、畅通的要求和国家标准，并保持清晰、醒目、准确、完好。根据通行需要，应当及时增设、调换、更新道路交通信号。增设、调换、更新限制性的道路交通信号，应当提前向社会公告，广泛进行宣传。

（二）机动车行驶管理

机动车是指以动力装置驱动或牵引，在道路上行驶，供人员乘坐或者货物运输以及进行专项作业的轮式车辆。机动车行驶管理包括机动车行驶规则管理、机动车装载管理以及危险物品运输管理。

1. 行驶规则管理

（1）行驶速度规则。行驶速度的规定一般有两种情况，一是对于不同等级的道路规定不同的速度；二是根据不同车辆的性能和作用，规定不同的行驶速度。根据影响我国机动车行驶速度的因素，我国采取限制机动车最高行驶速度的做法。同时，考虑到各种不同的交通环境对机动车行驶的影响，对于一般条件的行驶速度和特殊条件下的行驶速度分别进行控制。

（2）让车规则。让车是指为避免机动车之间发生冲突而采取的一方机动车让另一方机动车先行的行为。当机动车通过没有信号控制的交叉路口时，为了保证道路通行有序安全畅通，应遵循一定的让行规则：①有交通标志、标线控制的，让优先通行的一方先行；②没有交通标志、标线控制的，在进入路口前停车瞭望，让右方道路的来车先行；③转弯的机动车让直行的车辆先行；④相对方向行驶的右转弯的机动车让左转弯的车辆先行；⑤准备进入环形路口的让已在路口内的机动车先行；⑥向左转弯时，靠路口中心点左侧转弯，转弯时开启转向灯，夜间行驶开启近光灯。

（3）会车规则。会车是指的是相对方向行驶的机动车在同一时间经过道路同一截面的现象。在无中央隔离带的双向道路上行驶，会车的现象十分频繁，尤其是在一些会车条件不好的情况下，如窄路窄桥，狭窄的坡路和山路会车等，交通安全隐患大，因此，要求驾驶人严格遵守道路交通法律法规的规定进行会车：①减速靠右行驶，并与其他车辆、行人保持必要的安全距离；②在有障碍的路段，无障碍的一方先行；但有障碍的一方已驶入障碍路段而无障碍的一方未驶入时，有障碍的一方先行；③在狭窄的坡路，上坡的一方先行；但下坡的一方已行至中途而上坡的一方未上坡时，下坡的一方先行；④在狭窄的山路，不靠山体的一方先行；⑤夜间会车应当在距相对方向来车 150 米以外改用近光灯，在窄路、窄桥与非机动车会车时应当使用近光灯。

（4）超车规则。超车是指从旁边越过前面同方向行驶车辆的行为。超车在机动车行驶过程当中经常发生，目的是为了解决机动车彼此速度悬殊的问题。机动车速度差距越大，超车现象就越多，而因超车而引发的交通事故也越多。为了保证机动车的超车安全，《道路交通安全法》规定有下列情形之一的，不得超车：①前车正在左转弯、掉头、超车的；②与对面来车有会车可能的；③前车为执行紧急任务的警车、消防车、救护车、工程救险车的；④行经铁路道口、交叉路口、窄桥、弯道、陡坡、隧道、人行横道、市区交通流量大的路段等没有超车条件的。

（5）掉头和倒车规则。掉头，是指机动车转成相反方向的过程；倒车是指机动车向后方退行的过程。机动车掉头和倒车不仅影响自身的行驶安全，而且妨碍其他车辆、行人的正常行驶、行走秩序和交通安全。《道路交通安全法实施条例》规定机动车在有禁止掉头或者禁止左转弯标志、标线的地点以及在铁路道口、人行横道、桥梁、急弯、陡坡、隧道或者容易发生危险的路段，不得掉头；机动车在没有禁止掉头或者没有禁止左转弯标志、标线的地点可以掉头，但不得妨碍正常行驶的其他车辆和行人的通行。机动车倒车时，应当察明车后情况，确认安全后倒车。不得在铁路道口、交叉路口、单行路、桥梁、急弯、陡坡或者隧道中倒车。

2. 机动车装载管理

机动车装载管理是指公安机关交通管理部门依法对行驶中的机动车载物、载人及超载行为进行指挥、监督、限制和查处等活动的总称。机动车装载管理中最重要的问题就是超载的管理。《道路交通安全法》规定，机动车载物应当符合核定的载重量，严禁超载；载物的长、宽、高不得违反装载要求，不得遗洒、飘洒载运物。机动车运载超限的不可解体的物品，影响交通安全的，应当按照公安机关交通管理部门指定的时间、路线、速度行驶，悬挂明显标志。在公路上运载超限的不可解体的物品，并应当依照公路法的规定执行。机动车载人不得超过核定的人数，客运机动车不得违反规定载货。

3. 危险物品运输管理

《道路交通安全法》第 48 条规定，机动车载运爆炸物品、易燃易爆化学物品以及剧毒、放射性等危险物品，应当经公安机关批准后，按指定的时间、路线、速度行驶，悬挂警示标志并采取必要的安全措施。

（三）非机动车行驶管理

非机动车是指以人力或者畜力驱动，上道路行驶的交通工具，以及虽有动力装置驱动但设计最高时速、空车质量、外形尺寸符合有关国家标准的残疾人机动轮椅车、电动自行车等交通工具。驾驶非机动车在道路上行驶应当遵守有关交通安全的规定：

1. 非机动车应当在非机动车道内行驶；在没有非机动车道的道路上，应当靠车行道的右侧行驶。

2. 残疾人机动轮椅车、电动自行车在非机动车道内行驶时，最高时速不得超过 1 公里。非机动车应当在规定地点停放。

3. 未设停放地点的，非机动车停放不得妨碍其他车辆和行人通行。

三、车辆与驾驶人管理

车辆与驾驶人管理是指公安机关交通管理部门依据国家法律法规及技术标准，对车辆进行登记、检验，对驾驶人进行考试、发证及审验等工作的总称。车辆与驾驶人管理重点在于对驾驶人驾驶资格和机动车行驶资格的确认以及日常监督管理。

（一）车辆管理

车辆管理的主要内容包括机动车登记、机动车检验以及机动车强制报废。

1. 机动车登记

机动车登记是指公安机关交通管理部门根据机动车所有人的申请，经依法审查，对机动车的主要特征及其所有人的基本信息进行登记，核发登记证、号牌、行驶证和检验合格标志的一项工作。机动车登记是允许车辆上路行驶的法定程序，它包括注册登记、变更登记、转移登记、抵押登记和注销登记。

（1）注册登记。初次申领机动车号牌、行驶证的，机动车所有人应当向住所地的车辆管理所申请注册登记。申请注册登记的，机动车所有人应当填写申请表，交验机动车，并提交机动车所有人的身份证明；购车发票等机动车来历证明；机动车整车出厂合格证明或者进口机动车进口凭证；车辆购置税完税证明或者免税凭证；机动车交通事故责任强制保险凭证；车船税纳税或者免税证明和法律、行政法规规定应当在机动车注册登记时提交的其他证明、凭证。

（2）变更登记。已注册登记的机动车有下列情形之一的，机动车所有人应当向登记地车辆管理所申请变更登记：改变车身颜色的；更换发动机的；更换车身或者车架的；因质量问题更换整车的；营运机动车改为非营运机动车或者非营运机动车改为营运机动车等使用性质改变的；机动车所有人的住所迁出或者迁入车辆管理所管辖区域的；机动车所有人为两人以上，需要将登记的所有人姓名变更为其他所有人姓名的，可以向登记地车辆管理所申请变更登记。

（3）转移登记。已注册登记的机动车所有权发生转移的，现机动车所有人应当自机动车交付之日起三十日内向登记地车辆管理所申请转移登记。

（4）抵押登记。机动车所有人将机动车作为抵押物抵押的，应当向登记地车辆管理所申请抵押登记；抵押权消灭的，应当向登记地车辆管理所申请解除抵押登记。

（5）注销登记。已达到国家强制报废标准的机动车，机动车所有人向机动车回收企业交售机动车时，应当填写申请表，提交机动车登记证书、号牌和行驶证。机动车回收企业应当确认机动车并解体，向机动车所有人出具《报废机动车回收证明》。报废的校车、大型客、货车及其他营运车辆应当在车辆管理所的监督下解体。

2. 机动车检验

机动车检验是指公安机关交通管理部门依据法律法规，运用技术检测手段，对机动车的安全性能进行检查，确认其是否符合国家安全技术标准的一项工作；对经检验合格的机动车核发机动车检验合格标志。

3. 机动车强制报废

机动车强制报废是指将达到国家强制报废标准的机动车，回收解体，并办理机动车注销登记的一项工作。

（二）机动车驾驶人管理

机动车驾驶人管理的主要内容包括驾驶人考试、驾驶证核发、驾驶证审验和道路交通安全违法累积记分。驾驶人管理的基本制度是驾驶证制度。

1. 驾驶人考试

公安机关交通管理部门依法对申请机动车驾驶人的人员进行法律法规和交通安全常识，以及道路驾驶技能的考试的一项工作。它是驾驶人管理制度的核心和基础。

（1）驾驶人条件。在年龄要求方面，申请不同的车型驾驶资格，要符合相应的年龄条件；在身体要求方面，根据申请的车型不同，在身高、视力、辨色力、听力以及肢体的健康程度和运动功能等方面符合相应的标准。

（2）考试内容。按照《机动车驾驶证申领和使用规定》的要求，机动车驾驶人考试内容包括道路交通安全法律、法规和相关知识考试科目（简称“科目一”）、场地驾驶技能考试科目（简称“科目二”）以及道路驾驶技能和安全文明驾驶常识考试科目（简称“科目三”）。实行小型汽车、小型自动挡汽车驾驶证自学直考的地方，申请人可以使用加装安全辅助装置的自备机动车，在具备安全驾驶经历等条件的人员随车指导下，按照公安机关交通管理部门指定的路线、时间学习驾驶技能，按照规定申请相应准驾车型的驾驶证。

2. 驾驶证核发

对通过驾驶人考试并合格的人员，经过审查符合驾驶许可条件的，核发相应准驾车型的机动车驾驶证。

3. 驾驶证审验

驾驶证审验主要有三个方面：(1) 驾驶人的身体条件是否满足继续驾驶本车型的要求；(2) 驾驶人在驾驶过程中的违法行为及事故情况是否处理完毕；(3) 驾驶证累积记分是否达到 12 分，以及达到 12 分以上的是否进行学习并通过考试的情况。

4. 道路交通安全累计记分

公安机关交通管理部门对机动车驾驶人的道路交通安全违法行为除给予行政处罚外，实行道路交通安全违法行为累积记分（以下简称记分）制度，记分周期为 12 个月，从初次领取驾驶证之日算起。依据道路交通安全违法行为的严重程度，一次记分的分值为：12 分、6 分、3 分、2 分、1 分五种，在一个记分周期内记分达到 12 分的，由公安机关交通管理部门扣留机动车驾驶证，该机动车驾驶人应当按照规定参加道路交通安全法律、法规的学习并接受考试。考试合格的，记分予以清除，发还其机动车驾驶证；考试不合格的，继续参加学习和考试；拒不参加学习，也不接受考试的，由公安机关交通管理部门公告其机动车驾驶证停止使用。在一个记分周期内有两次以上达到 12 分或者累积记分达到 24 分以上的，还应当在道路交通安全法律、法规和相关知识考试合格后十日内对其进行道路驾驶技能考试。接受道路驾驶技能考试的，按照本人机动车驾驶证载明的最高准驾车型考试。

四、道路交通违法与事故处理

（一）道路交通违法行为的处理

道路交通违法行为是指交通参与者违反道路交通安全法律法规，扰乱道路交通安全秩序，妨碍道路交通安全与畅通，侵犯公民合法交通权益的行为。

1. 交通违法行为的处罚种类

公安机关交通管理部门对于道路交通安全违法行为的处罚主要有警告、罚款、暂扣或吊销机动车驾驶证以及拘留。

2. 交通违法行为处理的程序

交通安全违法行为处理应当按照《道路交通安全违法行为处理程序规定》执行，该程序未规定的，依照《公安机关办理行政案件程序规定》执行。我国对于交通违法行为的处理有简易程序和一般程序两种。

(1) 简易程序。简易程序适应于违法事实确凿，不需要再进行调查，有明确的法律依据的，并且符合《道路交通安全法》规定的处罚种类和幅度，即“处警告或 200 元以下罚款”的交通违法行为的处理，交通警察可以当场作出处罚决定，出具行政处罚决定书。

(2) 一般程序。对于不适用于简易程序当场处罚的道路交通安全违法行为，可用一般程序进行处理。即对违法行为人处以 200 元（不含）以上罚款、暂扣或吊销机动车驾驶证的，适用于一般程序。不需要采取行政强制措施的，可按照下列步骤进行处理：①对违法事实进行调查，询问当事人违法行为的基本情况，并制作笔录；当事人拒绝接受询问、签名或者盖章的，交通警察应当在询问笔录上注明；②采用书面形式或者笔录形式告知当事人拟作出的行政处罚的事实、理由及依据，并告知其依法享有的权利；③对当事人陈述、申辩进行复核，复核结果应当在笔录中注明；④制作行政处罚决定书；⑤行政处罚决定书应当由被处罚人签名，并加盖公安机关交通管理部门印章；被处罚人拒绝签名的，交通警察应当在处罚决定书上注明；⑥行政处罚决定书应当当场交付被处罚人；被处罚人拒收的，由交通警察在处罚决定书上注明，即为送达；被处罚人不在场的，应当依照《公安机关办理行政案件程序规定》的有关规定送达。

3. 交通违法行为处理中的行政强制措施

交通违法行为处理中的行政强制措施是指在处理交通安全违法行为过程中，为制止、预防违法行为或者在紧急情况下依法采取的对有关对象的人身、财产和行为自由加以暂时性限制，使其保持一定状态的各种方式和手段。在交通违法行为处理中可运用的行政强制措施包括扣留车辆、扣留驾驶证、拖移机动车、收缴物品、检验体内酒精、国家管制的精神药品、麻醉药品含量以及强制排除妨碍。

（二）道路交通事故处理

道路交通事故处理是公安机关交通管理部门依法追究交通肇事者的法律责任，保护受害人合法权益，维护法律权威的一项专业性工作。

1. 道路交通事故的定义

道路交通事故是指车辆在道路上因过错或意外造成的人身伤亡或者财产损失的事件。道路交通事故必须包含以下几个要件：

（1）车辆要件。道路交通事故必须有一方是车辆，这里的车辆包括机动车与非机动车。没有车辆参与的事故，不属于道路交通事故。

（2）道路要件。道路交通事故必须发生在道路上。《交通安全法》中规定，道路是指公路、城市道路和虽在单位管辖范围但允许社会机动车通行的地方，包括广场、公共停车场等用于公众通行的场所。

（3）主观要件。主要是指当事人的过错或者意外。

（4）后果要件。主要是指事故造成的人身伤亡或者财产损失。

（5）交通性质要件。主要是指事故必须发生在道路交通活动的过程中。

2. 道路交通事故的种类

根据不同的标准，道路交通事故有不同的分类。

（1）按道路交通事故的损害后果分为轻微事故、一般事故、较大事故、重大事故和特大事故。

（2）按道路交通事故的形态分为碰撞事故、刮擦事故、碾压事故、翻车事故、坠车事故、爆炸事故和失火事故。

3. 道路交通事故责任

道路交通事故责任即事故当事人的责任。《道路交通安全法实施条例》第 91 条规定："公安机关交通管理部门应当根据交通事故当事人的行为对发生交通事故所起的作用以及过错的严重程度，确定当事人的责任。"也就是说，事故责任与当事人的行为过错有着直接的关系。我国目前将事故当事人的责任划分为五种：全部责任、无责任、主要责任、次要责任以及同等责任。

（1）全部责任：因一方当事人的过错导致交通事故的，承担全部责任；当事人故意破坏、伪造现场、毁灭证据的，承担全部责任。当事人逃逸，造成现场变动、证据灭失，公安机关交通管理部门无法查证交通事故事实的，逃逸的当事人承担全部责任（有证据证明对方当事人也有过错的，可以减轻责任）；

（2）主要责任和次要责任：各方当事人的共同过错导致交通事故的发生，但各方当事人行为对事故所起的作用或者过错的严重程度却不同，则由行为在交通事故中所起作用较大以及过错较严重的一方当事人承担主要责任，行为在事故中所起作用较小以及过错较轻的当事人承担次要责任；

（3）同等责任：各方当事人的共同过错导致交通事故的发生，且各方当事人行为对事故所起的作用以及过错的严重程度基本相当，各方当事人负交通事故同等责任；

（4）无责任：在交通事故中，当事人如无导致事故发生的行为或者过错存在，则无责任。一方当事人故意造成交通事故的，他方无责任。各方均无导致交通事故的过错，属于交通意外事故的，各方均无责任。

4. 道路交通事故处理的自行协商处理

自行协商处理适用于机动车与机动车、机动车与非机动车发生财产损失事故，当事人对事实及成因无争议的交通事故。车辆可以移动的，当事人应当在确保安全的原则下对现场拍照或者标划事故车辆现场位置后，立即撤离现场，将车辆移至不妨碍交通的地点，再进行协商。

5. 道路交通事故处理的简易程序

（1）简易程序的适用。对于仅造成人员轻微伤或者不适用于自行协商处理的财产损失事故（有交通肇事犯罪嫌疑的除外），适用于简易程序。适用简易程序的，可以由一名交通警察处理。

（2）简易程序的处理流程。适用简易程序处理交通事故的流程包括：①固定现场证据；②责令当事人撤离现场，恢复交通。拒不撤离现场的，予以强制撤离；对当事人不能自行移动车辆的，应当将车辆移至不妨碍交通的地点；③记录道路交通事故发生的具体情况，并根据当事人的行为对发生道路交通事故所起的作用以及过错的严重程度，确定当事人的责任；④制作道路交通事故认定书，由当事人签名；⑤损害赔偿调解①，在道路交通事故认定书上记录结果，由当事人签名，交付当事人。

6. 道路交通事故处理的一般程序

（1）一般程序的适用。对于所有不适用于简易程序的交通事故可采用一般程序，一般程序必须有 2 名及以上交警进行处理。

（2）一般程序的处理流程。适用一般程序处理交通事故的流程包括：

①现场处置与勘查。交通警察到达事故现场后，应当立即划定警戒区域并组织抢救受伤人员；同时指挥现场车辆的停放并查找交通事故当事人和证人，控制肇事嫌疑人。交通警察勘查道路交通事故现场，应当按照有关法规和标准的规定，拍摄现场照片，绘制现场图，提取痕迹、物证，制作现场勘查笔录。发生一次死亡三人以上道路交通事故的，应当进行现场摄像。

②调查取证。交通警察应当对事故现场进行调查，查明事故车辆、当事人、道路及其空间关系和事故发生时的天气情况；固定、提取或者保全现场证据材料；查找当事人、证人进行询问，并制作询问笔录等。

③检验鉴定。对于需要进行检验、鉴定的，公安机关交通管理部门应当自事故现场调查结束之日起三日内委托具备资格的鉴定机构进行检验、鉴定。

④事故认定。公安机关交通管理部门应当根据当事人的行为对发生道路交通事故所起的作用以及过错的严重程度，确定当事人的责任。

---

① 损害赔偿调解不是事故处理的必要流程，只有事故双方当事人共同提出书面申请的情况下才进行。

⑤复核。当事人对道路交通事故认定有异议的，可以自道路交通事故认定书送达之日起三日内，向上一级公安机关交通管理部门提出书面复核申请。复核申请应当载明复核请求及其理由和主要证据。

⑥处罚执行。公安机关交通管理部门应当在作出道路交通事故认定之日起五日内，对当事人的道路交通安全违法行为依法作出处罚。

⑦损害赔偿调解。当事人对道路交通事故损害赔偿有争议，各方当事人一致请求公安机关交通管理部门调解的，应当在收到道路交通事故认定书或者上一级公安机关交通管理部门维持原道路交通事故认定的复核结论之日起十日内，向公安机关交通管理部门提出书面申请。

⑧结案。

◎思考题

1. 公共安全治安管理的基本方法哪些？
2. 佩带、使用枪支的人民警察的条件和职责有哪些？
3. 民用爆炸物品安全管理环节包括哪些？
4. 火灾预防的基本措施有哪些？
5. 我国道路通行原则有哪些？

第九章　应急警务

教学目的和要求：了解应急警务的含义、范围和应急警务和预警、预案与保障以及应急警务的一般步骤与方法，明确群体性事件预防和处置以及应急救援的基本要求，掌握110接处警、暴力恐怖事件现场处置的一般流程与方法。

重点和难点：110接处警，暴力恐怖事件现场处置，应急救援。

主要内容：应急警务的含义、特点与范围，应急警务的预警、预案与保障，应急警务的一般步骤与方法；110接处警；群体性事件预防和处置；暴力恐怖事件预防和应急处置；危险化学品与爆炸事故应急救援，道路交通事故应急救援，火灾事故应急救援，地震灾害应急救援。

长期以来，我国对110接处警、群体性事件处置、社会公共安全事件处置以及各类自然灾害、事故灾难或者公共卫生事件的应急救援等应急警务业务，有的分散在公安学类专业的相关课程或教材中，有的或者根本就没有纳入到公安学类专业的相关课程或教材中来，如各类自然灾害、事故灾难或者公共卫生事件的应急救援等，更谈不上整体或系统研究，而在公安实践中，这方面的业务又非常多且急需。应急警务的提出，不仅拓宽了公安学科与专业的视野，而且为公安学科与类专业提供了新的增长点。因此，加强应急警务学科与专业建设，从理论研究到实战运用、从指挥体制到运行机制、从事先预警到善后处置、从法制完善到人才储备等各个方面作出回应并取得积极成果，以促进整个公安学科与专业建设的进一步丰富和完善。

第一节　应急警务概述

一、应急警务的含义

应急的英文名称"Emergency"，来源于医院的急诊，意为对未知的突发事件进行紧急应对。警务指的警察事务，即警察依法履行职责、行使权力的活动。对于应急警务概念的界定，有很多不同的观点，有的认为是"公安机关人民警察在参与突发事件应对过程中的工作内容的综合"，有的界定为"警察部门在危机状态下履行治安行政管理和刑事执法职能的非常规警务，是政府危机管理的重要内容和强力措施"。以上观点尽管侧重点不同，但也在共同之处，那就是应急警务在危机状态条件下实施，又不在警察职责范围之内。

综合以上观点，我们认为，应急警务是指为了维护国家安全和治安秩序，保护人民生命财产安全，公安机关及其人民警察依法对各类案件（110接处警业务）现场和公共安全突发事件应急处置与救援的特别的警务活动。①

① 王彩元、杨纪恩：《关于公安学学科与专业设置、调整的思考——兼谈应急警务学科与专业建设》，载《公安教育》2016年第9期。

二、应急警务的特点

（一）时间紧迫性

突发事件具有突发性、演变性等特点，事发之前难以预料，事发之后，如何发展演变也难以确定，加之事件发生之后往往造成重大人身伤亡和财产损失，警察在应急管理当中，必须认识到处置的紧迫性，在第一时间作出反应，采取措施予以应对。应急警务是警察针对正在发生或者已经发生的突发事件，采取紧急措施迅速控制事态、防止形势恶化、减少危害后果的应急活动。突发事件的发生是多种社会因素相互作用的结果，各种致灾因子相互联系、相互作用，具有整体关联性。一件看似小小突发事件，如果不予重视，各种影响因子就会持续发酵，最终很可能酿成一场震惊世界的灾难。在突发事件发生之初，如能快速反应，及时有效地处置，就能掌握事件处置的主动权，事件发生范围就能得到有效的控制，事件危害就可能减小。因此，突发事件一旦发生，一定要强调处置时间的紧迫性，行动越快，处置就越稳妥。

（二）情况复杂性

一般事故情况并不复杂，持续时间不长，发生范围不广，影响范围不大，危害后果不严重，处置起来难度也不大。可是突发事件不同于一般事故，引发的原因复杂，现场局面复杂，涉及的人员复杂，解决问题方法复杂，处置难度非常大。比如一起特大的自然灾害事故，可能在几十甚至几百公里的范围内发生，发生地域广，伤亡人员多，救援任务重，参与抢险救援队伍多，怎样成立统一的指挥中心，如何构建高效的工作机制，怎么协调各方救援力量，及时开展救援、疏导和安置工作，都是一项情况复杂而又任务艰巨的工程，哪个环节管理不好，处置不当，都会带来负面影响，阻碍应急警务工作的开展。

（三）工作协同性

突发事件涉及领域广、部门多，影响大，应急处置往往涉及多个领域和部门，既有应急、公安、安监、交通、通信、消防、卫生、水利、环保等政府部门，还包括武装警察部队，更有来自全国各地甚至国际社会的组织和志愿者。所以，应急警务工作必须要在党和政府的统一领导下，建立一个职能明确、责权分明、机构健全、灵活高效的指挥系统，将现有各临时机构整合成互相联系、互相配合的统一体，将各项应急处置工作统一起来全盘考虑，形成合力，协同作战，实现效率的最大化。此外，还要根据《国家突发公共事件总体应急预案》的要求，加强以属地管理为主的应急管理队伍建设，建立联动协调制度，充分发挥乡镇、社区、企事业单位、社会团体和志愿者队伍的作用，依靠公众力量，形成统一指挥、反应灵敏、功能齐全、协调有序、运转高效的应急管理机制。通过建设协同统一的应急队伍，健全联动协调的管理机制，优化整合各种社会资源，形成应急处置整体合力，提高突发事件应急警务效率，最大限度地减轻突发事件造成的社会危害。

（四）手段多样性

实施应急警务的目的就是采取有力措施最大限度地降低或者阻止可能发生的严重危害后果，保护人身财产安全，维护社会秩序，保障公共安全，要达到这一目的，就必须实施多种手段，多管齐下，多头并举。以事件现场处置为例，就要采取现场警戒、交通管制、要害保卫、人员疏散、舆论管控、信息披露、现场保护、医疗急救、人员安置等手段。从手段的性质来分，又可以分为政治、经济、法律、行政、文化、教育等的手段。从是否具有强制性来看，又可以分为强制性和非强制性手段。总之，应急警务任务的艰巨性决定了采取手段的多样性，各种手段的有效实施，才能把事件损失降低到最小，把事件对社会的冲突和影响降低到最小。

三、应急警务的范围

根据《人民警察法》、《110接处警工作规则》、《突发事件应对法》、《公安机关处置群体性事件规定》和《反恐怖主义法》等法律法规对公安机关的职责划分，结合公安机关的性质和工作特点，应急警务活动主要包括：一般性治安和刑事案件（110接处警业务）现场应急处置、群体性事件应急处置、恐怖事件应急处置、严重暴力性犯罪案件应急处置，以及各类自然灾害、事故灾难或者公共卫生事件的应急处理或救援等。具体阐述如下：

（一）自然灾害的应急救援与现场秩序维护

自然灾害是指给人类生存带来危害或者损害人类生活环境的各种自然现象，其中包括干旱、高温、低温、寒潮、洪涝、积涝、山洪、台风、龙卷风、火焰龙卷风、冰雹、风雹、霜冻、暴雨、暴雪、冻雨、大雾、大风、结冰、霾、雾霾、浮尘、扬沙、沙尘暴、雷电、雷暴、球状闪电等气象灾害；火山喷发、地震、山体崩塌、滑坡、泥石流等地质灾害；风暴潮、海啸等海洋灾害；森林草原火灾和重大生物灾害等。参与自然灾害发生后的秩序维护和应急救援工作，是应急警务的重要内容。

（二）事故灾难的应急处理

事故灾难是指由于行为人故意或过失违反法律法规或安全管理规章制度，造成人员伤亡或者财产损失，在一定程度上危及到社会治安秩序和公共安全的事故。事故灾难一般包括火灾事故、爆炸事故、中毒事故、放射性事故、挤压伤亡事故、道路交通事故、枪弹事故、翻沉船事故等。当前，我国已经进入风险社会，城市化和工业化的发展，危险化学品的广泛应用，人员密集程度增加，各种社会矛盾激化，导致事故灾难发生频繁，人身伤亡和财产损失不断增多。应急警务活动当中，要对事故灾难现场进行保护，参与抢险救援工作，同时要调查事故原因，认定灾害损失，查处相关责任人。

（三）突发公共卫生事件的应急救援

突发公共卫生事件是指突然发生，造成或者可能造成社会公众健康严重损害的重大传染病疫情、群体性不明原因疾病、重大食物和职业中毒以及其他严重影响公众健康的事件。常见的突发公共卫生事件有重大传染病疫情，群体性不明原因疾病，重大食物中毒和职业中毒，新发传染性疾病，群体性预防接种反应和群体性药物反应，重大环境污染事故，影响公共安全的毒物泄漏事件、核事故、放射性事故，生物、化学、核辐射恐怖事件，其他严重影响公共健康事件。突发公共卫生事件发生后，对需要接受隔离治疗、医学观察措施的病人、疑似病人和传染病病人密切接触者，卫生行政主管部门或者有关机构采取医学措施时，拒绝配合的，由公安机关依法协助强制执行。

（四）突发社会安全事件应急处置

突发社会安全事件是指突然发生，造成或者可能造成危及公众人身财产安全，严重破坏社会秩序，严重损害公共安全的事件。突发社会安全事件包括暴力恐怖袭击事件、重大刑事犯罪 、群体性事件等。社会安全事件发生后，公安机关要针对事件的性质和特点，依照采取强制隔离、对特定区域进行控制、封锁现场、设置临时警戒线等措施，严重危害社会治安秩序的事件发生时，公安机关应当立即依法出动警力，根据现场情况依法采取相应的强制性措施，尽快使社会秩序恢复正常。

四、应急警务的一般步骤和方法

（一）应急警务的一般步骤

美国联邦紧急事态管理局根据事故灾难发生的周期，将突发事态管理活动、政策和项目分为四个功能区：防灾减灾（mitigation）、准备（preparedness）、应对（response）、恢复重建（recovery），这就是紧急事态管理的生命周期理论。根据突发事件演进的过程，我们可以将应急警务划分为预警和预防、应急准备、应急响应、恢复重建四个步骤，不同的步骤采取不同的管理方法。

1. 预警与预防

预警，就是预先发出警告，是指在危险要素还未转化成突发事件之前，将所有风险的信息及时告诉潜在的受害者，让他们采取紧急行动，做好相应的准备，以避免严重后果发生的行为。突发事件并不都是毫无征兆、无法预测无法防范的，一般都有一个酝酿、爆发、扩散与加剧的过程，还可能从量变到质变，由一般社会事件演变成紧急事件，所以做好应急预警工作，对应对突发事件十分关键。应急警务工作首先要科学预警，科学预警的关键又在于情报信息的搜集、研判和报告。情报信息的及时性、准确性和客观性，决定了警察在处置突发事件的科学性、有效性和合法性。公安机关要充分利用科技手段，依靠大数据平台，构建覆盖全社会的情报信息收集网络，密切关注影响治安秩序和公共安全的社会动态，准确发现可能产生突发事件的隐患和征兆；经过反复对比和综合分析，科学评估潜在的风险性因素，及时报告给上级领导，为公安指挥决策提供科学依据。

预防，即在突发事件发生前，根据预警信息采取防范性措施应对风险，消除隐患，避免事件发生或者减轻危害后果。预防突发事件的主要措施有：编制科学、合理、可行的应急预案，做好必要的演习、训练和培训教育工作，提高组织指挥人员的应急指挥水平，增强救援人员的专业素养；对可能引发事件的各种危险源进行风险辨识、安全评估、安全规划、严格管控，或通过改进安全管理方法和技术手段，来消除危险因素和致灾因子，将危险因素控制在有效安全范围之内；完善预警预测机制，认真发现并及时排查矛盾纠纷，对排查出来的矛盾纠纷，要区分性质和管辖权限，进行分析研究，明确整治目标、查处措施和期限，边排查、边化解、边治理，坚持多管齐下、标本兼治，排除隐患，消除危害；对那些由来已久的矛盾纠纷，要落实到人，解决到位。建立健全区域安全隐患信息系统，完善自动联网报警系统，实行科学化、动态化的网络数据管理，提高安全隐患的整体监管水平；进一步加大警用基础设施建设的投入，提高突发事件的预警和处理能力。

2. 应急准备

应急准备是为应对突发事件而实施的制定应急预案、健全工作机制和强化警务保障工作，这也是提高突发事件应急处置能力的准备行为。应急准备工作的好坏，关系到应急处置的成败。应急准备过程中需要做好以下工作：开展“一案三制”建设，即建设好应急预案、应急机制、应急体制和法制建设；加强“一网五库”建设，即建设好应急管理组织体系网、应急救援队伍库、应急物资储备和避险场所库、应急管理专家库、应急预案库、突发事件典型案例库；做好应急处置的队伍建设，招募和培训专业人员，提升整体作战能力；做好有关处置工作的设备、器材等物质方面的准备，如准备交通工具、警用装备、通讯器材、救援专业工具等。

3. 应急响应

应急响应是指突发事件发生后，公安机关依法采取紧急处置和救援措施，以减轻或者消除危害后果，是应急管理的核心环节之一。公安机关应在党委和政府领导下，组织有关部门，调动应急救援队伍和社会力量，根据突发事件的性质、特点和危害程度，及时组织有关部门调动各种应急资源，对突发事件进行有效的响应，以降低社会公众生命财产遭受损失的程度。

公安机关对突发事件的应急响应，要做好以下工作：（1）公安应急范围内响应，属于应急警务范围内的事项，要立即启动应急机制进行处置；不属于应急警务范围内的事项，告知相关人员向其他行政管理部门或者单位求助；（2）统一领导，协同作战，应急响应当中，有权启动应急机制的领导，要快速、准确下达应急处置命令，参与处置单位应做好协调工作，步调一致，相互配合。(3) 现场处置措施要有力，应急处置人员要在规定时间内赶赴现场，并根据应急总指挥的命令采取相应的应急措施，控制事态，消除危害。(4) 要加强社会面控制，防止别有用心人员和境外敌对势力利用突发事件散布谣言，制造新的事端，要提高应对能力，维持社会秩序。

4. 恢复重建

恢复重建是指突发事件的威胁和危害得到控制或者消除后，公安机关采取措施消除危害后果，使治安秩序和社会生活尽快恢复到正常状态的行动。突发事件应急处置工作结束后，公安机关要在当地人民政府的组织下，对突发事件造成的损失进行评估，尽快恢复社会治安秩序，协助相关部门修复被损坏的交通、通信、供水、排水、供电、供气、供热等公共设施，保障正常的生产、生活、工作和社会秩序，制定恢复重建计划。为防止产生新的危机，巩固危机管理的成果，做好危机后的恢复工作，获取经验，总结教训所做的各项管理工作。制定救助、补偿、抚慰、抚恤、安置等善后工作计划并组织实施，妥善解决因处置突发事件引发的矛盾和纠纷。

（二）应急警务的一般方法

1. 应急控制

应急控制是指当突发事件发生时，公安机关依据法律法规的规定，按照程序立即采取保护生命、减少财产损毁、控制和消除突发事件危害后果的行动。突发事件发生后，及时启动应急预案，采取行之有效的处置与救援措施，防止事件发展蔓延，这是应急警务的重心工作。

自然灾害、事故灾难或者公共卫生事件发生后，公安机关可采取下列一项或者多项应急处置措施：组织营救和救治受害人员，疏散、撤离并妥善安置受到威胁的人员以及采取其他救助措施；迅速控制危险源，标明危险区域，封锁危险场所，划定警戒区，实行交通管制以及其他控制措施；禁止或者限制使用有关设备、设施，关闭或者限制使用有关场所，中止人员密集的活动或者可能导致危害扩大的生产经营活动以及采取其他保护措施；组织公民参加应急救援和处置工作，要求具有特定专长的人员提供服务；依法从严惩处囤积居奇、哄抬物价、制假售假等扰乱市场秩序的行为，稳定市场价格，维护市场秩序；依法从严惩处哄抢财物、干扰破坏应急处置工作等扰乱社会秩序的行为，维护社会治安。

社会安全事件发生后，公安机关要针对事件的性质和特点，依照有关法律、行政法规和国家其他有关规定，采取下列一项或者多项应急处置措施：强制隔离使用器械相互对抗或者以暴力行为参与冲突的当事人，妥善解决现场纠纷和争端，控制事态发展；对特定区域内的建筑物、交通工具、设备、设施以及燃料、燃气、电力、水的供应进行控制；封锁有关场所、道路，查验现场人员的身份证件，限制有关公共场所内的活动；加强对易受冲击的核心机关和单位的警卫，在国家机关、军事机关、国家通讯社、广播电台、电视台、外国驻华使领馆等单位附近设置临时警戒线；法律、行政法规和国务院规定的其他必要措施。

2. 应急救援

在应急救援的过程中，现场应救援人员应遵循“先避险，后抢险”的原则，组织事发现场周围的社会公众进行有效的应急疏散；在确保突发事件不会对周围社会公众造成新的损害，确保应急救援人员自身安全的情况下积极展抢险救援工作。公安机关在应急救援当中，要与相关部门协调一致，共同作战。公安民警应封锁现场，设立警戒区域，进行交通管制，维护现场秩序，确保道路交通的顺畅，并防止刑事犯罪的发生；协助医疗卫生部门工作人员做好现场急救和转运伤员；配合专职消防队、人民解放军和民兵预备役等部门参与抢险救灾工作。应急救援工作应注意救援队员的轮换和劳逸结合，根据救援队员的个人特点分配不同的救援任务；要为应急救援人员配备必要的防护装具和通信工具，提醒提高自我防护的意识，防止在救援当中发生意外事故。

3. 应急保障

应急保障是公安机关处置突发事件的物质基础，警察只有在提供的物资、设施、经费、装备及现代科学技术等物质基础上，才能完成承担的紧急处置任务和职责。首先，要加强经费保障。经费保障是实现各项警务保障的前提条件，公安机关处置突发事件时要有充分经费保障，要建立应对各种突发事件的专项应急经费储备，将应急警务的专项经费纳入到政府的预算之中，同时确保专款专用，维持专项资金正常运转。其次，要有装备保障。要用先进的警用装备来武装警察队伍，根据突发事件应急处置的统一要求，配备好警用车辆、武器警械、通讯设备、应急设施，并定期做好检修保养工作；将最新的警察技术运用到处突一线，以科技为支撑，通过先进的信息化技术，走科技强警之路。鼓励、扶持教学科研机构和有关企业研究开发用于突发事件预防、监测、预警、应急处置与救援的新技术、新设备和新工具。还有，要加强警力保障。各地公安机关根据实际需要，组建专门的应急警察队伍，加强专业训练，提高战斗能力。或者在不增加警察数量的前提下，有效整合现有警力资源，挖掘警察潜力，实现无增长改善。

4. 舆情引导

突发事件的发生，一方面对社会秩序造成严重影响，另一方面会引起媒体和公众的高度关注，特别是现在的自媒体时代，网络信息传播方式多种多样，速度越来越快，如果不及时发布信息和进行舆情引导，各种关于突发事件的臆想和猜测便转化为谣言，加之不明真相的群众被非理性的情绪所支配，当政府主流声音失语时，谣言四处泛滥，从而一发不可收拾。因此，公安机关及时加强舆情引导和网络管制，把握工作主动权。首先要加强与媒体的沟通。事件发生后，要在第一时间与媒体进行真诚沟通，让主流媒体站在正面立场上引导社会舆论。主动配合有关部门管理现场采访记者，拟定宣传报道口径，充分报道党委、政府和公安机关在处置突发事件中采取的积极措施和取得的成效。其次，统一立场、统一口径，公开透明地进行信息发布，严格执行有关突发事件新闻报道规定，按照内外有别、循序渐进的原则，正确把握新闻发布的方式、时机、内容，必要时，聘请第三方权威站出来说，以中立的立场赢得公众的信任；还有，加强互联网管控，及时发现删除有关突发事件的不良信息，防止别有用心的人插手利用和歪曲炒作。

5. 社会动员

社会动员是指在应对突发事件时，要广泛发动人民群众参与，依靠社会力量来抢险救援，恢复重建。突发事件发生后，有效的社会动员，能够调动全社会的人力、物力、财力，形成有生力量，以实现抗险救灾的共同目标。政府在应对突发事件时，自身存在许多先天性不足，资源匮乏，力量薄弱、组织乏力，而民间动员机制具有自发性、及时性、灵活性、针对性、有效性等优势，往往具有政府行政动员难以达到的效果，可以发挥拾遗补缺作用，所以应急管理必须进行有效社会动员，让专门结构与民间组织形成合力，实现效能最大化。

应急管理的不同阶段，社会动员的内容不同。在应急准备阶段，社会动员的内容是为应急法律法规和应急预案的制定提供意见，开展危机教育和培训，进行应急演习等。在危机响应阶段，要动员各种社会力量立即采取措施，减轻灾害的后果，将灾害所带来的损失最小化。事件处置中，各基层单位、社会社团尽可能通过各种信息渠道及时地反映应急信息，以协助政府相关部门的决策；新闻媒体要广泛宣传政府的有关政策，获得公众对于政府应急管理的支持、配合和参与。恢复重建阶段，社会团体通过游说、呼吁等方式引起全社会对危机的重视，能过捐款、捐物来应对危机，招募专业人员对受害者及潜在受害者进行救护和心理干预。

6. 心理干预

突发事件通常会给社会公众和救援者留下心理阴影，甚至造成心理创伤。国际危机心理学家称为“创伤后应激障碍”，即个体对出乎寻常的灾难性事件而延迟出现或持续存在的反应，以再度体验创伤为特征，并伴有情绪的易激怒和回避行为。在恢复重建的过程中，应向这部分人员提供心理咨询服务，开展心理危机干预。

心理干预的措施主要有：(1) 鼓励社会公众受灾时开展自救、互救的活动，使人们相互激励，减轻突发事件对个体心理的震荡。(2) 对突发事件中心理脆弱的群体给予物质的帮助和精神上的关怀。要善于利用事缘、血缘、业缘、地缘的关系，疏导、安慰这部分人员，减少他们的精神压力，缓解突发事件带来的心理伤害。(3) 由心理医生开展心理咨询和治疗。要加强心理救援队伍建设，设立心理医生档案库。突发事件发生后，有效利用专业人士的科学知识和技能，减轻心理脆弱者的精神压力，要他们客观、冷静、现实地看待当前的问题。(4) 做好长期心理恢复的准备。有些突发事件的心理问题可能会有很长的间歇期，因而对患者的心理干预必须持之以恒。

第二节　110接处警

一、110接警

110接警是指公安机关110报警服务台对群众的报警、求助和投诉表示接受并予以登记、处理的警务行为。

《人民警察法》第21条明确规定，人民警察遇到公民人身、财产安全受到侵犯或者处于其他危难情形，应当立即救助；对公民提出解决纠纷的要求，应当给予帮助；对公民的报警案件，应当及时查处。接受报警是公安机关及其人民警察的职责和任务，是公安机关查处违法犯罪案件的重要来源，是打击违法犯罪的首要环节。公安机关首个接受报警、求助、投诉的警种、部门及其民警，对属于职责范围内的事项应当受理、登记并及时办理，对不属于自己管辖或者职责范围以外的事项，应当先行登记，及时移交有关部门和人员办理，绝不能置之不理。

（一）110 接警范围

根据《人民警察法》和公安部《110 接处警工作规则》等法律和规范性文件的规定，110 接警的范围包括以下几个方面：

1. 报警

包括：刑事案件；治安案（事）件；危及人身、财产安全或者社会治安秩序的群体性事件；自然灾害、火灾、治安灾害事故、道路交通事故；其他需要公安机关处置的与违法犯罪有关的报警。

2. 求助

包括：发生溺水、坠楼、自杀等危急情况，需要公安机关紧急救助的；老人、儿童、智障人员、精神疾病患者等行为能力、辨别能力差的人员走失，需要公安机关帮助查找的；公众遇到危难，处于孤立无援状况，需要公安机关立即救助的；水、电、气、热等公共设施出现险情，威胁公众生命或者财产安全和生产生活秩序，需要公安机关先期紧急处置的；其他可能引发人身伤亡事故或者公私财产重大损失的险情，需要公安机关紧急处置的。

3. 投诉

公安机关及其人民警察正在发生的违反《人民警察法》、《公安机关人民警察纪律条令》等法律、法规和人民警察的纪律规定，违法行使职权，不履行法定职责，不遵守各项执法、服务、组织、管理制度和职业道德的各种行为。

4. 其他事项

对于不属于上述范围内的报警、求助和投诉事项，但属于公安机关职责范围内的报警情况，110 报警服务台一般按照以下规定办理：

（1）对于公安机关职责范围以外的紧急案（事）件或者事故报警，或者公安机关职责范围以外的可能危及公共安全、人身或者财产安全的紧急求助，在下达指令做好先期处置的同时，及时通知相关部门或者单位派员到场处置。在相关部门或者单位进行处置时，公安机关处警民警可以予以必要的协助。

（2）对于公安机关职责范围以外的投诉或者非紧急报警、求助，应当告知投诉人、报警人、求助人向有关主管部门或者单位投诉、报告、求助，并视情转告有关主管部门或者单位，对投诉人、报警人、求助人予以必要的解释。

（3）承担城市应急处置主叫号码任务的 110 报警服务台，应当及时将公安机关职责范围以外的报警、求助电话转到有关主管部门或者单位处置。

（4）违法谎报假警的或骚扰 110 报警服务台的，由辖区派出所按谎报警情的治安违法行为进行查处，情节严重的，可依法追究其刑事责任。

（二）接警工作流程

110 接处警工作流程包括接受报警、下达指令、信息沟通、回复回访、工作记录五个环节。

1. 接受报警

根据《110 接处警工作规则》和相关法律、法规的要求，110 报警服务台接受报警要做到热情、文明、耐心、细致，符合以下要求：

（1）语言规范。接听电话应当迅速、语言规范，要求在电话铃响 3 声内接听电话，用普通话（必要时用外语或少数民族语言）向报警人表明接警人单位、姓名和工号。并主动说：“您好，××市110，××号接警员。”

（2）文明接警。接警时要做到用语文明，平心静气，不急不躁。在接警中遇到报警人提出无理要求、辱骂、胡搅蛮缠等情况，要有涵养，心平气和，理智对待。对群众提出的求助、民事纠纷解决，能直接答复的要认真解答，不能直接答复的，尽可能帮助联系处理，不能联系处理的，要向报警人解释清楚，不得以任何理由拒绝受理或推诿不管。

（3）问明情况。接警员应迅速向当事人问明报警、求助、投诉事项的主要情况（包括警情发生时间、地点、简要案情、原因、当事人情况、与警情相关的物品情况、警情造成伤亡人数、财产损失等情况），及时登记报警人基本情况（包括姓名、性别、身份、联系方式、工作单位及家庭住址、目前所处方位）。

（4）指导急救。对情况紧急的违法犯罪、灾害事故、人身危险、严重伤病等报警、求助，可以视情告知报警人、求助人有关应急处置办法，应指导其救人或者自救，现场有人员伤亡的，应当立即通知120急救中心派员到场。

2. 下达处警指令

这一环节包括判明警情性质和下达准确处警指令两个方面。

（1）判明警情性质。110报警服务台（含指挥中心）接警员，对于属于公安机关职责范围内的报警，要有重点地逐一问清案情，尽快获得真实全面的情况，并按一般警情、重大警情和特别重大警情，指令有关警种进行处置；对于不属于公安机关职责范围的报警，要向群众解释清楚，在尽可能作好先期处置的同时，给予满意的答复。

（2）下达出警指令。对属于110接处警范围内的群众的报警、求助和投诉，110报警服务台（含指挥中心）应当通过电台、电话等通讯设备，按“稳”、“准”、“活”的要求，将指令下达到相应警种，指令出警。

3. 信息沟通

110报警服务台（含指挥中心）应当通过各种手段，随时掌握现场情况，与处警单位或民警及时就处警情况进行沟通。

（1）联系反馈。在案（事）件处置过程中，110报警服务台（含指挥中心）要了解、收集处警民警到达现场的先期报告和案（事）件处置完毕后的反馈报告。对重大案（事）件或者性质一时难以判明的案（事）件，要进行跟进了解，随时掌握案情进展和处置工作情况，指令、督促处警人员处置到位。对紧急、重大情况，要及时将处置结果报相关领导。

（2）增派警力。到达现场的处警民警不足以制止或者控制现场局面，请求增援的，应当按照工作预案，迅速调集、指挥有关警种、部门赶赴现场增援。

（3）警情发布。110报警服务台（含指挥中心）对当天接报、掌握的重要警情信息，应当严格依照重要情况信息收集以及报送工作的规定办理，并定期对警情进行研判，发布预警通报。

4. 回复回访

110报警服务台应当依照有关规定或者在必要时将处警结果回复报警人、求助人、投诉人，并及时进行回访，听取意见建议。报警人、求助人、投诉人如果不愿公开自己的姓名和报警、求助、投诉的行为，应当为其保守秘密，并在接处警记录中注明。

5. 登记保存

在接警、指挥处置和跟踪反馈的同时，要使用规格统一的表格（或软件），及时做好接报、调派警力、处警反馈的登记、存储，并立卷（软件）备查（份）。登记内容一般包括：

报警的时间、地点、电话号码、警情性质、简要案情、接警员号；报警人的姓名、性别等基本情况和联系方法；处警单位名称、通知时间、处警人姓名和处理结果；其他真实反映接处警情况的内容。

二、110 出警

110 出警，是指 110 报警服务台（含指挥中心）在接受群众的报警、求助和投诉后，指派相关处警责任单位和警种、部门到现场进行处理的警务行为。

（一）出警准备

公安机关的巡逻民警队、派出所、警种、部门等处警备勤单位及其民警应当严格遵守公安机关值班备勤制度，随时保持通信设备畅通。在接到 110 报警服务台（指挥中心）的出警指令时，为了确保迅速出警，及时处置警情，应当做好以下准备工作，避免影响警情处置。

1. 方案的准备

处警责任部门应当根据自己的职责范围和任务分工，做好详细的处警工作预案。在接到 110 报警服务台的处警指令后，应简要了解案情，判明案件性质，迅速确定行动方案（现场处置、现场救援、沿途搜索、嫌疑人盘查等）、行车路线、做好心理准备，应对可能的突发事件。

2. 人员的准备

处警力量的配置应当与警情的性质和规模相适应。对案（事）件现场处置不得少于 2 人。对重大案（事）件、重大事故等，应当安排足够处警警力。专职处警民警应当掌握基本的救援、救灾和医疗救护技能。

3. 装备的准备

处警民警应当依照相关规定着公安民警制式服装，携带人民警察证、执法记录仪等相应的处警装备和工作记录本、相关法律文书。应按照规定配戴或携带有关单警装备（枪支、警棍、警绳、手铐、警笛、对讲机、抢光手电、催泪喷射器等），专用处警设备（如防毒、防暴、救生等设备），取证设备（包括录音笔、照相机、摄像机、卷尺、110 现场取证记录本、记录笔、印泥，制作笔录、现场图用纸、物证袋、提取物证工具等），以及其他收集证据所需物品，确保警情处置的顺利进行。

4. 时间的准备

对危及公共安全、人身或者财产安全迫切需要处置的紧急报警、求助和对正在发生的民警严重违法违纪行为的投诉，处警民警接到处警指令后，应当迅速前往现场开展处置工作。对其他非紧急报警、求助和投诉，应当视情尽快处理。

（二）指令出警

110 接处警实行一级接警原则，即统一由地级（含）以上城市或者县（市、区）公安（分）局 110 报警服务台受理公众拨打 110 电话的报警、求助、投诉，按照属地管辖、就近管辖、业务管辖、先期处置的原则，指令处警责任单位出警。对于重特大警情，110 报警服务台（含指挥中心）应根据报警案（事）件的紧急和影响程度，进行准确分析、判断，评估，按照“一级处警”原则，合理部署、调整警力，指导有关警种、部门、相关单位及时赶到现场，实现社会联动，妥善处置。

（三）分类出警

110 接处警由 110 报警服务台（含指挥中心）根据公安机关警种、部门的职责范围、任务分工和工作预案指令、组织、协调有关警种、部门、派出所进行分类处置，确保警情处置的顺利进行。

1. 案（事）件类出警

受理案（事）件报警后，应当根据警情立即调派警力进行处置。对危及公共安全、人身或者财产安全的紧急、重大案（事）件，应当在派警处置的同时，根据警情的性质、事态规模、紧急程度，立即报告分管负责人。需要进行布控查缉的，应当通知治安卡口、检查站（查报站）、路面交巡警等进行布控查缉。对跨区域的重大案（事）件，在指挥本地警力处置的同时，可以视情报告公安机关负责人，将情况报告上级公安机关或者通报有关地区公安机关。有关地区公安机关在接到上级公安机关指令或者案发地公安机关的通报后，应当迅速落实有关查缉措施，提供必要的协助，并随时与案（事）发地公安机关或者本地公安机关 110 报警服务台（含指挥中心）保持联系。

2. 群体性事件类出警

对规模较小、影响不大的一般性群体性事件，应当尽快将情况通报业务主管部门，酌情派警维持现场秩序，协助有关部门进行疏导劝阻，防止事态扩大。对规模较大、行为方式激烈的群体性事件，应当立即报告分管负责人。

3. 灾害、事故类出警

应当根据灾害、事故的种类、程度，派警处置，并报告分管负责人。对火灾事故警情，要根据火灾级别和类别，正确下达首次处警指令，对重点单位、危险化学品、高层建筑、地下等火灾应当严格按照预案要求进行调度。对一般火灾事故，立即向消防部门下达处警指令。视情通知事发地公安派出所维持秩序，指令交警部门疏导交通，必要时对火灾周边道路实施交通管制。发现纵火嫌疑的，应当同时指令事发地刑侦部门出警侦查。农村发生火灾时，在调派消防单位处警的同时，指令事发地公安派出所组织社会消防力量先期扑救。发生山林火灾时，应当先通报森林防火指挥部，根据其要求派警。

对道路交通事故警情，应当立即向交警部门下达处警指令，并根据警情处置需要或者交警部门的要求，视情决定调派辖区公安派出所、消防或者就近警力协助。涉及交通肇事逃逸的，应当及时组织实施堵截、追缉，并视情通报相邻公安机关布控、协查。因交通事故引发纠纷的，同时指令巡警或者事发地公安派出所派警协助处置。对涉及危险化学品的火灾、交通事故，可能产生有毒有害物质或者危险物品泄漏的，应当指令消防、交警、治安、巡警等部门出警，并立即通报政府有关职能部门赶赴现场共同处置。

4. 求助类出警

对群众的紧急救助报警，110 报警服务台应当及时指令警力处置。对人员失踪警情，应当及时组织治安、派出所、巡警、交警等街面执勤力量查找，有被侵害可能的，通知刑侦部门侦查。对溺水等警情，应当立即指派就近民警携带救援设备到场处置，并通知有关专业救援力量到场处置。

5. 投诉类出警

对公安机关和民警正在发生的问题投诉的，应当指令就近警力先期处置，同时通知警务督察部门进行现场调查和处理。对公安机关和民警既往发生的问题投诉的，视具体情况移交本级纪检、监察、信访、法制或者其他有管辖权的部门进行调查和处理。对已通过其他渠道投诉的，应当通知或者交由原受理部门处理。投诉辖区内的外地公安民警或者其他无隶属关系的公安民警的，应当指令就近警力先期处置，同时通知本级警务督察部门前往调查和处理，并由警务督察部门移送被投诉人所属单位处理。

6. 其他警情的出警

对涉及民族宗教事务的警情，除指令有关处警单位和人员处置外，应当及时通知政府民族宗教事务部门派人协助开展处置工作。对涉及外籍人员的警情，除指令有关处警单位和人员处置外，应当及时通知公安机关出入境管理部门派人协助开展处置工作。

三、110 处警

根据《110 接处警工作规则》、《公安机关执法细则》等规范行文件的要求，处警工作流程包括达到现场；制止违法犯罪行为；控制现场；救治伤员；调查取证；现场处结；后续办理七个环节的工作。

（一）到达现场

处警民警接到出警指令后，应问明基本情况后，立即赶赴现场进行处置，到达现场后，应做好以下几项工作。

1. 录音录像

到达现场后，根据《公安机关现场执法视音频记录工作规定》的要求，应立即开启执法记录仪等视音频记录设备，对处警过程进行视音频记录。开展现场执法视音频记录时，应当对执法过程进行全程不间断记录，自到达现场开展执法活动时开始，至执法活动结束时停止；从现场带回违法犯罪嫌疑人的，应当记录至将违法犯罪嫌疑人带入公安机关执法办案场所办案区时停止。现场执法视音频记录应当重点摄录以下内容：（1）执法现场环境；（2）违法犯罪嫌疑人、被害人、被侵害人和证人等现场人员的体貌特征和言行举止；（3）重要涉案物品及其主要特征，以及其他可以证明违法犯罪行为的证据；（4）执法人员现场开具、送达法律文书和对有关人员、财物采取措施情况；（5）其他应当记录的重要内容。现场执法视音频记录过程中，因设备故障、损坏，天气情况恶劣或者电量、存储空间不足等客观原因而中止记录的，重新开始记录时应当对中断原因进行语音说明。确实无法继续记录的，应当立即向所属部门负责人报告，并在事后书面说明情况。

2. 报告情况

为了确保警情的顺利处置，处警民警到达现场时，应立即报告下达处警指令的单位，并及时反馈现场处置的情况。在处警途中发生严重交通堵塞、自然灾害或者报警不详等特殊情况，应当向下达处警指令的单位报告，说明原因，并尽快排除阻碍赶赴现场。对于重大警情，处警民警应当随时向下达处警指令的单位报告现场情况，提出处置建议，并积极配合后期处置人员开展调查、处置工作。

3. 表明身份

处警民警应当随身携带人民警察证，到达现场时，应当出示人民警察证并表明身份，情况紧急来不及出示的，应当先表明身份，并在处置过程中出示人民警察证。依照规定穿着公安民警制式服装并佩戴人民警察标志的，可以不出示人民警察证，但当事人要求出示的，应当将证件打开出示。出示人民警察证时，应当确保证件安全，防止被抢、被损毁。

4. 判断警情

处警民警应当根据现场警情的性质、危害程度、影响范围、涉及人数、当事人身份及警情敏感性等综合因素，快速判断，采取相应的处置措施。现场警情发生变化的，处警民警应当及时调整处置措施。现场情况复杂，难以控制局面的，应当立即报告处警单位领导或及时报告 110 报警服务台（含指挥中心），要求增派警力。

（二）制止违法犯罪行为

处警民警赶赴现场后，对的违法犯罪行为应当依法予以制止，及时维护社会公共和安全，保护群众的人身、财产安全。根据《中华人民共和国人民警察使用警械武器条例》、《公安机关人民警察制止违法犯罪操作规程》等法规、规章的规定，按照适度和安全的原则，依法实施警务行为和强制措施，现场制止正在发生的违法犯罪行为。

1. 口头制止

口头制止是人民警察制止违法犯罪的首要环节和必经程序。口头制止是指发出的口头喝令或强制命令，要求违法犯罪行为人停止实施违法犯罪行为并接受检查。对正在以非暴力方式或者以轻微动作实施违法犯罪行为的，处警民警可以口头制止。口头制止的实施程序与告知内容包括：①命令违法犯罪行为人停止实施违法犯罪行为；②命令违法犯罪行为人按照要求接受检查；③告知违法犯罪行为人拒不服从民警命令的后果；④根据警情需要，要求在场无关人员躲避；⑤其他能够达到有效制止目的的口头命令。

口头制止用语应当明确、简洁、易懂，禁止使用侮辱性、歧视性语言。违法犯罪行为人不听从口头制止的，可以将其传唤至公安机关处理。口头制止可能导致违法犯罪行为人逃跑、毁灭证据或者其他严重危害后果的，可以采取徒手制止措施。

2. 徒手制止

徒手制止是指处警民警运用警察格斗和控制技术，使用身体强制力制止违法犯罪行为的强制手段。对正在以轻微暴力方式实施违法犯罪行为，尚未严重危及公民或者民警人身安全，经警告无效的，处警民警可以使用徒手制止，情况紧急，来不及警告或者警告后可能导致更为严重危害后果的，可以直接使用徒手制止。徒手制止，应当以违法犯罪行为人停止实施违法犯罪行为为限度；除非必要，应当避免直接击打违法犯罪行为人的头部、裆部等要害部位。对徒手无法制止违法犯罪行为的，可以使用警械制止。

3. 使用警械制止

使用警械制止是指使用驱逐性、制服性、约束性警用器械制止违法犯罪行为的强制手段。根据《人民警察使用警械和武器条例》规定，公安民警遇有下列情形之一，经警告无效的，可以使用警棍、催泪喷射器、高压水枪等驱逐性、制服性警械：①结伙斗殴、殴打他人、寻衅滋事、侮辱妇女的；②聚众扰乱车站、码头、民用航空站、运动场等公共场所秩序的；③非法举行集会、游行、示威的；④强行冲越公安民警为履行职责设置的警戒线的；⑤以暴力方法抗拒或者阻碍公安民警依法履行职责的；⑥袭击公安民警的；⑦危害公共安全、社会秩序和公民人身安全的其他行为，需要当场制止的；⑧法律、行政法规规定可以使用警械的其他情形。

使用驱逐性、制服性警械，应当以制止违法犯罪行为为限度。

4. 使用武器制止

使用武器制止是指在紧急情况下，依照《中华人民共和国人民警察使用警械和武器条例》第 9 条规定的严重暴力犯罪，危害公共安全的，可以使用具有杀伤性、致命性的武器制止暴力犯罪行为的强制手段。公安民警在执行处警任务时，遇有危及公共安全、本人或者其他公民人身安全和合法财产、公共财产等暴力犯罪行为时，应当根据现场情况和危险程度，及时选择采取持枪戒备、出枪警示、鸣枪警告、开枪射击措施，有效预防、制止严重暴力犯罪行为，最大限度地避免人员伤亡和财产损失。开枪射击时，应当命令在场无关人员躲避，避免受到伤害。犯罪行为人停止实施暴力犯罪行为，或者失去继续实施暴力犯罪能力的，应当立即停止开枪射击。

使用武器造成犯罪分子或者无辜人员伤亡的，应当及时抢救受伤人员，保护现场，并立即向当地公安机关或者该人民警察所属机关报告。

（三）控制现场

处警民警达到现场后，应当加强对现场的管控，确保现场秩序和处置的安全、有序进行，主要做好以下几个方面的工作。

1. 控制事态

处警民警判明警情后，应当依照《人民警察法》的有关规定依法采取有效措施制止违法犯罪行为，制服、约束违法犯罪嫌疑人，控制现场，控制危险物品，防止事态扩大。必要时，采取交通管制措施，疏散周边或者围观人员。对严重危害社会秩序的突发事件等重特大警情的处置，可以依法实行现场管制。

2. 设置警戒

必要时，经现场负责人批准，划定警戒区，设置警戒带，夜间应当配置警示灯或者照明灯。未经允许，任何人不得跨越警戒带，进入警戒区。对破坏、冲闯警戒带或者擅自进入警戒区的，应当予以警告，不听劝告的，可以强制带离现场，并可依法追究法律责任。使用警戒带，应当以既有利于履行职责，又不妨碍公民、单位的正常活动为原则，使用警戒带的情形消失时，应当立即停止使用和拆除。

3. 排除险情

对涉及爆炸、火灾、中毒、放射性物质、传染性疾病以及其他可能危害公共安全和人身安全的警情，应当设置警戒，及时采取排除险情措施。有人员伤亡的，应在做好自身安全防护的情况下，立即抢救遇险人员，疏散周边人员至安全地带。对爆炸性、腐蚀性、放射性、毒害性、传染性等专业性较强的排险工作，应当报告下达处警指令的单位联系专业人员到场处置。

4. 保护现场

处警人员到达现场后，应当注意保护现场，及时设置警戒，除抢救人员、排除险情、保护物证等紧急情况外，任何人不得进入现场，不得触动现场上的痕迹、物品和尸体。主管部门到场处理的，先期处置民警应当将现场保护情况及时报告现场勘验、检查指挥人员。

（四）救治伤员

现场有人员伤亡的，处警民警应当立即组织抢救伤员，按照以下程序进行处置：

1. 伤亡报告

处警民警发现现场有人员伤亡的，应立即向下达处警指令的单位口头报告。报告内容包括民警身份及联系方式、目前所处位置、现场情况、人员伤亡情况、采取处置措施情况；异地采取处置措施的，应当同时向现场所在地公安机关口头报告上述情况。

2. 救助伤员

根据伤势危急程度和所掌握的救护知识，迅速对受伤人员采取临时救治措施。必要时立即通知 120 急救中心到场救治，或者报告下达处警指令的单位，由其通知 120 急救中心到场救治。

处警民警所属单位接到人员伤亡的报告后，应当视情指派有关部门立即赶赴现场，及时对受伤人员采取紧急救治措施；对于采取处置措施造成人员重伤、死亡的，及时通知当地人民检察院前来调查；将伤亡人员情况及时通知其家属或者其所在单位，并做好善后工作。

（五）调查取证

处置报警现场需要调查取证的，应当针对现场情况和警情特点，及时、全面收集、固定证据，查明当事人基本情况，案（事）件的原因、过程和结果，行为手段和方式等。

调查取证主要有录音、录像、拍照，询问，盘问、检查，搜集实物证据，勘验、检查，调查线索等的措施。

（六）现场处结

现场处警完毕时，处警民警应当根据不同警情，分别做好现场处结工作。

1. 结束现场处置

（1）结束案（事）件现场处置。在对报警案件的处置中，对事实清楚、因果关系简单，符合当场处罚条件的公安行政案件，处警民警可以当场作出处罚决定。对因民间纠纷引起的打架斗殴和损毁财物案件，以及其他符合治安调解条件的治安案件，案情简单、事实清楚、责任明确且当事人愿意接受调解的，处警民警可以进行现场调解。对案（事）件现场处置完毕，案情复杂，需要继续办理的，应将有关人员和证据带回，按照行政案件的一般程序进行调查处理。对不属于处警民警所在单位管辖的案（事）件，处警民警应当将其移交主管部门，办理交接手续，必要时协助现场处理。

（2）结束求助现场处置。对求助报警案件，救助成功后，应确认被救人员身份，必要时联系其家属到现场或者医院，办理交接手续。救助不成功的，需要离开现场的，应当报经下达处警指令的单位负责人批准。对公安机关先期处置的紧急求助事件，主管部门到达现场的，应当当场移交，办理交接手续，必要时协助现场处理。救助结束后，有关事项属于民事纠纷的，告知当事人向人民调解组织请求调解，或者向人民法院提起民事诉讼。

（3）结束投诉现场处置。对民警违法违纪行为的投诉处置完毕后，应当将有关人员和证据材料带回并转交警务督察或者具体承办投诉的部门。主管部门到达现场的，应当当场移交，办理交接手续，必要时协助现场处理。

2. 离开现场

（1）清理现场。除现场移交其他部门或者继续保护现场的外，应当清理现场，收集、整理器材装备，撤除警戒。必要时，报告下达处警指令的单位通知有关部门对现场进行专业洗消。

（2）带回人员。除当场处罚、现场调解的外，应当依法将违法犯罪行为人带回公安机关处理，通知被害人（被侵害人）、证人到公安机关接受询问，或者到被害人（被侵害人）所在单位、住处或者其提出的地点进行询问。

（3）带回证据。对作为证据使用的物品和文件，带回公安机关处理。对不能带回的物品，应当依照有关规定查封、封存、先行登记保存、登记或者妥善看管。

（4）报告情况。将处警情况报告下达处警指令的单位。处警指令单位认为处置完毕，可以离开现场的，应当同意并做好记录。处警民警离开现场时，应按要求制作填写《110处警现场处结备案单》及相关法律文书，载明接警事件、到达时间、发生地点、结束时间、警情内容（包括警情来源，现场情况、造成的损失、现场处置情况及结果），并要求当事人、见证人、处警民警签名。

（七）后续办理

1. 报告情况

报告情况主要包括：呈报《接处警登记表》，紧急实施行政强制措施报告，伤亡报告，使用武器报告等。

2. 调查处理

主要包括：现场处置过程中出现人员轻伤、重伤、死亡或者已经引发争议、引起舆论关注等情形的，现场所在地县级以上公安机关应当对现场处置情况进行调查，并出具调查报告；异地采取现场处置措施的，处警民警所属公安机关应当配合做好调查工作。调查报告应当包括下列内容：①公安民警现场处置情况，包括采取强制措施、使用警械、武器等情况；②人员伤亡情况；③对伤亡人员的救治及通知家属情况；④调查工作情况；⑤调查结论。

县级以上公安机关对现场处置情况调查结束后，应当及时向参与现场处置的民警及其所属部门、其他相关单位或者个人宣布调查结果；对处警民警采取处置措施不当或者违反规定采取处置措施的，应当依照有关规定提出处理意见。

3. 告知处理情况和结果

对属于本单位办理的警情，应当依照有关规定，及时将处理情况和结果告知原报警人、投诉人；对移交其他主管部门、单位办理的，应当将移交情况告知原报警人、投诉人；具体承办投诉的有关部门和单位，应当尽快进行调查处理，并在受理投诉的三日内将查处情况告知投诉人，同时抄送下达处警指令的单位备查；如三日内未能办结的，应当及时告知投诉人办理情况。投诉人姓名、工作单位或者家庭住址、联系方式不实，致使无法告知的除外。

4. 警情录入、评估

对处警情况，应当依照有关规定及时录入接处警综合平台和执法办案信息系统或者数据库。处警单位和民警应当定期对处警情况进行评估，分析、总结经验教训，不断提高处置能力和水平。对重大、复杂、疑难警情的处置情况，应当及时进行评估并提出预案。

第三节 群体性事件预防与处置

一、群体性事件的范围与特征

群体性事件，是指由多人组成的利益群体采取非法聚集的方式，共同实施违反国家法律、法规、规章，扰乱社会秩序，危害公共安全，侵犯人身安全和财产安全的事件。

从群体性事件的主体来看，是5人以上的群体；参与事件的群体具有一定的动机和目的；事件的引发需要一定的客观环境；事件发生之后，造成了扰乱社会秩序、影响社会稳定，还可能出现侵犯人身安全和财产安全的危害后果。

在我国不同的历史时期，群体性事件有不同的称谓。曾经出现过“群众闹事”、“治安事件”、“紧急治安事态”“聚众闹事事件”等名称。2000年，公安部颁布《公安机关处置群体性治安事件规定》，将这一事件定义为“群体性治安事件”。2004年，中共中央办公厅、国务院办公厅发布《〈关于积极预防和妥善处置群体性事件的工作意见〉的通知》，将此类事件界定为“群体性事件”。

（一）群体性事件的范围

根据公安部《公安机关处置群体性事件规定》，我国现阶段的群体性事件主要有：

1. 大规模的违规上访；

2. 人数较多的非法集会、游行、示威；

3. 非法集体罢工、罢课、罢市；

4. 聚众围堵、冲击、打砸抢烧党政机关或其他重要单位；

5. 聚众围堵、冲击党政机关、司法机关、军事机关、重要警卫目标、广播电台、电视台、通信枢纽、外国驻华使馆、领馆以及其他要害部位或者单位；

6. 聚众堵塞公共交通枢纽、交通干线、破坏公共交通秩序或者非法占据公共场所；

7. 聚众阻挠、妨碍国家、省、市重点建设工程施工；

8. 聚众围堵、挟持国家公务人员；

9. 较大规模的聚众械斗；

10. 其他由人民内部矛盾引发的危害公共安全，扰乱社会治安秩序的事件。

（二）群体性事件的主要特征

1. 群体性

群体性事件往往是由不同利益群体之间的矛盾冲突引发的，即使在事件的诱因是个体矛盾冲突，也会以此作为导火索，导致矛盾冲突激化，个体性矛盾最终转化为群体性矛盾，鲜明的群体性是群体性事件的重要特征。某些群体在很大程度上具有共同的思想基础或者一定的共同利益，思想、语言比较容易沟通，情感上较易接近，动机、目的相对一致。从当前群体性事件的主体看，既有由某种共同动因或由姻缘、血缘、业缘、地缘关系构成的群体，也有由于偶然因素而临时聚集起来的群体。其中拆迁补偿、农民工讨薪、的士司机罢工、房地产纠纷、非法积资上访、越战军人要求解决待遇等问题形成的群体，是群体性事件的主要类型。

2. 突发性

群体性事件的实施者和参与者是在既定动机支配下实施有目的、有计划的行为，行动人一旦产生动机，就会围绕动机选择不同的方式以求达到目标，这是一个由内隐向外露逐步显现的过程，虽然在形成结果之前有某些征兆，但公安机关很难准确把握事件的参与的人数、爆发时间、地点、以实施的行为方式。所以，一旦事件形成，由于处置准备不足或其他各方面原因的互相作用，事态往往很快发生变化或恶化。某些群体往往会突然发难，具有即时性和偶发性特点，形成时间短，参与人员众，公安机关更难以应对。

3. 特定性

群体性事件的特定性主要表现为特定人员在特定时期在特定地点实施违法行为，扰乱社会秩序，危害公共安全。特定人员是指具有共同利益诉求或者共同意愿的群体，在一定范围内聚积。群体性事件一般发生在特定的时间和空间范围，时空环境与事件的发生存在某些间接关系，与某些类型事件的升降有着一定的关系。从时间上看，主要在社会成员流动的高峰期、重大会议或重大活动期间、具有政治色彩的活动日等。事件发生的地点主要为党政军机关所在地、交通干线、交通要道、大型人员密集场所或公众聚集场所等地。其目的是为了影响更大、后果更严重、从而引起有关部门高度。

4. 层次性

群体性事件主体层次可以分为核心层次、附和层次、围观层次、缓流层次这四个层次。其中核心层次主要有事件的组织者、策划者、核心骨干作用人员；附和层次包括受核心成员支配，积极参与事件活动的人员；围观层次主要有抱有好奇、看热闹心理而滞留的人员；缓流层次是那些闻讯而来或缓缓离去的人员。各类人员的作用，与其对社会治安秩序的影响和危害，及所应承担的责任是相对应的。区分不同层次的人员，对于公安机关在处置事件时针对不同人员适用不同的手段，和在事件平息后采取不同的处理方法具有重要意义。但是，在事件的产生、发展过程中，所涉及的个体的具体作用并不是一成不变的。

5. 互动性

群体性事件的引发，是各种社会消极因素以社会互动的运动方式作用于群体的结果。互动作为一种心理学现象，主要是指人们在社会交往当中，通过言语进行意思交换，通过行为动作相互模仿。互动的方式主要有语言、文字、神态、手势、动作等。在群体性事件当中，互动有积极互动和消极互动之分。积极互动是通过宣传教育，缓解矛盾，平息事件。消极互动即起到推波助澜的作用，促使事件参与人员增多，范围扩大，矛盾激烈，造成严重后果。

6. 危害性

群体性事件往往会引发群体行为失控，造成严重后果。群体性事件参与主体为达到某种目的，在事件的实施过程中往往采取过激或暴力行为，甚至在情绪激动扩张的情况下不顾危害后果而实施犯罪行为，抱着“不闹不解决、小闹小解决、大闹大解决”的心态，尽最大可能追求社会负面影响，其结果毫无例外都造成严重的社会危害。危害后果表现形式多样，既可以是有形的、具体的、可视的物质性危害结果，也可以是无形、看不见、无法测量和确定损害程度的非物质性危害结果。群体性事件的危害性，比一般违法犯罪的后果要严重得多。

二、群体性事件的预防

群体性事件的产生具有复杂的各种原因，既有政治、经济、文化、社会等宏观原因，也有体制转型加剧社会利益冲突，干群关系紧张导致基层政权弱化，利益诉求表达渠道不畅，社会管理制度相对滞后等微观原因。因此，要从根本上预防群体性事件的发生，必须坚持预防为主的原则，即各级党委、政府、公安机关以及相关部门在应对群体性事件时，要积极采取有效措施和手段，消除引发利益冲突的不利因素和导致事态扩大的不利条件，尽量避免群体性事件发生，或者通过预防降低事件危害，减少事件损失。

（一）强化情报信息工作

群体性事件形成都有一个过程，形成过程中总会出现一些迹象和苗头性问题。做好情报信息工作，广辟情报信息渠道，有助于及时掌握相关的信息，在决策中处于主动地位。公安机关相关部门要根据及时、准确、全面的要求，建立灵敏、高效的情报信息网络，认真落实情况报告、分析、反馈制度，切实做到早发现、早报告、早控制、早解决。密切关注社会治安动态，积极挖掘深层次、预警性、内幕性和秘密性的情报信息；在重大活动和重要会议期间，政治敏感时期，关系到民生的重大政策措施出台前，更要采用公开和秘密相结合的手段，搜寻、排查不安定因素，超前分析预测可能发生的群体性事件苗头，防患于未然。特别要收集敌对分子插手利用人民内部矛盾而引发群体性事件的情报信息，及时予以揭露和打击。只有做到早发现、早控制、早解决，群体性事件才可能得到有效控制和化解。

（二）构建和完善社会利益均衡机制

群体性事件的根源仍然是利益之争，深化体制改革，健全社会分配和保障制度，缩小分配差距，全面协调各种利益关系，是化解群体性事件的基础。一是深化体制改革，消除制度上的不公平。二是发挥税收杠杆的作用，缩减社会成员间的财富差距。三是健全社会保障机制，扩大公共产品供应的范围。

（三）加强社会主义法治建设

在依法治国的时代背景下，加强法治政府建设，通过法治来防范群体性事件发生。博登海默在谈到法治的价值时，从三个方面进行归纳：一是法治开发了人的创造力；二是法治促进了人类和平；三是法治创设了调整相互冲突的利益的有效机制。当前形势下，一要依法保障公众的政治参与权，政府在重大事项决策前，要广泛征求公众的意见和建议，发挥其参政议政作用，提高政党制度的革新能力和政治体制的吸纳能力。二是通过法律手段来化解社会矛盾冲突，特别是政府与民众面临利益冲突时，要在法律范畴内相互协商或谈判，避免社会矛盾的公开化和平常化。三是依法规范行政权的行使，厘清公权力行使的边界，对权力进行合理的分工和制衡，同时完善权力监督机制，防止权力滥用而产生腐败。

（四）畅通群众诉求表达渠道

群众无处表达自身的利益诉求，是引发群体性事件的主要症结。畅通群众利益表达渠道，是化解社会矛盾的重要途径。要畅通利益表达渠道，一是开辟信访渠道，倾听群众呼声。二是充分发挥社团组织、中介组织和新闻传媒的作用，进一步做好群众来信来访、大众传媒的读者来信、各部门公布的投诉电话等工作。三是构建网络诉求表达平台，利用网络快捷、便利、经济的特点，接受群众反映生活工作中遇到的问题和政策法规咨询；受理针对政府机关及其工作人员的投诉举报；开展群众对政府部门满意度调查；组织政府领导与网民进行面对面的交流沟通。

（五）依法推进社会管理体制改革

群体性事件发生的原因很多，最根本的问题就是社会管理服务工作滞后，不能适应经济快速发展的需要，因此，推进社会管理体制改革，转变管理观念、管理方式、管理手段刻不容缓。一是要转变管理观念，由“官本位”、“权力本位”向“以人为本”、“服务至上”转变。二是转变管理职能，明确行政权力的边界，将政府职能定位在经济调节、市场监管、社会管理和公共服务上，要发挥市场机制的作用，避免政府通过行政手段进行过多干预。三是创新管理方式，坚持群众路线，运用民主方式，采用平等地协商沟通、协调引导等办法来，减少社会问题，化解社会冲突，维护安全稳定，构建和谐社会。

三、群体性事件的处置原则

1. 在党委和政府统一领导下协商处置原则

群体性事件的发生必然要涉及社会一定的单位和部门，涉及不同层次的人群，在处置具有相当规模的群体性事件时，往往需要调动相应的社会力量开展工作，需要有关部门协调配合。群众提出的问题和要求，只有在党委、政府的统一领导下，由有关部门密切配合才能解决。因此，处置群体性事件，必须在党委和政府的统一领导下，协调公安、信访、检察、纪委、新闻、市政等有关部门，解决关系到矛盾双方的利益问题，控制局面，缓解事态，妥善处置好群体性事件。而且，公安工作坚持党委、政府的领导和指挥，是确保公安工作始终沿着正确方向前进的根本政治保证。群体性事件处置经验表明，党委和政府的统一领导是妥善化解冲突、维护社会安全的重要保证。

2. 教育疏导的原则

群体性事件是人民内部矛盾所引起，并不是敌我之间矛盾，因此，处置群体性事件应当坚持教育疏导的原则。所谓教育疏导，是指按照“可散不可聚，可顺不可激，可解不可结”

的要求，讲究工作方法，对事件参与者从思想上进行疏通、启发和劝导，让其转变思想观念，消除对立情绪，与处置人员的关系趋向缓和。也就是说，要采取针对性的措施，化解矛盾，动之以情，晓之以理，导之以规，对确实应当解决的实际问题，要及时予以解决，对一时解决不了的，要做好解释说明工作，使矛盾得以缓解。

3. 慎用警力、慎用警械武器、慎用强制措施

处理群体性事件要慎用警力、慎用警械武器、慎用强制措施，绝不能动不动就把公安政法机关推到第一线，更不能用人民民主专政的手段来对待人民群众。所谓慎用警力，就是严格按照《公安机关处置群体性事件规定》的规定来调动警力；所谓慎用强制措施，就是在现场采取强制措施时一定要慎重，必须根据《人民警察法》、《集会游行示威法》、《突发事件应对法》等法律法规正确实施，合理合法；所谓慎用警械和武器，就是指在处置群体性事件时，必须严格依照《人民警察使用警械和武器条例》的规定，谨慎使用警械和武器，尽量使影响和损失降低到最低限度。但必须明确的是，慎用不是不用，是要依规定使用。

4. 依法果断处置的原则

依法果断处置原则是指公安机关在处置群体性事件中，要立场鲜明，态度坚决，对攻击、殴打处置人员，围堵、冲击党政机关，破坏车辆和公共设施，阻断道路交通以及打砸抢烧等违法犯罪活动，必须抓住时机，依法采取强制措施进行处置，控制局势，平息事态，防止事态扩大蔓延。

四、群体性事件处置的基本方法

（一）收集情报信息，及时报告反馈

对社会治安情报信息的掌握和研究，是处置群体性事件的关键。先期处置民警到达现场后，要通过公开和秘密手段广泛收集，密切注意敌情社情动态，从中发现事件苗头诱因，确定性质，及时向党委、政府汇报，并及时采取相应的措施。通过全方位多角度的观察和了解，要在短时间内掌握事件主体的情绪状态、类型、规模以及事件的发展趋势，以便做好各种应急准备。弄清情况，主要是通过深入观察和现场调查，弄清事件的起因、性质、动机、目的、指向目标和事件成员来源等初步情况，掌握群体性事件的基本情况以后，及时向党委、政府和上级公安机关报告，选定平息事件的方案或按应急预案实施。

（二）及时赶赴现场，维护现场秩序

指挥员获得事件发生的信息后，根据上级下达的指令和自己的职权，立即挑选精干警力，进行简要的组织动员，配备必要的装备、警械、通讯工具和医药，率先赶赴事件现场，并根据需要调动后续力量。现场处置，首先要进行交通管制，划分警戒。要在交通路口设卡、设哨，设警戒标志，准备车辆路障等实施拦截，加强重点单位和要害部位的保护；其次，要将事件参与主体与无关人员隔离。通过劝阻、设置人墙、封锁事件现场等方式，将事件主体与尚未卷入事件的人群隔开，将重点单位和要害部位与事件主体隔开，使事件主体与要害部位保持安全距离，并加强机动巡逻，及时发现和拦阻企图冲入首脑要害部位的闹事者，对于已冲入者要果断采取强制措施将其带离现场，维护现场秩序。

（三）疏导宣传教育，协商解决问题

参与现场处置的人员，应积极配合党委、政府和相关部门，大力发动群众，利用各种可以利用的社会力量，坚持教育疏导的原则，加强疏导、劝阻工作，采用发传单、喊话、组织宣传队等多种宣传方式，宣传法律、法规和政策，加强政治攻势，以理服人“有利、有理、

有节”的开展正面宣传教育，争取多数，孤立极少数，掌握主动权。同时，公安机关的现场指挥员到达现场后，应当尽量与事件主体进行沟通，了解其诉求后，劝说有关部门的领导在法律允许的范围内协商解决问题。

（四）采取果断措施，依法打击处理

如果事件现场完全失控，事件性质已由人民内部矛盾转化为敌我矛盾，事件态势严重恶化，不采取强制手段可能会造成严重危害后果的情况下，现场指挥人员就不能犹豫，要果断运用强制措施迅速平息事件。依法采取下列强制性措施：1. 责令围观人员立即离开现场，责令聚众组织者立即解散人群；2. 警告无效，可以根据现场情况，依法使用必要的驱逐性或者制服性警械强行驱散；3. 强行驱散仍不离开者，伺机将其强行带离现场或者予以拘留；4. 对冲击党政机关、要害部位以及发生打砸抢烧等严重违法犯罪行为的，应采取果断措施立即制止，伺机将首要分子和骨干人员强行带离现场或者予以拘留；5. 对非法携带的武器、管制刀具、易燃易爆等危险物品和用于非法宣传、煽动的工具、标语、传单等物品，予以收缴，并处理有关责任人员。群体性事件初步平息后，公安机关还要保持高度警惕，加强现场及周边的警戒或封控人员，防止事件群体再次集结引发新的事件，重新聚集，卷土重来。

（五）恢复正常秩序，依法追究责任

事件的后期处理，一是公安机关要做好善后工作，恢复正常秩序。公安机关对事件中造成的人身、物质损害，要分清责任，做好赔偿、修整工作，并争取公众配合，做好说服和宣传工作，消除群众的敌对情绪，尽快恢复生产、教学、科研等正常的社会秩序。二是区分两类矛盾，依法追究责任。对于不明真相而一般卷入事件，有违法行为但情节显著轻微的人批评教育，并建议其所在单位给予纪律处分；对于那些无理取闹、滋事生非、劝告无效的，要依法给予治安行政处罚；对其中触犯刑律的，应依法追究刑事责任；对于在事件中策划、组织、指挥进行暴力活动的首要分子和敌对分子，以及有严重犯罪活动的嫌疑人，必须依法从重从快惩处。三是总结经验教训。事件平息之后，党委、政府以及公安机关，对事件应对的预警、监测、处置、救援、保障、事后恢复与重建等工作要进行总结，吸取经验教训。

第四节　暴力恐怖事件预防与处置

一、暴力恐怖事件概念与特点

（一）暴力恐怖事件的含义

恐怖主义，我国2015年颁布的《中华人民共和国反恐怖主义法》定义为：通过暴力、破坏、恐吓等手段，制造社会恐慌、危害公共安全、侵犯人身财产，或者胁迫国家机关、国际组织，以实现其政治、意识形态等目的的主张和行为。而恐怖主义行为当中，最具有破坏性的便是暴力恐怖袭击引发的事件。但何谓暴力恐怖事件，国内至今没有明确的界定。国际社会对暴力恐怖事件的界定为：意图向平民或非战斗人员实施死亡或严重身体伤害以达到恫吓人民或胁迫政府实行或取消某些行动的行为，包括某些组织或个人采取绑架、暗杀、爆炸、空中劫持、扣押人质等恐怖手段，把政治目的具体化，以威胁或胁迫社会或政府为目的，对无辜人员造成伤害和损失而实施的行为。

我们认为，暴力恐怖事件是指恐怖分子为颠覆国家政权为目标，采取极端暴力方式进行恐怖袭击，造成重大人员伤亡、财产损失和公共设施损坏，严重危害公共安全的事件。

近年来，我国恐怖主义势力呈现抬头之势，恐怖活动日益猖獗，暴力恐怖事件不断发生。暴力分子采取爆炸、交通工具冲撞、砍杀等方式，残害无辜群众，丧心天良，引起全民共愤。因此，必须清楚地认识到当前的反恐形势，增强忧患意识和责任意识，切实采取有力的措施，坚决打击防范暴力恐怖犯罪活动，维护社会大局稳定，保障群众生命财产安全，维护公共安全。

（二）暴力恐怖事件的主要特点

1. 目的明确

暴力恐怖事件具有明确的政治或社会目的，往往以极端思想意识为基础，以分裂国家、推翻政权、改朝换代为目的。在2013年的恐怖袭击事件中，有7起是针对国家政权。在今后的恐怖袭击当中，国家政府机关和军警人员仍然会是重点目标。

2. 爆发突然

恐怖分子为了实现破坏意图，制造恐怖气氛，极力追求暴力袭击的成功率和破坏效果，往往精心策划、统一指挥、分头实施，过程组织严密、隐蔽性强，选择时机突然爆发。这种突然性也是世界各国在反恐工作中很难对付的一个因素。如我国的巴楚“4·23”恐怖事件、“6·26”鄯善恐怖事件、“12·30”莎车恐怖事件等。

3. 影响面广

虽然从事恐怖主义活动的人只是极少数，但他们借助人员密集场所和公共场所实施的犯罪活动，来达到制造社会恐慌、引起舆论关注、影响社会稳定，其所造成的危害远远大于普通的刑事暴力犯罪，并影响到政治经济、军事、外交、国际关系等各个领域。

4. 手段残忍

恐怖主义往往无视人类的任何道德规范，不受任何国际法约束，追求最轰动、最血腥、最具影响力的各种恐怖袭击方式，甚至是核、生、化等大规模杀伤性武器。据美国RAND公司的研究报告指出，当代国际恐怖主义活动的方式有爆炸、暗杀、武装袭击、绑架、劫持人质、劫持交通工具等。如自杀性人体炸弹爆炸、纵火、刀斧砍杀以及用交通工具冲撞碾轧等，不管采用哪些袭击方式，恐怖分子的狰狞面目、残忍本性都暴露无遗。

5. 国际化趋势

从表面上看，世界范围内的暴力恐怖事件之间是相互孤立的，彼此之间没有联系，但实质上，这些事件之间有许多层面的连接，比如有的暴力恐怖事件出自同一组织策划，有些暴力恐怖事件是为了达到同一目标的不同步骤，有些暴力恐怖事件之间是区域性组织头目对共同组织的阶段性回应等。因此，许多暴力恐怖事件之间已经通过一些因素勾连起来，世界范围内暴力恐怖事件向着一体化的方向发展。

二、暴力恐怖事件的预防

暴力恐怖事件的产生，涉及政治、经济、民族、宗教、国际等因素。就应对之策而言，应当是预防而非处置。随着国际社会打击暴力恐怖犯罪政策重心的转移，对暴力恐怖事件应当做好事前预防。

（一）加强反恐专业队伍建设，提高应急处置能力

近几年，“东突”恐怖势力实施的一系列暴力恐怖事件对我国国家安全与社会稳定构成严重威胁，这表明我国反恐形势的严峻性、长期性、艰巨性与复杂性。尽管我国在反恐协调和领导机构建设方面逐步建立健全，但反恐队伍的专业化水平不高，能力仍有待加强，急需培养一批高素质的专业化人才。一是在公安院校设置反恐专业，培养本科和研究生层次的反恐专业人才，为反恐实战提供服务和人力支撑。二是积极借鉴境外反恐警察培训经验，加强公安机关反恐队伍技战术训练，全面提高警察快速反应能力、实战处突能力和协同配合作战能力。三是公安机关要加强与反恐武装警察部队的协作，在处置重大暴力恐怖事件时，要与“雪豹突击队”和“雪狼突击队”这两支反恐特种部队协同作战，形成整体合力，共同打击恐怖犯罪。

（二）加大反恐情报信息，强化联动

情报信息工作是反恐维稳的核心工作。公安机关相关部门要综合运用多种手段，广辟情报信来源，建立广阔、畅通、迅捷的情报信息网络，努力获取有价值的情报线索，收集敌对分子插手利用人民内部矛盾煽动闹事的情报信息，及时予以揭露和打击。要对恐怖活动嫌疑进行全面监控和科学预测，注意收集动态性信息，增强处置工作的针对性和实效性，提高反恐情报信息的准确性、及时性。发动群众搜集情况信息，对提供有价值情报信息的人员，要予以重奖。依靠大数据战略发展思路，建立统一的涉及各行各业的数据平台，涵盖各警种、各行业的反恐数据，建立统一的反恐工作数据库。对于涉恐人员，要建立个人数据库，包括姓名、性别、年龄、国籍、户籍地、住址、家族关系、收入来源、简要案由、处置类别、控制情况等信息。要建立健全联席会议制度，统筹国内反恐力量，协调公安、武警与解放军的情报信息部门、国家安全部门甚至周边国家的反恐怖情报部门的密切配合和情报信息的资源共享，及时掌握恐怖组织的活动规律及相关的情报信息。

（三）严格重点场所的安全警戒和安全检查

党政军机关、车站、机场、港口等场所人员集中，社会影响力大，往往成为暴力恐怖袭击的目标，加强重点场所的安全警戒和安全检查，是防范暴力恐怖袭击的关键环节。重点场所的党政军机关，要部署武装警察值班警戒，设置路障、护栏防范车辆冲撞袭击。机场、港口、车站等重点位置要加强戒备，全副武装警察持械巡逻防范，发现可疑目标进行盘查控制；严格安全检查，设置红外扫描仪、新式 X 光检测仪和热中子检测仪等仪器，对过往旅客的人身、物品进行检查，严防爆炸物品、易燃物品带上交通工具，为恐怖袭击提供便得。对大型水利设施、发电厂、核电站、重要军事基地和仓库等重要场所加强安全防范工作，防止成为恐怖分子袭击的目标。

（四）加强对危险物品和涉恐媒介的管控

从暴力恐怖组织形成到暴力恐怖袭击实施，恐怖分子离不开非法宗教宣传品进行宣传组织，离不开网络进行交流联络，离不开使用爆炸物品、管制器具进行恐怖袭击。要加强对爆炸物品、管制器具、剧毒物品等危险物品的管控，对涉爆涉毒单位开展安全检查，做好流向监控工作，防止被恐怖分子利用实施暴力恐怖犯罪。同时，宣传极端宗教思想和恐怖主义思想的音、视频，包括其他宗教宣传教，是恐怖组织的黏合剂，公安机关除了收缴这些涉恐音、视频，还要加强网络管制，杜绝涉恐宣传资料通过网络传播，斩断境外恐怖组织伸向境内的无形之手。

（五）开展国际间的交流与合作

恐怖主义是人类的共敌，恐怖主义活动已经具有国际化趋势，打击恐怖主义犯罪、防范暴力恐怖袭击是世界各国警察共同面临的艰巨任务，各国应加强反恐信息以反恐技术交流与合作，签订双边、多边的国际协定。依据《世界人权宣言》的宗旨，依托国际刑警组织，各国在现行法律的限度内协调打击国际性刑事犯罪活动，加强交换、传递犯罪情报，协助调查各种刑事案件，缉捕被通缉的国际罪犯，追缴跨国犯罪收益、建立国家恐怖犯罪通报制度，完善国际恐怖犯罪分子的引渡制度，加强国际金融管理，打击洗钱犯罪，堵截恐怖活动资金来源等方面的合作与支援。通过世界各国相关部门交换情报、资源共享、协力合作，努力构建国际反恐怖新格局。

三、暴力恐怖事件的应急处置

（一）准确判断警情，启动应急预案

“110”指挥中心接到暴力恐怖袭击警情后，接警员要详细询问、记录事件发生的时间、地点、性质、作案人员数量和身份、当前状态、人员伤亡和财物损毁等情况，立即报告值班领导。值班领导接到报告后，第一时间对事件的级别和范围进行初步判断，马上启动应急处置方案，根据方案作出行动决策，同时及时向党委、政府领导人汇报。

依据应急预案的规定，组织有关部门成立现场应急处置指挥部，相关人员到岗到位，派遣最近警力前往处置，调度指挥协调人员和专家赶往现场，通知邻近相关队伍做好支援准备工作；开启通讯联络系统，保持信息畅通；调配救援急需装备和物质，做好后勤保障工作。启动应急预案的目的在于向决策机构的处置人员提供行动纲领，依照预案设定的情形，尽快对暴力恐怖袭击反应，采取应急措施的，控制事态发展，尽量消除危害后果，减少人员伤亡和财产损失。

（二）火速赶赴现场，控制现场局面

暴力恐怖事件突然发生，恐怖分子作案时间短，袭击非常猛烈、现场死伤惨烈、对抗程度激烈。先期处置队伍出动速度的快慢，现场指挥人员下达指令的正确与否，关系到反恐作战的是非成败。因此，最先到达作案现场的处置队伍要迅速摸清现场情况，立即依法采取紧急处置措施，控制现场局面，打击恐怖犯罪。在指挥战斗的同时，及时向上级领导机关报告现场情况，请求调度警力予以增援。

控制现场局面的措施主要有：疏散围观群众，维持现场秩序，目的是为了防止围观群众成为恐怖分子攻击的目标，也防范某些激进分子乘机兴风作浪卷入事件当中，导致事态进一步扩大；划分警戒范围，设置人墙、警戒线、警戒标志和障碍物，封锁交通，禁止无关人员、车辆进入；防止犯罪分子逃离现场或继续犯罪，严防不法之徒趁火打劫等。实施现场管制时，禁止控制区内的人员自由出入，以便开展调查取证工作，同时不准无关人员进入控制区。对控制区的控制，要重点关注从现场跑出来的人，积极寻找目击证人，甄别犯罪嫌疑人。

（三）采取果断措施，实施严厉打击

处置暴力恐怖事件，要因时而动，因时施策，见机行事，灵活应对。处置驾驶机动车辆冲撞袭击事件时，要派出特警出动装甲车辆对冲撞车辆行驶前方路段实施道路阻断，道路沿线埋伏警力，携带长短枪支、移动路障对驾车冲撞车辆实施围追堵截。也可以利用路面中间隔离带、防撞路障、路边其他障碍物进行拦截，必要时，紧急征用路面行驶的重型车辆在适宜的地段强行堵塞道路，实施物理断阻，迫停或拦截冲撞车辆。恐怖分子发现行动暴露实施自杀式袭击时，不能集体冲击进行拦截。判明情况之后，适度拉开战线，集中全部火力将其击毙。如果抢占到有利地形，可以采用集中火力射击，直接击毙驾驶车辆冲撞的恐怖分子。如果恐怖分子一边驾驶车辆冲撞，一边从车辆当中投掷爆炸物，也可以采用直接开枪射击的方法击毙暴徒。击毙恐怖犯罪人员、截停冲撞车辆后，要迅速对冲撞车辆进行搜索，如果还

有负隅顽抗的恐怖分子，应当立即击毙。对于严重负伤，已经失去继续实施犯罪能力的，对其人身进行控制后，再进行全身搜查。对无伤或者轻伤的恐怖分子，应当持枪对准其要害部位实施戒备，假如其举手投降，上前使用手铐控制后，再搜身检查。若有反抗或动手企图继续实施暴力犯罪，果断予以击毙。

在处置使用爆炸装置实施暴力恐怖事件时，应迅速出动警力，驾驶特种装备车辆，携带无线干扰屏蔽仪、听音器、排爆服、排爆杆、爆破水枪等装备，迅速赶往事件发生现场。到达现场之后，开启无线干扰屏蔽仪，阻断遥控操纵人员与遥控工具之间的信息传输，迫使遥控失灵，消除爆炸危险。使用排爆杆转移爆炸装置，在空阔地带，也可以使用爆破水枪直接将爆炸装置击毁。一旦发现现场有操作遥控装置实施爆炸恐怖袭击犯罪的人员，应立即采取包围、突击等缉捕措施。对方暴力抗拒的，视其暴力反抗的危险程度决定击伤、击毙或擒获恐怖分子。恐怖分子已经针对特定目标实施了爆炸，则迅速保护爆炸现场，设置警戒线，抢救伤员，同时组织侦查力量追捕犯罪嫌疑人员。

处置刀斧砍杀暴力恐怖事件时，公安机关应立即调动就近警力，携带长短枪支，带足弹药赶赴现场。同时布置周边警力封锁事发现场的道路出入口，包围现场作案暴恐分子，防止其逃脱。到达现场后，发现暴恐人员持刀砍杀无辜人员的，应当依据《人民警察警械武器使用条例》的规定，直接击毙、击伤或擒获正在实施砍杀行为的恐怖分子，强行武力制止砍杀行为。恐怖犯罪分子逃离现场的，应发动群众提供其逃窜线索，组织警力予以追剿。对被击毙的恐怖分子，应按照现场勘查规定，保护现场，等待现场勘查人员、检察院相关人员到场勘查。

（四）开展现场医疗急救工作

现场医疗急救，也说是入院前的抢救。暴力恐怖事件发生后，意外伤害人员在未达到医院之前，现场人员应用急救知识和简单的急救技术进行现场初级救生，在最大程度上稳定伤员的伤情和病情，减少并发症，维持基本的生命体征，从而挽救危重伤员的生命，减少伤残和痛苦，为入院治疗奠定基础。

现场救援人员要在确保自身安全的情况下，本着“先抢后救”、“先重后轻”、“先急后缓”、“先救后送”的原则，根据不同的伤情，分门别类地采取不同的急救措施。对于中毒的病人，要将伤员转移到空气新鲜的地方，解开衣襟，保持呼吸畅通。呼吸停止时立即进行人工呼吸，对患者进行紧急呼吸使其恢复心跳。发现病人心脏停跳时，应立即在患者胸前区胸骨体上急速叩击 2~3 次。如果没有效果，应该立即施行胸外心脏按摩，依靠外力挤压心脏，暂时维持心脏派送血液功能。对于大出血、气胸的病人，进行止血、包扎、固定等急救后等到救护车到来。

（五）开展事件调查，恢复正常秩序

暴力恐怖事件发生后，首先要及时开展调查工作，以最快的速度侦破案件。对事发现场进行现场勘查，搜集痕迹物证，审讯抓捕的恐怖分子，询问相关证人，查清事件真相。通过调查，有助于找出暴力恐怖袭击的根本原因，并制定有效改善措施，防范同类事件再次发生。其次要做好受伤人员和死难者家属的安抚工作。要成立善后处理小组，妥善安置相关人员。事件当中的伤残人员，按照国家规定解决他们的医疗费、护理费、治疗期间的工资问题。家庭比较困难的，给予适当优待和关照。对于死者家属，在生活上要按照国家有关规定进行抚恤，让他们在经济上得到补偿，心理上得到安慰。再次，事件造成公共设施毁损的，要做好修复工作，尽快恢复供水、供电、供气，疏通道路交通，恢复正常的社会生活秩序。

最后，做好舆情引导工作，适时适当发布事件相关消息，防止谣言传播，稳定群众情绪，驱散恐怖阴影，保障社会生活正常进行。

第五节 应急救援

一、危险化学品（含爆炸）事故应急救援

（一）现场警戒

警察特别是现场指挥员到达危险化学品与爆炸事故现场后，应按照“科学合理、留有余地”的原则，根据危险化学品事故的泄漏程度、现场灾情、可能影响的范围、现场的地理环境、警戒力量的多少、气象条件等情况，结合指挥员经验或检测结果等因素综合考虑，来确定现场警戒范围的大小。由于危险化学品事故现场影响范围广，容易造成人员伤亡，往往要根据实际情况设立多层警戒线，以满足不同层次处置工作的要求：可燃气体泄漏现场一般设立2~3道警戒线，依据危险程度把事故现场分为重度危险区、轻度危险区、警戒区等；有毒气体泄漏现场一般设立三层警戒线，依据毒物对人的急性毒性数据把事故现场分为重度危险区、中度危险区、轻度危险区和外围警戒区。

现场警戒的要求，一是基本要求。在危险区边界放置标志物，在外围警戒区边缘停放警车、闪烁灯、警戒器材，在出入口外设置器材放置区、着装防护区和洗消区等。警车应停放在上风方向，进入下风或侧下风方向实施警戒的人员要视情做好个人防护。二是工作要求。警戒区域确定后，要落实警戒力量，严格维护控制区域秩序。合理设置出入口，严格控制各区域进出人员、车辆、物资，并进行安全检查、逐一登记，既要保证参战车辆的通道、进攻路线畅通，又要保证与救援无关的人员或车辆不能随意进入现场，避免引起事态的恶化。

（二）现场疏散

在危险化学品事故现场及时有效地组织人员安全疏散，使人员迅速撤离危险区域或可能发生危险的区域，是避免大量人员伤亡的重要措施。因此，现场警戒人员要一边采取警戒措施，一边组织疏散警戒圈内的人员。现场疏散，首先要确定疏散范围，即根据不同危险化学品的理化特性和毒性，结合气象条件，迅速确定疏散范围。二是合理选择即“就地”避难和应急疏散两种疏散方式。三是根据现场风向确定安全疏散方向。四是按“危险性最小”和“最快达到疏散目的地”的原则，选择最佳疏散路线。

现场人员疏散应当注意：第一，做好防护再撤离。群众撤离前或在撤离过程中，应自行或帮助戴好防毒面罩或用湿毛巾捂住口鼻，同时穿好防毒衣或雨衣（风衣），救援人员再迅速组织和指导其撤离危险区域。第二，重点对危重伤员和老、弱、幼、妇实施抢救式撤离。在事故现场特别是有大批伤病员的情况下，现场救援人员应重点搜寻和帮助危重伤员与老、弱、幼、妇迅速撤离，要实行分工合作，做到任务到人，职责明确，团结协作。第三，对被污染的撤出群众应及时进行消毒。在现场安全区域集中设置洗消站，采用脱除污染衣物、用流动清水冲洗皮肤等方法，及时对被污染的撤出群众进行消毒，防止发生继发伤害。

（三）现场人员防护与急救

1. 现场人员防护

危险化学品事故发生后，极易给现场人员造成伤害，这种伤害主要表现在通过呼吸道、肺吸入中毒，皮肤吸收中毒，消化道吸收中毒，皮肤、眼睛接触引起灼伤，燃烧爆炸引起烧

伤等方面。因此，事故现场人员防护，应根据危险化学品侵入人体的途径，主要做好呼吸防护、皮肤防护和药物预防。而且，根据危险化学品的危害性，一般将危险化学品事故防护等级划分为三级。其中：

（1）一级防护。一级防护为最高级别防护，适用于皮肤、呼吸器官、眼睛等需要最高级别保护的情况。具体适用如下情况：①泄漏介质对人体的危害未知或怀疑存在高度危险时；②泄漏介质已确定，根据测得的气体、液 体、固体的性质，需要对呼吸系统、体表和眼睛采取最高级别防护的情况；③事故处置现场涉及喷溅、浸渍或意外地接触可能损害皮肤或可能被皮肤 吸收的泄漏介质时；④在有限空间及通风条件极差的区域作业，是否需要一级防护不确定时。一级防护标准为：全身形式，着内置式重型防化服、全棉防静电内外衣。

（2）二级防护。二级防护适用于呼吸需要最高级别保护，但皮肤保护级别要求稍低的情况。具体适用如下情况：①泄漏介质的种类和浓度已确定，需要最高级别的呼吸保护，而对皮肤保护要求不高时；②当空气中氧含量低于 19.5% 时；③当侦检仪器检测到蒸气和气体存在，但不能完全确定其性质，仅知不会给皮肤造成严重的化学伤害，也不会被皮肤吸收；④当显示有液态或固态物质存在，而它们不会给皮肤造成严重的化学伤害，也不会被皮肤吸收时。二级防护标准为：全身形式，着全封闭式防化服、全棉防静电内外衣，戴正压式空气呼吸器或正压式氧气呼吸器、防化手套，穿防化靴。

（3）三级防护。三级防护适用于空气传播物种类和浓度已知，且适合使用过滤式呼吸器防护的情况。具体适用如下情况：①与泄漏介质直接接触，不会伤害皮肤也不会被裸露的皮肤吸收时；②泄漏介质种类和浓度已确定，可利用过滤式呼吸器进行防护时；③当使用过滤式呼吸器进行防护的条件都满足时。三级防护标准为：头部形式，着简易防化服或半封闭式防化服、战斗服，戴滤毒罐、面罩或口罩、毛巾等防护器具、抢险救援手套，穿抢险救援靴。

2. 现场急救

为了在最短时间内挽救事故现场伤员的生命，为进一步治疗争取时间，现场救援人员应掌握心肺复苏、止血、包扎、搬运等事故现场急救的通用技术。除此之外，在急救现场还要根据各种伤害类型的特点，选择合适的急救方法实施救助。

（1）急性中毒的现场急救。急性中毒的处理原则是：尽快中止毒物的继续侵害；对症治疗，尤其是迅速建立并加强生命支持治疗；促进毒物排泄用有效解毒药物。现场急救措施：一是脱离染毒区域；二是维持生命基本体征；三是根据毒物不同接触途径，进行预防性治疗；四是应用解毒药物，促进毒物排泄等。

（2）烧伤的现场急救。热力烧伤现场急救的原则是：先除去伤因，脱离现场，保护创面，维持呼吸道畅通，再组织转送医院治疗。具体处置措施如下：一是迅速脱离致伤源；二是冷疗处理；三是保护创面不同烧伤程度的急救措施。化学烧伤的现场处理原则是：先迅速脱离致伤 环境现场，终止化学物质对机体的继续损害；采取有效解毒措施，防止中毒；保护创面；进行化学检测和转送具体的处理措施如下：一是迅速脱离致伤环境；二是防止中毒；三是保护创面。

（3）低温冻伤的现场急救。某些危险化学品能造成事故现场人员的低温冻伤，如液化石油气油漏后由于汽化而吸收周围空气中的热量。若现场救援人员防护措施不当，极易造成低温冻伤。低温冻伤的救治首先要快速复温，恢复正常的血流量，最大限度地保存有存活能力的组织并恢复功能。具体措施是：迅速将患者送进温暖的室内，口服热饮料。脱掉或剪除潮湿和结冰的衣服、鞋袜。尽早用40℃～44℃的温水浸泡，也可以用暖水袋或电热毯等使患者迅速复温，直到伤不充血或体温正常为止。禁用雪搓和火烤。有创面时，用无菌厚层敷料包扎，做好全身保暖，然后送医院进一步治疗。

（4）冲烧毒复合伤的现场急救。危险化学品意外爆炸事故的主要致伤因素是热力、冲击波和毒剂中毒，这种由热力、冲击波和毒剂同时或相继作用于机体而造成的损伤为冲烧毒复合伤。它是所有复合伤中最严重的一种，伤情最重、最难急救。现场急救的措施是：立即阻断致伤因素，迅速脱离爆炸现场，迅速进行个人防护，撤离毒区，保持呼吸道通畅，及时使用抗毒剂，及时洗消，及早全面诊断复合伤，防治肺水肿和脑水肿，及时转送医院对症治疗。

（四）危险化学品泄漏的控制与处置

危险化学品的泄漏容易引发人员中毒、环境污染，甚至引起火灾或爆炸。因此泄漏处理要及时、得当，防止事故扩大。泄漏处理一般分为泄漏源控制和泄漏物处置两部分。

泄漏源的控制，是指通过危险化学品的泄放和渗漏，从根本上消除危险化学品的进一步扩散和流淌的措施和方法。这些措施和方法主要有关阀断料、堵泄封口、倒罐、转移、注水排险、点燃等。

危险化学品的泄漏事故处理中，为了救援工作的顺利进行，降低危害，防止二次事故发生，要对现场泄漏物及时进行覆盖、收容、稀释等处理措施，使泄漏物得到安全可行的处理。泄漏物的处置方法主要有筑堤、收集、覆盖、固化、稀释驱散等。

二、道路交通事故应急救援

（一）现场警戒

道路交通事故现场，为避免二次交通事故，保证救援的顺利进行，必须利用警戒标志杆、锥形事故标志柱、防爆灯光警戒绳、闪光警示牌、隔离警示牌、警戒标志等器材设置警戒线。普通公路的警戒距离设为100米，高速公路的警戒距离设置200米。如果交通事故现场位于城市街道，警戒距离可视现场需要适情缩短；如果发生在夜间、雨天、大雾等能见度较低的天气条件下，警戒距离设为正常情况下的2.5倍。在警戒区域内再划出救援区、附属处置区和准备区，并留出进出口。

（二）排除险情

道路交通事故现场，应当迅速对事故车体内的发动机、燃气机、电路、油箱等一切可能引起爆炸、火灾的隐患进行消除。险情排除，主要包括：关闭事故车点火开关，切断蓄电池连接线，用泡沫覆盖地面流淌的燃油，消除潜在危险；采取关阀、堵漏，稀释降毒，吸附清除，筑堤导游等措施，控制有毒有害物质扩散和易燃易爆物品燃烧；破拆车体时，应用雾状水冷却掩护，防止金属碰撞产生火星，引起油蒸气爆炸。如果事故车辆油箱渗漏，用泡沫或者干沙覆盖地面流淌的燃油；救援行动开始前，一定要检查安全气囊是否，如未完全释放，要排除安全气囊的险情。

（三）营救人员

在控制险情和确定被困人员或伤者所处的部位及分布后，及时实施救人。救援的基本过程是：第一，开辟救生通道。主要包括清除事故车辆周围障碍物、稳定车辆、移除玻璃、破拆车体、清理救援通道等。第二，拓展救生空间。可采取起吊、牵引、扩张、顶升、切割构件等措施拓展救生空间。第三，移出被困人员。视情采取引导、搬运等方式安全移出被困人员。

（四）现场急救

在事故现场，受伤人员应在20分钟内得到救治，力争在一小时内将伤者送到医院，超过一小时危险性就会大大增加。在判明伤情的情况下，现场急救要分清主次、轻重、缓急，以先救命、后救伤为原则。对受伤人员应先进行心肺复苏，后处理受伤部位。事故现场受伤人员伴有流血、骨折，应先用止血带迅速止血，再用绷带对伤口进行包扎，最后使用夹板、固定气囊固定骨折部位。做好处置记录，重点记录使用止血带止血的时间，伤员受伤的部位，以及伤员数量，尽快转送医院。

（五）清理现场

当人员、物质全部救出以后，应及时彻底清理现场，视情对现场和车辆器材、人员进行洗消。搞好登记统计，检查器材装备，核实人数，查明死者身份，列出遗物清单，与现场交警做好移交，然后解除警戒，安全撤离。

三、火灾事故应急救援

（一）现场警戒

警察到达现场后，要根据火灾现场情况，确定警戒区域，并在大楼外围、大楼入口处、着火层下层及进入着火楼层的通道认真警戒，确保灭火救援工作顺利进行。在警戒区域内，要消除和疏散消防车道的车辆和人员，严禁无关人员入内，引导消防车辆，依靠水源。

（二）人员疏散

在现场要积极协助火场指挥部、消防官兵或指导失火单位领导组织火场人员的疏散工作：一是正确通报，防止混乱。火灾发生后，先通知出口附近或最不利区域内的人员，先疏散出去，然后视情况公开通报，告诉其他人员疏散，以防止不分先后、一拥而上影响顺利疏散的现象。在火场上具体怎样通报，可根据火场具体情况确定，但必须保证迅速简便，使各种疏散通道得到及时充分的利用，防止发生混乱，并迅速组织指挥好疏散工作。二是疏散引导。为防止火灾现场的拥挤混乱，要设法用语言引导、广播引导等方法，将指挥员的命令、火灾情况、疏散情况、救助的方法发出，以引导人们正确疏散或自救。三是制止脱险者重返火场。对疏散出来的人员，要加强脱险后的管理，要坚决制止逃离危险区的人员重新返回火场，抢救财物和亲人，以防止再次危险的发生。

（三）火场救助

火场救助，一是让被困者开展自救。应配合消防官兵，针对现场火情教授被困人员充分利用火场的疏散设施、简易防护设备、自制简易救生、开辟避难场所等建筑构件或可利用的条件，开展自救。二是协助消防专业人员救人。现场消防专业人员往往会运用各种器材装备，如安全绳、缓降器、救生袋、拉梯、挂钩梯、云梯消防车、登高平台车等进行救人，并积极协助，并送治伤员。

（四）火场灭火

到达火灾现场后，要积极参与火灾的扑救，在力所能及的范围内或在火场指挥部（或消防官兵）的统一指挥下，运用窒息法、冷却法、隔离法和抑制法等基本方法实施灭火行动。

四、地震灾害应急救援

地震灾害应急救援不同于日常火灾或一般情况下的应急救援，它是一种综合性的应急救援，体现出搜救难度大、险情威胁大、组织指挥难的特点。

（一）维护震区交通秩序

地震灾区的交通畅通是地震灾害救援的生命线。因此，警察到达地震灾区应积极或协助震区交警维护交通生命线的交通秩序，做好交通疏导和接应工作，确保救援力量安全、迅速地赶赴现场，开救援行动。地震灾区周围，发现交通事故，立即报告交警及时处理；在路面狭窄和堵车时，要尽快通报给各车辆，注意安全，并及时疏导交通，保持交通线的通畅；在救援作业区，迅速清理进入现场的通道，在救援作业区附近开辟救援人员和车辆集聚空地，确保现场拥有一个急救场所和一条供救援车辆进出的通道，使到场的主要力量能迅速部署在要实施救援的主要区域，辅助力量要避免占据主要通道，以便后续急需车辆进入。

（二）营救生命

地震灾害应急救援的首要任务是抢救生命，营救被困人员是地震灾害应急救援行动最主要、最紧急的任务。地震发生后，大量人员被埋压，生命垂危，治安志愿者赶到震区后，应当立即开展营救作业，充分运用支撑、顶撑、破拆、搜索技术，按照“救命为先，先救活人”、“先易后难，先表层后底层”、“先救人员密集区，后救人员分散区”、“先手扒，再工具”、“先救重伤员，后救一般伤员”、“边扒边挖边救治，边救治边救送”的原则，充分利用搜救犬、生命探测仪、红外线火源探测仪、可燃气体检测仪、有毒气体侦检仪、起重机、空压机、机动凿岩机、乙炔切割机、氧气切割机、起重气垫、掘进机以及液压剪、扩张器等搜索或作业器材，争分夺秒，科学施救，及早救出每一位被困人员，同时将受伤人员及时做好包扎和安置，对危重伤员及时送医院抢救。

（三）排除次生灾害或险情

地震是一种破坏性极强的自然现象，它不仅直接破坏许多建筑、设备，而且还会带来火灾、水灾等次生灾害（险情），造成大量的人员伤亡和财产损失，并给抢险救灾造成严重困难。地震次生灾害应急救援包括地震火灾、地震水灾、地震海啸的应急救援。其中，地震火灾，应当按照火灾扑救的基本要求，充分贯彻借助客观有利条件、保证水源供给的作战思想，迅速控制灾情发展，尽快消除险情，努力减少灾害损失；地震水灾，一般按“抢救（解救）生命，固坝（堤、渠）抢险，疏通河道”的要领实施应急救援；地震海啸，受灾人员通常是预警期没有来得及疏散和撤离的人员，往往遭受溺水，与建筑、岩石、堤岸等硬物撞击，抛摔，被砸，被埋等伤害，一般按“救助、搜寻、排除险情”的思路实施应急救援。

（四）维护震区治安秩序

在震区开展治安巡逻或守护工作，预防和查处危害震区治安秩序的各类行为，维护好震区的治安秩序。同时，看好或守护好抗震救灾物质，保护震区抗震救灾物质的安全，防止哄抢等行为的发生。

（五）做好各种救援保障

地震灾害应急救援的情况复杂，时间紧迫，保障工作必须紧紧围绕救援行动，坚持上下统一，内外结合，先急后缓，边抢救边保障，边保障边补充，边补充边完善，做到保障及时，措施到位。救援保障包括组织保障、车辆保障、器材保障、物资保障、医疗保障、公路保障、场地保障、通信保障等。

◎思考题

1. 什么是应急警务？应急警务具有哪些特征？

2. 应急警务一般工作方法有哪些？
3. 简述110接处警工作流程。
4. 群体性事件有哪些类型？一般处置方法怎样？
5. 针对使用爆炸装置实施暴力恐怖袭击事件，该如何应急处置？
6、如何实施危险化学品（含爆炸）事故的应急救援？

第十章　治安案件查处

教学目的和要求：通过教学使学生了解违反治安管理行为种类及认定方法，掌握治安案件查处的原则、治安案件证据的调查以及治安案件查处的程序，为日后的治安案件查处工作打下坚实的理论基础。

重点和难点：治安案件证据的调查以及治安案件查处的程序。

主要内容：治安案件的概念与种类，治安案件查处的原则，治安案件的管辖与回避，违反治安管理行为的认定，治安管理处罚的适用，治安案件的调查，治安案件查处的程序，常见治安案件的查处，治安案件的法律救济。

作为一项重要的行政执法活动，治安案件查处是公安机关依据相关法律法规，规范、引导社会成员的行为，教育、处罚违反治安管理行为人，预防和减少违法犯罪的重要手段。依法公正查处治安案件对于维护社会治安秩序和公共安全，保护公民、法人和其他组织的合法权益具有十分重要的作用。

第一节　治安案件查处概述

一、治安案件的概念与种类

（一）治安案件的概念

案件，在《汉语词典》中的解释是："有关诉讼和违法的事件。"目前，治安案件的概念众说纷纭，但大部分治安学学者普遍认为，治安案件是指根据《治安管理处罚法》及有关法律的规定，对具有一定社会危害性可能被处以治安管理处罚的行为，由公安机关依法受理调查的法律事实。

治安案件从构成上来说，有人认为，可以分为两大要素，即事实要素和法律要素，两者缺一不可。事实上，构成治安案件的基础是存在可能的违反治安管理行为，即某种具体的行为具有一定的社会危害性，尚不够刑事犯罪，却依法应当给予治安管理处罚，这是治安案件成立的事实基础。法律上，公安机关依照《治安管理处罚法》及相关法律法规受理调查违反治安管理行为可能性，是治安案件成立的程序条件。有人认为，治安案件本身就是一个程序上的概念，只要是公安机关依法依规予以受理的案件，就是治安案件。"违反治安管理行为"本身就是待证明的可能性行为，不能作为治安案件构成的事实基础。现实工作中，很多治安案件经过调查，没有违反治安管理行为，或者违反治安管理行为已经超过追诉时效，之前的调查行为难道就不是针对拟定的"治安案件"进行的？难道之前公安机关依法经过受理的案件就不是"治安案件"？上述两种论断各持其词，都有道理，因此，很多学者在论述治安案件概念时便绕开其构成而谈其特点，以便两全其美，便被称为折中说。根据折中说的观点，治安案件具有以下特点：

1. 治安案件的内容，即待证事实是有违反治安管理行为；

2. 治安案件的形式，即查证的前提是公安机关依法予以受理。

（二）治安案件的种类

据统计，受理治安案件的案由有151个，涉及的违反治安管理行为238种。纵观《治安管理处罚法》的结构体系，以及治安学学者们对治安案件的论述，发现对违反治安管理行为进行分类的标准，主要依据其所侵犯的客体。在很大程度上，也参照了《刑法》的结构体系，一方面是因为两法在内容具有衔接关系，另一方面也是因为两法在一定程度上具有补充关系。据此，治安案件主要分为扰乱公共秩序案件、妨害公共安全案件、侵犯公民人身权利案件、侵犯财产权利案件和妨害社会管理案件五大类。

二、治安案件查处的原则

治安案件查处的原则，是指导、规范治安案件查处、治安管理处罚的执行和行政争议的处理的一般性规范。既由《治安管理处罚法》的具体条文予以规定，同时又不仅仅是治安管理处罚法的具体规范，是治安案件查处的基本价值理念的体现。

（一）以事实为依据原则

以事实为依据，是指公安机关查处治安案件时，必须以事实为依据。《治安管理处罚法》第5条规定，治安管理处罚必须以事实为依据。《行政处罚法》第4条规定，设定和实施行政处罚必须以事实为依据。“以事实为依据”中的事实，是指案件事实、客观存在的事实，杜绝主观臆造、揣测。客观发生的案件事实，是已经发生的过去式，是不能复制与重复的客观存在。对公安机关而言，对治安案件的调查只能无限趋近客观案件事实。无限趋近，就要求：一是树立尊重事实的思想观念，保证客观立场。即，公安机关及其人民警察要坚持按照事实的本来面目认识和处理案件，实事求是。二是重证据、重调查研究，不轻信口供。在治安案件查处过程中，发现收集与案件有的证据时要合法、全面、细致、客观、及时，保证证据的证明力，不能以口供作为案件定性处罚的主要或者唯一证据，严禁刑讯逼供或者采用威胁、引诱、欺骗等非法手段收集证据。三是对违反治安管理行为的处罚必须以事实为依据。

（二）尊重和保障人权原则

“人权”是《宪法》规定的公民的基本权利。尊重和保障人权原则，是人权思想在治安案件查处中的集中体现，《治安管理处罚法》第5条第2款明确规定，实施治安管理处罚必须尊重和保障人权，保护公民的人格尊严。这一原则的要求：公安机关在实施治安管理处罚过程中，不仅要尊重和保障受侵害人的人权，也要尊重和保障违反治安管理行为人的人权，还要尊重和保障其他相关人的人权；公安机关尊重与保障人权、保护公民人格尊严应当贯穿在实施治安管理处罚过程的始终。

（三）过罚相当原则（比例原则）

过罚相当原则，又称之为比例原则。过罚相当，是指治安管理处罚应当与违反治安管理行为的性质、情节以及社会危害程度相当。简明之，就是重过重罚、轻过轻罚，罚当其过。这一原则的具体要求，治安管理处罚的配置上体现过罚相当，治安管理处罚的适用上要体现过罚相当。

（四）公开原则

俗话说："阳光是最好的防腐剂"，公开，治安案件查处是接受"阳关"的最有效的途径。在互联网技术高度发达的今天，公开已经成为治安案件查处公正合法的前提和保障。公开原则，也就成为治安案件查处的重要的基本原则。要求公安机关及其人民警察在治安案件查处中行使职权的法律依据要公开，查处过程，除涉及国家秘密、商业秘密及个人隐私外，必须向违反治安管理行为人和社会公开，处罚结果要公开。

（五）公正原则

公正，就像一盏天平一样，是正义的标尺。公正原则，是治安案件查处行为正义价值的体现。治安案件查处公正，是指公安机关在查处治安案件过程中行使职权的过程和结果可以为社会一般理性人所认同、接受。公正原则的基本精神是：要求公安机关及其人民警察平等对待不同身份、民族、性别和不同宗教信仰的违反治安管理行为人，一视同仁；要求公安机关及其人民警察没有私利，对相同性质和情节的违反治安管理行为给予相同的处罚，给予不同性质和情节的违反治安管理行为给予不同的处罚。

（六）教育与处罚相结合原则

《治安管理处罚法》意图通过规定违反治安管理行为，引导、告诫和规范人们的日常行为，希望通过规范治安案件查处行为，保障治安管理处罚的实施，"教育与处罚"在这一程度上是一致的，都是为了实现《治安管理处罚法》法意的途径。两者可谓"一枚硬币的两面"：教育是目的，处罚是手段，不可偏废。教育必须以处罚为后盾，教育不能代替处罚。既不能一味地强调教育而忽视处罚，这样的教育就显得苍白无力；也不能为了部门利益、单位利益，不讲教育只注重处罚。

三、治安案件的管辖与回避

（一）治安案件的管辖

治安案件的管辖，是确定某个违反治安管理行为应当由哪一级、哪一个公安机关受理、调查的法律制度，是公安机关受理、调查治安案件时在事务、地域和层级等方面的分工。不同的公安机关管辖治安案件的权限划分依据不同，同一级别的公安机关之间以地域划分管辖，不同级别的公安机关之间以级别划分管辖。在确定治安案件管辖的时候，经常出现多个公安机关对同一案件都享有管辖权或者无法明确具体管辖的冲突情况，为解决管辖冲突，通常通过协商、指定管辖等方式来最终确定管辖。现将确定管辖情况及管辖冲突的解决方式介绍如下：

1. 级别管辖

级别管辖，是指各级公安机关之间受理治安案件的分工和权限划分。《治安管理处罚法》第7条规定："治安案件的管辖有国务院公安部门规定。"① 县级以上公安机关是治安案件的主要管辖机关。《治安管理处罚法》以及《公安机关办理行政案件程序规定》中对于级别管辖并没有明确规定，但是，通过对公安机关办理治安案件实践的总结，发现约80%的治安案件是由不设区的市公安机关、县公安机关以及区公安分局办理的，市级公安机关负责办理影响较大的治安案件。

---

① 2017年1月16日《治安管理处罚法》公开征求意见稿（以下简称"公开征求意见稿"）中删除该条规定。

2．地域管辖

地域管辖，是指同级别的公安机关之间依据违法行为地所属的行政区划来确定案件管辖。《公安机关办理行政案件程序规定》第 9 条明确规定：“行政案件由违法行为地的公安管辖。”违法行为地，包括违法行为发生地、结果地，违法行为发生地又包括有继续或持续状态的存在地，起始地、途径地、目的地等；违法行为结果地，是指违法结果发生地。治安案件的地域管辖，是确定治安案件管辖的基本原则。但同时，有规定了例外情形：“由违法行为人居住地公安管辖更为适宜的，可以由违法行为人居住地公安管辖，但是涉及卖淫、嫖娼、赌博、毒品的案件除外。”

3. 专门管辖

专门管辖，是相对于一般管辖而言的，是指对发生在专门系统内的某一具有特定性质的治安案件，依照规定应当由专门公安机关管辖的制度。铁路公安机关管辖列车上，火车站工作区域内，铁路系统的机关、厂、段、所、队等单位内发生的行政案件，以及在铁路线上放置障碍物或者损毁、移动铁路设施等可能影响铁路运输安全、盗窃铁路设施的行政案件。交通公安机关管辖港航管理机构管理的轮船上、港口、码头工作区域内和港航系统的机关、厂、所、队等单位内发生的行政案件。民航公安机关管辖民航管理机构管理的机场工作区域以及民航系统的机关、厂、所、队等单位内和民航飞机上发生的行政案件。国有林区的森林公安机关管辖林区内发生的行政案件。海关缉私机构管辖阻碍海关缉私警察依法执行职务的治安案件。公安机关和军队互涉公安行政案件的管辖分工由公安部和中国人民解放军总政治部另行规定。

4．共同管辖

共同管辖，是指按照现行法律法规的规定，两个以上公安机关对同一个治安案件都享有管辖权的情形。如，违反国家规定，制造、买卖、存储、运输、邮寄、携带爆炸性、易燃性、毒害性、放射性、腐蚀性物质或者传染病病原体等危险物质的违法行为，依据地域管辖的规定，制造地、买卖地、存储地运输途径地、目的地等公安机关对该案件均有管辖权。确切地说，共同管辖其实是管辖冲突的表现形式，在发生共同管辖的情形时，会出现多个公安机关争相管辖的局面，也可能出现多个公安机关相互推诿的局面，这对治安案件的查处时十分不利的，为了解决上述管辖冲突，《公安机关办理行政案件程序规定》明确了“由最初受理的公安机关管辖”的基本原则。并规定“必要时，可以由主要违法行为地公安机关管辖”作为补充。

5. 指定管辖

指定管辖，是指治安案件管辖过程中在发生管辖冲突时，确定管辖的法定方式，对治安案件查处的管辖权发生争议的，报请共同的上级公安机关指定管辖，以解决争议的法定方式。如，在共同管辖的情形中，同时适用最初受理公安机关管辖，和可以由主要违法行为地公安机关管辖的情况时，对该治安案件查处享有管辖权的两个公安机关就应当报请共同上级公安机关，以确定管辖。与此同时，《公安机关办理行政案件程序规定》又明确了：“对于重大、复杂的案件，上级公安机关可以直接办理或者指定管辖。”上级公安机关直接办理或者指定管辖的，应当书面通知被指定管辖的公安机关和其他有关的公安机关。原受理案件的公安机关自收到上级公安机关书面通知之日起不再行使管辖权，并立即将案卷材料移送被指定管辖的公安机关或者办理的上级公安机关，及时书面通知当事人。

综上所述，地域管辖、级别管辖和专门管辖是治安案件管辖的分类，其中以地域管辖为主。而共同管辖和制定管辖是管辖冲突的形式及其管辖冲突的解决方式。

（二）治安案件的回避

治安案件的回避，是指办理治安案件的人民警察因与所办案件或者案件的当事人有利害关系或者其他关系，可能影响案件公正处理时，依照法律规定不参加办理该案件调查处理的法律制度。治安案件查处过程中，适用回避的主体包括：公安机关负责人、办案人民警察以及案件聘请的鉴定人和翻译人员。上述主体，遇有下列情形之一的，应当回避：

1. 是本案当事人或者当事人的近亲属的；

2. 本人或者其近亲属与本案有利害关系的；

3. 与本案当事人有其他关系，可能影响案件公正处理的。

发生上述应当回避的情形时，通常可以通过以下方式提出回避请求：（1）自行回避。适用回避的公安机关负责人、办案人民警察、鉴定人和翻译人员发现自己有应当回避的情形，主动提出回避申请，并说明理由。（2）申请回避。应当自行回避而没有自行回避的，当事人及其法定代理人可以提出申请要求其回避，并说明理由。口头提出申请的，公安机关应当记录在案。（3）指令回避。应当回避而没有自行回避、也没有被申请回避的，有权决定其回避的公安机关可以指令其回避。对当事人及其法定代理人提出的回避申请，公安机关应当在收到申请之日起二日内作出决定并通知申请人。办案人员的回避，由其所属公安机关决定；公安机关负责人的回避，由上一级公安机关决定。鉴定人、翻译人员的回避，由指派或者聘请的公安机关决定。

四、治安案件的受理

（一）治安案件受理的含义

受理作为治安案件调查与处理一般程序的第一道环节，主要由县级公安机关和公安派出所负责，对治安案件的最终处理起着关键作用。治安案件的受理，也称“受案”，是指公安机关对报案、控告、举报或者违反治安管理行为人主动投案，以及其他行政主管部门、司法机关移送的违反治安管理案件，表示接受，并拟作为治安案件调查处理的一种程序上的法律活动。

（二）治安案件受理的来源

治安案件受理案件来源主要有以下几个方面：

1. 机关、团体、企事业单位和公民个人报案、控告、举报。

2. 违反治安管理行为人的主动投案。

3. 其他行政主管部门、司法机关移送的违反治安管理案件。

4. 公安机关自行发现的违法线索。

（三）治安案件受理的步骤

1. 接受报案，登记备查

对报案人、控告人、举报人、扭送人、投案人提供的有关证据材料、物品等应当登记，出具接受证据清单，并妥善保管。必要时，应当拍照、录音、录像。移送案件时，应当将有关证据材料和物品一并移交。其基本工作要求包括：

（1）热情、及时接受报案。

（2）严格依法办事，对报案情况做好记录。

（3）收集报案材料、证据。

2. 办案人员初步审查、处理报案材料，提出受理意见

治安案件的受理意见主要考虑：

（1）是否有违法事实；

（2）案件是否属于本部门管辖；

（3）是否需要追究违法行为的行政责任。

根据规定，不需要追究治安行政责任的主要情形有三种：一是没有违法事实；二是违法情节轻微，不需要追究治安行政责任；三是违法事实已经超过追究时效；四是有其他依法不追究治安行政责任情形。

3. 受理调查审批，决定是否作为治安案件调查处理

治安案件的受理调查审批，是指办理治安案件的公安机关，通过对治安案件承办人所呈报材料进行审核，结合办案人员提出的处理意见，决定所受理的案件是否由该公安机关作为治安案件调查处理的行为。公安机关对报案、控告、举报、群众扭送或者违法嫌疑人投案，以及其他行政主管部门、司法机关移送的案件，应当及时受理，制作受案登记表，经办案部门负责人批准立案，并分别作出以下处理：

（1）对属于本单位管辖范围内的事项，应当及时调查处理。

（2）对属于公安机关职责范围，但不属于本单位管辖的，应当在受理后的 24 小时内移送有管辖权的单位处理，并告知报案人、控告人、举报人、扭送人、投案人。

（3）对不属于公安机关职责范围内的事项，书面告知报案人、控告人、举报人、扭送人、投案人向其他有关主管机关报案或者投案。

公安机关接受案件时，应当制作受案回执单一式二份，一份交报案人、控告人、举报人、扭送人，一份附卷。属于公安机关职责范围但不属于本单位管辖的案件，具有下列情形之一的，受理案件或者发现案件的公安机关及其人民警察应当依法先行采取必要的强制措施或者其他处置措施，再移送有管辖权的单位处理：

（1）违法嫌疑人正在实施危害行为的。

（2）正在实施违法行为或者违法后即时被发现的现行犯被扭送至公安机关的。

（3）在逃的违法嫌疑人已被抓获或者被发现的。

（4）有人员伤亡，需要立即采取救治措施的。

（5）其他应当采取紧急措施的情形。

报案人不愿意公开自己的姓名和报案行为的，公安机关应当在受案登记时注明，并为其保密。对发现或者受理的案件暂时无法确定为刑事案件或者行政案件的，可以按照行政案件的程序办理。在办理过程中，认为涉嫌构成犯罪的，应当按照《公安机关办理刑事案件程序规定》办理。

五、治安案件查处的期间

（一）期限

期限，此处是指治安案件的查处行为的时间界限，即公安机关办理治安案件限定的一段时间或者指定时限的最后界限。公安机关办理治安案件的期限，自受理之日起，不得超过 30 日；案情重大、复杂的，经上一级公安机关批准，可以延长 30 日。公安派出所办理的案件，由所属公安机关批准。行政案件移送管辖的，询问查证时间和扣押等措施的期限重新计算。

（二）期间

在我国法律上，期间分为法定期间和指定期间。治安案件查处的期间指公安机关和案件当事人参与行政违法处理活动时完成某些行为必须遵守的法定期限。如，拟被治安管理处罚人申请听证的期间，为了查明案情进行的鉴定期间，处罚决定的送达期间等等。为了查明案情进行鉴定的期间，不计入办理治安案件的期限。

第二节 违反治安管理行为的认定与处罚

一、违反治安管理行为的概念与特征

（一）违反治安管理行为的概念

违反治安管理行为，是指行为人违反治安管理法律法规，扰乱社会秩序，妨害公共安全，侵犯人身权利、财产权利，妨害社会管理，具有社会危害性，尚不够刑事处罚，由公安机关依照法律规定给予治安管理处罚的行为。

《治安管理处罚法》第 2 条规定："扰乱公共秩序，妨害公共安全，侵犯人身权利、财产权利，妨害社会管理，具有社会危害性，依照《刑法》的规定构成犯罪的，依法追究刑事责任；尚不够刑事处罚的，由公安机关依照本法给予治安管理处罚。"这一规定不仅揭示了违反治安管理行为的含义，同时也将违反治安管理行为与犯罪行为、违反社会道德规范行为、民事违法行为和其他行政违法行为区别开来，是正确理解、认定和实施治安管理处罚的法律依据。

（二）违反治安管理行为的特征

违反治安管理行为与犯罪行为和其他违法行为所不同的内在特征是：

1. 具有社会危害性

社会危害性是违反治安管理行为最本质的特征。所谓社会危害性，是指行为对我国治安管理法律法规所保护的国家和人民的利益已经造成或者可能造成损害，如"扰乱公共秩序，妨害公共安全，侵犯人身权利、财产权利，妨害社会管理"等。

2. 治安行政违法性

治安行政违法性是指行为具有违反治安管理管理法律法规规定的性质。包括两层含义：（1）行为人实施了治安管理法律法规所禁止的行为；（2）治安管理法律法规已将行为明确规定为违反治安管理行为。因此，"违法性"又称"相符性"，即行为与法律明文规定相符。治安行政违法性是违反治安管理行为一个重要的法律特征，是行为社会危害性在行政法律上的一种表现。

3. 应受治安管理处罚性

即指，根据《治安管理处罚法》的规定应当受到治安管理处罚的行为，又称"当罚性"。这一特征有两层含义：（1）违反治安管理行为必须承担法律后果；（2）违反治安管理行为必须承担法律后果必须依据《治安管理处罚法》来决定。

构成违反治安管理行为，必须上述三个特征紧密结合，缺一不可。如果没有应当受到治安管理处罚的特征，社会危害性和治安行政违法性便失去了最终归宿，违反治安管理行为不能受到应有的处罚，难以维护法律尊严，就会失去法律的严肃性，三个特征同时具备是衡量和确定违反治安管理行为的尺度和标准。

二、违反治安管理行为的构成要件

违反治安管理行为的构成，就是治安管理法律、法规所规定的，决定某一具体行为的社会危害性及其程度而为该行为构成违反治安管理所必需的一切客观要件和主观要件的总和。违反治安管理行为构成概括起来是指违反治安管理行为客体、客观方面、主体和主观方面等四个构成要件。

（一）违反治安管理行为的客体

违反治安管理行为客体，是指我国治安管理法律法规所保护而为违反治安管理行为所侵害的社会关系。违反治安管理行为客体分为三种，即一般客体、同类客体和直接客体。它们是一般与特殊、整体与部分的关系。

1. 违反治安管理行为客体和对象的联系

违反治安管理行为客体是一种社会关系，而违反治安管理行为对象则是社会关系的主体或物质表现。因此，违反治安管理行为客体是对象的实际内容，违反治安管理行为对象是客体的存在和表现形式。违反治安管理行为人是通过对违反治安管理对象施加影响而侵害违反治安管理行为客体，从而给国家和人民利益造成危害的。

2. 违反治安管理行为客体和对象的主要区别

（1）违反治安管理行为客体决定违反治安管理行为的性质，违反治安管理行为对象一般不决定违反治安管理行为性质。

（2）任何违反治安管理行为都必然会使违反治安管理行为客体受到侵害，不侵害客体的行为就不成为违反治安管理行为。

（3）违反治安管理行为客体是每一种违反治安管理行为都必须具备的要件，没有无客体的违反治安管理行为。

（二）违反治安管理行为的客观要件

违反治安管理行为客观要件，是指治安管理法律法规规定的，说明侵犯某种客体的行为及其危害结果的诸客观事实。其主要内容包括危害社会的行为、危害结果、危害行为与结果之间的因果关系以及违反治安管理行为的时间、地点和方法等。违反治安管理行为的客观要件具有三个主要特征：

1. 法定性

违反治安管理行为的客观要件是由《治安管理处罚法》等治安管理法律法规规定的。

2. 构成性

违反治安管理客观要件是违反治安管理行为构成的基本要件之一，任何违反治安管理行为都必须具备的这一要件，否则就构不成违反治安管理行为。违反治安管理行为客观要件可以分为必备要件和选择要件两类。必备要件，是指每一种违反治安管理行为都必须具备的违反治安管理行为和危害后果。选择要件，是根据《治安管理处罚法》规定，某些违反治安管理行为在客观方面必须具备的要件，如违反治安管理行为的时间、地点、方法等条件。

3. 客观性

违反治安管理行为、危害结果及其之间的因果联系是客观存在的，不以人的意志为转移。不论违反治安管理行为是以作为或不作为等形式表现出来，还是已经或足以对社会构成危害性，都必须是客观存在的事实。危害行为与结果之间的因果关系也必须是必然的、内在的联系，而不是偶然的、主观臆断的联系。

（三）违反治安管理行为的主体

违反治安管理行为主体，是指违反治安管理行为的实施者、法律责任的承担者，可以分为自然人主体和单位主体两种。

1. 作为违反治安管理行为的自然人主体，应当具备以下条件：

（1）达到法定责任年龄。责任年龄是违反治安管理的人应当受到治安管理处罚的必要条件。只有达到法定年龄的人实施了违反治安管理行为，才能构成违反治安管理行为的主体，才能承担法律责任。不满 14 周岁的人违反治安管理的，不予处罚，但是应当责令其监护人严加管教。已满 14 不满 18 周岁的人违反治安管理的，从轻或者减轻处罚。

（2）具有责任能力。责任能力是指行为人辨认和控制自己行为的能力。其中，“辨认”能力，是指一个人了解自己行为的性质、意义和后果的能力；“控制”能力，是指一个人按照自己的意志支配自己行为的能力。

2. 作为违反治安管理行为的单位主体，应当具备以下条件：

（1）合法性，即依法成立。非法成立社团或其他组织本身就是违法行为，为了实施违法犯罪而成立的组织不能成为单位主体。

（2）符合性，即依法符合具体的违反治安管理行为构成的主体要件。单位作为违反治安管理行为的主体，必须有法律明确规定。

（3）公利性。即违法行为是单位的行为，是为了单位利益，而非谋取私利才为的。

（四）违反治安管理行为的主观要件

违反治安管理行为的主观要件，是指行为人对自己实施的危害社会行为的结果所持的心理态度。这种心理态度包括违反治安管理行为的主观过错和目的、动机等因素。作为违反治安管理行为的主观要件的是主观过错，其表现形式有两种：一种是故意，一种是过失。

1. 故意，是指行为人明知自己的行为会发生危害社会的结果，并且希望或者放任这种结果发生的主观心理态度。换句话说，行为人对危害结果的发生有着不排斥的心理。

2. 过失，是指行为人应当预见自己的行为可能发生危害社会的结果，因为疏忽大意而没有预见，或者已经预见而轻信能够避免，以致发生这种结果的主观心理态度。换句话说，危害结果的发生是违背行为人的意志的。

三、违反治安管理行为的表现形式

（一）共同违反治安管理行为与处罚

《治安管理处罚法》第 17 条规定：“共同违反治安管理的，根据违反治安管理行为人在违反治安管理行为中所起的作用，分别处罚。教唆、胁迫、诱骗他人违反治安管理的，按照其教唆、胁迫、诱骗的行为处罚。”①

共同违反治安管理行为必须同时具备三个条件：

1. 从主体上看，必须是两个以上具有责任能力的自然人；

2. 在客观方面，必须是两个以上行为人均全部共同参与实施了违反治安管理行为；

3. 在主观上，必须是两个以上的行为人具有共同过错。

对共同违反治安管理的行为人，要根据他们在同一违反治安管理行为中的违法情节、作用，明确应负的法律责任，分别处罚。教唆、胁迫、诱骗他人违反治安管理的处罚。根据规

① 《公开征求意见稿》中该条款被调整为第 16 条。

定，教唆、胁迫、诱骗他人违反治安管理的，按照其所教唆、胁迫、诱骗的行为处罚；被教唆人、被胁迫人、被诱骗人违反治安管理的，按其所实施的行为处罚。

（二）数种违反治安管理行为的认定与处罚

《治安管理处罚法》第16条规定："有两种以上违反治安管理行为的，分别决定，合并执行。行政拘留处罚合并执行的，最长不得超过20日。"①

1. 分别决定

对数种违反治安管理行为制作处罚决定书时，虽然是分别决定处罚，但表现形式是对数种违反治安管理行为只产生一个决定结果、制作一份《治安管理处罚决定书》。

2. 合并执行

治安管理处罚法主要采取的是并科原则即相加规定，处两个以上罚款的，按数额相加执行；处两个以上拘留的，按天数相加执行；处两种以上处罚的，同时执行；处两个以上警告的，同时执行。但是对行政拘留采取的是限制加重的一种特殊并科原则，设定了20日的最高期限限制。

（三）单位违反治安管理行为与处罚

《治安管理处罚法》第18条规定："单位违反治安管理的，对其直接负责的主管人员和其他直接责任人员依照本法的规定处罚。其他法律、行政法规对同一行为规定给予单位处罚的，依照其规定处罚。"②

1. 行为主体是单位，即机关、团体、公司、企业、事业单位。

2. 对单位违反治安管理行为的处罚。对其直接负责的主管人员和其他直接责任人员依照本法的规定处罚。其他法律、行政法规对同一行为规定给予单位处罚的，依照其规定处罚。

四、治安管理处罚及其适用

（一）治安管理处罚的含义及其特征

治安管理处罚是指公安机关依法对构成对扰乱公共秩序，妨害公共安全，侵犯人身权利、财产权利，妨害社会管理，具有社会危害性，尚不够刑事处罚的违反治安管理行为给予的行政处罚。从比较法的角度看，我国治安管理处罚具有以下四个显著特点：

1. 从处罚主体看，我国治安管理处罚实行"一元制"的处罚体制，我国治安管理处罚权集中由公安机关行使。

2. 从处罚程序看，我国治安管理处罚完全采用行政处理程序，具体依据是《治安管理处罚法》与《公安机关办理行政案件程序规定》，《治安管理处罚法》没有规定的，适用《中华人民共和国行政处罚法》、《中华人民共和国行政强制法》等法律的有关规定。

3. 从处罚的强制性看，我国治安管理处罚具有警察强制性。如，行政拘留，对被处罚对象人身自由的短时间的剥夺，对违反治安管理的外国人可以适用限期出境或者驱逐出境等，这些都是其他行政处罚的强制性所不能比拟的。

（二）治安管理处罚的种类

1. 警告

---

① 《公开征求意见稿》中该条款被调整为第15条。

② 《公开征求意见稿》中该条款被调整为第17条。

警告，属于名誉罚，以破坏被处罚人名誉为主要内容，是指公安机关依法对违反治安管理行为人公开作出的正式谴责和告诫，指出其违法行为及其危害，使其引起警觉、不致再犯的一种治安管理处罚。对于初次、偶然违反治安管理；情节轻微；认错态度较好的违反治安管理行为人，可以适用警告处罚。警告处罚的实际内容可以分为谴责和告诫两部分：谴责，即向行为人指出其违反治安管理行为的危害性；告诫，即责令行为人及时改正错误，保证以后不再犯。

2. 罚款

罚款，属于财产罚，以剥夺被处罚人的物质利益为主要内容，是指公安机关依法决定要求违反治安管理行为人在一定期限内向国家缴纳一定数额金钱的治安管理处罚。对于不适用警告，也不够行政拘留处罚的违反治安管理行为人适用。罚款，是一种适用范围非常广的行政处罚，对于不按照处罚决定书的要求缴纳罚款的违反治安管辖行为人，公安机关应当及时催缴，对无正当理由拒不缴付的公安机关可以向人民法院申请强制执行。在适用罚款应注意以下问题：适用罚款应注意单处与并处的条件；要防止重罚款轻警告或者以罚款代替行政拘留的现象；决定罚款应当考虑被处罚人的经济承受能力。

3. 行政拘留

行政拘留，属于自由罚，以剥夺被处罚对象的人身自由为主要内容，只能对自然人适用。行政拘留，是公安机关依法决定将在一定时间内限制违反治安管理行为人人身自由的一种治安行政处罚，是治安管理处罚种类中最严厉的一种处罚。行政拘留主要适用于违反治安管理情节较为严重的行为人。行政拘留的期限为 1 日以上 15 日以下。治安管理处罚法将拘留的期限分为三个等级，分别是 5 日以下、5 日以上 10 日以下以及 15 日以下，行政拘留处罚合并执行的，最长不超过 20 日。

《治安管理处罚法》第 21 条规定："违反治安管理行为人有下列情形之一，依照本法应当给予行政拘留处罚的，不执行行政拘留处罚：（1）已满 14 周岁不满 16 周岁的；（2）已满 16 周岁不满 18 周岁，初次违反治安管理的；（3）70 周岁以上的；（4）怀孕或者哺乳自己不满一周岁婴儿的。"①

根据《全国人民代表大会和地方各级人民代表大会代表法》的规定，对县级以上的各级人民代表大会代表决定行政拘留，应当经该级人民代表大会主席团或者人民代表大会常务委员会许可。对乡、镇的人民代表大会代表决定行政拘留，公安机关应当在决定后立即报告乡、民族乡、镇的人民代表大会主席团。

4. 责令停产停业②

责令停产停业，是公安机关要求从事违法生产经营活动的公民、法人或其他组织停止生产、停止经营的处罚形式。责令停产停业的期限为 15~30 日，其他法律法律、行政法规另有规定的，从其规定。具有下列特点：

---

① 《公开征求意见稿》中第 21 条将该条修改为："违反治安管理行为人有下列情形之一，依照本法应当给予行政拘留处罚的，不执行行政拘留处罚：（一）已满 14 周岁不满 18 周岁，初次违反治安管理的；（二）70 周岁以上的，但是两年内曾因违反治安管理受过行政拘留处罚或者曾受过刑事处罚、免于刑事处罚的除外；（三）怀孕或者哺乳自己婴儿的。"

② 《公开征求意见稿》第 9 条规定："安管理处罚的种类分为：（一）警告；（二）罚款；（三）行政拘留；（四）责令停产停业；（五）吊销证照。"新增加"责令停产停业"作为处罚种类之一。

（1）责令停产停业是限制和剥夺公民、法人或其他组织行为能力的处罚。它要求受处罚人停止正在进行的生产经营及各种业务活动，与罚款、没收等财产处罚不同，它限制和剥夺的是受处罚人的行为能力，是行为罚的一种。

（2）责令停产停业是要求公民、法人或其他组织履行不作为义务的处罚。也就是说，受到该种处罚的人负有不作为的义务，即不得继续从事生产经营活动。

（3）责令停产停业通常附有期限要求。受处罚人在一定期限内纠正了违法行为，就可以恢复生产和经营。

5. 吊销公安机关发放的许可证①

吊销证照，是公民、法人或者其他组织依法取得从事某项业务、工作、事项的资格，而取得由特定机关颁发的证照因为违法行为的出现而被取消从事该活动的资格，由公安机关依法将有关证照予以吊销的活动。对被吊销公安机关发放的许可证的经营者，公安机关可以同时禁止其1~3年内申请同类许可证，并禁止其直接负责的主管人员和其他直接责任人员1~3年内在同类行业担任法定代表人、主管人员。对被吊销公安机关发放的许可证的人员，公安机关可以同时禁止其1~3年内申领同类许可证。目前，公安机关保留的行政审批项目还有旅馆业、典当业、公章刻制业等特种行业许可，以及保安服务企业和保安培训机构许可等。

6. 限期出境与驱逐出境②

限期出境，指公安机关对违反治安管理的外国人，限定其在一定期限内离开中华人民共和国国境的治安管理处罚。驱逐出境，指公安机关对违反治安管理的外国人，强迫其离开中华人民共和国国境的治安管理处罚。限期出境与驱逐出境的适用对象是外国人。这里所指的外国人，包括具有外国国籍的人和无国籍人。

（三）治安管理处罚的适用

1. 违反治安管理行为的追究时效

违反治安管理行为的追究时效，是指依照《治安管理处罚法》的规定，对违反治安管理行为人追究法律责任的有效期限，超过这个期限，不再追究违反治安管理行为人的法律责任。

根据《治安管理处罚法》第22条规定，违反治安管理行为在6个月以内没有被公安机关发现的，不再处罚。公安机关追究违反治安管理行为，给予行为人治安管理处罚的期限，从违反治安管理行为发生之日起计算，违反治安管理行为有连续或者继续状态的，从行为终了之日起计算。被侵害人在追究期限内提出控告，公安机关没有接受的，不受追究期限的限制。

2. 应当处罚与可以处罚

应当，是绝对的、硬性的规定，公安机关没有自由裁量的余地。可以，是相对的、有选择性的规定，它对处罚的方式和程度的影响是不确定的，法律规定允许公安机关自由裁量。

---

① 《公开征求意见稿》中将此项修改为：“吊销证照。”

② 《公开征求意见稿》中已将此项删除。

3. 从轻、减轻、从重和不予处罚①

从轻处罚，是指在法定的处罚方式和处罚幅度内，对违反治安管理行为人在法律规定的处罚方式内选择较轻的处罚种类，或者在同一处罚种类的处罚幅度内选择较低的额度进行处罚。减轻处罚是指在法定的处罚方式和处罚幅度最低限以下，也就是突破法律处罚的规定限制，对违反治安管理行为人适用处罚。在处罚的轻重程度上，它介于从轻处罚和不予处罚之间，即在本应给予处罚的种类档次以下的一种降格处罚，或者同一处罚幅度最低限以下处罚。

《治安管理处罚法》第19条，违反治安管理有以下几种情形之一的，减轻或者不予处罚：(1) 情节特别轻微的。(2) 主动消除或者减轻违法后果，并取得被侵害人谅解的。(3) 出于他人胁迫或者诱骗的。(4) 主动投案，向公安机关如实陈述自己的违法行为的。(5) 有立功表现的。②

《治安管理处罚法》第20条规定，违反治安管理有如下几种情形之一的，从重处罚：(1) 有较严重后果的。(2) 教唆、胁迫、诱骗他人违反治安管理的。(3) 对报案人、控告人、举报人、证人打击报复的。(4) 6个月内曾受过治安管理处罚的。③

不予处罚，就是依照法律规定，不予追究违反治安管理行为人的法律责任。但有违法所得的，应当依法予以追缴；有非法财物的，应当依法予以收缴。

适用从轻和从重处罚应注意的问题：(1) 在处罚种类中有选择处罚的，从轻处罚即选用较轻的处罚；从重处罚即选用较重的处罚。(2) 在拘留可以并处罚款的处罚中，从轻处罚即只拘留；从重处罚则是拘留并处罚款。(3) 只有一种处罚的，或者只能拘留与罚款并处罚的，则适用“半半原则”。

4. 单处与并处

单处。单处是指对一种违反治安管理行为适用一种治安处罚，它是相对于并处而言的。

并处。并处是指对一种违反治安管理行为，给予某种处罚的同时，再给予另一种处罚。

---

① 《公开征求意见稿》新增一条作为第20条，规定：违反治安管理行为人具有本法规定的从轻处罚、从重处罚情节的，应当在法定处罚种类的幅度内适用。

违反治安管理行为人具有本法规定的减轻处罚情节的，应当在法定处罚种类的幅度以下适用；本法规定有数个处罚种类幅度的，应当在法定处罚种类幅度的下一个处罚种类幅度内适用；法定处罚种类只有一种，在该法定处罚种类的幅度以下无法再减轻处罚的，不予处罚。

② 《公开征求意见稿》将该条调整为第18条，并将内容修改为：“违反治安管理有下列情形之一的，从轻、减轻或者不予处罚：（一）情节轻微的；（二）主动消除或者减轻违法后果的；（三）出于他人胁迫或者诱骗的；（四）主动投案，向公安机关如实陈述自己的违法行为的；（五）有立功表现的。”增加了“从轻”，删除了“特别”、“并取得被害人谅解”等规定。

③ 《公开征求意见稿》将该条调整为第19条，并将内容修改为：“违反治安管理有下列情形之一的，从重处罚：（一）有较严重后果的；（二）教唆、胁迫、诱骗他人违反治安管理的；（三）利用信息网络实施违反治安管理行为的；（四）一年内曾受过治安管理处罚的；（五）三年内曾受过刑事处罚或者免予刑事处罚的。”新增了“利用信息网络事实违反治安管理行为的”、“三年内曾受过刑事处罚或者免予刑事处罚的”情形，删掉了“对报案人、控告人、举报人、证人打击报复的”情形，将“6个月”修改为“1年以内”。

第三节　治安案件的证据与调查

一、治安案件的证据

（一）治安案件证据的含义与特征

可以用于证明案件事实的材料，都是证据。治安案件证据的具有如下特征：

1. 客观性

治安案件的证据时客观存在的，是在违反治安管理行为发生过程中产生的，任何为了逃避责任的伪造行为都是违法的，所产生的材料也不能作为认定案件事实的客观证据。

2. 关联性

治安案件的证据是能够证明案件事实的证据材料，是与案件事实息息相关的，如能证明案发时间、地点的证人证言、视频资料等，能证明违犯治安管理行为是由谁实施的，所使用的工具、方式手段、危害结果等案件事实的，是治安案件的证据，而其他与案件事实无关的材料，即使客观存在，也不是治安案件的证据。

3. 合法性

治安案件的证据的形式以及证据的取得必须合法，这是证据材料能成为证据的关键所在。与案件有关的客观证明材料，只有形式合法，收集方式合法才能具有法律赋予的证明力，最终成为证据。我国法律明确规定了证据的法定形式，并且明确禁止刑讯逼供，以非法方式取得的证据材料不得作为案件认定处罚的依据①。

（二）治安案件的证据种类

1. 书证

书证，是指以文字、符号、图形等表示的内容证明案件真实情况的书面文件或其他物品。

2. 物证

物证，是指以其外部特征、物质属性和存在状态证明治安案件事实的物品和痕迹。

3. 被侵害人陈述和其他证人证言

被侵害人陈述，是指治安案件中的被侵害人就自己所知道的案件情况所作的陈述。

证人证言，是指了解案件情况的人就其所了解的案件情况所作的口头或者书面陈述。

4. 违法嫌疑人的陈述和申辩

违法嫌疑人的陈述和申辩，是指违法嫌疑人就治安案件的事实，向公安机关所作的供述、坦白、交代、检举、揭发和辩解，包括对自己违反治安管理行为的供认、交代，对他人违法犯罪事实的检举，以及否认自己有违反治安管理行为或对行为情节轻重的辩解，等等。

5. 鉴定意见

---

① 《公开征求意见稿》第100条明确规定：公安机关及其人民警察对治安案件的调查，应当依法进行。严禁以暴力、威胁等非法方法收集证据。以暴力、威胁等非法方法收集的违反治安管理行为人陈述、被侵害人陈述、证人证言，应当予以排除。收集物证、书证、视听资料、电子数据不符合法定程序，可能严重影响执法公正的，应当予以补正或者作出合理解释；不能补正或者作出合理解释的，不能作为定案的根据。

鉴定意见，是指受公安机关指派或聘请的具有专门知识的人员，运用科学技术知识和技能对治安案件中的专门性问题，经过科学的检验、分析判断后作出的书面意见。

6. 勘验、检查、辨认笔录，现场笔录

勘验笔录是指办案人员依法对与案件有关的场所、物品及其他证据材料进行勘验所制作的笔录。

检查笔录是公安机关和人民警察为了正确认定物品特征、损毁情况、人身伤害程度、场所等进行检查所作的客观记载。

辨认笔录是公安机关和人民警察将辨认过程以文字的形式予以记载。

现场笔录是指办案人员在查处治安案件过程中对现场处理情况所作的书面记录。

7. 视听资料、电子数据

视听资料，是指以录音、录像设备记录的声音、图像以及其他科技设备与手段提供的信息来证明案件真实情况的证据。

二、治安案件的调查

（一）治安案件调查的含义及任务

治安案件调查，是公安机关为查明治安案件事实情况，取得证据，及时结案而依法对治安案件事实情况进行调查取证等一系列法律活动的总称。治安案件调查的主要任务可以分解成以下几个方面：

1. 查明案件事实，是治安案件调查的主要任务

案件事实，是治安案件发生的客观情况，主要包括案件发生的具体时间、地点、原因、方法、何人所为、结果如何、有没有法定从轻、减轻、从重的情节等各项事实。

2. 搜集案件证据

证据，是认定案件事实的主要依据，没有证据，治安案件调查就像是无本之木，毫无根据。证据，也是确定案件性质的重要途径。所有待查明的案件事实的客观情况，都需要由证据来证明，否则只能算是主观臆造、信口胡诌，最多只能是案件线索、猜测，不能作为最终结论。

3. 准确确定案件性质

案件的发生往往是扑朔迷离的，首先，要明确该案是否是公安机关管辖的案件，是治安案件还是刑事案件；然后，再进一步明确该案是哪一类中的哪一个具体的治安案件，这样才能精确地开展调查，把握该案在调查中要注意的重点、关键性问题。

4. 完备法律手续

治安案件调查过程是动态的发展过程，是所有办案民警依法调查取证行为的有机结合体，其最终是否具有法律效力，最关键的在于调查行为的合法性。因此，治安案件调查需要完备的法律手续，以保障调查取证行为合法有效，也能保障所有办案民警各项行为的有效衔接。

5. 作出公平公正的处罚决定

治安案件调查的最终归宿是对治安案件当事人作出公平公正的决定。公平公正的处罚决定，是违反治安管理行为人“罪有应得”，是治安管理处罚的正义价值所在，同时，对治安案件中的被害人、其他利害关系人而言，也是社会正义价值的体现。公平公正的处罚决定，只有依据合法、客观的调查才有法律效力，才能起到法律教育与预防的效果。

（二）治安案件需要调查的案件事实

治安案件需要调查的案件事实，是构成治安案件的事实要素，主要有以下几个方面：

1. 违反治安管理行为人的基本情况

违反治安管理行为人，是治安案件发生的客观主体，任何一个治安案件都是由“人”完成的，而不可能是人以外的其他什么东西。因此，违反治安管理行为人是治安案件调查的核心事实。包括违反治安管理行为人的自然特征（性别、年龄、精神状况、生理状况等）、法律特征（婚姻家庭状况、是否人大代表/政协委员、民族、国籍等），违反治安管理行为人实施违法行为是的心理态度（故意或者过失）等。

2. 治安案件的案件事实

案件事实，是调查取证要查明的主要对象，包括案件发生的时间、地点、违反治安管理行为人所使用的工具、方式、手段，违反治安管理行为人实施该违法行为的原因、目的、动机，危害结果，以及违反治安管理行为与危害结果之间的因果关系等。

3. 被害人（报案人、举报人）基本情况

被害人的基本情况内容与违反治安管理行为人基本情况相同，需要详细了解，主要为了确定违反治安管理行为的社会危害性。某些具体的违反治安管理行为，对行为对象也有具体要求，或者是加重处罚的情形。查明报案人、举报人、揭发人等的基本情况，一方面是受理案件的基本要求，是证据线索来源真实性的可靠保障；另一方面，也是查明案件事实的基本要求。

4. 专门问题的鉴定

在查明治安案件案件事实过程中，免不了对专门问题的鉴定。如，为了查明违反治安管理行为人的精神状况，要对其进行精神鉴定；在吸毒行为中，为了查明可疑白色粉末的性质，要对可疑物质进行鉴、对吸食者进行尿检；在殴打他人或者故意伤害案件中，要对被害人的伤情进行鉴定；在盗窃、抢夺等侵财类治安案件中，需要对涉案财物进行物价鉴定，等等。同时，在治安案件调查过程中，对收集到的指纹、脚印以及其他痕迹物证，与违反治安管理行为人的个人特征进行同一性认定，是寻找查证真正的违反治安管理行为人起着关键作用，是治安案件调查中要调查清楚的专门向问题。

5. 证人证言及其他证据材料的真实性

“孤证不足以定罪”不仅是刑事案件调查的重要原则，也是治安案件调查取证的一项重要原则。治安案件调查要做到事实清楚、证据确凿充分，单独依靠某一个证据是万万做不到的。寻找与治安案件有关的证人证言及其他证据材料是治安案件调查的重要内容。并且，证据材料的真实性是其能成为证据的基础，证据材料的合法性是其具有证明力的保障。在保障调查行为的合法性基础上，治安案件调查要查证的就是证据材料的真实性。所为真实性，可以理解成证据材料的客观性，是在治安案件发生、发展过程中形成的客观证据材料，或者能客观反映治安案件发生、发展过程的主管表述。其他任何与案件事实不相符合的证据材料因其缺乏真实性、客观性而最终没有证明力不能成为证据。

（三）治安案件调查的方法

1. 询问违反治安管理行为人

询问违反治安管理行为人是公安机关为了查明和证实治安案件的事实真相，依法对涉嫌违反治安管理的行为人进行询问，以获取其供述和辩解的一种调查方法。

（1）询问违反治安管理行为人的主要任务。复核已掌握的案件事实和案件证据，补充收集没有掌握的事实和证据，以查清全部案件事实真相。追查共同违反治安管理行为人，发现本案和本案以外的线索，以破获“积案”和“漏案”。听取其辩解，全面、客观判断案情，及时发现和纠正办案工作中的疏忽和错误，防止出现错案、假案或不适当的处罚。了解和掌握作案人或作案嫌疑人的个性特点、行为原因、认错态度，以便确定询问策略和方法。对违反治安管理行为人进行道德、法律教育，促使其认识错误和改正错误。按照《治安管理处罚法》第83条规定，对违反治安管理行为人的询问查证时间不得超过8小时；案情复杂，依照治安管理处罚法的规定可能适用行政拘留处罚的，询问查证的时间不得超过24小时①。按照《行政案件程序规定》第52条的规定，询问违法嫌疑人，可以到违法嫌疑人住处或者单位进行，也可以将违法嫌疑人传唤到其所在市、县内的指定地点进行。

（2）询问违反治安管理行为人应注意以下问题。明确询问目的、善用询问技巧。询问前，要认真仔细了解案件基本情况，包括被侵害对象情况、嫌疑人情况、案件已经收集到的证据情况等，确定进行询问所要解决的具体问题，列出询问提纲，确定询问的方式方法，确定询问人员的责任与分工，做到有的放矢。

（3）规范询问程序，保障被询问人合法权益。按照规定制作询问笔录，询问笔录应当交被询问人核对；对没有阅读能力的，应当向其宣读。记载有遗漏或者差错的，被询问人可以提出补充或者更正。被询问人确认笔录无误后，应当签名或者盖章，询问的人民警察也应当在笔录上签名。如果被询问人拒绝签名或盖章的，询问的人民警察应在笔录上注明情况和原因。保障被询问人自行提供书面材料的权利。违法嫌疑人、被侵害人或者其他证人请求自行提供书面材料的，应当准许。必要时，办案人民警察也可以要求违法嫌疑人、被侵害人或者其他证人自行书写。违法嫌疑人、被侵害人或者其他证人应当在其提供的书面材料的结尾处签名或者捺指印。对打印的书面材料，违法嫌疑人、被侵害人或者其他证人应当逐页签名或者捺指印。办案人民警察收到书面材料后，应当在首页注明收到日期，并签名。询问结束后，询问笔录应当交被询问人核对，对没有阅读能力的，应当向其宣读。记录有误或者遗漏的，应当允许被询问人更正或者补充，并要求其在修改处捺指印。被询问人确认笔录无误后，应当在询问笔录上逐页签名或者捺指印。拒绝签名和捺指印的，办案人民警察应当在询问笔录中注明。

（4）对特殊对象的询问要依法进行。询问不满16周岁的违反治安管理行为人，应当通知其父母或者其他监护人到场。其父母或者其他监护人不能到场的，也可以通知未成年人的其他成年亲属，所在学校、单位、居住地基层组织或者未成年人保护组织的代表到场，并将有关情况记录在案。确实无法通知或者通知后未到场的，应当在询问笔录上予以注明。询问聋哑人、外国人或者其他不通晓当地语言的人，要按照规定配备通晓手语的人提供帮助，翻译人员，并在询问笔录中注明翻译人员的姓名、住址、工作单位和联系方式。办案人民警察应当在询问笔录上签名，翻译人员应当在询问笔录的结尾处签名。询问时，可以全程录音、录像，并保持录音、录像资料的完整性。

（5）询问查证期间，公安机关应当保证违反治安管理行为人的饮食和必要的休息时间，并及时将传唤或者询问的原因和处所通知违反治安管理行为人家属，但无法通知的除外。

---

① 《公开征求意见稿》第107条将该条规定修改为：对违反治安管理行为人，公安机关传唤后应当及时询问查证，询问查证时间不得超过12小时；案情复杂，依照治安管理处罚法的规定可能适用行政拘留处罚的，询问查证的时间不得超过24小时。

2. 询问证人、受害人

人民警察询问被侵害人或者其他证人，可以到其所在单位或者住处进行；必要时，也可以通知其到公安机关提供证言①。询问被侵害人或者其他证人时应注意的问题和询问违反治安管理行为人时应注意的问题相同。

3. 勘验

勘验，是指为了查明案情，办理治安案件的人员对与案件有关的场所、物品进行实地勘测检验的一种调查活动，是获得有关案件的线索和信息和了解案情的有效手段。对于违法行为案发现场，必要时应当进行勘验，提取与案件有关的证据材料，判断案件性质，确定调查方向和范围。现场勘验参照刑事案件现场勘验的有关规定执行。根据湖南省公安厅 2013 年 6 月 25 日发布的《关于明确案件办理程序若干问题的通知》（湘公发［2013］50 号）规定：无明显痕迹、物证的违法案件现场，可不开展现场勘验；违法事实清楚、证据充分的案件，可不制作现场勘验笔录，但处警中拍摄的现场照片应当入卷。

4. 检查②

检查是指公安机关为了查明案情，依法对与违反治安管理行为有关的场所、物品、人身进行实地查看、寻找、检验，以发现和收集有关证据的调查活动。公安机关对与违反治安管理行为有关的场所、物品、人身可以进行检查。检查时，人民警察不得少于二人，并应当出示人民警察证。对场所进行检查的，经公安机关办案部门负责人批准，使用检查证检查。对确有必要立即进行检查的，人民警察经出示人民警察证，可以当场检查，但检查公民住所应当出示检查证。检查妇女的身体，应当由女性工作人员或者医师进行。检查情况应当制作检查笔录，由检查人、被检查人或者其家属，或者其他见证人签名、盖章或者捺指印；被检查人不在场或者被检查人、见证人拒绝签名的，人民警察应当在检查笔录上注明。

5. 鉴定

鉴定，是指公安机关为了查明案情，解决案件中有争议的专门性问题，而指派或者聘请具有专门知识的人员，对案件中有争议的专门性问题进行鉴别和判断的一种调查活动。需要聘请本公安机关以外的人进行鉴定的，应当经公安机关办案部门负责人批准后，制作鉴定聘请书。为了查明案情，需要解决案件中有争议的专门性问题的，应当指派或者聘请具有专门知识的人员进行鉴定；鉴定人鉴定后，应当写出鉴定意见，并且签名。公安机关应当为鉴定提供必要的条件，及时送交有关检材和比对样本等原始材料，介绍与鉴定有关的情况，并且明确提出要求鉴定解决的问题。办案人民警察应当做好检材的保管和送检工作，并注明检材送检环节的责任人，确保检材在流转环节中的同一性和不被污染。

（1）伤情鉴定。对人身伤害的鉴定由法医进行。卫生行政主管部门许可的医疗机构具

---

① 《公开征求意见稿》第 108 条增加规定：“对在异地的被侵害人或者其他证人，公安机关可以委托异地公安机关代为询问，经被询问人同意的，也可以通过远程视频询问。人民警察在公安机关以外询问被侵害人或者其他证人，应当出示人民警察证。”第 109 条增加规定：“远程视频询问，被询问人确认笔录无误后，询问的人民警察应当在笔录上注明，询问和宣读过程应当全程同步录音录像。”

② 《公开征求意见稿》第 112 条增加规定：“为确定违反治安管理行为人、被侵害人的某些特征、伤害情况或者生理状态，经公安机关办案部门负责人批准，可以对人身进行检查，可以提取或者采集肖像、指纹、虹膜图像等人体生物识别信息和血液、尿液、毛发、脱落细胞等生物样本。安全检查和当场检查时已经采集的信息，不重复提取、采集。违反治安管理行为人拒绝检查、提取、采集，人民警察认为必要的，可以强制检查、提取、采集。”

有执业资格的医生出具的诊断证明，可以作为公安机关认定人身伤害程度的依据。但，《公安机关办理行政案件程序规定》第 75 条明确规定人身伤害案件具有下列情形之一的，公安机关应当进行伤情鉴定：受伤程度较重，可能构成轻伤以上伤害程度的；被侵害人要求作伤情鉴定的；违法嫌疑人、被侵害人对伤害程度有争议的。对需要进行伤情鉴定的案件，被侵害人拒绝提供诊断证明或者拒绝进行伤情鉴定的，公安机关应当将有关情况记录在案，并可以根据已认定的事实作出处理决定。经公安机关通知，被侵害人无正当理由未在公安机关确定的时间内作伤情鉴定的，视为拒绝鉴定。

（2）价格鉴定。价格鉴定，是指对涉案物品价值不明或者难以确定的，公安机关委托价格鉴证机构估价。涉案物品价值不明或者难以确定的，公安机关应当委托价格鉴证机构估价。根据当事人提供的购买发票等票据能够认定价值的涉案物品，或者价值明显不够刑事立案标准的涉案物品，公安机关可以不进行价格鉴证。

（3）淫秽物品鉴定。淫秽物品鉴定即有关部门对治安案件的涉案财物中的书刊、影片、录像带、录音带、图片等是否为淫秽物品进行鉴定。

（4）精神病鉴定。根据《公安机关办理行政案件程序规定》第 74 条的规定，对精神病的鉴定，由有精神病鉴定资格的鉴定机构进行。

（5）音像资料鉴定。音像资料鉴定包括对录音带、录像带、磁盘、光盘、图片等载体上记录的声音、图像信息的真实性、完整性及其所反映的情况过程进行的鉴定和对记录的声音、图像中的语言、人体、物体作出种类或同一认定。

鉴定人鉴定后，应当出具鉴定意见。鉴定人对鉴定意见负责，不受任何机关、团体、企业、事业单位和个人的干涉。多人参加鉴定，对鉴定意见有不同意见的，应当注明。鉴定人故意作虚假鉴定的，应当承担法律责任。办案人民警察应当对鉴定意见进行审查。对经审查作为证据使用的鉴定意见，公安机关应当在收到鉴定意见之日起 5 日内将鉴定意见复印件送达违法嫌疑人和被侵害人。医疗机构出具的诊断证明作为公安机关认定人身伤害程度的依据的，应当将诊断证明结论书面告知违法嫌疑人和被侵害人。违法嫌疑人或者被侵害人对鉴定意见有异议的，可以在收到鉴定意见复印件之日起 3 日内提出重新鉴定的申请，经县级以上公安机关批准后，进行重新鉴定。同一行政案件的同一事项重新鉴定以一次为限。当事人是否申请重新鉴定，不影响案件的正常办理。公安机关认为必要时，也可以直接决定重新鉴定。

具有下列情形之一的，应当进行重新鉴定：（1）鉴定程序违法或者违反相关专业技术要求，可能影响鉴定意见正确性的；（2）鉴定机构、鉴定人不具备鉴定资质和条件的；（3）鉴定意见明显依据不足的；（4）鉴定人故意作虚假鉴定的；（5）鉴定人应当回避而没有回避的；（6）检材虚假或者被损坏的；（7）其他应当重新鉴定的。不符合前款规定情形的，经县级以上公安机关负责人批准，作出不准予重新鉴定的决定，并在作出决定之日起的 3 日以内书面通知申请人。重新鉴定，公安机关应当另行指派或者聘请鉴定人。鉴定费用由公安机关承担，但当事人自行鉴定的除外。

6. 检测

对涉嫌吸毒的人员，应当进行吸毒检测，被检测人员应当配合；对拒绝接受检测的，经县级以上公安机关或者其派出机构负责人批准，可以强制检测。采集女性被检测人检测样本，应当由女性工作人员进行。

对涉嫌服用国家管制的精神药品、麻醉药品驾驶机动车的人员，可以对其进行体内国家管制的精神药品、麻醉药品含量检验。

对有酒后驾驶机动车嫌疑的人，应当对其进行呼气酒精测试，对具有下列情形之一的，应当立即提取血样，检验血液酒精含量：当事人对呼气酒精测试结果有异议的；当事人拒绝配合呼气酒精测试的；涉嫌醉酒驾驶机动车的；涉嫌饮酒后驾驶机动车发生交通事故的。当事人对呼气酒精测试结果无异议的，应当签字确认。事后提出异议的，不予采纳。

7. 辨认

为了查明案情，办案人民警察可以让违法嫌疑人、被侵害人或者其他证人对与违法行为有关的物品、场所或者违法嫌疑人进行辨认。辨认由 2 名以上办案人民警察主持。组织辨认前，应当向辨认人详细询问辨认对象的具体特征，并避免辨认人见到辨认对象。多名辨认人对同一辨认对象或者一名辨认人对多名辨认对象进行辨认时，应当个别进行。辨认时，应当将辨认对象混杂在特征相类似的其他对象中，不得给辨认人任何暗示。辨认违法嫌疑人时，被辨认的人数不得少于 7 人；对违法嫌疑人照片进行辨认的，不得少于 10 人的照片。辨认每一件物品时，混杂的同类物品不得少于 5 件。同一辨认人对与同一案件有关的辨认对象进行多组辨认的，不得重复使用陪衬照片或者陪衬人。

8. 证据保全

（1）扣押（扣留）。对下列物品，经公安机关负责人批准，可以依法扣押或者扣留：与治安案件、违反出境入境管理的案件有关的需要作为证据的物品；道路交通安全法律、法规规定适用扣留的车辆、机动车驾驶证；其他法律、法规规定适用扣押或者扣留的物品。

对下列物品，不得扣押或者扣留：与案件无关的物品；公民个人及其所扶养家属的生活必需品；被侵害人或者善意第三人合法占有的财产①。

对公民个人及其所扶养家属的生活必需品；被侵害人或者善意第三人合法占有的财产不予扣押的，应当予以登记，写明登记财物的名称、规格、数量、特征，并由占有人签名或者捺指印。必要时，可以进行拍照。但是，与案件有关必须鉴定的，可以依法扣押，结束后应当立即解除。

（2）查封。办理治安行政案件时，对专门用于从事无证经营活动的场所、设施、物品，经公安机关负责人批准，可以依法查封。但对与违法行为无关的场所、设施，公民个人及其扶养家属的生活必需品不得查封；擅自经营按照国家规定需要由公安机关许可的行业的；依照《娱乐场所管理条例》可以由公安机关采取取缔措施的；法律、法规规定适用查封的其他公安行政案件。对有关单位或者个人经通知不及时消除消防安全隐患可能严重威胁公共安全的，公安机关消防机构应当对危险部位或者场所采取临时查封措施。

（3）抽样取证。收集证据时，经公安机关办案部门负责人批准，可以采取抽样取证的方法。抽样取证应当采取随机的方式，抽取样品的数量以能够认定本品的品质特征为限。抽

---

① 《公开征求意见稿》中第 114 条规定，增加了不得扣押的情形：“物品价值较高或者可能严重影响正常生活或者生产经营的”，并增加规定，虽然对上述物品不得扣押，但“在证据可能灭失或者以后难以取得的情况下，可以先行登记保存”，“与案件有关必须鉴定的，可以依法扣押，鉴定后应当立即解除”。该条同时增加规定：“需要扣押的物品在异地，不立即扣押可能灭失或者以后难以扣押的，可以委托物品所在地的公安机关实施扣押，并于扣押之日起 15 日内办理物品移交手续。”“实施扣押、先行登记保存前应当报告公安机关办案部门负责人批准；因情况紧急，需要当场实施的，人民警察应当在 24 小时内向公安机关办案部门负责人报告，并补办批准手续。公安机关办案部门负责人认为不应当扣押、先行登记保存的，应当立即解除。”

样取证时，应当对抽样取证的现场、被抽样物品及被抽取的样品进行拍照或者对抽样过程进行录像。对抽取的样品应当及时进行检验。经检验，能够作为证据使用的，应当依法扣押、先行登记保存或者登记；不属于证据的，应当及时返还样品。样品有减损的，应当予以补偿。

（4）先行登记保存。在证据可能灭失或者以后难以取得的情况下，经公安机关办案部门负责人批准，可以先行登记保存。先行登记保存期间，证据持有人及其他人员不得损毁或者转移证据。对先行登记保存的证据，应当在 7 日内作出处理决定。逾期不作出处理决定的，视为自动解除。

扣押、扣留、查封期限为 30 日，情况复杂的，经县级以上公安机关负责人批准，可以延长 30 日；法律、行政法规另有规定的除外。

第四节 治安案件查处的程序

一、简易程序

（一）简易程序的含义

简易程序也称当场处罚程序，是指人民警察在依法执行职务时，对违法事实清楚，证据确凿、情节简单、因果关系明确的违反治安管理行为，依照法律规定，当场作出处罚决定的程序。《治安管理处罚法》第 100 条规定："违反治安管理行为事实清楚，证据确凿，处警告或者二百元以下罚款的，可以当场作出治安管理处罚决定。"①

简易程序具有迅速及时、易于执行、程序简单的特点，对于公安机关及其人民警察及时维护社会治安秩序，迅速处理简单的治安案件，高效履行治安管理职责，具有积极的作用。

（二）简易程序的适用条件

1. 依法可以对违法事实确凿的违反治安管理行为人处 200 元②以下罚款或者警告处罚；

2. 涉及卖淫、嫖娼、赌博、毒品的案件，不适用当场处罚。

现场执法的民警，对违法事实、适用法律等进行综合评估后，认为符合当场处罚条件的，可以当场作出行政处罚决定；认为不符合当场处罚条件或者还需要进一步调查取证的，应当适用一般程序。

（三）简易程序的适用步骤

根据《公安机关办理行政案件程序规定》第 35 条的规定，在实施当场处罚时，应当按照下列程序实施：

1. 向违法行为人表明执法身份

执法的人民警察应主动地向违反治安管理行为人出示执法身份证件，以表明自己是合法的执法人员。人民警察主动表明身份有利于取得当事人和周围群众的理解和支持，也便于人民群众对警察的执法行为进行监督。依法执行职务的人民警察在确认违法事实的基础上应当口头告知当事人拟作出行政处罚的事实、理由、依据及其依法享有的权利。

---

① 《公开征求意见稿》第 127 条将该条修改为："违反治安管理行为事实清楚，证据确凿，处警告或者五百元以下罚款的，可以当场作出治安管理处罚决定。"

② 《公开征求意见稿》第 127 条将"二百元以下"修改为"五百元以下"。

2. 收集证据

虽然适用简易程序处理的是事实清楚，证据确凿、情节简单、因果关系明确的违反治安管理行为，但还应注意证据的收集，以便对违反治安管理的事实进行支持，因为没有证据作为保证，当事人一旦提出异议，诉诸法律，治安管理处罚决定将被撤销或者变更，所以，在适用简易程序时，应根据现场实际情况，收集证明违法行为的证据。

3. 口头告知

口头告知违法行为人拟作出行政处罚决定的事实、理由和依据，并告知违法行为人依法享有的陈述权和申辩权。

4. 充分听取违法行为人的陈述和申辩

违法行为人提出的事实、理由或者证据成立的，应当采纳。

5. 填写当场处罚决定书并当场交付被处罚人

《当场处罚决定书》一式二份，由经办的民警签名或者盖章，一份当场交付被处罚人，一份由被处罚人签名后交所属公安机关备案。

6. 当场收缴

当场收缴罚款的，同时填写省级或者国家财政部门统一制发的罚款收据，交付被处罚人；未当场收缴罚款的，应当告知被处罚人在规定期限内到指定的银行缴纳罚款；发现有违禁品的，可以当场收缴，在《当场处罚决定书》中注明，同时制作《收缴物品清单》一式三份，一份连同违禁品交保管人，一份当场交物品持有人，一份附卷。

（四）决定、备案和送达被侵害人

适用简易程序处罚的，可以由民警一人作出行政处罚决定。民警当场作出行政处罚决定的，应当于作出决定后的 24 小时内将《当场处罚决定书》报所属公安机关备案。当场处罚的治安案件有被侵害人的，应当将《当场处罚决定书》复印件在作出处罚决定之日起 2 日内送达被侵害人。无法送达的，应当注明。

二、普通程序

普通程序也叫一般程序是指查处治安案件一般的、通常适用的程序。根据《治安管理处罚法》、《行政处罚法》以及《公安机关办理行政案件程序规定》的规定，适用普通程序查处治安案件，公安机关需要经过受理、传唤、调查、告知、审核审批、听证、决定、送达等环节。

（一）受理

治安案件的受理，也称“受案”，是指公安机关对报案、控告、举报或者违反治安管理行为人主动投案，以及其他行政主管部门、司法机关移送的违反治安管理案件，表示接受，并拟作为治安案件调查处理的一种程序上的法律活动。包括：接受报案，登记备查；办案人员初步审查、处理报案材料，提出受理意见；受理调查审批，决定是否作为治安案件调查处理等步骤（详见本章第一节“四、治安案件的受理”）。

（二）传唤

传唤，是指公安机关通知违反治安管理行为人于指定时间到达指定地点接受询问的法律措施。传唤并非治安案件查处的必经程序，只是为顺利查明案件事实而依法采取的法律措施，随案件调查的需要而使用。传唤的方式主要有口头传唤与书面传唤两种。

1. 书面传唤

即指用《传唤证》进行传唤。《传唤证》须载明被传唤人的姓名、性别、住址和传唤事由，到案时间、地点及其他应予记载的事项。被传唤人收到传唤证后必须在附联上签名和注明收到的时间，并根据公安机关的要求在指定时间到达指定地点接受询问。在传唤过程中人民警察应当将传唤的原因和依据告知被传唤人。回执由送证人后带回入卷。

2. 口头传唤

即是指对于现场发现的违反治安管理行为人，人民警察经出示工作证件①，口头通知其到案接受询问的一种方法。所谓现场发现，既包括人民警察在违反治安管理行为的实施现场发现或抓获行为人的情况，也包括人民警察在违反治安管理实施现场以外的地点发现或抓获已受理的治安案件的违反治安管理行为人的情况。口头传唤有利于人民警察及时有效地制止违反治安管理行为、抓获违反治安管理行为人，防止或减轻可能造成的危害，及时作出处罚决定，提高工作效率。

适用口头传唤应注意以下几个问题：一是人民警察应主动出示工作证件；二是只适用于现场发现的违反治安管理行为人；三是应当将传唤的原因和依据告知被传唤人；四是口头传唤的过程应当在之后的询问笔录中得到体现。

3. 强制传唤②

即是指公安机关对无正当理由不接受传唤或者逃避传唤的违反治安管理行为人，采取强制的方法将其带到公安机关或其他地点接受询问的一种法律强制措施。因涉及公民的人身自由，在使用强制传唤时必须慎重，同时，应当注意以下几点：

（1）必须符合治安管理处罚法规定的条件，即必须是经过合法传唤，没有正当理由而不接受传唤或者逃避传唤的；

（2）必须由公安机关执行；

（3）必须事先进行告诫，进行必要的教育；

（4）措施必须得当，强制方法应以能将传唤人传唤到案为限度，必要时，可以使用手铐、警绳等约束性警械。

4. 传唤应注意的问题

（1）传唤必须依照法律规定，严格履行法律手续。使用《传唤证》传唤，需经公安机关办案部门负责人批准。适用口头传唤，人民警察应主动出示工作证件。无论是书面传唤还是口头传唤都应当将传唤的原因和依据告知被传唤人。

（2）禁止传唤证人或与案件无关的人。

（3）《传唤证》的送达。如果被传唤人拒绝签名的，案件承办人员可以邀请其邻居或其他见证人到场，经说明情况后，把传唤证留在被传唤人处，并在送达回执上注明拒绝的事由、送达日期，由案件承办人员和见证人签名，即视为送达。

（4）正确运用传唤法律措施，区别传唤与盘查、继续盘问的关系，禁止用继续盘问来

---

① 《公开征求意见稿》第105条第1款，将其修改为“人民警察证”。

② 《公开征求意见稿》第105条第2款：“公安机关应当将传唤的原因和依据告知被传唤人。对无正当理由不接受传唤或者逃避传唤的人，经公安机关办案部门负责人批准，可以强制传唤。强制传唤时，可以依法使用警械。”第3款：“对因情况紧急当场实施强制传唤的，人民警察应当在返回单位后立即向其所属公安机关办案部门负责人报告，并在询问笔录中注明。公安机关办案部门负责人认为不应当强制传唤的，应当立即解除。”

代替传唤。

(5) 对违反治安管理行为人，公安机关传唤后应当及时询问查证。

(三) 调查

治安案件调查，是公安机关为查明治安案件事实情况，取得证据，及时结案而依法对治安案件事实情况进行调查取证等一系列法律活动的总称。包括询问、勘验、检查、鉴定、检测、辨认、证据保全等（见本章第三节“二、治安案件的调查”）。

(四) 处罚前的告知程序

告知是治安管理处罚的必经程序。对当事人来说，是法定的权利；对公安机关来说，是法定的义务。正确履行告知程序，有利于保护当事人的知情权，使其理解和配合公安机关的执法行为，达到治安管理处罚的目标。《行政处罚法》第 41 条规定：“行政机关及其执法人员在作出行政处罚决定之前，不依照本法第 31 条、第 32 条的规定向当事人告知给予行政处罚的事实、理由和依据，或者拒绝听取当事人的陈述、申辩，行政处罚决定不能成立；当事人放弃陈述或者申辩权利的除外。”由此可见，公安机关不依法履行告知程序，治安管理处罚无效。

根据《治安管理处罚法》第 94 条①的规定，告知的内容包括两方面：一是告知当事人作出行政处罚决定的事实、理由及依据。二是告知当事人依法享有的权利，即当事人依法享有的陈述、申辩权。拟作出的治安管理处罚种类和幅度符合听证范围的，公安机关还应向当事人告知其有要求听证的权利。当事人要求听证，则进入听证程序。

根据《公安机关办理行政案件程序规定》的规定，适用普通程序作出治安管理处罚决定的，必须采取书面形式或笔录形式告知。

公安机关办案部门对违反治安管理行为人提出的事实、理由和依据，应当进行复核，能够成立的，公安机关应当采纳，不得因违反治安管理行为人的陈述、申辩而加重处罚。

(五) 听证程序②

在治安管理处罚中，听证是一种选择性的程序，如果符合法定条件，且被处罚人要求听证，那么公安机关应该依法举行听证。

(六) 审核、审批

审核即审查和核实，是指公安机关的案件审核部门对调查终结的治安案件，就违反治安管理行为的事实、证据、认定依据和处理意见进行审查核实，提出处理意见的过程。审批是指公安机关的负责人对经审核后的治安案件进行审查并签署处罚意见的过程。审批体现了治安管理处罚决定的权限。

(七) 处罚决定书的制作与送达

公安机关作出治安管理处罚决定的，应当制作治安管理处罚决定书。被决定行政拘留处罚的，还应填写《治安管理处罚执行行政拘留处罚通知书》；需要采取收容教育、强制隔离戒毒等行政强制措施的，还应依照有关法律、法规规定，填制相应的法律文书。

《治安管理处罚法》第 97 条③规定：“公安机关应当向被处罚人宣告治安管理处罚决定书，并当场交付被处罚人；无法当场向被处罚人宣告的，应当在二日内送达被处罚人。决定

---

① 《公开征求意见稿》调整至第 121 条。

② 《公开征求意见稿》调整至第 125 条。

③ 《公开征求意见稿》调整至第 124 条。

给予行政拘留处罚的，应当及时通知被处罚人的家属。有被侵害人的，公安机关应当将决定书副本抄送被侵害人。”依照此规定，公安机关依法作出治安管理处罚决定后被处罚人在场的，公安机关应向被处罚人宣告决定书，并将决定书当场交付被处罚人，无法当场向被处罚人宣告的，应当在二日内将治安管理处罚决定书送达被处罚人。

（八）处罚决定的执行

1. 拘留的执行

对被决定给予行政拘留处罚的人，由作出决定的公安机关送达拘留所执行。① 违反治安管理行为人有下列情形之一，依法应当给予行政拘留处罚的，不执行行政拘留处罚②：（1）已满14周岁不满16周岁的；（2）已满16周岁不满18周岁，初次违反治安管理的；（3）70周岁以上的；（4）怀孕或者哺乳自己不满一周岁婴儿的。

此外，根据《治安管理处罚法》第107条③的规定，“被处罚人不服行政拘留处罚决定，申请行政复议、提起行政诉讼的，可以向公安机关提出暂缓执行行政拘留的申请。公安机关认为暂缓执行行政拘留不致发生社会危险的，由被处罚人或者其近亲属提出符合本法第108条规定条件的担保人，或者按每日行政拘留200元的标准交纳保证金，行政拘留的处罚决定暂缓执行”。

2. 罚款的执行

根据《治安管理处罚法》的规定，受到罚款处罚的人应当自收到处罚决定书之日起15日内，到指定的银行缴纳罚款。但是，有下列情形之一的，人民警察可以当场收缴罚款④：

（1）被处50元以下罚款，被处罚人对罚款无异议的；

（2）在边远、水上、交通不便地区，公安机关及其人民警察依照本法的规定作出罚款决定后，被处罚人向指定的银行缴纳罚款确有困难，经被处罚人提出的；

（3）被处罚人在当地没有固定住所，不当场收缴事后难以执行的。

人民警察当场收缴的罚款，应当自收缴罚款之日起2日内，交至所属的公安机关；在水上、旅客列车上当场收缴的罚款，应当自抵岸或者到站之日起2日内，交至所属的公安机关；公安机关应当自收到罚款之日起2日内将罚款缴付指定的银行。

人民警察当场收缴罚款的，应当向被处罚人出具省、自治区、直辖市人民政府财政部门统一制发的罚款收据；不出具统一制发的罚款收据的，被处罚人有权拒绝缴纳罚款。

---

① 《公开征求意见稿》第130条，增加规定：“被决定行政拘留的人在异地被抓获或者具有其他有必要在异地拘留所执行情形的，经异地拘留所主管公安机关批准，可以在异地执行”。

② 《公开征求意见稿》第21条规定：“违反治安管理行为人有下列情形之一，依照本法应当给予行政拘留处罚的，不执行行政拘留处罚：（一）已满14周岁不满18周岁，初次违反治安管理的；（二）70周岁以上的，但是二年内曾因违反治安管理受过行政拘留处罚或者曾受过刑事处罚、免予刑事处罚的除外；（三）怀孕或者哺乳自己婴儿的。”

③ “公开征求意见稿”调整到第135条。

④ 《公开征求意见稿》第131条规定：“受到罚款处罚的人应当自收到处罚决定书之日起15日内，到指定的银行缴纳罚款。但是，有下列情形之一的，人民警察可以当场收缴罚款：（一）被处二百元以下罚款，被处罚人对罚款无异议的；（二）在边远、水上、交通不便地区，旅客列车上或者口岸，公安机关及其人民警察依照本法的规定作出罚款决定后，被处罚人向指定的银行缴纳罚款确有困难，经被处罚人提出的；（三）被处罚人在当地没有固定住所，不当场收缴事后难以执行的。”

3. 吊销公安机关发放的许可证①的执行

公安机关作出吊销许可证决定的，应当在被吊销的许可证上加盖“吊销”印章后收缴，被处罚人拒不缴销证件的，公安机关可以公告宣布无效。

4. 驱逐出境和限期出境②的执行

驱逐出境和限期出境都是取消违反治安管理人在中国居留资格的处罚，限期出境属于责令自行出境，公安机关可以监督其离开。对逾期未离境的，公安机关可以采取强制措施将其遣送出境。驱逐出境在执行程度上要重于限期出境，需要由负责执行的公安机关将其强制押解出境。对外国人依法作出罚款、行政拘留决定又附加适用限期出境或者驱逐出境处罚的，应当在罚款、行政拘留执行完毕后，再执行限期出境和驱逐出境处罚。

三、治安调解

根据《治安管理处罚法》第九条③的规定，治安调解是指对于因民间纠纷引起的打架斗殴或者损毁他人财物等违反治安管理行为，不给予治安管理处罚，而采取在公安机关主持下，由双方当事人互相协商，自愿达成解决争议协议的处理方法。

（一）治安调解的条件

1. 对因民间纠纷引起的殴打他人、故意伤害、侮辱、诽谤、诬告陷害、故意损毁财物、干扰他人正常生活、侵犯隐私、非法侵入住宅等违反治安管理行为，情节较轻，且具有下列情形之一的，可以调解处理：

（1）亲友、邻里、同事、在校学生之间因琐事发生纠纷引起的；

（2）行为人的侵害行为系由被侵害人事前的过错行为引起的；

（3）其他适用调解处理更易化解矛盾的。

2. 对情节轻微、事实清楚、因果关系明确，不涉及医疗费用、物品损失或者双方当事人对医疗费用和物品损失的赔付无争议，符合治安调解条件，双方当事人同意当场调解并当场履行的治安案件，可以当场调解，并制作调解协议书。

3. 具有下列情形之一的，不适用调解处理：

（1）雇凶伤害他人的；

（2）结伙斗殴或者其他寻衅滋事的；

（3）多次实施违反治安管理行为的；

（4）当事人明确表示不愿意调解处理的；

（5）当事人在治安调解过程中又针对对方实施违反治安管理行为的；

（6）调解过程中，违法嫌疑人逃跑的；

（7）其他不宜调解处理的。

（二）治安调解的原则

根据《公安机关办理行政案件程序规定》以及《公安机关治安调解工作规范》的规定，公安机关在进行治安调解处理时，应当遵循公开、合法、公正、自愿、及时的原则，注重教

---

① “公开征求意见稿”将其修改为“吊销证照”。

② 《公开征求意见稿》中已将其从处罚种类中删除。

③ 《公开征求意见稿》第8条，增加一款规定：“对符合调解范围的治安案件，双方当事人自行和解并履行和解协议，书面申请经公安机关认可的，不予处罚，但公安机关已依法作出处理决定的除外。”

育疏导，化解矛盾。

1. 公开原则

为了增加公安机关在进行治安调解时的透明度，加强对治安调解的监督和便于教育群众，治安调解应当适用公开原则。《公安机关办理行政案件程序规定》第146条明确规定：公安机关调解处理的行政案件，应当公开进行。公开调解，也是治安调解协议获得当事人，乃至公众认可的基础。以公开的方式进行治安调解，更有利于保护双方当事人的利益，也更有利于调解协议的执行。根据《公安机关办理行政案件程序规定》的规定，对涉及个人隐私及违反治安管理行为人和受害人都要求不公开调解的案件，公安机关应当不予公开调解。

2. 合法原则

调解合法是治安调解有效的前提条件，它包括程序合法和实体合法。其要求在调解纠纷的程序上，要尊重当事人的意愿，不得强行调解；在调解纠纷的依据上，要把国家法律、法规作为调解纠纷的主要依据，不能充当“和事佬”，无原则的“和稀泥”；在纠纷经调解达成的协议内容上，必须符合我国法律和政策的规定，不得损害国家、集体利益和他人的合法权益。

3. 公正原则

所谓公正，是指“公平正直、没有偏私”。公安机关在进行治安调解时，要求在主观上对纠纷各方当事人应公正对待、一视同仁，不能区别对待，更不能感情用事；在客观上要正确把握公正性标准，充分考虑到每一个可以进行治安调解的违反治安管理行为的具体情况，认真分析其原因、危害及纠纷各方当事人的态度等方面情况，以保证调解的质量。

4. 自愿原则

“意思自治”是民事法律所规定的基本原则。治安调解只存在自愿调解，不存在强制调解。公安机关在进行治安调解前，要在进行法制教育的前提下，了解双方当事人是否愿意使用调解这一方法来处理此次纠纷，如果双方均表示愿意调解或者有愿意调解的意思表示，才能进行治安调解；在进行治安调解中，双方当事人均有权随时中止调解，公安机关不得强迫；在治安调解后，各方当事人是否达成协议，必须尊重当事人的意思，不能强迫或变相强迫当事人达成调解协议。调解协议在法律允许范围内，自愿协商，相互让步达成的结果。如果说各方当事人达不成协议即终结调解。

5. 及时原则

治安调解的主要目的是及时消除纠纷双方当事人之间的隔阂，使双方言归于好，增进彼此之间的团结，预防和减少违法犯罪活动的发生。因此，因民间纠纷引起的违反治安管理行为发生后，公安机关要认真进行调查分析，对符合治安调解条件，认为可以调解处理的，要迅速介入，及时进行调解处理，防止因此产生报复、上访等事件的发生；对不符合治安调解处理的条件或者公安机关认为不适宜治安调解的或者治安调解不成的，公安机关也要及时依法对违法当事人予以处罚，以防止纠纷当事人进行报复或再生事端。

6. 教育和疏导原则

这是对公安机关进行调解时在方法上的要求。公安机关对因民间纠纷引起的违反治安管理行为的行政案件进行调解，目的就是查清事实，讲清道理，解决纷争，化解矛盾，相互谅解，达成协议。凡是通过调解的方式能够解决当事人之间的纠纷，就不一定采取治安处罚的手段进行处理，公安机关通过调解处理，可以教育当事人自觉遵守国家的法律法规，通过合法途径或者手段解决权益纠纷，使当事人双方不再继续违反治安管理。

（三）治安调解的方法

1. 快刀斩乱麻法

基层派出所在日常受理的治安案件中，许多因纠纷引起的案件起因简单，发生突然，且情节后果一般都不严重，对于这类的案件，能当场调解的要尽可能在现场调解，可以避免案件当事人亲属或朋友的“乱参谋”现象，避免本来简单的案件复杂化。

2. 依法依理，以理服人

参与调解的民警要懂方针政策、懂法律法规、懂相关业务知识、懂民情风俗、懂当事人言谈举止与其心理活动之间的联系，只有在这些懂的基础上，才能从法律角度分析问题，让群众了解矛盾是怎样产生的，帮助他们分析各自的错处，进而检讨自己，从而达到缓和和化解矛盾的目的。说理式调解法不仅能充分体现民警的综合能力和素质，也是办案民警向涉案当事人宣讲法律的一个平台，在说理的过程中，只要民警出于公心，平等待人，以理服人，不畏权贵，不徇私情，一定会达到预期的调解效果。

3. 隔离法

调解的过程中，由于双方当事人的情绪都比较激动，要想办法把双方当事人隔离开，使双方暂时脱离接触，避免受到来自对方的直接刺激。让当事人首先冷静下来，对双方进行有关的法律、公德教育，继而能够理智地分析和面对眼前的问题。与此同时，民警通过各个劝说的方法，使双方逐步缩小意见差距，在双方意见接近时再提出调解方案，促成调解成功。

4. 感化法

调解工作中的感化法，是指参与调解的民警运用自己的真情实感，对当事人施加积极的心理影响，或是引导当事人之间情感的相互沟通，从而使矛盾、纠纷得到化解。

5. 权威法

古话说：“人微言轻、人贵言重”。说的是具有权威性的人所说的话可信度高，别人容易认同。因此，为了做好调解工作，参与调解的民警一方面应加强自身的修养，提高自身的素质，以提高自身在当事人心目中的权威性。同时，还可以根据调解的需要邀请就近德高望重的长者或者社会团体的负责人参加调解，利用这些“权威人士”的影响力，对当事人进行疏导、规劝、批评，往往可以收到事半功倍的效果。

第五节　常见治安案件的查处

一、常见扰乱公共秩序案件查处

扰乱公共秩序案件是指行为人以各种方法故意实施扰乱公共秩序行为规范，依照有关治安管理法律法规应当给予治安管理处罚，由公安机关进行调查处理的案件。根据《治安管理处罚法》第 23 条至第 29 条①的规定，扰乱公共秩序案件主要有扰乱单位秩序、扰乱公共场所秩序、扰乱公共交通工具上的秩序、破坏选举秩序、寻衅滋事等 29 种具体的治安案件。以下我们主要介绍几种常见扰乱公共秩序案件的查处。

（一）扰乱单位秩序案件的查处

1. 扰乱单位秩序行为的构成

① 《公开征求意见稿》中第 23 条至第 33 条。

扰乱单位秩序的行为，是指扰乱机关、团体、企业、事业单位的秩序，致使工作、生产、营业、医疗、教学、科研不能正常进行，尚未造成严重损失，依法应当予以治安管理处罚的行为。该行为的主要法律特征是：

（1）行为侵犯的客体是社会秩序，即机关、团体、企业、事业单位正常管理活动的秩序。

（2）行为的客观方面表现为扰乱机关、团体、企业、事业单位的秩序的行为，并且造成的这些单位的工作、生产、营业、医疗、教学、科研不能正常进行的危害结果。在实践中，扰乱公共场所秩序的行为表现形式很多，例如，在单位内起哄、闹事、辱骂；擅自封闭单位的出入通道；占据单位工作场所；纠缠单位职工，使其无法工作，等等。构成本行为的前提是尚未造成严重损失，即未造成停产停业或者重大经济损失等情形。

2. 扰乱单位秩序行为与相关行为的区别

（1）与聚众扰乱社会秩序罪的区别。二者的区别在于是否造成了严重损失。构成犯罪的严重损失，一般是指行为人聚众扰乱社会秩序的行为导致生产、营业单位较长时间不能正常生产或营业，造成严重损失；导致党政机关不能正常工作，造成不良影响；导致教学、科研机构不能正常进行教学、科研工作，严重阻碍了教学、科研工作等情形。聚众扰乱社会秩序罪的主体仅限于聚众的首要分子和积极参加者，对于一般的参与者，不以犯罪论处，可视情节以违反治安管理行为论处。

（2）与聚众冲击国家机关罪的区别。二者的主要区别是：一是行为侵犯的客体不同。前者侵犯的既有国家机关的工作秩序，又有社会团体、企业、事业单位的秩序；后者侵犯的客体仅仅是国家机关的工作秩序。二是危害程度不同。前者是致使单位的工作、生产不能正常进行，但尚未造成严重损失；后者是致使国家机关的工作无法进行，并且造成了严重损失。三是行为的情节不同。前者情节较轻；后者情节较重。四是主体不同。前者既可以由个人实施，也可以群体共同实施；后者则只能是聚众实施，并且构成犯罪的仅仅是实施扰乱单位秩序的首要分子和积极参加者，对其他普通参加者，可予以治安管理处罚。

3. 扰乱单位秩序行为的处罚

依据《治安管理处罚法》第 23 条的规定，对构成本行为的，处警告或者 200 元以下罚款；情节较重的，处 5 日以上 10 日以下拘留，可以并处 500 元以下罚款；聚众实施本行为的首要分子，处 10 日以上 15 日以下拘留，可以并处 1000 元以下罚款。

（二）扰乱公共场所秩序案件的查处

1. 扰乱公共场所秩序行为的构成

扰乱公共场所秩序的行为，是指扰乱车站、码头、民用航空站、市场、商场、公园、影剧院、娱乐场所、运动场、商场或者其他公共场所秩序，尚不够刑事处罚的行为。该行为的主要法律特征是：

（1）行为侵犯的客体是公共场所的秩序。

（2）行为的客观方面表现为行为人以各种方法实施了扰乱公共场所秩序的行为。公共场所，是指向不特定的社会公众开放的，不特定的社会成员均可以进入进行社会活动的各种场所。主要包括广场、车站、码头、民用航空站、商场、公园、影剧院、展览会、运动场、游泳池、宾馆饭店等公共区域。扰乱公共场所秩序行为通常表现为：在公共场所故意违反行为规则，聚众起哄闹事；进行非法集会、游行、示威活动，造成交通堵塞，秩序混乱；阻止、抗拒有关工作人员维护公共秩序等。

2. 扰乱公共场所秩序行为与相关行为的区别

（1）与扰乱单位秩序行为的区别。二者区别的关键是行为所侵犯的直接客体不同。前者行为侵害的直接客体是公共场所正常的管理和活动秩序，而后者行为侵害的直接客体是机关、团体、企事业单位的工作、生产和教学等秩序。

（2）与聚众扰乱公共场所秩序罪的区别。二者的主要区别是：一是从行为的参与者来说，前者单人或多人均可构成；后者必须是人数众多，达到聚众的程度。二是从行为手段看，后者有抗拒、阻碍国家治安管理工作人员依法执行职务的情节，此情节较为恶劣；前者则无。三是从主体看，前者一般人均可以构成；后者则只是起组织、策划作用的首要分子构成犯罪，其他参与者可按违反治安管理行为论处。

3. 扰乱公共场所秩序行为的处罚

依据《治安管理处罚法》第23条的规定，对构成本行为的，处警告或者200元以下罚款；情节较重的，处5日以上10日以下拘留，可以并处500元以下罚款；聚众实施本行为的首要分子，处10日以上15日以下拘留，可以并处1000元以下罚款。

（三）扰乱大型群众性活动秩序案件的查处

1. 扰乱大型群众性活动秩序行为的构成

扰乱大型群众性活动秩序行为，是指在文化、体育等大型群众性活动中，强行进入场内的；违反规定在场内燃放烟花爆竹或者其他物品的；展示侮辱性标语、条幅等物品的；围攻裁判员、运动员或者其他工作人员的；向场内投掷杂物，不听制止以及扰乱大型群众性活动秩序的其他行为。该行为的主要法律特征是：

（1）行为侵犯的客体是国家对文化、体育比赛或者其他大型活动场馆的管理秩序。

（2）行为的客观方面表现为行为人实施了下列六种行为之一的活动：

强行进入场内。是指行为人不购买门票或者入场券，并且不听工作人员的制止，强行进入场内观看比赛或者进行其他活动，或者虽持有票证，但不服从安全检查工作人员的安全检查，而强行进入场内以及其他强行进入场内的情形。

违反规定，在场内燃放烟花爆竹或者其他物品的。在大型群众性活动场内违反规定燃放烟花爆竹或者其他物品容易引起火灾或者导致现场秩序混乱，从而危及公共安全。

展示侮辱性标语、条幅等物品。此种行为多发生在体育比赛等对抗性强的大型活动中，展示侮辱性标语、条幅等物品易挑起双方观众的对立情绪，伤害受侮辱一方运动员的比赛情绪，引发运动员之间、观众之间的冲突，同时也对他人的人格权造成了伤害，必须从法律上加以禁止。

围攻裁判员、运动员或者其他工作人员。是指藐视文化、体育比赛等大型活动管理秩序，采用围攻裁判员、运动员或者其他工作人员的方式，扰乱文化、体育比赛等大型活动正常进行。

向场内投掷杂物，不听制止的。是指故意向场内投掷矿泉水瓶、食品、鸡蛋等杂物，扰乱正在进行的文化、体育比赛等大型活动管理秩序，不听制止的。

扰乱大型群众性活动秩序的其他行为。是指行为人采用上述方法以外的方式和手段，比如采用起哄、散布谣言、煽动观众不满情绪、用恶意语言攻击运动员、演员、裁判员等方式，扰乱正在进行的文化、体育比赛等大型活动管理秩序。

2. 扰乱大型群众性活动秩序行为的处罚

依据《治安管理处罚法》第24条的规定，对构成本行为的，处警告或者200元以下罚款；情节严重的，处5日以上10日以下拘留，可以并处500元以下罚款。同时，为了维护体育比赛秩序，还特别规定：因扰乱体育比赛秩序被处以拘留处罚的，可以同时责令其12个月内不得进入体育场馆观看同类比赛；违反规定进入体育场馆的，强行带离现场。

（四）寻衅滋事案件的查处

1. 寻衅滋事行为的构成

寻衅滋事行为，是指行为人结伙斗殴或在公共场所或者其他场所无事生非、起哄捣乱、无理取闹、无故殴打他人、肆意挑衅、横行霸道，破坏公共秩序，情节轻微，尚不够刑事处罚的行为。该行为的主要法律特征是：

（1）行为侵犯的客体是复杂客体，既侵犯了社会的公共秩序，又侵犯了他人的人身权利。

（2）行为的客观方面主要表现为：结伙斗殴，即为了显示义气、争夺地盘、争风吃醋，或者出于私仇宿怨等动机目的，结成团伙、纠集众人，打架斗殴，扰乱和破坏公共秩序；追逐、拦截、辱骂他人，即出于取乐、寻求精神刺激、耍威风等不健康的目的，无理追逐、搂抱、拦截、辱骂他人等；强拿硬要或者任意损毁、占用公私财物，即以蛮不讲理的流氓手段，强行拿走、强行索要市场、店铺的商品以及他人的财物，没有目的和理由地损毁、占用公私财物，吃霸王餐等；还可以表现为其他寻衅滋事的行为，包括随意殴打他人；在公共场所无事生非、制造事端，扰乱公共场所秩序。

（3）行为的主观方面是故意，其动机一般出于逞强好胜，寻求精神刺激。

2. 寻衅滋事行为与相关行为的区别

（1）与寻衅滋事罪的区别。二者的主要区别在于情节和后果的不同上。根据刑法规定，只有寻衅滋事行为情节恶劣或者后果严重时，才构成寻衅滋事罪。有以下行为之一的，构成寻衅滋事罪：随意殴打他人，情节恶劣的。包括随意殴打他人手段残忍；多次随意殴打他人，造成被殴打人自杀或者精神失常等。追逐、拦截、辱骂他人，情节恶劣。包括多次追逐、拦截、辱骂他人的；造成恶劣影响或者激起民愤的；造成其他严重后果的。强拿硬要或者任意损毁、占用公私财物，情节严重的。是指强拿硬要或者任意损毁、占用公私财物数量大的；多次强拿硬要或者任意损毁、占用公私财物的；公私财物受到严重损失的，等等。在公共场所起哄闹事，造成公共场所秩序严重混乱的。是指公共场所的正常秩序受到严重破坏，引起群众发生惊慌、逃离现场的混乱局面。不具备以上情形的，构成本行为。

（2）与扰乱公共场所秩序行为的区别：二者区别的关键是实施违法行为的动机和目的不同。前者一般没有具体的目的、动机，其侵害的对象也是随机和不特定的；而后者一般有较明确的动机和目的，即通过实施相关行为给有关部门单位施加压力，以达到其无理或过分的要求，有的是乘机闹事。

3. 寻衅滋事行为的处罚

依据《治安管理处罚法》第26条的规定，对构成本行为的，处5日以上10日以下拘留，可以并处500元以下罚款；情节较重的，处10日以上15日以下拘留，可以并处1000元以下罚款。

二、常见妨害公共安全案件查处

妨害公共安全案件是指妨害公共安全，情节轻微，尚不够刑事处罚，依法应当由公安机关受理、调查、处理的各种妨害公共安全行为所构成的案件。根据《治安管理处罚法》第

30条至第39条①的规定，妨害公共安全案件有非法制造、买卖、储存、运输、邮寄、携带、使用、提供、处置危险物质案件、非法携带枪支、弹药、管制器具案件、盗窃、损毁公共设施案件、危险物质被盗、被抢、丢失后不按规定报告案件等共24种具体的案件，以下我们主要介绍几种常见妨害公共安全案件的查处：

（一）非法制造、买卖、储存、运输、邮寄、携带、使用、提供、处置危险物质案件的查处

1. 非法制造、买卖、储存、运输、邮寄、携带、使用、提供、处置危险物质行为的构成。

非法制造、买卖、储存、运输、邮寄、携带、使用、提供、处置危险物质行为是指违反国家对爆炸性、易燃性、放射性、毒害性、腐蚀性、传染病病原体等危险物资管理的法律规定，行为人非法实施的制造、买卖、储存、运输、邮寄、携带、使用、提供、处置危险物质行为。该行为的主要法律特征是：

（1）行为的客体是社会的公共安全和国家对爆炸性、剧毒性、易燃性、放射性、腐蚀性、传染病病原体等危险物质的管理制度。行为的对象是爆炸性、剧毒性、易燃性、放射性、腐蚀性、传染病病原体等危险物质。包括各类炸药、雷管、导火索、导爆索、非电导爆系统、起爆药、爆破剂、烟花爆竹等爆炸性物品；氰化物、汞化物、砒霜、剧毒农药、氟化物等剧毒物品；苯磷、酒精、乙醚易燃物品等；镭、钴等放射性物品；硫酸、盐酸等腐蚀性物品；乙肝病毒、痢疾杆菌、结核杆菌等传染病病原体。

（2）行为的客观方面表现为实施了违反国家有关危险物资管理规定，制造、买卖、储存、运输、邮寄、携带、使用、提供、处置危险物质的行为。国家有关危险物资管理规定，既包括相关法律、行政法规的规定，也包括部门规章、通告等规范性文件的规定，如《中华人民共和国传染病防治法》、《民用爆炸物品管理条例》、《危险化学物品安全管理条例》、《放射性同位素与射线装置放射防护条例》、《关于加强烟花爆竹企业安全管理的紧急通知》等。行为人只要实施了非法制造、买卖、储存、运输、邮寄、携带、使用、提供、处置爆炸性、剧毒性、易燃性、放射性、腐蚀性、传染病病原体等危险物质的行为中的一种，即可构成违反危险物资管理规定行为。如果行为人同时实施其中两种以上的行为，也只按一种违反治安管理行为处理。

（3）行为的主体既可以是个人，也可以是单位。

（4）行为在主观方面既可以是故意，也可以是过失。

2. 非法制造、买卖、储存、运输、邮寄、携带、使用、提供、处置危险物资行为与相关行为的区别。

（1）与非法制造、买卖、运输、储存危险物资罪的区别。根据2001年5月15日最高人民法院公布的《关于审理非法制造、买卖、运输枪支、弹药、爆炸物等刑事案件具体应用法律若干问题的解释》的规定，有以下情形的，构成犯罪：非法制造、买卖、运输、邮寄、储存炸药、发射药、黑火药1千克以上或者烟火药3千克以上、雷管30枚以上或者导火索、导爆索30米以上的；具有生产爆炸物品资格的单位不按照规定的品种制造，或者具有销售、使用爆炸物品资格的单位超过限额买卖炸药、发射药、黑火药10千克以上或者烟火药30千克以上、雷管300枚以上或者导火索、导爆索300米以上的；多次非法制造、买卖、运输、

① 《公开征求意见稿》第34条至第46条。

邮寄、储存弹药、爆炸物的；虽未达到上述最低数量标准，但具有造成严重后果等其他恶劣情节的。根据2003年9月4日最高人民法院、最高人民检察院公布的《关于办理非法制造、买卖、运输、储存毒鼠强等禁用剧毒化学品具体应用法律若干问题的解释》的规定，有以下情形之一的，构成犯罪：非法制造、买卖、运输、储存原粉、原液、制剂50克以上，或者饵料2千克以上的；在非法制造、买卖、运输、储存过程中致人重伤、死亡或者造成公私财产损失10万元以上的。

对没有达到上述构成犯罪标准的，构成本行为。

（2）与危险物品肇事罪的区别。危险物品肇事罪是过失犯罪，要发生重大事故才能构成。重大事故，是指死亡1人以上或者重伤3人以上，或者直接经济损失在5万元以上，或者直接经济损失不足5万元，但是情节严重，使生产、工作受到重大损害的。如果没有达到重大事故标准，就只能认定为本行为。

3. 非法制造、买卖、储存、运输、邮寄、携带、使用、提供、处置危险物资行为的处罚。

依据《治安管理处罚法》第30条①规定，对构成本行为的，处10日以上15日以下拘留；情节较轻的，处5日以上10日以下拘留。

（二）非法携带枪支、弹药、管制器具案件的查处

1. 非法携带枪支、弹药、管制器具行为的构成

非法携带枪支、弹药、管制器具的行为，是指违反国家对枪支、弹药、管制器具管理的法律法规，非法携带枪支、弹药或者弩、匕首等管制器具，尚不够刑事处罚的行为。非法携带枪支、弹药、管制器具行为的主要法律特征是：

（1）行为侵犯的客体是公共安全和国家对枪支、弹药、管制器具的管理秩序，侵害的对象是枪支、弹药或者国家规定的管制器具。

（2）行为的客观方面表现为实施了非法携带枪支、弹药或者国家规定的管制器具的行为。根据规定，携带枪支（弹药）要随身携带公安机关颁发的枪证和持枪证。非法携带枪支、弹药行为，主要是指具有持枪资格的人违反有关法律法规的规定携带枪支、弹药，尚不够刑事处罚的行为。如携带枪支，未携带持枪证件的；在禁止携带枪支的区域、场所携带枪支的。

对于管制器具中的匕首，除了国家规定允许佩带匕首的现役军人、人民武装警察和因工作需要有必要携带匕首的专业狩猎人员和地质、勘探等野外作业人员以外，其他任何人员不得携带匕首。对于弩，国家规定一律禁止携带。

（3）行为的主体是自然人。

（4）行为的主观方面既可以是故意，也可以是过失。

2. 非法携带枪支、弹药、管制器具行为与相关行为的区别

（1）与非法持有枪支、弹药罪的区别。二者的区别主要表现在两个方面：一是主体不同。前者行为的主体是指具有持枪资格的人；而后者的主体是指没有持枪资格的人，但对非法持有枪支、弹药不够刑事处罚的，依法可予以治安管理处罚。二是主观方面不同。前者行为主观上既可以是故意，也可以是过失构成；而后者只能由故意构成。

（2）本行为与非法携带枪支、弹药、管制刀具危害公共安全罪的区别。根据2001年5

① 《公开征求意见稿》第34条。

月15日最高人民法院公布的《关于审理非法制造、买卖、运输枪支、弹药、爆炸物等刑事案件具体应用法律若干问题的解释》规定，非法携带枪支、弹药、爆炸物进入公共场所或者公共交通工具，危及公共安全，具有下列情形之一的，构成犯罪：携带枪支或者手榴弹的；携带爆炸装置的；携带炸药、发射药、黑火药500克以上或者烟火药1千克以上、雷管20枚以上或者导火索、导爆索20米以上的；携带的弹药、爆炸物在公共场所或者公共交通工具上发生爆炸或者燃烧，尚未造成严重后果的；具有其他严重情节的。行为人非法携带爆炸物进入公共场所或者公共交通工具，虽未达到上述数量标准，但拒不交出的，以犯罪论处；携带的数量达到最低数量标准，能够主动、全部交出的，可不以犯罪论处。

不符合上述标准的，构成本行为。

3. 非法携带枪支、弹药、管制器具行为的处罚

依据《治安管理处罚法》第32条①规定，对构成本行为的，处5日以下拘留，可以并处500元以下罚款；情节较轻的，处警告或者200元以下罚款。同时，为了严格保障公共场所秩序和公共安全，该条同时规定，对非法携带枪支、弹药管制器具进入公共场所或者公共交通工具的，处5日以上10日以下拘留，可以并处500元以下罚款。

（三）盗窃、损毁公共设施案件的查处

1. 盗窃、损毁公共设施行为的构成

盗窃、损毁公共设施行为是指故意实施盗窃、损毁油气管道设施、电力电信设施、广播电视设施、水利防汛工程设施或者水文监测、测量、气象预报、环境检测、地质检测、地震检测等公共设施的行为。该行为的主要法律特征是：

（1）本行为所侵犯的客体是国家对公共设施的管理秩序。行为对象是正在使用中的公共设施，包括供电设备、输变电设备、油气输送管道、水利工程建筑物、防汛工程设施、水文检测、测量、气象预报、河岸地质检测仪器设备、地震检测仪器设备、通讯照明设施，包括广播电台的发受电波的设施、电视台的发射与接收电视图像的设备以及有线广播电视传播覆盖设施、邮电部门的收发电报的机器设施、无线电通讯网络、公用电话的交换设施、通讯线路如架空线路、埋设线路、无线线路等。此外，必须是正在使用中的上述设施才能成为本行为的对象。倘若不是正在使用，如正在制造或虽已制造完毕但未安装交付使用的，对之进行盗窃、损毁，亦不构成本行为。这是因为，只有对正在使用中的设施进行破坏，才能给公共安全带来危害。这是构成本行为的一个重要特征。

（2）本行为在客观方面表现为实施了破坏公共设施，可能危害公共安全的行为。破坏方法多种多样，如拆卸、偷窃或毁坏广播电视设施、公用电信设施重要机件，砸毁机器设备，偷割电线，截断电缆，挖走电线杆等。构成本行为，只须在客观上实施了破坏行为，并足以危害公共安全，无论是否造成危害后果，都可成立。如果行为人盗窃通讯设备中不影响正常公共通讯的部件，如将一户的电话机盗走，并不危害通讯方面的公共安全，不能以本行为认定，但可视情节可作故意毁坏财物行为或盗窃行为处理。

（3）行为主体是自然人。

---

① 《公开征求意见稿》第37条：“非法携带枪支、弹药进入公共场所、公共交通工具或者禁止携带的区域、场所的，处10日以上15日以下拘留，可以并处3000元以上5000元以下罚款；情节较轻的，处5日以下拘留、1000元以下罚款或者警告。非法携带管制器具或者携带仿真枪进入公共场所或者公共交通工具的，处警告、1000元以下罚款或者5日以下拘留；情节较重的，处5日以上10日以下拘留。”

（4）行为的主观方面是出于故意。行为人的动机一般是为了将盗窃的设备、设施变卖获得非法利益；也有的是为了发泄不满，故意损坏上述设备。

2. 盗窃、损毁公共设施行为与相关行为的区别

（1）与盗窃行为的区别。二者的区别主要表现在侵害对象上的不同。如果窃取的是库存的或者正在生产、维修中的器材，只能侵害财产所有权，并不危害公共安全，因此，应以盗窃行为论处。如果窃取的是正在使用中的以上设备，如盗割正在使用中的电话线、电缆线等，势必会使不特定多数单位或个人的广播、电视通讯受阻，线路安全受到威胁，应以妨害公共安全行为论处。

（2）与破坏电力设备罪、破坏易燃易爆设备罪、破坏广播电视设施、公用电力设施罪的区别。二者的主要区别在于行为后果不同。如果行为严重危害公共安全或者造成严重后果，致他人重伤、死亡或者致使公私财产遭受重大损失，公共生产、生活秩序受到严重破坏，则要追究行为人的刑事责任；如果行为情节不严重，没有严重危害公共安全或者造成后果较轻，则属于妨害公共安全行为。

3. 盗窃、损毁公共设施行为的处罚

依据《治安管理处罚法》第 33 条①规定，对构成本行为的，处 10 日以上 15 日以下拘留。

三、常见侵犯人身权利案件查处

侵犯人身权利案件是指行为人故意侵犯公民身体健康、人身自由、人格或名誉等人身以及与人身相关的权利，情节轻微，尚不够刑事处罚，依法应给予治安管理处罚的案件。根据《治安管理处罚法》第 40 条至第 48 条②的规定，侵犯人身权利案件主要有组织、胁迫、诱骗进行恐怖残忍表演案件、强迫劳动案件、非法限制人身自由案件、非法侵入住宅案件、殴打他人案件、故意伤害案件等 24 种具体的案件，以下我们主要介绍几种常见侵犯人身权利案件的查处：

（一）非法限制人身自由案件的查处

1. 非法限制他人人身自由行为的构成

非法限制他人人身自由行为，是指利用各种方法和手段，非法限制他人人身自由，情节轻微，尚不够刑事处罚的行为。该行为的主要法律特征是：

（1）行为侵犯的客体是他人的人身自由权利，即他人按照自己的意志自由支配自己身体活动的权利。

（2）行为的客观方面表现为实施了非法限制他人人身自由的行为。理解这一点，首先要明确限制他人人身自由的行为必须是非法的，即为法律所禁止的。其次要明确非法限制他人人身自由的行为方式，主要表现为限制他人在一定区域内活动，居住；限制他人不得参加某种社会活动；限制外出活动；或者规定他人的活动情况必须及时向违法行为人报告等。

（3）行为的主体一般是自然人，单位也可以构成本行为的主体。

---

① 《公开征求意见稿》第 38 条："盗窃、损毁油气管道设施、电力电信设施、广播电视设施、水利防汛工程设施、公共供水设施或者水文监测、测量、气象测报、环境监测、地质监测、地震监测等公共设施的，处 10 日以上 15 日以下拘留。"

② 《公开征求意见稿》第 47 条至第 58 条。

（4）行为人主观上出于故意。

2. 与非法拘禁罪的区别。非法拘禁罪是指以拘禁或者其他强制方法非法剥夺他人人身自由，具有下列情形之一的行为：（1）非法拘禁他人，并实施捆绑、殴打、侮辱等行为的；（2）多次非法拘禁他人，或非法拘禁多人，非法拘禁时间较长的；（3）非法拘禁，致人重伤、死亡、精神失常或自杀的；（4）非法拘禁，造成其他严重后果的。

国家机关工作人员利用职权非法拘禁，具有下列情形之一的，构成非法拘禁罪：（1）非法拘禁持续时间超过24小时的；（2）三次以上非法拘禁他人或者一次非法拘禁三人以上的；（3）非法拘禁他人，并实施捆绑、殴打、侮辱等行为的；（4）非法拘禁，致人伤残、死亡、精神失常的；（5）为索取债务非法扣押、拘禁他人，具有上述情形之一的；司法工作人员对明知是无辜的人而非法拘禁的。

由此可见，非法拘禁行为只有达到严重的程度，才构成犯罪。因此，应当根据情节的轻重、危害大小、动机目的、拘禁时间的长短等因素综合分析，来确定是违反治安管理行为还是犯罪行为。

3. 非法限制他人人身自由行为的处罚

依据《治安管理处罚法》第40条①的规定，对构成本行为的，处10日以上15日以下拘留，并处500元以上1000元以下罚款；情节较轻的，处5日以上10日以下拘留，并处200元以上500元以下罚款。

（二）非法侵入他人住宅案件的查处

1. 非法侵入他人住宅行为的构成

非法侵入他人住宅行为，是指未经住宅主人允许，没有正当理由，非法侵入他人住宅，不够刑事处罚的行为。该行为的主要法律特征是：

（1）行为侵犯的客体是他人的住宅权。住宅，是指公民合法居住的场所。至于该住所是本人的，还是租来的，对构成该行为均无影响。

（2）行为的客观方面表现为非法侵入他人住宅，情节轻微，尚不够刑事处罚。非法侵入他人住宅，包括两种情况：一是未经住宅主人许可，没有正当理由擅自进入他人住宅；二是虽经住宅主人同意或者有正当理由进入，但经住宅主人要求退出而无正当理由拒不退出他人住宅。

2. 非法侵入他人住宅行为与非法侵入他人住宅罪的区别

两者在行为主体、客体和主观方面均相同，但根本的区别在于行为客观方面的情节和危害程度。具有下列情形之一的，构成非法侵入他人住宅罪：（1）非法强行侵入他人住宅，经要求或教育仍拒不退出，严重影响他人正常生活和居住安全的；（2）非法强行侵入他人住宅，毁损、污损或搬走他人生活用品，严重影响他人正常生活的；（3）非法强行侵入并封闭他人住宅，致使他人无法居住的；（4）非法强行侵入他人住宅，引起其他严重后果的。由此可见，构成非法侵入他人住宅罪的行为所采取的方法、手段恶劣，侵入他人住宅时间长，甚至经行政机关、司法机关介入仍不退出。非法侵入他人住宅行为没有采用上述恶劣手段，一般没有造成危害后果或危害后果极小。

3. 非法侵入他人住宅行为的处罚

① 《公开征求意见稿》第47条。

依据《治安管理处罚法》第40条①的规定，对构成本行为的，处10日以上15日以下拘留，并处500元以上1000元以下罚款；情节较轻的，处5日以上10日以下拘留，并处200元以上500元以下罚款。

（三）威胁他人人身安全案件的查处

1. 威胁他人人身安全行为的构成

威胁他人人身安全行为，是指用写恐吓信或者其他方法威胁他人人身安全，尚不够刑事处罚的行为。该行为的主要法律特征是：

（1）行为侵犯的客体是他人的人身安全。

（2）行为客观方面表现为写恐吓信或者用其他方法威胁他人的生命、健康，尚不够刑事处罚。其他方法，是指除了写恐吓信以外的其他如当面以言语恐吓、打恐吓电话、由他人传话进行恐吓、往他人住房内（院中）投掷砖石来威胁等方法。

（3）主观方面出于故意。其动机具有多样性，有的是出于报复，有的是通过威胁他人得到某种政治、经济或者其他利益等，行为的主观上都是故意威胁他人的人身安全。

2. 威胁他人人身安全行为与相关行为的区别

（1）与构成犯罪的区别。威胁他人人身安全行为不管采用哪些具体方法，其行为本身都使他人精神受到折磨，安全受到威胁。对这种违法行为，如果只是单纯的精神威胁，没有采用暴力、限制等非法手段，也没有造成严重后果，应以违反治安管理行为论处；如果情节严重，如采用暴力手段，或对被威胁人造成了严重后果的，应当依法追究其相应的刑事责任。

（2）与敲诈勒索行为的区别。二者区别的关键在于行为目的是否是勒索钱财或财产性质的利益。如果有此目的，则是敲诈勒索行为；如果无此目的，则属于威胁他人人身安全的违反治安管理行为。

3. 威胁他人人身安全行为的处罚

依据《治安管理处罚法》第42条②规定，对构成本行为的，处5日以下拘留或者500元以下罚款；情节较重的，处5日以上10日以下拘留，可以并处500元以下罚款。

（四）诬告陷害案件的查处

1. 诬告陷害行为的构成

诬告陷害行为，是指捏造犯罪事实或者违反治安管理事实，向有关机关告发，意图使他人受刑事处罚或者治安管理处罚，情节较轻，不够刑事处罚的行为。该行为的主要法律特征是：

（1）行为侵犯的客体是双重客体，既侵犯了被诬陷人的人身权利，同时也侵害了国家司法机关的正常活动。

（2）行为的客观方面表现为实施了捏造犯罪事实或者违反治安管理事实，向有关机关告发的诬告陷害行为。首先，必须有捏造犯罪事实或者违反治安管理事实的行为。如果行为人不是捏造犯罪事实或者违反治安管理事实，而是将真实的犯罪事实或者违反治安管理事实检举告发，则是正当合法的行为，不构成本行为。如果行为人捏造的是一般事实而不是犯罪事实或者违反治安管理事实，目的是使他人受某种行政处分的，也不能构成本行为。其次，

---

① 《公开征求意见稿》第47条。

② 《公开征求意见稿》第49条。

必须将捏造的犯罪事实或者违反治安管理事实向有关机关作虚假告发。有关机关，是指公、检、法等司法机关，也包括一般的国家机关。只要能引起司法机关的行政处罚或者诉讼程序的机关，都在这个范围。虚假告发是指虚假的检举、揭发。构成诬告陷害行为，必须两个方面的行为同时具备。缺少其中一种，都不能构成本行为。

（3）行为的主观目的是使他人受到刑事追究或受到治安管理处罚。

2. 诬告陷害行为与相关行为的区别

（1）与诬告陷害罪的区别。正确区分这两种行为应以情节轻重为标准。情节轻微的，构成违反治安管理行为；情节严重的，则构成犯罪。情节严重，主要是指捏造的犯罪事实或者违反治安管理事实情节严重，诬陷手段恶劣，严惩影响了司法机关的正常活动或者在社会上造成了恶劣的影响或者被诬告人已被错误地追究刑事责任等情形。

（2）与诽谤行为的区别。两者的相同之处在于实施的都是捏造事实的行为。其区别在于：一是所侵犯的客体不同。前者是他人的人身权利和司法机关的正常活动；后者是他人的人格尊严和名誉权。二是捏造的内容和行为的方式不同。前者表现为捏造犯罪事实并向有关机关进行告发；后者是捏造并散布足以损害他人人格和名誉的虚假事实。三是行为的目的不同。前者是为了使他人受到刑事处罚；后者则是为了损害他人的人格和名誉。

3. 诬告陷害行为的处罚

依据《治安管理处罚法》第 42 条①规定，对构成本行为的，处 5 日以下拘留或者 500 元以下罚款；情节较重的，处 5 日以上 10 日以下拘留，可以并处 500 元以下罚款。

（五）殴打他人案件和故意伤害案件的查处

1. 殴打他人或者故意伤害他人行为的构成

殴打他人或者故意伤害他人行为，是指殴打他人或者故意伤害他人身体，尚不够刑事处罚的行为。该行为的主要法律特征是：

（1）行为侵犯的客体是公民的身体健康权。

（2）行为的客观方面表现实施了殴打他人或者故意伤害他人身体的行为。殴打他人，是指行为人公然实施的损害他人身体健康的打人行为。行为方式一般采用拳打脚踢，或者使用棍棒等器具殴打。故意伤害他人身体，是指以殴打以外的其他方式故意伤害他人的行为。如使用机械撞击、电击和驱使动物伤害他人等方法实施伤害，以故意移动楼梯或蹬塌树木，致他人从楼梯或树木上摔下的方式实施伤害等。依据规定，本行为属于行为犯，即只要有证据证明行为人实施了殴打他人或者故意伤害他人身体的行为，不论其是否造成被侵害人受伤，均应当视为违反治安管理行为。

2. 殴打他人或者故意伤害他人行为与相关行为的区别

（1）与伤害罪的区别。正确区分这两种行为应以被害人的受伤程度为标准。伤害罪，是以造成“轻伤害”以上程度的人身伤害为条件。即如果造成了轻伤害、重伤害，甚至死亡的，就应当依据刑法有关伤害罪的规定论处。

（2）与结伙斗殴行为的区别：一是所侵犯的客体不同。前者侵害的对象是特定的，侵犯的客体是特定人的身体健康权；后者侵害的对象是不特定的，所侵害客体的是社会公共秩序。二是目的动机不同。前者的目的是伤害他人身体；后者不仅仅只是追求对他人身体的伤害，更企图以此行为来显示自己的霸气和对国家法律、社会公德的藐视，是一种反社会的行

① 《公开征求意见稿》第 51 条。

为。三是对行为主体数量的要求不同。后者是指团伙之间发生的殴斗行为；而前者则包括个人之间、数人与数人之间、个人与数人之间的斗殴行为。

3. 殴打他人或者故意伤害他人行为的处罚

依据《治安管理处罚法》第43条①第1款规定，对构成本行为的，处5日以上10日以下拘留，并处200元以上500元以下罚款；情节较轻的，处5日以下拘留或者500元以下罚款。该条第2款规定，有下列情形之一的，处10日以上15日以下拘留，并处500元以上1000元以下罚款：（1）结伙殴打、伤害他人的；（2）殴打、伤害残疾人、孕妇、不满14周岁的人或者60周岁以上的人的；（3）多次殴打、伤害他人或者一次殴打、伤害多人的。

四、常见侵犯财产权利案件查处

侵犯财产权利案件是指行为人故意非法占有公私财物，攫取公私财物或者非法故意损毁公私财物，尚不够刑事处罚，依法应当给予治安管理处罚的案件。根据《治安管理处罚法》第49条②的规定，侵犯财产权利案件主要有盗窃案件、诈骗案件、哄抢案件、敲诈勒索案件、故意损毁公私财物案件等6种具体的案件，这6种案件在实践中属于多发性的常见案件。

（一）盗窃案件的查处

1. 盗窃行为的构成

盗窃行为，是指以非法占有为目的，秘密盗取公私财物，尚不够刑事处罚的行为。该行为的主要法律特征是：

（1）行为所侵犯的客体是公私财物的所有权。

（2）行为在客观方面表现为秘密盗取公私财物。所谓秘密盗取，是指违法行为人采取自己认为不会被财物所有人或保管人发现的方法而暗中将财物取走。

（3）行为人主观上出于故意，并且以非法占有为目的。如果是行为人误把公私财物当作自己的财物而拿走，或者未经物主同意而临时擅自借用其物，用完即还的，或者私自挪用代人保管的钱物，用后偿还的，因不具有非法占有的目的，不构成盗窃行为。

2. 盗窃行为与盗窃罪的区别

在认定本行为时，主要应当注意其与盗窃罪的区别。盗窃罪，是指以非法占有为目的，秘密盗取公私财物，数额较大、多次盗窃、入户盗窃、携带凶器盗窃或者扒窃的行为。所谓数额较大，根据最高人民法院《关于审理盗窃案件具体应用法律若干问题的解释》的规定，各省、自治区、直辖市可以根据本地区经济发展状况，在500元至2000元的幅度内具体掌握。所谓多次，是指在1年内入户盗窃或者在公共场所扒窃3次以上。

对于盗窃公私财物尚不够刑事处罚的，构成违反治安管理行为。

3. 盗窃行为的处罚

依据《治安管理处罚法》第49条③的规定，对构成本行为的，处5日以上10日以下拘留，可以并处500元以下罚款；情节较重的，处10日以上15日以下拘留，可以并处1000元以下罚款。

---

① 《公开征求意见稿》第53条。

② 《公开征求意见稿》第59条、第60条。

③ 《公开征求意见稿》第59条。

（二）诈骗案件的查处

1. 诈骗行为的构成

诈骗行为，是指以非法占有为目的，虚构事实或者隐瞒事实真相，骗取少量公私财物，尚不够刑事处罚的行为。该行为的主要法律特征是：

（1）该行为在客观上表现为以欺骗的方法获取少量公私财物，尚不够刑事处罚的。欺骗方法表现形式主要有虚构事实和隐瞒事实真相两种。

（2）行为人主观上必须出于故意，且具有非法占有为目的。有的人用欺骗的方法取得别人钱财，但目的是为了短期使用，而不是非法占有，则不能按诈骗行为论处。

2. 诈骗行为与诈骗罪的区别

二者的主要区别在于骗取公私财物的多少。根据最高人民法院《关于审理诈骗案件具体应用法律若干问题的解释》规定，个人诈骗公私财物2000元以上的，属于“较大数额”。并规定各省、自治区、直辖市高级人民法院可根据本地区经济发展状况、社会治安状况，在“2000元至4000元”的幅度内，确定本地区执行的个人诈骗“数额较大”的具体数额标准，并报最高人民法院备案。因此，侵犯数额能否达到“2000元至4000元”是区分诈骗行为与诈骗罪的主要标准。

3. 诈骗行为的处罚

依据《治安管理处罚法》第49条①的规定，对构成本行为的，处5日以上10日以下拘留，可以并处500元以下罚款；情节较重的，处10日以上15日以下拘留，可以并处1000元以下罚款。

（三）哄抢案件的查处

1. 哄抢行为的构成

哄抢行为，是指行为人以起哄的方式趁乱或者在紧急状态下公然抢走公私财物，尚不够刑事处罚的行为。该行为的主要法律特征是：

（1）该行为侵犯的客体是公私财物的所有权。

（2）该行为在客观方面表现为多人起哄，乘机抢夺公私财物的行为。

2. 哄抢行为与聚众哄抢罪的区别

聚众哄抢罪，是指以非法占有为目的，聚集多人公然夺取公私财物，数额较大或者情节严重的行为。聚众哄抢罪的主体通常是由在参加哄抢的行为人中的首要分子和积极参加的人构成。“首要分子”，是指在哄抢中起组织、策划和指挥作用的分子。“积极参加的”主要是指主动参与哄抢，在哄抢中起主要作用的人，包括哄抢公私财物数额较大或者带头哄抢的人员。对于其他参与哄抢的行为人，或者聚众哄抢公私财物数额较小的，或者情节较轻的，则应当按照违反治安管理的哄抢行为处罚。

3. 哄夺行为的处罚

依据《治安管理处罚法》第49条②的规定，对构成本行为的，处5日以上10日以下拘留，可以并处500元以下罚款；情节较重的，处10日以上15日以下拘留，可以并处1000元以下罚款。

---

① 《公开征求意见稿》第59条。

② 《公开征求意见稿》第59条。

（四）抢夺案件的查处

1. 抢夺行为的构成

抢夺行为，是指以非法占有为目的，乘人不备，公然夺取少量公私财物，尚不够刑事处罚的行为。该行为的主要法律特征是：

（1）该行为在客观上表现为乘人不备，公然夺取少量公私财物的行为。所谓乘人不备，公然夺取，就是乘财物的所有人或者保管人不注意时，当着所有人或保管人的面，公开夺取其财物。

（2）行为人主观上出于故意，并且具有非法占有的目的，过失不能构成抢夺行为。虽然出于故意，但不是为了非法占有，而是为了寻求精神刺激，进行挑衅活动而抢夺公私财物的，应该按寻衅滋事行为论处。

2. 抢夺行为与抢夺罪的区别

二者区分的关键在于抢夺公私财物的多少。根据最高人民法院《关于审理抢夺案件具体应用法律若干问题的解释》规定，抢夺公私财物价值人民币500~2000元以上的，属于刑法规定的抢夺公私财物“较大数额”。并规定各省、自治区、直辖市高级人民法院可根据本地区经济发展状况，社会治安状况，在“500~2000元”的幅度内，确定本地区执行的个人抢夺“数额较大”的具体数额标准，并报最高人民法院备案。因此，侵犯数额能否达到“500~2000元”是区分抢夺行为与抢夺罪的主要标准。

3. 抢夺行为的处罚

依据《治安管理处罚法》第49条①的规定，对构成本行为的，处5日以上10日以下拘留，可以并处500元以下罚款；情节较重的，处10日以上15日以下拘留，可以并处1000元以下罚款。

（五）敲诈勒索案件的查处

1. 敲诈勒索行为的构成

敲诈勒索行为，是指以非法占有为目的，对财物的所有人或者保管人进行威胁或者要挟，强行索取公私财物，尚不够刑事处罚的行为。该行为的主要法律特征是：

（1）该行为在客观方面表现为使用威胁或者要挟的方法，迫使被害人交付财物。从威胁的内容看，可以以危害生命、健康、自由相威胁，也可以以损害人格、名誉或者毁坏财产相要挟。从威胁侵害的对象上看，可以是财产的所有者、保管者本人，也可以是他们的亲属。一般而言，威胁内容的实现不具有当场性，而是扬言在以后某个时间付诸实施。

（2）该行为在主观上只能由直接故意构成，且以非法占有公私财物为目的。不具有此目的的行为，如债权人使用带有某种威胁性质的举动，讨回债务人所欠债款的，不构成敲诈勒索行为。

2. 敲诈勒索行为与敲诈勒索罪的区别

二者区分的关键在于侵占公私财物的多少。根据最高人民法院《关于敲诈勒索罪数额认定标准问题的规定》规定，敲诈勒索公私财物“较大数额”，以1000~3000元为起点。并规定各省、自治区、直辖市高级人民法院可根据本地区实际情况，在上述数额幅度内，研究确定本地区执行的敲诈勒索罪“数额较大”的具体数额标准，并报最高人民法院备案。因此，侵犯数额能否达到“1000~3000元”是区分敲诈勒索行为与敲诈勒索罪的主要标准。

---

① 《公开征求意见稿》第59条。

此外，根据《中华人民共和国刑法修正案（八）》的规定，行为人多次敲诈勒索的也可能构成犯罪。

3. 敲诈勒索行为的处罚

依据《治安管理处罚法》第 49 条①的规定，对构成本行为的，处 5 日以上 10 日以下拘留，可以并处 500 元以下罚款；情节较重的，处 10 日以上 15 日以下拘留，可以并处 1000 元以下罚款。

（六）故意损毁财物案件的查处

1. 故意损毁公私财物行为的构成

故意损毁公私财物行为，是指故意非法损毁公私财物，情节轻微，尚不够刑事处罚的行为。该行为的主要法律特征是：

（1）该行为侵犯的客体是公私财物的所有权，行为损毁的对象必须是普通财物。

（2）该行为在客观上表现为非法毁灭或者损坏公私财物的行为。

（3）行为人在主观上必须出于故意，行为的目的是毁坏公私财物，而不是非法占有。

2. 故意损毁公私财物行为与故意毁坏财物罪的区别

二者区别的关键在于情节是否严重。情节严重的，构成故意毁坏财物罪。所谓情节严重，主要包括：多次损毁公私财物的；毁坏手段特别恶劣的；毁坏孤老、残疾人员财物和救灾、救济物品的；毁坏公私财物造成恶劣的政治影响的等。

3. 故意损毁公私财物行为的处罚

依据《治安管理处罚法》第 49 条②的规定，对构成本行为的，处 5 日以上 10 日以下拘留，可以并处 500 元以下罚款；情节较重的，处 10 日以上 15 日以下拘留，可以并处 1000 元以下罚款。

五、常见妨害社会管理案件查处

（一）阻碍执行职务案件的查处

1. 阻碍执行公务行为的构成

阻碍执行公务行为，是指阻碍国家机关工作人员依法执行职务，尚未使用暴力、威胁方法，情节轻微，尚不够刑事处罚的行为。该行为的主要法律特征是：

（1）行为侵犯的客体是国家机关依法对社会进行的正常管理活动。侵犯的对象是依法执行职务的国家机关工作人员。

（2）行为在客观方面必须表现为阻碍国家机关工作人员依法执行职务。阻碍，是指阻止、妨碍，反映在行为上是指行为人的行为影响了执法主体依法执行职务活动的正常进行，尚未使用暴力、威胁的方法。

（3）行为的主体为既可以是自然人，也可以是单位。

（4）行为的主观方面是出于故意。

2. 阻碍执行公务行为与妨害公务罪的区别

二者的主要区别是：（1）行为的客体和对象不同。前者的客体是国家机关依法对社会

---

① 《公开征求意见稿》第 59 条。

② 《公开征求意见稿》第 60 条："故意损毁公私财物的，处警告、1000 元以下罚款或者 5 日以下拘留；情节较重的，处 5 日以上 10 日以下拘留，可以并处 1000 元以上 3000 元以下罚款。"

进行的正常管理活动，行为的对象国家机关工作人员；后者的客体是国家机关、人大、红十字会等正常的公务活动，行为的对象不仅包括国家机关工作人员，还包括人大代表、红十字会工作人员在内。（2）行为的客观方面不同。前者在行为上没有采取暴力、威胁的方法，行为结果如何不影响行为的成立；后者在客观方面分为三种情况：一是阻碍国家机关工作人员、人大代表依法执行职务，必须以暴力、威胁方法进行阻碍；二是阻碍红十字会工作人员依法履行职责，必须是在自然灾害和突发事件中，并使用暴力、威胁方法；三是阻碍国家安全机关、公安机关依法执行国家安全工作任务，虽未使用暴力、威胁方法，但造成严重后果的。

3. 阻碍执行公务行为的处罚

依据《治安管理处罚法》第 50 条①第 1 款规定，对构成本行为的，处警告或者 200 元以下罚款；情节严重的，处 5 日以上 10 日以下拘留，可以并处 500 元以下罚款。阻碍人民警察依法执行职务的，从重处罚。

（二）招摇撞骗案件的查处

1. 招摇撞骗行为的构成

招摇撞骗行为，是指行为人冒充国家机关工作人员或者以其他虚假身份招摇撞骗，情节轻微，尚不够刑事处罚的行为。该行为的主要法律特征是：

（1）行为侵犯的客体是国家的管理秩序和某些单位与公民的合法权利。

（2）行为在客观方面必须表现为实施了冒充国家机关工作人员或者以其他虚假身份进行招摇撞骗的行为。

（3）行为的主观方面必须由故意构成，其动机目的具有多样性。

2. 招摇撞骗行为与相关行为的区别

（1）与招摇撞骗罪的区别。一是冒充的对象不同。前者可以是冒充国家机关工作人员的身份，也可以是其他职业的虚假身份；后者只能是冒充国家机关工作人员身份。二是情节和危害后果不同。前者是情节轻微、危害不大；后者是情节严重、危害较大。

（2）与诈骗行为的区别。一是侵犯的客体不同。前者所侵犯的客体是社会管理行为；后者所侵犯的客体是公私财物的所有权。二是在客观方面的表现不同。前者实行欺骗是以冒充国家机关工作人员或者其他虚假身份为其特定的行为方式；后者则是编造虚假理由或者隐瞒事实真相来骗取公私财物。三是主观方面不同。前者行为主观目的可能是非法占有公私财物，也有可能是其他非法利益；后者主观目的则只是非法占有公私财物。

3. 招摇撞骗行为的处罚

依据《治安管理处罚法》第 51 条②第 1 款规定，对构成本行为的，处 5 日以上 10 日以下拘留，可以并处 500 元以下罚款；情节较轻的，处 5 日以下拘留或者 500 元以下罚款。冒充军警人员招摇撞骗的，从重处罚。

（三）卖淫嫖娼案件的查处

1. 卖淫、嫖娼行为的构成

卖淫、嫖娼行为，是指不特定的异性之间或者同性之间以金钱、财物为媒介，发生性关系的行为。该行为的主要法律特征是：

---

① 《公开征求意见稿》第 61 条。

② 《公开征求意见稿》第 63 条。

（1）行为侵犯的客体是社会治安管理秩序和社会道德风尚。

（2）行为在客观方面表现卖淫、嫖娼。卖淫，是指行为人为了获取一定数量的钱财与不特定的他人发生性关系的行为。嫖娼，是指行为人支付一定数量的钱财以换取与不特定他人发生性关系的行为。卖淫、嫖娼行为可以发生在异性之间，也可以发生在同性之间，发生性关系的方式也包括多样。对文化娱乐服务等场所查获的以营利为目的的手淫、口淫行为，应认定为卖淫嫖娼行为。对嫖娼者已向卖淫者付了钱财，因意志以外的原因未发生性关系的，也应以卖淫嫖娼行为定性。

（3）行为的主体为自然人，即卖淫者和嫖娼者。

（4）行为的主观方面必须是出于故意。

2. 卖淫、嫖娼行为与传播性病罪的区别

二者的主要区别在于进行卖淫、嫖娼行为的人是否明知自己患有梅毒、淋病等严重性病还进行卖淫、嫖娼。如果是，则构成传播性病罪。否则，属于违反治安管理行为。

3. 卖淫、嫖娼行为的处罚

依据《治安管理处罚法》第 66 条①规定，对构成本行为的，处 10 日以上 15 日以下拘留，可以并处 5000 元以下罚款；情节较轻的，处 5 日以下拘留或者 500 元以下罚款。

（四）赌博案件的查处

1. 赌博行为的构成

赌博行为，以钱财为赌注，使用某种方式或者工具比输赢来非法获取钱财，尚不够刑事处罚的行为。该行为的主要法律特征是：

（1）行为侵犯的客体是社会治安管理秩序和社会风化。

（2）行为在客观方面表现为参与赌博，赌资较大的。

（3）行为的主体是自然人。

（4）行为的主观方面必须是故意且具有营利的目的。

2. 赌博行为与赌博罪的区别

如果行为人以营利为目的，聚众赌博、开设赌场或者以赌博为业，则依照刑法则构成赌博罪。此外认定行为人的行为是否构成赌博罪还应严格参照 2005 年 5 月 13 日最高人民法院、最高人民检察院《关于办理赌博刑事案件具体应用法律若干问题的解释》的规定。对于不具备法定条件，达不到规定的数额标准的，但又属于数额较大范围的，则认定为违反治安管理行为。

3. 赌博行为的处罚

依据《治安管理处罚法》第 70 条②规定，对构成本行为的，处 5 日以下拘留或者 500 元以下罚款；情节严重的，处 10 日以上 15 日以下拘留，并处 500 元以上 3000 元以下罚款。

---

① 《公开征求意见稿》第 84 条："卖淫、嫖娼的，处 10 日以上 15 日以下拘留，可以并处 5000 元以下罚款；情节较轻的，处 5 日以下拘留或者 1000 元以下罚款。"

② 《公开征求意见稿》第 88 条："以营利为目的，为赌博提供条件的，或者参与赌博赌资较大的，处 5 日以下拘留或者 1000 元以下罚款；情节较重的，处 10 日以上 15 日以下拘留，并处 1000 元以上 5000 元以下罚款。

单位为赌博提供条件的，处 1 万元以上 5 万元以下罚款；情节较重的，处 5 万元以上 20 万元以下罚款，并可以责令停产停业，仍不改正的，由原发证部门吊销其有关证照。"

（五）吸毒案件的查处

1. 吸食、注射毒品行为的构成

吸食、注射毒品行为，是指违反国家法律规定，吸食鸦片、注射吗啡等毒品的行为。该行为的主要法律特征是：

（1）行为侵犯的客体是国家对毒品的管理制度。毒品，是指鸦片、海洛因、甲基苯丙（冰毒）、吗啡、大麻、可卡因以及国家规定管制的其他能够使人形成瘾癖的麻醉药品和精神药品。

（2）行为的客观方面表现为违反国家法律规定，吸食、注射毒品。吸食、注射毒品，是指用口服、鼻吸、吞服、饮用、皮下注射或静脉注射等方法使用毒品。

（3）行为的主体是自然人。

（4）行为的主观方面必须是出于故意。

2. 吸食、注射毒品行为的处罚

依据《治安管理处罚法》第72条①规定，对构成本行为的，处10日以上15日以下拘留，可以并处2000元以下罚款；情节较轻的，处5日以下拘留或者500元以下罚款。

第六节　治安案件处罚的法律救济

一、治安行政复议

（一）治安行政复议的含义与范围

治安行政复议是指公安机关查处治安案件，依法对违反治安管理行为人给予治安管理处罚或采取有关法律措施，被处罚人或被侵害人认为该决定侵犯了其合法权益，在法定期限内向上一级公安机关或原公安机关所属的本级人民政府申请复议，有权机关受理复议申请并在法定期限内作出复议决定的行政活动。治安行政复议包含两层意思：一是对治安案件决定不服的当事人申请上一级公安机关或人民政府审查原处罚决定，并要求重新处理的法律行为；二是复议机关根据当事人的申请，对原处罚决定的具体内容是否合法、是否适当进行审理，并依法作出决定的行政行为。

治安案件当事人，包括有关公民、法人或者其他组织，对公安机关作出的以下具体行政行为不服的，可以向有管辖权的行政机关申请复议。

1. 对警告、罚款、行政拘留、吊销公安机关发放的许可证，以及对违反治安管理的外国人附加适用限期出境或者驱逐出境等治安管理处罚不服的。

2. 对限制人身自由的行政强制措施不服的。

① 《公开征求意见稿》第90条："有下列行为之一的，处10日以上15日以下拘留，可以并处3000元以下罚款；情节较轻的，处5日以下拘留或者1000元以下罚款：

（一）非法持有毒品的；

（二）向他人提供毒品的；

（三）吸食、注射毒品的。

聚众、组织吸食、注射毒品的，对首要分子、组织者依照前款的规定从重处罚。

吸食、注射毒品的，可以同时作出禁止其6个月至1年内进入娱乐场所、接触涉及毒品违法犯罪人员的禁止令。违反禁止令的，处5日以下拘留或者1000元以下罚款。"

3. 对财产的查封、扣押、冻结等强制措施不服的。

4. 认为公安机关在查处治安案件中侵犯其人身权利和财产权利的。

但是，治安案件当事人对下列治安管理措施不服的，不能申请复议：（1）对“口头”警告等批评教育不服的；（2）对责令改正、管教、责令看管和治疗不服的；（3）对非强制传唤不服的；（4）对治安调解协议书反悔的。

（二）治安行政复议的申请、受理与审理

1. 治安行政复议的申请

治安行政复议的申请，是指公民、法人或其他组织认为公安机关作出的治安管理具体行政行为侵犯其合法权益，依法向有管辖权的行政复议机关提起对该具体行政行为进行审查的行为。一般来讲，申请治安行政复议应当具备以下条件：

（1）申请人必须具备法定资格。即申请人是认为公安机关的具体行政行为侵犯其合法权利的公民、法人或其他组织。行政复议法第 10 条规定：“依照本法申请行政复议的公民、法人或者其他组织是申请人。有权申请行政复议的公民死亡的，其近亲属可以申请行政复议。有权申请行政复议的公民为无民事行为能力人或者限制民事行为能力人的，其法定代理人可以代为申请行政复议。有权申请行政复议的法人或者其他组织终止的，承受其权利的法人或者其他组织可以申请行政复议。同申请行政复议的具体行政行为有利害关系的其他公民、法人或者其他组织，可以作为第三人参加行政复议。”

（2）有明确的被申请人。被申请人一般是指作出治安管理处罚决定和采取治安强制措施的公安机关。被决定治安管理处罚或被采取治安强制措施的人对作出的决定不服而申请复议的，作出决定的公安机关是被申请人；作出治安管理处罚决定的公安机关被撤销的，继续管辖该区域和行使治安决定权的公安机关是被申请人。

（3）有具体的复议请求和事实根据。申请人一般应有明确、具体的复议请求。复议请求一般有三种情况：一是要求撤销原决定；二是要求变更原决定；三是确认公安机关具体行政行为违法，还可附带提起赔偿请求。请求的理由一般有以下几个方面：如事实不清、证据不足；处罚没有法律依据；定性不准、处罚不当；违反法定程序等。

（4）属于可提起治安行政复议的范围。

（5）必须向有管辖权的复议机关提出。即必须向作出原决定的公安机关的上一级公安机关或同级人民政府提出复议申请。

（6）必须在法定期限内申请复议。根据行政复议法第 9 条的规定，被治安管理处罚的公民、法人或者其他组织或者利害关系人认为公安机关的具体行政行为侵犯其合法权益的，自知道具体行政行为之日起 60 日内提出行政复议申请。因不可抗力或者是其他正当理由耽误法定申请期限的，申请期限自障碍消除之日起继续计算。

2. 治安行政复议的受理

治安行政复议的受理，是指复议机关接受申请人的复议申请，认为符合法定条件而依法予以受理。行政复议机关收到行政复议申请后，应当在 5 日内进行审查，对不符合治安行政复议条件的，决定不予受理；认为符合法定条件的，应当制作《受理复议案件通知书》，交申请人和原裁决公安机关。行政复议机关应当自行政复议申请受理之日起 7 日内，将行政复议申请书副本或者行政复议申请笔录复印件发送被申请人。被申请人应当自收到申请书副本或者申请笔录复印件之日起 10 日内，提出书面答复，并提交当初作出具体行政行为的证据、依据和其他有关材料。

3. 治安行政复议的审理

复议机关受理治安行政复议案件后，应立即进入复核审查阶段，对案件进行全面复核。这是整个复议过程的主要阶段，它直接影响到复议决定的准确与否。治安行政复议审理的任务是调查、收集和审查证据，以便查清案件的事实，确定案件的性质，从而作出复议决定。

（三）治安行政复议的决定

治安行政复议决定，是指复议机关通过审理，根据治安案件的事实和证据，依照有关法律法规，经集体讨论通过并报复议机关的负责人审批后，对治安行政争议作出的裁定。行政复议机关负责法制工作的机构应当对被申请人作出的具体行政行为进行审查，提出意见，经行政复议机关的负责人同意或者集体讨论通过后，按照下列规定作出行政复议决定：

1. 具体行政行为认定事实清楚，证据确凿，适用依据正确，程序合法，内容适当的，决定维持；

2. 被申请人不履行法定职责的，决定其在一定期限内履行；

3. 具体行政行为有下列情形之一的，决定撤销、变更或者确认该具体行政行为违法；决定撤销或者确认该具体行政行为违法的，可以责令被申请人在一定期限内重新作出具体行政行为：（1）主要事实不清、证据不足的；（2）适用依据错误的；（3）违反法定程序的；（4）超越或者滥用职权的；（5）具体行政行为明显不当的。

二、治安行政诉讼

（一）治安行政诉讼的含义与条件

1. 治安行政诉讼的含义

治安行政诉讼是指公民、法人或其他组织认为公安机关作出的治安管理具体行政行为侵犯其合法权益而依法诉诸法院，人民法院在双方当事人和其他诉讼参加人的参加下，对治安案件进行审理和裁判的司法活动。它是相对于国家行政机关动用国家行政权对行政争议进行复议的另一类具有国家强制力的解决行政争议的法律制度。

治安行政诉讼的诉讼客体为治安行政争议，治安行政诉讼是人民法院运用国家审判权监督公安机关依法行使职权和履行职责，保护公民、法人或其他组织的合法权益不受公安机关违法或不当的行政行为侵害的一种司法活动，治安行政诉讼由治安行政管理相对人主动提起，公安机关在治安行政诉讼中负举证责任。

2. 治安行政诉讼的条件

根据行政诉讼法的规定，提起治安行政诉讼应具备以下六个方面的条件：即原告具有诉讼资格，有明确的被告，有具体的诉讼请求和事实根据，属于人民法院受案范围和管辖，必须在法律规定的期限内提起诉讼。根据行政诉讼法第 45、46 条的规定，公民、法人或者其他组织直接向人民法院提起诉讼的，应当自知道或者应当知道作出行政行为之日起 6 个月内提出。法律另有规定的除外。公民、法人或者其他组织不服复议决定的，可以在收到复议决定书之日起 15 日内向人民法院提起诉讼。复议机关逾期不作决定的，申请人可以在复议期满之日起 15 日内向人民法院提起诉讼。法律另有规定的除外。

（二）公安机关在治安行政诉讼中的权利与义务

1. 公安机关在治安行政诉讼中的权利

在治安行政诉讼中，公安机关作为被告，在诉讼中享有法律所规定的以下权利：（1）委托代理权。在治安行政诉讼中，公安机关可以委托诉讼代理人代为诉讼。（2）查阅庭审材料权。经法院许可，被委托的诉讼代理人可以查阅本案材料。（3）申请回避权。公安机关认为审判人员与本案有利害关系或者其他关系，可能影响公正判决的，有权申请审判人员回避，对回避决定不服的，还可以向上一级人民法院申请复议。（4）申请证据保全权。证据保全是指对不采取措施就有可能灭失的证据加以保护的一种保护证据的方法。遇有这种情况，公安机关有权向法院申请证据保全。（5）辩论权。在诉讼中，公安机关诉讼代理人可以就案件的事实和争议的问题陈述自己的主张和根据，进行反驳和答辩。（6）对当事人不停止执行治安管理处罚权。按照治安管理有关法律、法规的规定，当事人在申诉、提起诉讼期间，原决定不停止执行。法律规定可以暂缓执行的情形除外。（7）改变原治安管理处罚决定权。经法院许可，可以在法院对治安行政诉讼案件宣告判决或裁定前，改变原来作出的治安管理处罚决定。（8）上诉权。公安机关不服人民法院的一审判决和裁定，有权向上一级人民法院提起上诉。（9）申请强制执行权。公安机关对被处罚人在法定期限内不提起诉讼又不履行的，可以申请人民法院强制执行，或者公安机关依法强制执行。（10）改变原具体行政行为权。在人民法院对治安行政诉讼案件宣告判决或裁定前，公安机关可以改变原具体行政行为。

2. 公安机关在治安行政诉讼中的义务

（1）按时提交有关案件材料和答辩状。（2）按时出庭应诉。（3）举证。公安机关应当提交作出治安管理处罚所依据的事实证据和法律证据，保证审判活动的顺利进行。（4）遵守法庭秩序，保证法院审判的顺利进行。（5）自觉履行人民法院发生法律效力的判决、裁定。（6）承担赔偿责任。公安机关及其人民警察作出的治安管理处罚侵犯了公民、法人或者其他组织的合法权益并造成损害的，由造成损害的公安机代表国家负责赔偿。（7）依法缴纳诉讼费用。

三、治安行政赔偿

（一）治安行政赔偿的含义与范围

1. 治安行政赔偿的含义

治安行政赔偿是我国国家赔偿制度的重要组成部分，它是指公安机关及其工作人员在查处治安案件活动中，侵犯公民、法人或其他组织的合法权益，造成损害，由国家依法承担赔偿责任的一种法律救济制度。

2. 治安行政赔偿的范围

根据《国家赔偿法》第 3 条、第 4 条的规定，治安行政赔偿的范围主要有以下几种：（1）侵犯公民人身权的赔偿。（2）侵犯公民、法人或其他组织的财产权利的赔偿。（3）公安机关不承担治安行政赔偿责任的情形。根据国家赔偿法第 5 条的规定，属于下列情形之一的，国家不承担赔偿责任：行政机关工作人员与行使职权无关的个人行为；因公民、法人和其他组织自己的行为致使损害发生的；法律规定的其他情形。

（二）治安行政赔偿机关

根据《国家赔偿法》第 7 条、第 8 条的规定，治安行政赔偿义务机关的确定有以下几种情形：

1. 公安机关及其工作人员行使行政职权侵犯公民、法人和其他组织的合法权益造成损害的，该公安机关为赔偿义务机关。

2. 两个以上公安机关机关共同行使行政职权时侵犯公民、法人和其他组织的合法权益造成损害的，共同行使行政职权的公安机关为共同赔偿义务机关。

3. 赔偿义务机关被撤销的，继续行使其职权的行政机关为赔偿义务机关；没有继续行使其职权的行政机关的，撤销该赔偿义务机关的行政机关为赔偿义务机关。

4. 经复议机关复议的，最初造成侵权行为的行政机关为赔偿义务机关，但复议机关的复议决定加重损害的，复议机关对加重的部分履行赔偿义务。

公安机关的人民警察不是治安行政赔偿义务人，但如果在执法过程中，对违法执法犯有重大过失或者故意，造成公民、法人或其他组织的人身、财产损害的，公安机关可以向其工作人员追偿，即要求违法执法的民警承担部分或全部赔偿费用。

◎思考题

1. 治安案件回避的情形有哪些?
2. 阐述治安案件查处主要法律依据。
3. 治安案件查处的原则有哪些?
4. 简述治安案件查处的一般程序和简易程序。
5. 简述常见治安案件的定性与处罚。

第十一章　治安社会防范

教学目的和要求： 了解治安志愿工作的主要形式和服务管理以及公民安全防范的基本要求，明确社区安全防范的的内容、基本方法和实施以及保安服务工作的内容、监管与法律责任，掌握单位内部安全防范的方针、基本要求、基本措施与组织管理，为今后指导治安社会防范工作打下良好的基础。

重点和难点： 单位内部的安全防范，保安服务的监管，社区安全防范的内容与基本方法，治安志愿服务管理。

主要内容： 保安服务，治安志愿工作；公民个人安全防范，公民家庭安全防范；单位内部安全防范的方针与要求、基本措施以及组织管理；社区安全防范的内容与实施步骤、基本方法以及分类实施。

治安社会防范是治安社会防范主体（即社会直接治安责任主体）为防范违法犯罪、维护治安秩序，在公安机关指导或监督下，协助政府和公安机关所从事治安防范服务的工作。主要包括保安服务、治安志愿工作、公民安全防范、单位内部安全防范、社区安全防范等。研究治安社会防范，不仅有利于保护公民的合法权益，营造良好的治安环境，而且还有利于进一步完善和发展治安学学科建设。

第一节　保安服务与治安志愿工作

一、保安服务

《保安服务操作规程与质量控制》对保安服务进行了界定，所谓保安服务（security service）是指为满足公民、法人和其他组织的安全需求，依照法律、法规、规章和国家有关规定，由依法设立的企业、组织提供的专业化安全防范服务及相关服务的行为。

（一）保安服务的内容

我国的保安服务包括以下三个方面：一是保安服务公司根据保安服务合同，派出保安员为客户单位提供的门卫、巡逻、守护、押运、随身护卫、安全检查以及安全技术防范、安全风险评估等服务。二是机关、团体、企业、事业单位招用人员从事的本单位门卫、巡逻、守护等安全防范工作。三是物业服务企业招用人员在物业管理区域内开展的门卫、巡逻、秩序维护等服务。

在我国，保安服务企业、组织和保安员主要从事的是在国家法律法规规定范围内的，不损害社会公共利益的，带有一定安全防范性质的服务项目。《保安服务操作规程与质量控制》行业标准将保安服务分成了 8 大类，即门卫服务、守护服务、巡逻服务、押运服务、随身护卫服务、人群控制服务、技术防范服务和安全咨询服务。

1. 门卫服务

门卫服务是指保安员按照服务合同要求对客户单位出入口进行值守、验证、检查登记的服务业务。门卫服务是一种定点式的守卫，凡具有院落或封闭式区域的单位和住宅小区都可派门卫把守。防止客户单位物资流失，控制外部无关人员进入客户单位，维护正常的工作、生产、生活秩序。

2. 守护服务

守护服务，是指保安员，以客户单位要求的特定目标、内容和区域范围为对象，以保障人身、财物或其他特定项目安全为目标，采取各种有效措施，所进行的专业看护、守卫活动。保安守护主要是承担各种仓库、货场；各种机关、单位重点部位；私人企业经营户和个体工商户的厂房、商店、工作间及住宅；房屋、建筑工地等施工现场；农村承包户的林区、果园、渔场等场所的保安守护。

3. 巡逻服务

巡逻服务是指保安员对特定区域、地段和目标进行巡视检查、警戒的服务业务。巡逻是对确定的目标和范围实行守卫、看护和巡查警戒，防火、防盗、防抢、防毒、防破坏及防止各种事故发生，维护治安秩序，保护特定目标和范围的安全。保安巡逻业务被保护的目标和范围比守护保安服务业务要大，不确定因素多，运动性大。

4. 护送和押运服务

护送和押运服务，为保证客户的人员在途中的安全，或贵重、危险物品在运输中的安全，选派一定数量的保安员，采取一系列防护措施运送，确保人员和物品安全抵达目的地的一种保安活动。保安护送侧重于对人员的保护，保安押运侧重于对物品的保护包括各类商品、贵重物品、易燃易爆等危险品、现金、有价证券、试卷及其他机密文件……

5. 随身护卫服务

随身护卫服务，又称贴身保镖，是保护特定人的人身和财产安全的保安活动。保安随身护卫的服务对象一般为：社会名流、文体明星和企业高层管理人员等。通过随身护卫，掌握护卫对象的活动情况，沟通联系，落实安全措施，筑起一道安全屏障，使不法分子无法靠近特定人员及其工作生活区域。

6. 人群控制服务

人群控制服务是指保安员维护特定地点、场所、部位等人群聚集地治安秩序的服务业务。如为展览、展销、营业性文体活动提供维护秩序和警戒警卫的安全服务。这种安全服务项目的特点是场所大、范围广、人员多、情况复杂，场所和服务对象不确定因素多，随意性大，一旦发生混乱，秩序或局面难以维持，故承担这类项目的安全服务，事先应具备一定的预见性，对可能出现的情况和问题应事先准备几套应急方案，以确保该项业务服务活动的安全和顺利进行。

7. 技术防范服务

保安技术防范是以使用安全技术防范设备和防范设施为手段，以人力防范为基础，预防违法犯罪和治安灾害事故、维护防范场所安全的技术防范措施。保安技术防范服务，是指保安服务公司根据保安服务合同的规定，通过运用现代科学技术防范设备、装置，预防、减少违法犯罪行为和治安灾害事故，维护客户合法利益和公共安全的手段。包括为客户指定的区域和目标，设计、制造、安装、调试、使用和维修安全技术防范设备，以及为客户提供接警、先期处警和其他相关的技术防范服务业务，保护客户安全的一项专门活动。技术防范设备包括报警设备、探测设备、监视控制设备、加固保险设备、安全防护设备……

8. 安全咨询服务

安全咨询服务是指保安服务公司根据客户安全需求，组织安全防范专家和专业技术人员，为客户提供有关安全防范问题的调查、评估与策划，并提供相应的建议、方案的服务业务。目前已开展的主要咨询业务有保安或安全常识咨询；安全防范措施咨询；保安活动方案或预案咨询；保安器材的性能、安装、使用咨询；保安系统工程设计、安装、调试、使用、维修咨询等业务。另外，一些地方的保安服务公司还开设有为私人贵重物品提供保安库存放业务、保安犬驯养，开、修锁和锁具的安装与销售等。

（二）保安服务管理

1. 提供保安服务需要签订保安服务合同

保安服务公司提供保安服务应当与客户单位签订保安服务合同，明确规定服务的项目、内容以及双方的权利义务。保安服务合同终止后，保安服务公司应当将保安服务合同至少留存 2 年备查。保安服务公司根据保安服务合同，派出保安员为客户单位提供的门卫、巡逻、守护、押运、随身护卫、安全检查以及安全技术防范、安全风险评估等服务。保安服务公司未按照《条例》的规定签订、留存保安服务合同的；责令限期改正，给予警告；情节严重的，并处 1 万元以上 5 万元以下的罚款；有违法所得的，没收违法所得。

保安服务公司派出保安员提供保安服务，保安服务合同履行地与保安服务公司所在地不在同一省、自治区、直辖市的，在开始提供保安服务之前 30 个工作日内向保安服务合同履行地设区市的公安机关备案，并接受备案地公安机关监督管理。备案应当提交的材料包括跨区域经营服务的保安服务合同。

2. 招聘符合法律要求的保安员

保安员是指依法取得保安从业资格证，在保安从业单位中为公民、法人和其他组织提供人身、财产、信息等安全防范服务的人员。我国从事保安服务工作的人员需要申领保安员证。申请人经设区的市级人民政府公安机关考试、审查合格并留存指纹等人体生物信息的，发给保安员证。保安员属于社会化安全防范人员，保安服务公司或自行招用保安员的单位可以雇佣保安员，保安员依据保安服务合同的具体内容、要求和约定，对所服务的对象和目标负有特定的法律责任。但保安员不具有执法人员的身份，保安员依法从事的保安服务活动受法律保护。

（1）一般保安员应当具备的条件

保安员应具备下列条件：年满 18 周岁的中国公民，身体健康，品行良好；具有初中以上学历；不曾被收容教育、强制隔离戒毒、劳动教养或者 3 次以上行政拘留；不曾因故意犯罪被刑事处罚；不曾被吊销保安员证未满 3 年；不曾两次被吊销保安员证。《公安机关实施保安服务管理条例办法》规定申领保安员证需要参加保安员考试，成绩合格。

（2）配备公务用枪的专职守护、押运人员必须具备的条件

年满 20 周岁的中国公民，身心健康，品行良好；没有精神病等不能控制自己行为能力的疾病病史；没有行政拘留、收容教育、强制戒毒、收容教养、劳动教养和刑事处罚记录；经过专业培训，熟悉有关枪支使用、管理法律法规和规章的规定；熟练掌握枪支使用、保养技能。

配备公务用枪的专职守护、押运人员，必须严格依照前款规定的条件，由所在单位审查后，报所在地设区的市级人民政府公安机关审查、考核；审查、考核合格的，依照《中华

人民共和国枪支管理法》的规定，报省、自治区、直辖市人民政府公安机关审查批准，由省、自治区、直辖市人民政府公安机关发给持枪证件。保安从业单位应当招用符合保安员条件的人员担任保安员，并与被招用保安员依法签订劳动合同。

3. 保安员的工作职责和权限

保安服务公司保安员的工作职责：一是查验出入人员证件、登记出入车辆和物品；二是在服务区域内进行巡逻、守护、安全检查，落实安全防范措施；三是在公共场所开展对人员及所携带的物品进行安全检查并维护秩序；四是设立临时隔离区，隔离区是指通过拉设警戒线、隔离带、保安员站位等方式将守护押运的对象与周边隔离而形成的一个相对安全的区域；五是及时制止、报告、协助处理违法犯罪行为。制止违法犯罪一般通过劝说、劝解、隔离、堵截违法犯罪嫌疑人、正当防卫、紧急避险等来实现。

4. 保安员的禁止行为

保安员在提供保安服务时应当禁止下列行为：不得限制他人人身自由、搜查他人身体；不得侮辱、殴打他人；不得扣押、没收他人证件、财物；不得阻碍依法执行公务；不得参与追索债务、采用暴力或者以暴力相威胁的手段处置纠纷；不得删改或者扩散监控影像资料、报警记录；不得侵犯公民隐私、不得泄露涉密信息。

（三）保安服务的监管

1. 保安服务的监督管理机关

保安服务监督管理机关是公安机关。国务院公安部门负责全国保安服务活动的监督管理工作。县级以上地方人民政府公安机关负责本行政区域内保安服务活动的监督管理工作。保安从业单位、保安培训单位和保安员应当接受公安机关的监督检查。国家机关及其工作人员不得设立保安服务公司，不得参与或者变相参与保安服务公司的经营活动。

2. 保安服务监督管理的内容

保安服务监管机关通过实行保安市场准入制，保安资质审查制度，保安服务信息实时监督制度，日常监督检查，采取强制措施与行政处罚等方式对保安服务进行监管。

（1）保安市场准入。公安机关是通过对保安从业单位的行政许可调控、监管保安服务市场达到提高保安服务质量的。主要包括保安服务企业的成立许可和保安培训机构进行培训许可。

（2）保安资格审查。为了提高保安服务质量，公安机关在对设立保安从业单位进行严格的资格审查许可的基础上，对于不同的保安服务企业从事不同的保安服务及保安员的职业资格也实行资格审查制度，以确保保安服务市场有序竞争，确保保安服务质量不断提高。

（3）保安服务信息实时监督。公安机关为了对从业单位进行实时监管，及时了解保安从业单位的基本情况，公安机关建立保安监管信息系统，对保安从业单位及其保安员的基本信息及奖惩情况等信息进行实时监管，以便于及时指导保安从业单位依法开展保安服务。

（4）日常监督检查。公安机关的日常监督检查是公安机关加强对保安从业单位的日常监管、确保保安市场稳定、有序、健康发展的关键性手段和重要方式，也是公安机关依法监管的重要职权。日常监督检查有常规监督检查、突击检查、专项检查、抽查等形式。

（5）采取强制措施与行政处罚。公安机关依法对保安从业单位进行监督检查需要国家强制力予以保证，因此一般情况下法律赋予公安机关监督检查职权的同时，也赋予其一定的强制措施，以确保监督检查职权的行使。公安机关在监督检查中经常采用的强制措施主要是责令限期整改。存在需要限期整改的情形时，就应当采取责令限期整改措施，督促其及时改正，同时还要给予单位警告或罚款行政处罚。

保安从业单位、保安培训单位、保安客户、保安员及保安监管机关和人均应遵守相应的保安服务方面的法律规定，根据《条例》违反法律规定，依法给予治安管理处罚，并没收违法所得；构成犯罪的，依法追究刑事责任。

3. 各级公安机关保安监管的职责

《公安机关实施保安服务管理条例办法》对各级保安服务监督管理机关的职责进行了规定：

（1）公安部负责全国保安服务活动的监督管理工作。地方各级公安机关应当按照属地管理、分级负责的原则，对保安服务活动依法进行监督管理。

（2）省级公安机关负责下列保安服务监督管理工作：指导本省（自治区）公安机关对保安从业单位、保安培训单位、保安员和保安服务活动进行监督管理；核发、吊销保安服务公司的保安服务许可证、保安培训单位的保安培训许可证；审核保安服务公司法定代表人的变更情况；接受承担保安员枪支使用培训工作的人民警察院校、人民警察培训机构的备案；依法进行其他保安服务监督管理工作。

直辖市公安机关除行使省级公安机关的保安服务监督管理职能外，还可以直接受理设立保安服务公司或者保安培训单位的申请，核发保安员证，接受保安服务公司跨省、自治区、直辖市提供保安服务的备案。

（3）设区市的公安机关负责下列保安服务监督管理工作：受理、审核设立保安服务公司、保安培训单位的申请材料；接受保安服务公司设立分公司和跨省、自治区、直辖市开展保安服务活动，以及自行招用保安员单位的备案；组织开展保安员考试，核发、吊销保安员证；对保安服务活动进行监督检查；依法进行其他保安服务监督管理工作。

（4）县级公安机关负责下列保安服务监督管理工作：对保安服务活动进行监督检查；协助进行自行招用保安员单位备案管理工作；受理保安员考试报名、采集保安员指纹；依法进行其他保安服务监督管理工作。

公安派出所负责对自行招用保安员单位保安服务活动的日常监督检查。

铁路、交通、民航公安机关和森林公安机关负责对其管辖范围内的保安服务进行日常监督检查。新疆生产建设兵团公安机关负责对其管辖范围内的保安服务进行监督管理。

二、治安志愿工作

志愿者也叫义工或义务工作者。治安志愿者是指不以获得物质报酬为目的，自愿利用自己的时间、技能等资源，从事维护社会治安工作的人员。治安志愿工作是在公安机关指导下，治安志愿者或治安志愿者组织自愿、无偿地从事的维护社会治安的公益活动。治安志愿工作应当在公安机关指导下进行。

（一）治安志愿工作的主要形式

治安志愿者从事的治安保卫工作比较广泛，从理论上讲，只要是公民依法从事维护社会治安秩序的工作，都是治安志愿工作。目前治安志愿工作主要包括：参与社区治安防范，参与大型活动安全保卫，义务反扒，开展安全法律援助，安全心理疏导，安全应急救援和交通协管等。

1. 参与社区治安防范

社区治安防范是治安社会防范的重要组成部分，治安志愿者参与社区治安防范是社区治安防范力量的有益补充。治安志愿参与社区治安防范的工作形式主要有：开展社区治安防范宣传教育，协助开展社区安全防范检查，参与社区治安巡逻，参与社区治安盘查，协助开展社区守望。

2. 治安法律援助

法律援助分为政府法律援助和民间法律援助。政府法律援助是指由政府设立的法律援助机构组织法律援助的律师，为经济困难或特殊案件的人给予无偿提供法律服务的一项法律保障制度。民间法律援助是指由私人或社会团体免费为经济困难或法律知识缺乏以及其他需要法律上帮助的社会弱势人群提供法律服务的活动。① 治安法律援助的主要形式有刑事辩护和刑事代理，民事、行政诉讼代理，非诉讼法律事务代理，法律咨询、代拟法律文书，治安防范咨询等。

3. 心理疏导

心理健康问题越来越引起社会的关注。志愿者通过对引起思想认识、行为表现存在问题的人，处于发展时期的青少年，经历过危机的人群（如亲人死亡、婚姻破裂或天灾人祸等人员），被边缘化的人群（如下岗失业人员、流浪乞讨人员等）等进行心理疏导，帮助人们理顺思想障碍，提高思想认识，选择正确行为方式。

4. 参与大型活动安全保卫

大型群众性活动，简称“大型活动”，一般是指由政府组织或者社会团体、单位举办的规模较大，参与人数较多，具有一定社会影响的有益的社会活动。如各种庆典活动，各种大型会议，以及文艺演出、体育比赛、展览展销、招聘会、庙会、灯会、游园会等群众性文化体育活动。根据《大型群众性活动安全管理条例》的规定，大型群众性活动是指法人或者其他组织面向社会公众举办的每场次预计参加人数达到 1000 人以上的活动。大型群众性活动参与人数众多，人员密集，易发生群死群伤事故；大型群众性活动具有一定的影响，易成为恐怖犯罪分子袭击的重要目标。

（1）大型活动中治安志愿者种类②

大型群众性活动中的治安志愿者（也称安保志愿者），根据惯例，一般分为三类，分别是赛会志愿者、城市志愿者和社会志愿者。

赛会志愿者的主要任务是在赛会期间为运动员、裁判员、媒体记者、观众和其他相关人员提供优质的志愿服务。具体安全保卫工作，则主要体现在：秩序维护工作、安检工作、检票验证工作、文明拉拉队、巡逻防控工作。

城市志愿者，是指在赛会期间，有固定或特定服务岗位的志愿服务人员，不包括参与赛会服务的赛会志愿者，同时区别于社会志愿者。如在赛会场馆周边区域及全市重要交通枢纽、商业网点、旅游景点、医疗机构、住宿酒店、文化活动场所等城市重点区域设立城市志愿服务站点，开展信息咨询等志愿服务。

社会志愿者，是指在赛会期间，以志愿服务的形式，营造赛会氛围、传播赛会理念和文化、维护社会秩序、优化城市环境、倡导文明行为，促进和谐社区、和谐村镇建设的志

① 林莉红、黄启辉：《民间法律援助与政府法律援助之关系研究》，载《环球法律评论》2005 年第 6 期。

② 武西锋：《大型群众性活动安全保卫工作实务指南》，中国人民公安大学出版社 2013 年版，第 91~92 页。

愿者。

（2）安保志愿者的权限包括：按规定制止未经许可的人员、车辆进入责任区；对出入责任区的人员、车辆及携带、装载的物品按规定进行验证、核对、检查；协助公安民警劝阻、制止违法犯罪行为；对不听劝告的人员，协助公安民警采取强制措施；对非法携带枪支、弹药和管制刀具的可疑人员及时向上级或公安机关报告；对违反治安管理的行为人，有权劝阻、制止；发现违法犯罪嫌疑人，立即向公安机关报告；对在责任区发生的刑事、治安案件，协助公安民警保护现场及证据，维护现场秩序，并向公安机关提供有关情况，协助查处；协助公安民警对驻勤单位（党政机关、水电气热等重点要害单位等）进行安全防范检查；协助进行巡逻检查等；不得妨碍国家工作人员依法执行公务。

5. 义务反扒

义务反扒，又称志愿反扒，是指志愿者根据自身意愿主动加入民间反扒组织，参与打击扒窃违法犯罪活动的公益行为。由于扒窃活动流动大、频率高，很多扒手熟悉警察，而反扒志愿者隐蔽的身份，灵活的工作方式，是对公力救济的一种合理、必要的补充。① 弘扬了社会主义道德和社会正气。

6. 参与安全应急救援

治安志愿者参与的安全应急救援主要是危险化学品事故应急救援、地震灾害应急救援、道路交通事故应急救援、火灾应急救援等。在应急救援中，治安志愿者参与营救和救治受灾人员，疏散、撤离并妥善安置受到威胁人员，以及采取其他救助措施的行为。

7. 交通协管

交通协管是指治安志愿者（此处又称交通协管员）为维护道路交通秩序，协助交通警察所承担的交通管理方面的非强制性事务性、服务性工作。交通协管的主要任务是：维护道路交通秩序，劝阻交通安全违法行为；维护交通事故现场秩序，保护事故现场，抢救受伤人员；进行交通安全宣传教育；及时报告道路上的交通、治安情况和其他重要情况；接受群众求助等。

另外，还出现了检举涉毒、涉黄、涉暴等违法网站，协助职能部门处置网络热点舆情事件，帮助网瘾成癖者戒除网瘾，举报网络违法犯罪行为等网络志愿工作形式。

（二）治安志愿服务管理

1. 招募符合条件的治安志愿者

治安志愿者的招募应遵循根据需要、专业性、以人为本、确保安全等原则。治安志愿者的招募条件是：有一定正义感、自愿从事维护社会治安的活动、年龄在 18 岁以上，遵守国家法律法规和规章制度，没有违法犯罪前科，具备一定的维护社会治安志愿服务活动能力和技能的人员。对治安志愿者的招募应采取实名制，公安机关应对申请者进行背景调查，经审查合格的治安志愿者，应填写《治安志愿者登记表》，并根据其意向和所具备的技能编入相应的治安志愿者分协会。

2. 加强培训提高治安志愿者的工作能力

为了有利于治安志愿者熟悉工作岗位，掌握工作技能，需要根据工作需要和志愿者自身条件对其进行有针对性的培训。首先要对志愿服务的重视性进行宣讲，使志愿者充分认识到

---

① 张绪梁、蔡红滨：《志愿反扒若干理论和实践问题的探析》，载《贵州警官职业学院学报》2006 年第 1 期。

治安志愿服务工作的重要性，为深入开展志愿服务活动打下良好的基础。其次通过基本知识的讲授，基本技能，基本礼仪的培训和模拟演练，让治安志愿者明确自己的工作职责，提高其工作能力和效率。如对反扒志愿者进行法制教育和识别、跟踪、擒拿格斗等技能训练，提高了反扒人员的法律意识和专业技能。

3. 提供志愿工作的保障

为了满足志愿者提供服务的需要，有必要给志愿者提供一定的工作保障。如赛会志愿者的保障条件主要包括：制作身份注册卡，也就是志愿者工作的证件，这是确保志愿者能够进入具体工作岗位提供服务的基础性条件；赛会志愿者提供工作制服及相应的装备，主要是赛事组委会提供的必备的统一服装和水壶等，这既是志愿者提供服务的必备条件，也能展示赛事及活动承办城市的良好形象；提供工作期间的餐饮；提供必要的市内免费公共交通条件；提供工作期间的人身意外伤害保险。

4. 加强日常管理，建立褒奖制度

治安志愿者协会要制作专门活动记录卡，对治安志愿者的服务进行跟踪了解，及时掌握志愿者参加服务活动的情况，对会员参加治安志愿活动的情况予以登记，并定期统计参加志愿活动的情况。制定奖励规定。在此基础上，开展志愿者服务互评活动，对志愿者服务进行总结和表彰，评选优秀的志愿者个人、团队，并授予荣誉称号，颁发奖章和证书；协调志愿者原所在单位或院校，对志愿者进行必要表彰以及在学习和工作方面提供必要的优先条件。

尽管我国治安志愿者事业发展比较快，但与西方一些国家和我国香港的治安志愿制度实施情况相比较，在制度建设、志愿者参与的热情、深度与广度、政府支持等方面仍有不少差距，应当通过加强治安志愿者制度的立法和完善，对公众进行宣传教育，吸引和组织公众投身于治安志愿工作；公安机关要支持、帮助治安志愿组织的发展，建立良好的合作关系；设立治安志愿者服务网站；构建多元激励机制，鼓励公众参与治安志愿活动的积极性。

第二节　公民安全防范

一、公民个人安全防范

公民个人安全防范是指公民基于安全需求，对身心、财产、信息、秩序等基本权利可能遭受或正在遭受的不法侵害，在法律许可的范围内采取的应对行为。

（一）公民个人日常安全防范

德国犯罪学家冯·亨悌曾经提出被害人学理论，该理论认为每个人都可能成为犯罪的受害者，特别有性格缺陷、过激行为或易受诱惑等被害性强的人，更容易被犯罪侵害；犯罪是加害与被害相互作用的结果，如果被害人和潜在的被害人能够及时发现和消除自己容易招致犯罪的各种因素，就可以预防自己被害或再度被害。从被害人学理论可以看出，公民在面对可能遭受的犯罪侵害时，并不是处于被动和静止状态，而是处于互动状态中。为更好地避免和减少犯罪侵害，公民个人日常生活时应该做好以下几个方面的安全防范，减轻自己的被害性因素。

1. 培养安全意识

安全意识是一种人脑对生活、生产等活动中不法侵害的警戒状态。安全意识的核心是安全态度，即对不法侵害的认知评价与相应的行为倾向。比如乘坐公交车出行时，如果发现有人故意推挤，就应该马上检查自己财物是否被盗，这就是防盗意识的体现。人要有安全意识，才会有安全行为。安全意识的高低与人的知识水平、实际经验、职业地位等有密切联系，是可以通过获得经验而得到加强的。比如亲身经历过被盗、被抢、被骗等不法侵害事件的公民，对同类事件警惕性会更高。由于拥有直接经验的公民毕竟是少数，且直接经验会给公民带来损害，因而更多的是通过各种宣传教育手段，使公民获得间接经验，对自身被害性有更准确的认识，以普遍提高公民的安全意识。

2. 了解安全知识

培养安全意识只是解决了公民对不法侵害的主观态度，知道有不法侵害存在，但不知道不法侵害发生的原因、规律、影响因素等知识，不足以让人远离不法侵害。因此针对不同对象，有针对性的、多层次、多渠道开展安全教育，普及安全知识是个人安全防范的基础。

3. 强化安全行为

公民在提高安全意识和获得安全知识后，应该在日常生活中强化自身安全行为，消除不安全行为，才能大大减少不法侵害发生。如女性不应在深夜单独外出；外出时自觉遵守交通规则；在办理各类业务需要提供个人身份证或其他证件复印件时，为避免复印件被挪作他用，应在复印件上注明“仅供办理××业务”等。

4. 掌握安全技能

公民只有掌握了必要的安全防范技能，才能在面对不法侵害时及时采取正确措施保护自己及他人安全。考虑到一般人在面对不法侵害时存在的紧张、恐惧等不良心理状态，平时家庭、学校、单位、公安机关应该组织公众开展适当的安全演练，使公众克服不良心理反应，熟悉正确的应对方式。

（二）公民个人常见安全问题预防

据公安机关刑事案件立案统计相关数据，2015 年我国共立“盗抢骗”刑事案件 602 万起，占全部刑事案件总数的 84%。因此，公民日常生活中应注重盗窃、抢劫、抢夺和诈骗等常见安全问题的预防。

1. 盗窃案件的防范

盗窃是指以非法占有为目的，秘密窃取他人占有的数额较大的公私财物。公民应重点掌握处于公众场所时的防盗知识，包括不要随身携带大量现金，钱卡分离，贵重物品不要放到包的外侧等易于显露被盗部位；手提包不要放置在身体背后，尽量随身携带，不要随意放置座位或地面等位置。人多拥挤场所，不要专心投入手机、平板等电信工具的使用，忽略对转变可疑人员的观察。发现小偷，尽量寻求周边人员的帮助，利用合适的方式将其抓获。

2. 抢劫、抢夺案件的防范

抢劫是指犯罪者对犯罪对象实施使用暴力、胁迫或者其他方法，迫使受害者交出财产。抢夺是以非法占有为目的，乘人不备，公开夺取数额较大的公私财物的行为。由于公安机关街面巡逻和城市监控力度的加大，相比盗窃案件，抢劫、抢夺案件发案率呈下降趋势。但这两类案件对公民个人人身伤害程度往往大于盗窃和诈骗，因而也是预防的重点。首先，要减少不安全行为，比如深夜单独出行、在偏僻黑暗区域逗留，故意显摆贵重物品等。其次，面对“双抢”行为要沉着冷静应对，如人多场所，可以向周边求援或果断报警。在无法抵抗时应该选择放弃财务，避免不必要的人身伤害。

3. 诈骗案件的防范

当前，诈骗犯罪仍居高不下，且手段不断翻新，犯罪集团化、专业化、网络化趋势日益明显。为防止遭受诈骗犯罪的侵害，公民个人应当做到以下三点：一是提高警惕，不贪小便宜。诈骗者往往以中奖、便宜处理、高收益等为幌子，利用被骗者贪小便宜、虚荣或功利的心态吸引人上当受骗，因此，对陌生人的搭讪应当警惕，来历不明的电话或短信不接，远离诱惑。特别是老人、小孩和女性，遇到大额金钱支出要与家人多商量，以防止大量财物被诈骗。二是谨慎保管个人信息。养成良好习惯，不随意透露或泄露个人信息。包括在经常上网的电脑中安装个人防火墙；不随便在网络以及公共场所的电脑上留下个人信息；对记录有个人信息的各类票据、银行业务凭条、简历等废弃的纸质资料，不随意丢弃，尽快销毁；不轻信街头要求填写自己真实的个人身份信息各种不规范的市场调查等。三是及时报警。一旦发现诈骗行为，应该及时报案，加大对诈骗行为的打击力度。

二、公民家庭安全防范

家庭是在婚姻关系、血缘关系或收养关系基础上产生的，亲属之间所构成的社会生活单位。家庭安全防范是基于家庭安全需求和治安社会责任，为使家庭及其成员的人身、财产安全和家庭活动等免受外界不法侵害所采取的保护和防护行为。

（一）家庭安全硬件建设

根据情境犯罪预防理论，家庭应该加强物防和技防建设，使犯罪分子增大犯罪代价，减少犯罪所得。

1. 加强物防建设

家庭物防建设首先在于住宅的门窗加固，一般要求选择安全系数较高的防盗门、防盗窗、防盗锁进行安装。有条件的家庭，可以购置保险箱安装在隐蔽位置，用于存放家中贵重财物。单门独院的家庭还可以考虑安全电子护栏系统，作为住宅周边防盗装置使用。家庭物防建设还要注意家中老人、小孩的安全防护，如厕所地板设置防滑装置，墙面多安装扶手装置，家具拐角尽量做成圆弧状，阳台封闭，尽量安装安全推拉窗等。

2. 加强技防建设

随着物联网技术的发展，智能家居（smart home，home automation）理念开始在城市流行，它是以住宅为平台，利用综合布线技术、网络通信技术、安全防范技术、自动控制技术、音视频技术，将家中的各种设备（如音视频设备、照明系统、窗帘控制、空调控制、安防系统、数字影院系统、影音服务器、影柜系统、网络家电等）连接到一起，提供家电控制、照明控制、电话远程控制、室内外遥控、防盗报警、环境监测、暖通控制、红外转发以及可编程定时控制等多种功能，实现安全环保节能的居住环境。有条件的家庭，应该重点安装其中的智能安全防范系统，可以完成实时监控非法闯入、火灾、煤气泄漏报警、紧急呼救。一旦出现警情，系统会自动向中心发出报警信息，同时启动相关电器进入应急联动状态，从而实现主动防范。无条件的家庭，可以通过手机设置，实现简单的报警求救功能。

（二）家庭安全软件建设

1. 加强家庭安全教育，及时排除安全隐患

一是加强消防安全教育。据公安部消防局发布的统计数据，2016 年全国因住宅火灾死亡 1269 人，占死亡人数的 80.2%；其中未成年人和老年人占总数的 58.2%，直接财产损失 7.5 亿元，占损失总额的 20.1%，位居第一。因此，应强化家庭消防安全教育，注意家庭用火、用电、用气安全，定时检查家中管道、电气线路；外出之前一定要注意检查好家中水、电、燃气等是否已将阀门或开关关闭；及时清理阳台、走道、楼梯间、疏散通道的杂物；教

育小孩不要玩火，在家中准备一定的灭火器材等。二是加强防盗教育。在家庭成员中树立防盗意识，养成良好的防盗习惯，包括出入家门随手锁门；外出和临睡前，仔细检查尤其是厨房、厕所、阳台等重点部位门窗是否已经关闭；在家中尽量不要存放大量的现金；对一些贵重物品也妥善存放。对存折要设置密码，不要和身份证等证件放在一起。三是强化对入室抢劫的防范。为陌生人开门要慎重，有人叫门时，应先从猫眼向外观察。老人、小孩、女性独自在家时，对陌生人以查水电、上门服务、维修等理由叫门时，不要随意开门让其进入。

2. 构建邻里守望机制

邻里守望机制源于19世纪70年代的美国，后在英国、荷兰等国家盛行。其核心是邻居间互相瞭望，交流信息，发现嫌疑，报告警察。其实中国很早前就实施过邻里守望机制，在计划经济时代，很多单位的宿舍建立楼幢长和住户轮流值班，就是邻里守望机制的体现。改革开放后，随着商品房的普及，邻居间素不相识，漠不关心的情况，使得邻里守望机制实施十分困难。随着社区警务的实施，在社区和公安机关的引导下，邻里守望机制再度在社区兴起，主要要求以楼幢、居民片区为单位，通过楼幢长、中心户长负责制和业主轮流值班等制度，做到看好自家门，照看好邻居门，把好楼道门、盘问陌生人，让家庭融入社区治安综合治理中。“远亲不如近邻”，邻里守望在犯罪预防方面作用重大，如出远门时，可以委托邻居代为处理信件、报纸、小广告等，以免盗贼就此判断家中无人。

3. 强化社会支持

家庭是社会系统组成最基本的细胞，因此家庭安全防范必须依托社区和城市的整体安全防范。(1) 强化社区的组织引导。首先，社区应该加强人防、物防、技防的全方位、全天候、多层次的监控管理，同时通过悬挂宣传条幅，张贴标语，向小区每户居民印发有居民日常生活安全、消防安全防范知识的宣传图册，提高居民的自我防范意识和参与的自觉意识，协助社区民警搞好小区治安防范管理。还应该经常性组织开展睦邻文化活动，营造邻里和谐良好氛围，建立安全联防模式，推进邻里守望机制的开展。(2) 公安机关的防范打击。首先，公安机关通过社区警察，立足于社区，管理实有人口、组织安全防范、维护治安秩序、提供应急救助服务，实行警民合作。同时通过开展各项宣传工作，不断增强社区民众参与社区各项治安管理的积极性，提高居民预防违法犯罪的意识。其次，公安机关通过侦破、抓捕等打击犯罪行为，对犯罪分子形成一定的震慑，给居民提供安心保障。

第三节　单位内部的安全防范

单位内部安全防范，是指公安机关、行业系统上管部门、单位内部保卫组织和群众力量依据有关法律、法规，围绕机关、团体、企业、事业单位内部安全而开展的综合性安全管理工作。① 2004年国务院颁布《企事业单位内部治安保卫条例》，有效地推动了单位内部安全防范工作的法制化建设；2007年国务院出台《公安机关监督检查企业事业单位内部治安保卫工作规定》又进一步规范了公安机关对单位内部安全防范工作的监督管理工作；2014年4月15日，习近平在中央国家安全委员会第一次会议提出总体安全观理念，使单位内部安全防范工作由传统安全领域拓展到了非传统安全领域，与时俱进地完善了单位内部安全防范的

① 陈建武、丛术良主编：《单位治安保卫教程》，中国人民公安大学出版社2008年版，第1页。

工作体系。①

一、单位内部安全防范的方针与要求

（一）单位内部安全防范的方针

单位内部安全防范工作方针由单位内部防范工作的性质所决定。现阶段，我国单位内部安全防范工作与单位内部保卫工作一样，均应贯彻“预防为主、单位负责、突出重点、保障安全”的方针。

1. 预防为主

预防是单位内部安全防范工作的核心和灵魂，它要求单位内部安全防范工作应在本单位党政统一领导下，主动、积极地依靠本单位职能力量和单位其他成员力量，充分调动一切积极因素，主动去发现、控制、解决、处置各种影响单位安全和稳定的问题苗头及各类矛盾、隐患，防止安全问题的发生，做到防患于未然。

2. 单位负责

单位负责是对“谁主管、谁负责”工作原则的坚守与落实，强调的是单位内部安全防范工作的工作责任，原则上由单位自主承担。它要求单位必须“管好自己的人，看好自己的门，办好自己的事”。

3. 突出重点

突出重点明示了单位内部安全防范工作的方式方法，要求在开展单位内部安全防范工作过程中，要善于抓主要矛盾和矛盾的主要方面，在做好日常安全防范工作的基础上，分清轻重、主次与缓急，点、面结合，以点促面开展工作。值得注意的是，在单位全部安全防范工作中，应将单位人身安全防范摆在首位。②

4. 保障安全

保障安全是单位内部安全防范的根本任务，它要求单位综合运用好人防、物防、技术措施，通过自身的安全防范工作，最大限度地消除安全隐患、整改安全漏洞、预防安全问题，从而确保单位成员人身安全、单位集体及个人财产安全，以及单位工作、生产、经营、教学、科研等业务活动的安全。

（二）单位内部安全防范的要求

开展单位内部安全防范，终极目的就是确保单位内部各项业务活动过程中人员、财产、业务活动等具体对象的安全，因此，一个完整的单位内部安全防范体系应当满足“三有三得到”基本要求：

1. “三有”

（1）有适应本单位具体情况的安全防范制度。单位无论大小，均应依法制定出与本单位安全防范工作相适应的安全防范工作制度，且制度应当涵盖安全宣传、安全教育、安全管

---

① 2014年4月15日，习近平主持召开中央国家安全委员会第一次会议并发表重要讲话，他强调要坚持总体国家安全观，既重视国土安全，又重视国民安全，既重视传统安全，又重视非传统安全，构建集政治安全、国土安全、军事安全、经济安全、文化安全、社会安全、科技安全、信息安全、生态安全、资源安全、核安全等于一体的国家安全体系。

② 《企业事业单位内部治安保卫条例》第2条：单位内部治安保卫工作应当突出保护单位内人员的人身安全，单位不得以经济效益、财产安全或者其他任何借口忽视人身安全。

理、安全检查、安全评估和安全奖惩等方面，覆盖到本单位各个业务环节的各个岗位，通过制度管人、制度管事，进而强化单位内部成员的安全认知、安全意识、安全理念，确保单位内部安全防范工作有章可循。（2）有满足本单位安全需求的防范措施和必要的设施设备。安全防范设施设备是落实安全防范制度与措施的重要辅助手段。导致单位内部安全问题的原因是多方面的，单位成员在不同物质环境下会产生不同的安全需求，比如：风灾、雨灾、水灾、地震等自然灾害环境，爆炸危险源、毒害危险源、化学危险源、放射危险源等工作场所物质危险源环境，高空作业、交通事故、水电设施、电子设备等生产资料和生活设施危险环境，都会不同程度地导致单位成员日常业务活动中的安全隐患或诱发不同类型的安全问题。单位内部安全防范过程中，应视单位自身的具体安全需求综合运用好人防、物防、技防措施，构建严密的安防体系。（3）有持之以恒的单位内部安全检查。安全检查是单位内部安全管理的常见手段，单位内部的安全检查包括单位所属部门、岗位的日常自查和单位组织的全面检查、专项督查和随机抽查。开展单位内部安全防范工作，应当持之以恒地组织经常性的安全检查，通过安全检查，及时了解、掌握单位各部门、岗位日常安全防范工作开展情况，发现、整改安全防范工作方面存在的隐患漏洞，有效预防单位内部安全问题的发生。

2. “三得到”

（1）重要部位得到重点保护。单位重要部位是指单位内部的重要秘密部位、生产关键部位、危险物品部位、重要供给部位、重要设备部位、财物集中部位和其他要害部位。单位重要部位在单位整体中处于地位特殊，一旦出现安全问题，有可能对单位正常业务活动、正常秩序造成严重危害。在单位内部安全防范中，应当突出重点，对单位自身的重要部位应当给予重点保护。（2）安全隐患及时得到排查、整改。隐患胜于明险，安全隐患不及时排除，随时都有可能诱发安全危机，危害到单位正常业务活动。所有单位都应当立足于经常性的安全检查，及时发现并排除隐患，做到防患于未然。（3）单位内部发生治安、刑事案件得到及时处置。一方面是单位应采取一切可能的措施预防可防性案件、问题的发生；另一方面，一旦发生单位发生治安、刑事案件，单位应当及时向公安机关报案，并做好现场保护、伤员救治等前期处置工作。公安机对单位内部发生所发生的各类治安、刑事案件，接警后，应该及时出警，依法处置，从严查处；同时，还应督促、指导单位查漏补缺，防止同类案件、问题再次发生。

二、单位内部安全防范的基本措施

（一）开展基础调查，采集情报信息

基础调查是有计划、有目的地收集和分析单位内部与安全防范基本情况资料的实践活动，它具有阶段性、重复性等特点。单位内部安全防范基础调查包括单位内部人员情况调查、单位内部财物情况调查、单位内部业务活动情况调查和单位周边安全环境情况调查等。某种程度上，基础调查所获得的情况是否客观、真实、全面，有赖于信息网络建设是否健全、高效。因此，单位内部安全防范过程中，应重视并落实好情报信息网络建设的各项措施。一是完善网络，确保力量分布上无死角。以专职人员为主体、治安积极分子为依托进行网络组建。将触角拓展延伸到全方位、全时段、全过程。二是突出重点，确保信息内容上无盲点。重点是“五个结合”：结合单位所在地地方党政的中心工作抓信息，结合单位内部的重点建设抓信息，结合与单位相关的新型政策抓信息，结合单位的主要业务活动抓信息，结合单位成员反应强烈的热点问题抓信息。三是明确要求，确保线索提供上无失误。一方面要

超前工作，确保及时，不放马后炮，另一方要细致，确保获取深层次的准确信息。

（二）开展宣传教育，夯实安防基础

单位内部安全防范治安队伍素质的高低直接决定着单位内部安全防范工作绩效的优劣，一支高素质的内部安全防范队伍是做好单位安全防范工作的前提和基本保证。同时，在单位内部成员中牢固树立安全意识能有效提升单位整体安全防范效能。在强化单位成员安全意识方面，应注重四个结合：一是结合单位党团工妇活动，开展职业道德和社会公德教育，倡导文明新风、帮助单位成员树立正确的安全防范理念；二是结合单位日常业务活动，开展普法教育，营造安全防范的法制氛围；三是结合单位内部管理活动，开展安全防范教育，提高群众的自防水平；四是结合单位的绩效考评活动，开展平安创建活动，强化群众的安全防范参与意识。在强化安全防范队伍素质方面，应根据单位内部安全需求，不断调整、充实、优化单位内部安全防范工作岗位人员，打造出一支高素质的安全防范专（兼）职队伍，确保其整体能力素质能够满足本单位内部安全防范工作的实际需要。

（三）强化制度建设，落实安防责任

单位内部安全防范制度与责任追究制度是单位为维护内部安全秩序，防止单位财产和职工人身遭到侵害，保障单位安全而制定并颁布实施的、要求大家共同遵守的行为准则。一般情况下，单位内部的安全防范制度与责任追究主要有领导责任制和责任追究制、岗位责任制和责任追究制。具体包括：门卫制度，巡逻制度，重点要害部位治安保卫制度，信息安全保护制度，交通安全管理制度，消防安全管理制度，内部人员管理制度，重大事项安全风险评估制度，矛盾纠纷排查化解制度，假日值班制度，内部安全信息反馈共享制度等。

安全防范制度不能只写在纸上、挂在墙上，各项制度出台后，关建在落实。只有切实落实好各项制度，做到制度管人、制度管事，奖惩严格兑现，才能真正发挥出制度的规制作用。单位应采取定人、定位、定任务的“三定”方式，层层分解安全防范工作责任，并严格落实奖惩措施，从而在内部安全防范上逐步形成一个齐抓共管、群防群治的良性氛围。

（四）坚持安全检查，守好重要部位

安全检查的目的是发现问题，杜绝漏洞，清除不安全因素。单位内部安全防范工作中，应持之以恒地开展安全检查，及时整改单位内部存在的安全隐患。安全检查的内容主要是“七查七看”：一是查思想，看是否重视；二是查制度，看是否健全；三是查措施，看是否落实；四是查隐患，看是否安全；五是查假日值班，看是否持之以恒；六是查重点要害部位，看守护是否到位；七是查同行，看是否标准一致。每个单位都有事关单位全局的重点要害部位，守护好单位内部的重点要害部位，直接关系到单位生产业务活动能否顺利进行。因此，开展重点要害部位守护时，一是要准确划定本单位的重点要害部位，制定安全守护方案，方案应实事求是、切实可行；二是要加强重点要害部位工作人员的管理，坚持先审后用；三是要不断优化重点要害部位保护措施，在人防为主、物防为辅的传统防范格局的基础上，引进技防，以弥补人防和物防的不足之处，构建起人防、物防、技防相结合的现代化单位安全防范系统，确保重点要害部位的安全万无一失。

（五）优化管理措施，维护内部内部治安秩序

单位内部治安管理应在做好日常安全管理的基础上突出以下五个方面的管理：一是单位内部公共场所管理；二是单位内部人口管理；三是单位内部消防管理；四是单位内部交通管理；单位内部矛盾纠纷的排查。

三、单位内部安全防范的组织管理

（一）单位内部安全防范的组织领导

承担单位内部安全防范组织领导职能的主体是多元的，它包括单位所在地地方政府、公安机关、行业系统监管部门、社会治安综合治理部门和企事业单位自身（包括单位主要负责人、单位保卫组织）。

1. 单位所在地地方政府

《企业事业单位内部治安保卫条例》第 4 条规定："县级以上地方各级人民政府应当加强本行政区域内的单位内部治安保卫工作的领导，督促公安机关和有关部门依法履行职责，并及时协调解决单位内部治安保卫工作中的重大问题。"地方各级人民政府作为保卫工作的主体之一，不但对管辖范围内所有单位的内部安全防范工作负有组织领导责任，而且对管辖范围内各单位内部安全防范过程中遇到的重大问题负有协调解决的责任。

2. 单位所在地公安机关

公安机关在单位内部安全防范方面的组织领导职能在《人民警察法》和《企业事业单位内部治安保卫条例》等法律法规中均有明确界定。如《人民警察法》第 6 条的规定："公安机关指导和监督国家机关、社会团体、企事业组织和重点建设工程的治安保卫工作，指导治安保卫委员会等群众性组织的治安防范工作。"《企业事业单位内部治安保卫条例》第 3 条规定："国务院公安部门指导、监督全国的单位内部治安保卫工作……县级以上地方各级人民政府公安机关指导、监督本行政区域内的单位内部治安保卫工作……"公安机关作为地方政府的一个职能部门，一方面，应对辖区内单位的安全防范工作进行指导，另一方面，又应对辖区内单位的安全防范工作予以监督，同时，还应当对单位周边治安秩序予以整治、管理。

3. 行业、系统监管部门

《企业事业单位内部治安保卫条例》第 3 条："……对行业、系统有监管职责的县级以上地方各级人民政府有关部门指导、检查本行政区域内的本行业、本系统的单位内部治安保卫工作……"行业、系统监管部门在单位内部安全防范组织领导方面的主要职责是：（1）建立健全治安保卫体系；（2）建立行业安全评估制度；（3）建立行政机关协作制度；（4）建立行业安全统计和公示制度；（5）建立行业安全单位与个人的表彰与奖励制度；（6）强化治安保卫履责情况报告与问责权。

4. 社会治安综合治理部门

社会治安综合治理是在党委、政府统一领导下，在充分发挥政法部门特别是公安机关骨干作用的同时，组织和依靠各部门、各单位和人民群众的力量，综合运用政治的、经济的、行政的、法律的、文化的、教育的等多种手段，通过加强打击、防范、教育、管理、建设、改造等方面的工作，实现从根本上预防和治理违法犯罪，化解不安定因素，维护社会治安持续稳定的一项系统工程。单位内部安全防范工作中，各级综治部门应充分发挥其成员单位的职能作用，组织协调各有关成员单位形成合力，围绕单位内部安全防范工作中反映强烈的重点、难点安全问题齐抓共管。

5. 单位主要负责人

这里的单位主要负责人是指单位法人代表和分管安全防范工作的直接责任人。《企业事业单位内部治安保卫条例》第 5 条："单位主要负责人对本单位的内部治安保卫工作负责。"

在单位内部安全防范组织领导方面，单位主要负责人应履行以下五个具体职能：一是应传达、贯彻、执行好国家的相关政策和法律、法规；二是建立健全相关安全防范工作制度；三是配备好专、兼职安全防范工作人员；四是组织督促本单位人员落实相关工作措施，做好安全防范工作；五是落实好保卫工作经费。

6. 单位保卫组织

单位保卫组织作为本单位具体组织和实施本单位内部安全保卫工作的职能部门，在单位内部安全防范工作组织领导上应履行以下职能：一是制定、落实单位安全防范工作制度，组织物防、技防设施建设及其维护工作；二是组织开展法制和治安防范宣传教育，落实治安防范措施，督促整改治安隐患；三是组织开展门卫、巡逻、守护工作，保护好重点要害部位和信息安全；四是整合单位治保队伍等群众力量开展群防群治，排查矛盾纠纷，保护案发现场，维护内部秩序。

（二）单位内部安全防范的日常管理

1. 安全防范的队伍管理

无论是在单位内部从事安全防范工作的专职人员，还是兼职人员，一般来说，要求从事安全防范工作的人员应年满18周岁，具备完全行为能力，身体健康，高中以上文化，品行端正，具有良好的政治素质和相应的安全防范知识，且没有违法犯罪记录，志愿从事安全防范工作。整体而言，单位内部安全防范队伍年龄上要求老中青三结合，知识结构上要求能满足单位内部安全防范实际需要，岗位安排上应人岗相适。目前，影响单位内部安全的传统因素和非传统因素不断变化、相互交织，因此，在安全防范队伍的管理上也应与时俱进，适时组织相应的安全知识和技能培训，不断提升安全防范工作人员的岗位履职能力和单位安全防范队伍的整体素质。

2. 安全防范的专业指导

不同单位内部安全防范有不同的侧重点，不同安全岗位需要具备不同的专业知识。因此，单位内部安全防范的专业指导不可“一刀切”，应因地制宜立足单位各岗位的实际情况进行。其中，专业性较强的安全防范知识与技能，应由具备相应专业资质的专业人才进行对口指导，专业人才既可以是本单位的成员，也可以是行业系统上管部门的专家，还可以是政法综治部门的专家；既可以是“一对一”师傅带徒弟式的指导，也可以是“一对多”专门培训班式的指导，但切不可“外行指导内行”、“瞎指导”。

3. 安全防范的日常监督

单位内部安全防范的日常监督包括公安机关日常监督、政法综治部门日常监督、行业系统上管部门日常监督和单位自身管理机构的日常监督。监督的方式可是全面普查、专项督查，也可以是随机抽查；既可是形式审查，也可以是实质调查。监督的内容包括制度建设、岗位设置、人员安排、措施选择、经费落实和工作绩效等方面的情况。

4. 安全防范的经费保障

单位内部安全防范的经费包括人员经费、行政办公经费、安防业务经费、安防基础设施建设经费、安防器材装备经费以及安防效绩考评经费等。经费来源以单位自筹为主，政府统筹和社会赞助为辅。单位应当将内部安全防范经费纳入本单位的经费预算，对安全防范过程中临时性专项工作应适时追加专项经费，安防经费的使用要坚持专款专用、公开透明原则，不得将安防经费挪作他用。

（三）单位内部安全防范工作的考核与评估施

1. 安全防范目标管理与绩效考评

目标管理与绩效考评是现代管理体系中的基本方法，单位应根据自身安全的实际需要设定好本单位安全防范工作的年度工作总目标，然后进行科学分解，转换成单位内设部门机构及各个安全工作岗位的分目标，并通过相关制度或安全责任状的形式予以固化，工作绩效作为独立计分点纳入各部门机构、各安全工作岗位的年度工作目标管理之中，与单位其他工作同检查、同考核、同奖惩。值得注意的是，安全防范的目标管理与绩效考评应该坚持过程考核与结果考核并重原则，考核结果应与单位内设部门机构、各安全工作岗位的评优创选、工资福利、晋级晋职等具体利益挂钩才会事半功倍。

2. 安全防范责任制与责任追究制

单位内部安全防范工作的岗位设定与人员安排应坚持人、岗、责相对应的“三定”原则，通过“三定”，权责对等，制度管理、制度管事，明确每一个具体岗位的安防要求与岗位责任，建立好安全防范工作责任制和责任追究制度，一旦某个岗位或部门违反安全防范相关制度或没能遵守相关安防要求，就应追究相关责任人的相应安全责任。

第四节 社区安全防范

一、社区安全防范的内容与实施步骤

（一）社区安全防范的内容

社区安全防范，是指公安机关为维护社区治安秩序，保障社区公共安全，运用各种治安手段和措施，充分调动社区各种治安资源，针对可能引起违法犯罪和治安灾害事故的原因和诱发因素，依法有针对性进行预防和控制的活动。社区安全防范工作重点主要是可防性案件和各类治安灾害事故的预防。

1. 可防性案件预防

可防性案件，是指现有条件下对发生在确定部位、具有确定防范内容，可以通过建立较好的防范组织和运行机制、采取一定防范措施，有效预防、控制和及时发现查破的案件。一般情况下常指盗窃、抢劫、诈骗等违法犯罪案件和因矛盾纠纷激化酿成的恶性刑事案件。可防性案件在社区案件中占有较大比例，常见的预防措施有三类：一是对正在实施或可能实施违法犯罪活动的特定个体和群体的防范，如对重点人员的预防和管控。二是可能受到不法分子侵害或易于遭受不法侵害的重点部位、场所、住宅、路段以及物品等的防范，如社区偏僻人员稀少区域。三是可能因矛盾激化而导致违法犯罪案件的民间纠纷的防范。

2. 治安灾害事故预防

治安灾害事故，是指由于违反治安管理法规或者安全操作规程，造成财物损失或人员伤亡并因此对人们心理和社会安定产生消极影响的灾难事故。社区常见的治安灾害事故有：火灾、爆炸、中毒和窒息、高空坠落、车辆伤害、触电事故等。社区治安灾害事故造成的社会后果，往往比一般的刑事犯罪案件更为严重。因此，预防、发现和消除火灾、爆炸等治安灾害事故的发生，是社区安全防范的重要内容。

（二）社区安全防范实施的步骤

社区安全防范工作付诸实践，应有计划、有目标，分步骤进行。

1. 排查社区安全防范问题

实施社区安全防范工作之前，首先了解社区自然环境、居住人员、社区单位等基本情况；其次必须准确、全面、客观地排查社区治安问题；再次对排查出的治安问题分类进行科学分析。社区基本情况主要包括社区的历史沿革、地理位置、社区范围及面积、社区周边环境、社区内单位情况、社区人口状况、社区组织机构及其成员等。社区治安问题主要包括可防性案件和治安灾害事故。通过排查了解可防性案件的类型、发生部位、时间分布、侵害对象和目标、社区治安问题的最新动态等。同时，通过排查掌握治安灾害事故可能发生类型、发生的单位、居民区等区域、场所等。通过对社区治安问题的精确分析，发现规律、找出特点，注重防范、控制发案。

2. 确定社区安全防范目标

排查社区安全防范问题后，应制定社区安全防范目标。这既是排查工作的继续，又能检验排查工作成效，同时还能发挥防范工作的导向、评价、激励作用。社区安全防范工作的目标是动态的，有些目标工作可定量，有些目标工作只能定性。社区安全防范工作目标通常包括：(1) 社区安全防范组织及其制度健全，运行机制正常，社区成员积极参与社区安全防范；(2) 社区居民和单位防范意识、法制观念增强，防范措施得到落实；(3) 社会治安总体平稳，多发性、严重性、可防性治安问题得到控制；(4) 群众安全感较好。

3. 制定社区安全防范方案

确定社区安全防范目标之后，应协调相关单位和人员，建立和健全安全防范组织体系，协调好社区安全防范相关事宜，制定社区安全防范方案。社区安全防范方案的内容主要包括：如何开展社区警务室、社区治安防范组织建设，如何充分发动和发挥治安积极分子队伍的社区安全防范作用，如何组织以“四防”为主的安全防范宣传教育，如何落实人防、物防、技防“三防”并举措施，如何组织开展社区守门护栋、安全巡逻、安全防范监督检查等。

4. 健全社区安全防范制度

建立健全安全防范制度是社区安全防范规范化建设区小事必然要求，社区安全防范的规章制度主要有：(1) 安全防范工作责任制度；(2) 安全宣传教育制度；(3) 安全巡查、检查制度；(4) 发现可疑情况、可疑人员的报告制度；(5) 防范业务的学习、培训制度；(6) 防范工作的考核、评比、奖惩制度；(7) 防范责任追究制度；(8) 防范设备、设施的配备、配置和管理制度；(9) 重点单位、部位的警戒、守护制度。

5. 做好社区安全防范评估

对社区安全防范工作及时进行总结评估，有利于进一步完善社区安全防范体系，提高社区防范的针对性、有效性和整体水平。社区安全防范的评估是一项复杂的工作，应遵循明确目标、客观公正、突出重点、注重结果、综合考评、分项评比、定性与定量相结合的原则进行，其评估内容应突出可防性案件评估和事故预防评估。评估可防性案件，从可防性案件的防控方案、防控措施、防控组织、防范制度落实等方面进行；评估治安灾害事故，从防范方案、防范预案、防范演练、防范措施、防范制度落实等方面进行。

二、社区安全防范的基本方法

（一）社区安全防范宣传教育

社区安全防范宣传教育，是公安机关及社区民警在日常工作中，依靠社区力量，运用各种方法，通过多种途径，对社区成员进行安全防范的知识、技能等方面宣传教育，以培养和增强社区成员的安全防范意识，提高社区成员自身及社区整体的安全防范能力。社区安全防范宣传教育的内容和对象具有针对性、广泛性；宣传教育的形式和方法具有多样性。

1. 社区安全防范宣传教育的内容

社区安全防范宣传教育的内容，应针对宣传教育对象的不同层次、不同年龄、不同人群、不同单位和季节性变迁，有所侧重。社区安全防范宣传教育的内容主要包括：(1) 党和国家关于公安工作和社会治安综合治理的路线、方针、政策；有关治安法律和社区安全防范的规章制度。(2) 社会主义核心价值观和社区优良习俗。(3) 可防性案件和治安灾害事故的安全防范意识、知识和防范技能。如结合社区发生典型案例，介绍犯罪分子常用犯罪手段及常见犯罪的特点和规律，增强防盗、防骗的识别技能。同时，需要形成居民的自我安全防范观念，通过家庭、个人安全防护措施保障自身安全，而不是等、靠公安机关。

2. 社区安全防范宣传教育的形式

宣传教育的形式是宣传教育外在的行为表现，其内容确定、对象组织、表现形式具备一定灵活性，应以群众喜闻乐见为基准。比如：视频板报广播、小品相声等文艺演出、知识技能讲座演练、媒体宣传、经验座谈交流、网络动漫等信息推送等形式。

3. 社区安全防范宣传教育的方法

社区安全防范宣传教育的方法主要有：(1) 广泛宣传教育。不针对某类具体社区人群、某单位进行公开的、无选择宣传教育；(2) 专项宣传教育。针对某专项问题向某类特定人群、某类单位等就专门事项进行社区安全防范宣传教育；(3) 个别指导教育。针对某具体人员或单位进行现场个别单独指导。

(二) 人防、物防、技防相结合及其协调运用

1. 社区人力防范

调动社区治保会、专业协警力量、专业保安队伍、社区“三大员”(外来人口专管员、治安协管员、社区治安信息员)、法律志愿服务队等人力资源，形成治安防范的常备力量，经常进行安全防范宣传教育，广泛收集社区治安信息，做好社区内重点部位、场所和人员的守护工作，开展社区巡逻，观察、发现可疑情况，实施全天候控制社会面的治安状态、维护社区治安秩序，并在社区警务中发展和完善。同时，以“治安承包责任制”为载体，发动社区单位治保会和职工群众积极参与社区安全防范。

2. 社区物质设施防范

通过修建、安装具有加固、封闭功能而不具有技术含量或技术含量较低的物质设施，减少、消除治安问题发生的环境和条件。在实际工作中，加固通常有四种形式：加高围墙，或在围墙上设置其他障碍物（如铁丝网、碎玻璃等），以增加围墙的防攀援、防跨越功能；在原房门表面附加防踹板（钢板或铁板等），增加房门的防踹功能；安装防盗门、窗，增加房屋的防入侵功能；加装防盗锁，增加房屋、车辆的防撬功能。封闭通常有四种形式：对单个住户的封闭，主要适用于单门独户的情况；对单元楼道安装防盗门封闭；对单幢房屋修围墙和安装防盗门封闭；对居民住宅小区、工业生产区、单位集体居住区等大型活动区域通过修围墙、安装防盗门封闭，并可安装技术性安全防范设备、设施。

3. 社区技术防范

通过安装技术防范设备或设施，在社区建立入侵或灾害探测、入侵或灾害延迟、入侵或灾害反应三者有序结合的设防区域，从而起到预防和制止违法犯罪、防范各种灾害事故。目前常用的技术防范设备或设施主要有：出入口控制设备（如电子防盗门、电子防盗锁等）、监视设备（如摄像头、监视器、画面分割器、矩阵控制器、CCTV 控制台等）、探测报警设备（如红外探测器、振动传感器、门磁开关等）等。在实际使用时，单个技术防范设备或设施的作用往往是有限的，应注意发挥这些设备或设施的集成功能，使其系统化。目前，常见的技术防范系统主要有：门禁防卫系统、小区周界监控报警系统、住户和其他场所防盗报警系统、火灾自动报警系统、停车场管理系统等。

4. 社区安全防范的协调运用

社区安全防范中人防、物防、技防等措施，各有所长，各有所短。在实际运用中，注意协调各种防范措施关系，发挥它们的综合功能。一要将社区安全防范宣传教育贯穿于社会安全防范的全过程。二要避免过分依赖物质和技术手段进行防范而忽视人防措施的运用。三要对各种防范措施进行必要的整合，形成严密的社区安全防控网络。

（三）加强社区基础防范设施建设

除人防、物防、技防等社区的基本防范措施外，还包括社区的其他基础防范设施，这些设施也能起到预防违法犯罪的作用。社区基础方法设施建设主要包括：

1. 照明工程

通过对社区发案的情况分析可以看出，违法犯罪分子夜间作案居多，尤其是无照明区域。在无灯光区域作案，不易被人发现，即使有人察觉了也容易逃窜，使得作案的成功率相对较高。许多社区存在室外无公用路灯、室内无楼道灯的情况，有的地方还出现了有灯不亮的情况，这不仅给居民带来生活上的不方便，而且还对社会治安造成了潜在的负面影响。社区的照明工程，不仅仅关系到行路难的问题，而且还关系到社会治安的稳定和人民群众的切身利益。所以，应该通过规划设计、日常维护、筹措资金等措施解决。

2. 道路、车棚、停车场所及其车辆管理

近年来，自行车、摩托车、助动车和机动车社会拥有量剧增，加之社区停车位不足、缺乏管理人员和有效管理，乱停乱放现象突出，既容易诱发纠纷，又给违法犯罪分子实施盗窃车辆以可乘之机。因此，为了有效控制自行车、摩托车、助动车和机动车被盗案件的发生，除了加强对盗车违法犯罪活动的侦破和打击外，还应在居民住宅区内建造配套的车棚、停车场所。社区居民区条件限制的，应筹集资金建造一些新的停放点，也可开辟一些不影响主要交通的马路作为夜间临时停车场，或动员有承受夜间临时停放车辆能力的单位参与。同时，加强车辆管理，配备看管人员，收取一定的费用，作为劳务费和建设费。同时，随着中国老年人口增加，社区道路年久失修或坡道易滑引发了老年人摔伤、摔死等治安灾害事故。因此，加强道路修整或设置道路扶手以避免或减少灾害事故发生。

（四）经常开展安全防范监督检查

开展经常性的安全监督检查，是健全组织、落实制度、严密防范措施的基本方法。社区安全防范监督检查的方式有：自查、互查、普查、抽查、综合查、专项查、定期查、突击查、明察、暗访等。社区安全防范监督检查的要求是：经常、广泛、深入、细致、合法。发现安全隐患，要及时督促整改。社区安全防范监督检查的主要内容有防盗安全检查、防火安全检查、防爆安全检查、防煤气中毒安全检查等。社区安全检查应注意形成制度，检查过程中要扎扎实实、防止走过场，要边查边改。

（五）及时查处违法行为，总结整改提高

发生盗窃、抢劫等可防性案件、火灾、爆炸等治安灾害事故后，社区治安防范组织和企事业单位要及时保护案件或事故现场，积极协助有关部门查破案件。公安机关在积极破案的同时，要认真总结教训，具体剖析在防范组织、防范制度、防范设施、防范措施等方面存在的不足之处，消除隐患，堵塞漏洞，防止类似案件或事故的再次发生，推动整个社区的安全防范工作水平。

三、社区安全防范的分类实施

（一）社区重点地区和公共复杂场所的安全防范

社区重点地区和公共复杂场所内人员多、流动频繁、成分复杂，相互之间大多数没有特定关系，同时也是商品物资及货币大量汇集和流通的地方，极容易引起纠纷、起哄闹事或酿成灾害事故，容易被违法犯罪分子利用进行各种违法犯罪和作为落脚藏身地，是社会治安最为敏感的地方。

1. 各店铺、单位、公共娱乐场所可建立治安联合防范机制。同时，坚持“谁主管，谁负责”的原则，各店铺、单位、公共娱乐场所可建立专职值班、保卫组织，并建立治安保卫责任制。

2. 公安派出所主管领导及社区民警要经常深入调查研究社区情况，定期召开居民联席会议，通报、交流情况。建立社区民警巡逻制度，划分巡逻区段，昼夜巡逻，特别是高峰时段要加强巡逻，密切联系治安联防、单位保卫组织，可设立治安办公室和岗亭。同时，物色、建立治安秘密力量，进行秘密控制，建立情报信息网络。

3. 利用各种宣传工具，不断地进行宣传教育，提醒群众提高安全。防范意识。对各种集贸市场和沿街的摊点、社区服务人员要进行登记，查验身份证，建立档案卡片，掌握基本情况，尤其要加强对重点人员的管控。

（二）社区单位内部的安全防范

贯彻“谁主管，谁负责”的原则，搞好内部单位安全防范，在内部实行治安保卫责任制。治安保卫责任制又叫做安全保卫责任制，是我国为加强单位内部治安管理，维护治安秩序，提高自防自卫能力的一项治安保卫责任制度。一是对职工进行经常性的治安保卫、遵纪守法教育，建立健全与每个职工生产、工作、安全保卫等与经济利益挂钩的奖惩制度。二是建立健全现金、票证、物资、设备、文物、稀有贵重金属、枪支弹药、易燃易爆、剧毒等危险物品的安全管理制度，完善治安防范措施。三是做好日常护厂、护校、护院、护店等警卫工作，要组织安排一定的专门力量，进行治安巡逻。四是对要害部位要逐步安装、配备技术防范装置，并且尽可能与公安机关的报警系统及计算机指挥控制系统联网。五是加强对外来人员的管理。

（三）社区居民住宅区的安全防范

不同类型的社区居民住宅区具有不同的治安特点，应采取不同的安全防范措施。

1. 楼区防范

楼区居民群众对安全需求迫切、通向外界的通道较少，且单元式住房、各家各户相对封闭、居民相互不熟悉、邻里关照基础薄、邻里守护条件差，这给楼区安全防范带来了一定的困难。因此，楼区安全防范的主要形式是实行公寓式封闭管理，即：在门户自防、楼栋安装楼宇对讲电子防盗门的基础上，兴建小区围墙，把小区通向外界的通道大部分封住，仅存的出入口安装大门，设置值班室，使住宅区与外界相对封闭，由物业管理公司或聘用的保安人员，在出入口和值班室 24 小时专人交替值班，有条件的可在值班室建立闭路电视安全监控系统；同时加强小区内部的巡查，便于观察管理和控制进出的人员、车辆和物品，形成人力防范、设施防范和技术防范、自防和联防有机结合的防范格局，增加犯罪分子作案的难度和风险系数，使围墙内的住户形成一种领地意识和归属感，无关人员和企图进入作案的不法分子产生一定的心理压力，不敢和不能混入。

2. 平房区防范

平房区的特定环境，具有楼区不可比拟的防范优势：传统的邻里关系，人际关系连接度高，社会居民归属感、凝聚力强，提供了邻里守望的情感基础，相近咫尺的邻里距离，具备良好的邻里观望条件。平房区安全防范基于平房区的“散”、“乱”、“挤”、“老”等特点，基本思路是“立足户、院、片、面四个层次，化大为小，由点到面”。同时，各家各户搞好门户自防。

3. 单位住宅区防范

单位住宅区成员为一个或几个单位职工及家属，相互间熟悉，不仅有地缘关系，且有人缘关系。社区开展安全防范工作，单位给予人力、物力、财力的支持。单位领导、保卫部门负责人参与社区防范；由几个单位宿舍组成的社区通过召开联席会议的形式协调相互关系。保卫部门可以派专人到社区做值班保卫人员，也可以介绍离退休人员情况，推荐并帮助聘请治保骨干，大力支持宿舍区各院长、楼长的工作，依靠群众，维护宿舍区的安全稳定。单位与宿舍相邻的，建立统一协调的防范网。单位住宅区的安全防范要逐步市场化、社会化。

◎思考题

1. 简述保安服务的内容与监管措施。
2. 简述治安志愿者的主要工作形式。
3. 简述公民日常安全防范措施。
4. 简述单位安全防范的要求与基本措施。
5. 简述社区安全防范的内容与基本方法。

主要参考文献

一、著作教材类

1. C. Ray Jeffery：Crime Prevention through Environmental Design，Beverly Hills，Sage，1971。

2. Oscar Newman：Defensible Space：Crime Prevention Through Urban Design，New York，Macmillan，1972。

3. James Q. Wilson & George Kelling："Police and Neighborhood Safety：Broken Windows"，Atlantic Month1y，1982（Mar）。

4. Cornish & Clarke：The Reasoning Criminal：Rationa Choice Perspectives on Offending，New York：Springer，1986。

5. 卫之民主编：《治安行政管理学总论》，中国人民公安大学出版社 1987 年版。

6. 戴文殿主编：《公安学基础理论研究》，中国人民公安大学出版社 1991 年版。

7. 陈立中：《警察学通论》，茂昌图书有限公司印行 1991 年版。

8. 梁立栋主编：《治安管理学基础理论教程》，群众出版社 1991 年版。

9. 金其高：《社会治安学》，中国政法大学出版社 1992 年版。

10. 朱绍侯主编：《中国治安制度史》，河南大学出版社 1994 年版。

11. Ronald V. Clarke："Situational Crime Prevention"，in M. Tonry & D. Farrington D（eds），Building a Safer Society Strategic Approaches to Crime Prevention，Chicago，The University of Chicago Press，1995。

12. 蒋同、刘汉文主编：《公安主客体关系通论》，警官教育出版社 1996 年版。

13. 王太元：《户政与人口管理理论研究综述》，群众出版社 1997 年版。

14. 沈志祥主编：《治安管理学教程》，群众出版社 1998 年版。

15. 李健和主编：《新编治安行政管理学总论》，中国人民公安大学出版社 1998 年版。

16. 沈志祥主编：《治安管理学教程》，群众出版社 1998 年版。

17. 周寅主编：《户口管理教程》，警官教育出版社 1999 年版。

18. 周忠伟、杨瑞清主编：《公安派出所工作通论》，新华出版社 1999 年版。

19. 俞可平主编：《治理与善治》，社会科学文献出版社 2000 年版。

20. 傅冰钢、汤国明主编：《现代公安信息管理学》，群众出版社 2000 年版。

21. 韩延龙、苏亦工主编：《中国近代警察史（套装上下册）》，社会科学文献出版社 2000 年版。

22. 熊一新编著：《治安管理学》，中国人民公安大学出版社 2000 年版。

23. 傅缨主编：《户政管理教程》，群众出版社 2000 年版。

24. 罗豪才主编：《行政法学》，北京大学出版社 2001 年版。

25. 万川：《治安行政管理学》，中国人民公安大学出版社 2001 年版。

26. 李景平主编:《现代管理学》，西安交通大学出版社 2001 年版。

27. 熊桂桃、董青青主编:《治安学》，中国人民公安大学出版社 2002 年版。

28. 王智民等:《当前中国流动人口犯罪研究》，中国人民公安大学出版社 2002 年版。

29. 时庆本、胡冠武主编:《〈公安派出所执法执勤工作规范〉解说与运用》，中国人民公安大学出版社 2002 年版。

30. 黄双全、熊一新主编:《最新中国公安派出所户政管理指导全书》，新华出版社 2003 年版。

31. 胡康生主编:《中华人民共和国居民身份证法释义》，法律出版社 2003 年版。

32. 陈鸿彝主编:《中国治安简史》，群众出版社 2003 年版。

33. 陈智勇:《中国古代社会治安管理史》，郑州大学出版社 2003 年版。

34. 许福生:《变动时期的刑事政策》，台湾"中央警察大学"出版社 2003 年版。

35. 熊一新、王太元:《最新社区警务工作指南》，群众出版社 2003 年版。

36. 熊一新、李健和主编:《治安管理学概论》，中国人民公安大学出版社 2004 年版。

37. 黄荣清等:《转型时期中国社会人口》，辽宁教育出版社 2004 年版。

38. 武冬立主编:《国外及我国港澳台地区人口登记户籍管理法律法规选编》，中国人民公安大学出版社 2004 年版。

39. 许渭生主编:《边境管理学》，中国政法大学出版社 2004 年版。

40. 陆益龙:《超越户口——解读中国户籍制度》，中国社会科学出版社 2004 年版。

41. 谷福生、李斌杰、张先福等:《新时期公安派出所工作全书》，中国人民公安大学出版社 2005 年版。

42. 熊一新:《论治安学研究方法的创新》，载郭太生主编:《治安学论丛》(第 2 卷)，中国人民公安大学出版社 2004 年版。

43. 高春燕:《中国人口管理现代化研究》，科学出版社 2005 年版。

44. 王彩元:《治安学基础理论专论》，中国人民公安大学出版社 2005 年版。

45. 张建良、王龙天、王萍主编:《公安行政执法教程》，中国人民公安大学出版社 2005 年版。

46. 王龙天主编:《安全管理导论》，中国经济出版社 2005 年版。

47. 余宪忠:《流动性发展》，山东人民出版社 2006 年版。

48. 廖志恒、冯锁柱、陈启:《治安勤务教程》，中国人民公安大学出版社 2006 年版。

49. 陈合权、杨瑞清、程志凯:《治安管理学》，中国人民公安大学出版社 2007 年版。

50. 熊一新、李健和主编:《治安管理学概论》，中国人民公安大学出版社 2007 年版。

51. 余凌云:《警察预警与应急机制》，中国人民公安大学出版社 2007 年版。

52. 刘振华主编:《新编治安管理教程》，中国人民公安大学出版社 2007 年版。

53. 熊一新、王彩元、丁建荣主编:《治安学总论》，中国人民公安大学出版社 2008 年版。

54. 陈建武、丛术良主编:《单位治安保卫教程》，中国人民公安大学出版社 2008 年版。

55. 唐皇凤:《社会转型与组织化调控：中国社会治安综合治理组织网格研究》，武汉大学出版社 2008 年版。

56. 丁建荣、章春明主编:《治安管理》，群众出版社 2009 年版。

57. 刘金龙主编:《大型活动安全保卫工作教程》，中国人民公安大学出版社 2010 年版。

58. 岳光辉、贺红梅主编:《保安职业培训教程》,湖南人民出版社 2010 年版。

59. Hubert Rottleuthner, Matthias Mahlmanna:《法律的基础》,武汉大学出版社 2010 年版。

60. 王龙天:《保安员国家职业资格考试培训教材》,中国劳动保障出版社 2010 年版。

61. 郭太生主编:《保卫学》,中国人民公安大学出版社 2011 年版。

62. 姜明安主编:《行政法与行政诉讼法学》,高等教育出版社 2011 年版。

63. 张文显主编:《法理学》,高等教育出版社 2011 年版。

64. 王占军、刘海霞主编《公共安全管理》,群众出版社 2011 年版。

65. Robert J. Fischer 等著:《安全导论》,任骥、赵兴涛等译,电子工业出版社 2012 年版。

66. 信春鹰主编:《中华人民共和国出境入境管理法解读》,中国法制出版社 2012 年版。

67. 杜震华:《对加强特殊人群服务管理创新的实践与思考》,载《2012 年中国犯罪学学会年会论文集》,中国检察出版社 2012 年版。

68. 李健和主编:《治安学原理》,中国人民公安大学出版社 2013 年版。

69. 蔡果、杨降勇、王岩主编:《道路交通管理》,科学技术出版社 2013 年版。

70. 武西锋:《大型群众性活动安全保卫工作实务指南》,中国人民公安大学出版社 2013 年版。

71.《中共中央关于全面深化改革若干重大问题的决定辅导读本》,人民出版社 2013 年版。

72. 杨瑞清等主编:《治安管理概论》,中国人民公安大学出版社 2013 年版。

73. 张杰主编:《在华外国人管理》,中国人民公安大学出版社 2013 年版。

74. 贺电、蔡炎斌主编:《公安学基础理论》,北京:中国人民公安大学出版社 2014 年版。

75. James F. Broder 等:《风险分析与安全检查》(第 4 版),中国工商银行安全保卫部译,电子工业出版社 2014 年版。

76. 张瑞萍主编:《危险物品管理学》,中国人民公安大学出版社 2014 年版。

77. 金诚、王莉主编:《涉外警务》,中国人民公安大学出版社 2014 年版。

78. 王占军、黄超主编:《危险物品管理》,中国人民公安大学出版社 2014 年版。

79. 陆峰、汤三红主编:《道路交通管理学》,中国人民公安大学出版社 2014 年版。

80. 石向群、李小强主编:《治安案件查处》,中国人民公安大学出版社 2014 年版。

81. 宫志刚主编:《治安学导论》,中国人民大学出版社 2015 年版。

82. 王精忠、谢川豫主编:《治安秩序管理》,中国人民公安大学出版社 2015 年版。

83. 王龙天、裴岩主编:《单位安全风险管理》,中国人民公安大学出版社 2015 年版。

84. 张雷、伍先江主编:《公安人口管理》,中国人民大学出版社 2015 年版。

85. 王树民、陈慧君主编:《治安案件查处》,中国人民大学出版社 2015 年版。

86. 商小平、冯锁柱主编:《治安管理学》,中国人民公安大学出版社 2015 年版。

87. 李春雷、靳高风主编:《犯罪预防学》,中国人民公安大学出版社 2016 年版。

88. 杨瑞清、王淑荣:《社区警务》,中国人民公安大学出版社 2015 年版。

89. 王彩元、刘力敏主编:《治安社会防范教程》,武汉大学出版社 2016 年版。

90. 王均平主编:《治安学》,武汉大学出版社 2016 年版。

91. 陈安、夏保成主编：《突发事件现场处置导则》，中国科学技术出版社 2016 年版。

92. ［美］杰森·汉森：《90 秒抵达安全：CIA 公民安全手册》，湖南文艺出版社 2016 年版。

93. 吴波：《家庭生活安全一点通》清华大学出版社 2016 年版。

二、期（报）刊类

1. L. E. Cohen & M. Felson：Social change an Crime rate trends：a routine activity approach，American Sociological Review，1979，Vol 44。

2. 李健和：《试论治安管理学》，载《公安大学学报》1987 年第 1 期。

3. 汪勇、李健和：《警察巡逻勤务方式》，载《公安大学学报》1994 年第 2 期。

4. 李健和：《强化公民治安意识以防控城市犯罪》，载《江苏公安专科学校学报》1998 年第 5 期。

5. E. A. Fattah：“Some Reflections On Crime Prevention Strategies in Large Metropolitan Centers of the 21st Century，European Journal of Crime”，Crime aw and Criminal Justice，Vol7/2，1999。

6. 张爱钦：《论公安机关的值班备勤制度》，载《河南公安高等专科学校学报》2000 年第 6 期。

7. 易军、张爱国、任顺国：《对公安机关值班备勤制度的思考》，载《山东公安专科学校学报》2000 年第 5 期。

8. 郑毅：《建立城市公安机关等级备勤体制的思考》，载《公安研究》2000 年第 2 期。

9. 汪勇：《警察勤务的方式》，载《公安大学学报》2001 年第 3 期。

10. 李健和：《论治安学科建设》，载《公安教育》2001 年第 3 期。

11. 熊一新：《论治安学的学科地位》，载《中国人民公安大学学报》2002 年第 4 期。

12. 俞可平：《全球治理引论》，载《马克思主义与现实》2002 年第 1 期。

13. 王龙天、刘冰著：《公安行政执法的基本原则研究》，载《中国人民公安大学学报》2003 年第 2 期。

14. 王彩元：《治安学若干基础理论再探讨》，载《中国人民公安大学学报》2004 年第 1 期。

15. 熊一新：《论社会治安防控体系建设》，载《公安大学学报》2004 年第 4 期。

16. 林莉红、黄启辉：《民间法律援助与政府法律援助之关系研究》，载《环球法律评论》2005 年第 6 期。

17. 张绪梁、蔡红滨：《志愿反扒若干理论和实践问题的探析》，载《贵州警官职业学院学报》2006 年第 1 期。

18. 王彩元：《对治安管理主客体关系及其运用原理的再认识》，载《中国人民公安大学学报》2005 年第 3 期。

19. 万毅：《论盘查》，载《法学研究》2006 年第 2 期。

20. 石向群：《我国治安教育与处罚相结合原则研究》，载《中国人民公安大学学报（社会科学版）》2006 年第 3 期。

21. 宫志刚：《试论治安秩序的特性》，载《中国人民公安大学学报（社会科学版）》2007 年第 6 期。

22. 叶坚、王海：《智能化治安卡口的作用及其发展走势》，载《江苏警官学院学报》

2008 年第 6 期。

23. 温晓东、苏雅民：《论城市社会面的治安防控》，载《山西警官高等专科学校学报》2008 年第 3 期。

24. 臧建国：《论堵截勤务的适用条件与实施策略》，载《山东警察学院学报》2009 年第 2 期。

25. 魏继华：《〈治安管理处罚法〉的立法缺憾剖析》，载《行政法学研究》2010 年第 3 期。

26. 祁正元：《处罚与教育相结合原则的涵义思辨》，载《法制与社会》2011 年第 12 期。

27. 朱耀银：《加强和创新社会管理》，载《中国民政》2011 年第 5 期。

28. 邱煜：《论我国治安志愿者制度及其完善》，载《山东警察学院学报》2012 年第 2 期。

29. 王彩元：《新世纪我国治安学理论研究的回顾与思考》，载《中国人民公安大学学报（社会科学版）》2012 年第 6 期。

30. 陈家刚：《从社会管理到社会治理》，载《学习时报》2012 年第 10 期。

31. 施显刚：《民间治安组织的困境与出路探析》，载《湖北警官学院学报》2013 年第 11 期。

32. 刘微：《精细化管理措施在巡逻勤务中的运用》，载《云南警官学院学报》2013 年第 5 期。

33. 林萍、石启飞：《论中国特色警学理论体系建设与发展》，载《辽宁警专学报》2013 年第 5 期。

34. 崔海英：《犯罪预防的第三条路径——情境犯罪预防理论评析》，载《人民论坛》2015 年第 6 期（中）。

35. 熊樟林：《共同违法行为的认定标准与处断规则——兼对〈治安管理处罚法〉第 17 条之检讨》，载《法律科学》2015 年第 3 期。

36. 苗延波：《对于法治基本问题的思考》，载《大庆师范学院学报》2016 年第 1 期。

37. 张艳：《公共安全体系中特殊人群的服务与管控》，载《广西高等专科学校学报》2016 年第 1 期。

38. 王星元、李雪峰：《警察巡逻勤务中存在的问题与对策》，载《长春师范大学学报》2016 年第 6 期。

39. 王彩元、杨纪恩：《关于公安学学科与专业设置、调整的思考——兼谈应急警务学科与专业建设》，载《公安教育》2016 年第 9 期。

公安院校创新应用型精品规划系列教材

- ☆ 犯罪学教程
- ☆ 治安学
- ☆ 治安社会防范教程
- ☆ 安保勤务与安全检查
- ☆ 危险物品管理
- ☆ 公安监所管理工作实务
- ☆ 犯罪心理学教程
- ☆ 治安学专业实训教程
- ☆ 治安学概论
- ☆ 治安学通论
- 公安基础理论
- 治安案件查处
- 治安管理处罚法
- 治安秩序管理
- 侦查学
- 法医学
- 物证技术学
- 现场勘查
- 文件检验学
- 道路交通事故司法鉴定
- 警察职业道德
- 警察学原理
- 警察心理健康
- 安全防范技术应用
- 安防工程设计
- 监狱学基础理论
- 法院执行实务
- 书记员工作实务
- 警察防卫与控制技术
- 公安内勤工作手册
- 公安应用写作教程
- 信息化警务
- 乘警勤务
- 警察法学
- 道路交通事故处理
- 刑事影像学
- 刑事科学技术概论
- 车辆和驾驶员管理
- 社区警务
- 户政与人口管理
- 消防管理
- 保卫学
- 计算机应用技术
- 网络信息安全
- 逻辑学
- 公安机关办案程序

欢迎广大教师和读者就系列教材的内容、结构、设计以及使用情况等，提出您宝贵的意见、建议和要求，我们将继续提供优质的售后服务。

联系人：田红恩

电　话：137 2030 4986

E-mail：113391595@qq.com

武汉大学出版社（全国优秀出版社）